耶利米書析讀

愛的審判與生命的應許

熊潤榮 著

基道出版社

▼

聖經通識叢書

愛的審判與生命的應許

Rediscovering the Bible
Book of Jeremiah

作者
熊潤榮 Hung, Emmanuel

舊約系列主編
蔡定邦 Tsoi, Jonathan Ting-Pong

責任編輯
許寶瑩、梁冠霆

裝幀設計
奇文雲海．設計顧問

■

出版／發行
基道出版社
香港沙田火炭坳背灣街 26 號富騰工業中心 10 樓 1011 室
LOGOS PUBLISHERS
Unit 1011, 10/F, Fo Tan Ind. Centre, 26 Au Pui Wan St., Shatin, Hong Kong
電話：(852) 2687-0331　傳真：(852) 2687-0281
網址：https://www.logos.com.hk

承印
陽光 (彩美) 印刷有限公司

●

10/2012 初版
Cat. No. LP183A
ISBN: 978-962-457-449-4

刷次	10	9	8	7	6	5	4	3	2
年份	2031	2030	2029	2028	2027	2026	2025	2024	2023

聖經書卷析讀——舊約系列

無庸諱言，現代人閱讀聖經這部經典，困難不少：語言的隔閡，文化背景的差異，以至歷世歷代以來讀者對經文迥然不同的解釋，凡此皆成為信徒讀經的障礙，更不要說非信徒了。恰如其名，基道出版的「聖經通識叢書」的整體目的，正是為聖經讀者提供一種通識教育，讓閱讀這部經典的讀者，可以面對其中的困難，從中得到屬靈生命的餵養。筆者作為本叢書的舊約主編，在此重申整套叢書的理念，並且校正焦點，讓往後的出版更為讀者認識和接受。

「聖經通識」

甚麼叫「通識」？眾所周知，現代通識教育並不注重資料的灌輸，或者要求學員生吞活剝一些所謂標準答案；而是以多角度去剖析問題，從而建立批判思考，讓學員在這個後現代多元社會，可以明辨是非，不致人云亦云。那麼為何閱讀聖經需要通識的向度？聖經不是上帝所默示的嗎？若是信徒生活行事為人的最高權威，又豈容批判？要解答這連串問題，並澄清當中的誤解，我們需要縱覽聖經研究的現況，並指出由此引申的問題和對應方法。

聖經研究現況

聖經研究經歷現代不同鑑別方法，現今可說是百花齊放，不同的研究方法各有追隨者。準確來說，聖經（歷史）鑑別只是一些工具，藉以窺見聖經文本背後不同的問題。過去聖經研究最重要的方法分別為來源鑑別法

(source criticism)、形式鑑別法(form criticism)、編輯鑑別法(redaction criticism),這些方法大大增進我們對於聖經書卷的形成,以至它們背後世界的了解。但最為人詬病的,是它們都將聖經經文肢解成不同時期的殘篇,並且它們著重的都是經文背後的歷史,過於經文最後文本的神學信息。

聖經研究演變至近代,可說是回歸到文本這個最重要的解釋對象,而文本背後的歷史,不是不重要,但並非具有不可或缺的優先性,要讀者先去面對不可。這裏所説的文本,是指正典形成時的最後文本(final text)。不論這個形式的文本背後有多麼複雜的歷史,但都不是我們關心的對象。正典的文本正是歷世歷代信徒所信奉的聖經,具有絕對的權威,其他形式都只是假設。

叢書的理念

聖經通識叢書每一卷書的作者,都是以最後文本為優先,並且奉聖經為信仰權威的學者。他們熟悉上述的批判方法,但亦不會盲從傳統,而會對一些過分保守的看法提出適當的質疑。筆者相信惟有具備這種態度的作者,才能帶領信徒在閱讀聖經時培養一種批判的思考,去辨別不同的解釋,從而找出上帝對信徒生命的旨意。

整套叢書仍然維持 3 個層次:第一個層次是「聖經鳥瞰」,處理一些聖經基本的問題,如聖經的正典,版本,不同書卷的編排、分類,以至基本的聖經史地資料等,黃錫木博士在這方面的兩本著作(基礎篇和進深篇)為我們提供了清晰的大綱,日後我們會打算各自出版一本舊約和新約導論,將最新研究的成果帶給讀者。第二個層次是「聖經書卷要領」,這是對每一組書卷的特寫,將每組別的特色和閱讀時要注意的事項向讀者説明。新約的要領基本上已經完成,舊約的各組則尚待努力。目前只有先知書要領,我們計劃有五經、歷史書和詩歌智慧書等要領。第三個層次是「聖經書卷析讀」,即每卷書的註釋。承接上述對於聖經正典的理解,我們著重經文的整體,解釋的單元並不在於其中的一字一句，故此我們要求作者盡量不以一節為單位，而是以一整段具有脈絡、而又自成一體的經文為單元。在遇到一些重要的主題鑰字以至神學課題，我們會以格子附加資料或專欄作討論，並有釋經短註處理一些較為棘手的經文。這種表達方式是為免妨礙讀者閱讀註釋時的流暢而影響思路。此外，仍須一提的是，除特別標明，本書所引的經文，均參自「和合本修訂版」(「和修」)，並且析讀書卷的經文，無論是一段，或其中的短語及詞彙，皆以「標楷體」標示，以求易於翻閱。

叢書的目標

聖經通識叢書的一貫特色，就是以淺顯的文字，交代最新的學術研究討論，並以進深建立信徒為目標，期望在這個彎曲悖謬的世代，讓聖經的信息能夠光照信徒的生命，得以長大成人，作上帝無瑕疵的兒女。

蔡定邦

「聖經通識叢書」舊約主編

序言

我很早已對耶利米書有一種嚮往。

二十多年前，當我首次在香港修讀晚間神學課程時，就選讀耶利米書。那年，我的功課是撰寫耶利米書主日學教材。我把耶利米書劃分為13課，寫成了主日學的初階課程。後來我把這功課的初稿，加以補充和潤飾，交給美國中國信徒佈道會出版部，分教員本和學員本出版，書名是《淚眼銅牆：耶利米書研讀》。

約十六年前，我去到美國費城（Philadelphia）的威斯敏特神學院（Westminster Theological Seminary）進修博士課程。剛進去不久，教授們就提醒我們，要早日定下寫論文的範圍。我不假思索的選了耶利米書。隨後幾年，在呈交各科的專文功課裏，我都盡量以耶利米書為研究的範圍。在過程中，涉獵不少專論的書，也了解耶利米書經文編輯的困難，並抄本和譯本帶來的疑難。幸好有不同人事的發生，裝備了我去面對耶利米書的難題。

首先，因著上帝的恩典，我成為威斯敏特神學院舊約教授格羅夫斯（Alan Groves）的助手。這教授就是*Westminster Morphological Bible*的版權擁有者（他已經過世）。藉著參與他的工作，我接觸到他與其他國際學者所開創，以電腦科技來分析希伯來文聖經的研究項目。我開始明白舊約經文的結構和編排原來是很有模式的，而且它的結構與每個句子開首的幾個詞彙的使用和位置有很大的關係。

此外，也藉著教授的介紹，我被一位猶太拉比聘用，有機會進行校對Jewish Publication Society出版的*TANAKH*（希伯來文與英文對照的舊約聖經），而這拉比正是*TANAKH* 的主編。在這校對過程中，我欣賞到猶太拉比們處理「馬所拉文本」的手法，這可以從*TANAKH* 的英文翻譯中看出來。

第三，也是藉著教授的介紹，我協助美國猶他州（Utah）的楊百翰大學（Brigham Young University）的FARMS（Foundation for Ancient Research and Morman Studies）做了一個「死海古卷與聖經以外抄本的辭典」的可行性報告。這小小的報告加強了我對死海古卷的興趣，也了解到死海古卷對耶利米書的研究會引起莫大的影響。這是因為「七十士譯本」的耶利米書是比「馬所拉文本」的耶利米書短了 1/7 的內容，而「死海古卷」的發現似乎是支持「七十士譯本」的版本。

我就是藉著這些裝備來完成我的博士論文。我認為連貫耶利米書一至三十三章的主題是「出埃及」，而這三十三章經文是按這「出埃及」主題的發展而編排的，並非按文學體裁或時間次序而編排。此外，我找到連貫耶利米書三十四至四十五章的主題是「生命的應許」。

四十五章是耶利米書最短的一章，除了呼應「生命的應許」的主題，同時也是四十六至五十一章「論列國神諭」的引言。讀者們會在這書的內文了解我的理據。

這書得以出版，功勞最大的是組稿編輯許寶瑩，感謝她所付出的許多心力和勞力。同時，也要多謝此系列書的舊約主編蔡定邦博士，我與他在有關耶利米書作者一事上雖看法不相同，他仍是慷慨地支持這書的出版。

我要謝謝美福神學院（America Chinese Evangelical Seminary）的義工杜芳瑩、陳麗蓉，和同工曾綉雯，她們不辭勞苦的為我準備大部分的文字檔，真的謝謝她們每一位。

我也要謝謝我的家人。我的太太 Irene 一直在我進修、事奉、工作、生活上支持我，也在我的寫作上給予許多建設性的提議。我也要謝謝我兩位兒子的鼓勵。猶記得在我進修博士課程時，大兒子 Isaac 安靜地伏在我背上，一邊讓我看書，另一邊他也學習我看書！小兒子 Neemias 在我開始教學時，常以一個天真爛漫的笑容對著我！

最後，要感謝上帝！祂創造我，也救贖我，並每天把豐盛的恩典賜給我。

的確，一切都是恩典！

熊潤榮

加州美福神學院

院長、舊約教授

2012 年 9 月

目錄

第一篇・上帝的呼召（一1～19）

第二篇・耶利米的講章（二1～二十四10）

第三篇・判詞——被擄七十年（二十五1～二十九32）

第四篇．關係與再生的宣告（三十1～三十三26）

專欄目錄

第一章
耶利米書導論

- 主題和結構
- 歷史背景
- 成書過程與解釋進路
- 耶利米書反映申典神學
- 如何讀這卷書
- 參考書目

耶利米書是耶利米先知留給猶太會堂和教會的遺產。一直以來，教會和猶太人傳統都稱作者為淚眼先知耶利米。他也是惟一提到「新約」的舊約先知（三十一31），這是何等寶貴！不過，在20世紀開始時，學者對耶利米書的研究掀起了震撼的巨浪。

1878年，德國學者威爾浩生（Julius Wellhausen，1844～1918年）首先提出「底本假說」理論。這理論假設了舊約摩西五經文本是由源自多個原始文獻的底本構成的。

1901年，德國學者杜麥（Bernhard Duhm）運用「**底本假說**」（documentary hypothesis）理論，提出耶利米書只有小部分出自耶利米之手。這是否已證實了呢？不一定！這理論不斷被學者們駁倒、修正。到90年代，電腦漸漸被廣泛使用，學者們也開始用電腦軟件和統計學等來分析耶利米書，從而發展出更多的研究理論（參附錄四「耶利米書近代研究簡介與評估」）。他們的研究成果具體指出耶利米書內包含多種文學體裁（下文我們會更多探討文學體裁與成書這方面的問題）。另一方面，當近代學者們也開始用語言學連同電腦軟件來分析耶利米書，便發現它是一本結構精密的作品。這些研究成果指出「現存」(extant final form)的耶利米書編排的背後，帶著精密的設計，顯出全書是一致的。

耶利米書有許多特點，其中一項是：它的經文提供了線索，給讀者了解到舊約先知書大概是如何經過編修而成書的。耶利米書三十六章提及耶利米作先知約22年後，在書記巴錄的幫助下寫了第一卷耶利米書。這卷書被約雅敬王燒毀了（三十六23），但上帝命令先知再寫另一卷，且比原先的長，因為其中「另外又添了許多相仿的話」（32節）。那卷書明顯不是現存的耶利米書，因為現存的文本記載了耶利米作先知超過40年的講道和事迹，也就是說，耶利米肯定要寫至少第三卷書，再加添許多的內容，才可能流傳為現存的書卷。

此外，我們發現耶利米書五十二章與列王紀下二十四章18節至二十五章30節基本上是相同的。究竟是誰引用誰的，或是他們同是引用另一個版本，這些都是熱心要研究聖經的人渴望要知道的事。

最後，死海古卷的發現開闊了學者和信徒對耶利米書的認識。一直以來，學者們知道所沿用的耶利米書希伯來文版本（即「馬所拉文本」）是與希臘文的（即「七十士譯本」）有許多差異。從死海曠野山洞發現的其中一個希伯來文斷片解釋了這差異的原因。這是因為「七十士譯本」很可能不是翻譯自「馬所拉文本」，而是另外一個希伯來文本。故此，在耶穌出生以前，很可能除了「七十士譯本」，也有兩個不同的耶利米書希伯來文版本在流傳。這支持了現存耶利米書確實是經過編輯這說法。關於探討死海古卷與「七十士譯本」所帶來對成書和經文解釋的影響，可參考附錄二「耶利米書的『七十士譯本』」。不過，仍須留意的是，認識經文背後的成書歷史和過程雖是重要，但更要緊的是知道經文本身的信息。所以，讓我們先集中了解耶利米書的主題和結構。

1.1 主題和結構

1.1.1 主題：出埃及主旨

上帝呼召耶利米要傳講的，是有關審判和復興猶大並列國的信息。對耶利米當代的人而言，這信息的主要內容是：上帝要懲罰，又要重建。懲罰的信息比重建的說話更嚴厲，因為懲罰是「拔出、拆毀、毀壞、傾覆」，重建是「建立、栽植」（一 10）。

仔細閱讀耶利米書，我們發現類似「拔出、拆毀、毀壞、傾覆、又要建立、栽植」的經文重複出現 10 次，分布於耶利米全書（一 10，十二 14、15、17，十八 7，二十四 6，三十一 28、40，四十二 10，四十五 4）。這些經文不僅帶出耶利米書的主題思想，更如一條線把整卷耶利米書串連起來。

耶利米在世時，「拔出、拆毀、毀壞、傾覆」的信息都應驗了，3 個猶大王（約哈斯、約雅斤、西底家）被擄異地，耶路撒冷和聖殿被焚燒，國家被毀，猶大人被擄到巴比倫。至於建立，即使耶利米當世代的人過去，國家仍未重建，上帝仍未「建立、栽植」祂的子民。不過，耶利米早已宣布上帝要安慰雅各：被擄的人會歸回（三十章）；先知也指明「耶和華說：『日子將到，我要與以色列家和猶大家另立新約。』」（三十一 31～34）。以色列人被擄回歸一事要待耶利米過世後約 50 年才開始應驗。波斯王居魯士元年，所羅巴伯帶領以色列人率先回歸猶太地（代下三十六 22）。至於新約，更要再多等 570 年才應驗。耶穌在耶路撒冷上十字架前與門徒立了新約，這新約的效果從使徒教會開始一直到今天。耶利米先知的信息延伸到很長遠的日子！

甚麼是主旨？

在研究文學上，主旨（motif）和主題（theme）是區分開來的。主題是指全書的中心信息，顯示作者的寫作動機和目的。主題是由眾多文學技巧，包括「主旨」的運用而構成的。每本書通常只有一個中心的主題，但卻可以有多個主旨。當然，若一個主旨十分明顯、突出，這個主旨也會變成了整本書的一個主題。以「主旨」表達信息是一個重要的文學技巧。

在聖經研究的範疇內，「主旨」特指經文內反覆出現的一件過去的事情，或一個思想、詞彙。簡單的主旨只集中於一卷書，複雜的則能貫穿整本新舊約聖經。聖經主旨的特點是圖像（image）。當作者回顧一件過去的原始發生的事件，他會用圖像來重新描述它，並把這個圖像應用到當代的情況，把它與原始事件連起來。就如耶利米，他是以圖像的方式向百姓重新講述以色列出埃及的歷史：以色列如一個少女鍾情於她的夫君，並跟隨新婚丈夫走過曠野（二1～3）。耶利米這樣表達的目的是要使百姓用另一個角度去感受出埃及的事件，也藉著出埃及圖像把他們當時的境況與之前的作對比。

聖經有很多主旨，例如：「出埃及」、「伸出來的手和大能的膀臂」、「上帝是戰士」等。這些都是重要的主旨，而且從創世記到啟示錄反覆出現，把新舊約聖經串連起來。我們可以細心欣賞聖經中的主旨，並從其中找出它們的出處，以及研究日後聖經作者如何使用它。

如果我們要以一個圖像來代表耶利米全書的主題信息「懲罰、重建」，那就是「出埃及」。這個圖像也是全書的一個重要主旨，即「出埃及主旨」（Exodus Motif）。出埃及是上帝的救贖，是祂史無前例的大能的彰顯。對以色列人來說，出埃及是他們國家成立的起始點和象徵。沒有出埃及，便沒有以色列國。在上帝帶領祂子民離開埃及時，以色列人藉著出埃及的救贖認識上帝的審判和創造的能力；藉著出埃及，上帝審判了埃及的神明和法老。新約的信徒也有如此經歷。沒有人親眼見過上帝開天闢地的創造，但信徒卻經歷過基督十字架的救恩。在那裏，我們接受了罪的審判，同時也承受了新的生命。

因為出埃及是他們身分的表徵，歷代的以色列人都喜歡用出埃及與他們民族的命運作比較。舊約先知書，尤其耶利米書，都把民族的被擄（懲罰）描寫成「反出埃及」，又將被擄回歸（重建）視為「第二次的出埃及」或「新的出埃及」。耶利米把「回歸」看為上帝榮耀的彰顯，並把這個與上帝施行第一次出埃及所彰顯的榮耀作對比。這些就是貫穿耶利米書的「出埃及主旨」。

出埃及的核心有兩個主角——耶和華、摩西，以及一件主要事件——在西奈立約。藉著「出埃及主旨」的分布，我們發現「出埃及」是耶利米書一至三十三章的整體動向，現列於下，共有 6 點：

- 上帝呼召耶利米做「新的摩西」（一章）。
- 當耶利米這「新的摩西」開始宣講，先呼喚百姓記念他們的先祖在遠古第一次出埃及時，在曠野漂流的情景。那時，上帝與以色列有親密如夫婦的關係（二 1～3）。這夫婦關係其實就是西奈之約的關係。
- 這夫婦的關係成為先知以後責備百姓的原因，也成了他呼籲同胞悔改的基礎（二～十章）。
- 因為百姓離棄上帝，沒有效忠祂，耶利米便宣布，上帝確實會按西奈之約所要求的，詛咒和懲罰猶大國。百姓將要經歷「反出埃及」，也就是上帝會使他們被擄，離開應許之地（十一～二十九章）。
- 耶利米也宣告新的希望。因為上帝永遠的愛，便出現「新的出埃及」。上帝會從被擄之地，召回祂為奴的子民，使祂的名得榮耀。第一次出埃及是離開埃及，第二次是離開北方之地（十六 14～15，二十三 7～8，三十一 1～10 等）。
- 耶利米這「新的摩西」也預言新約。新約比西奈之約更好、更偉大，因為新約的律法是寫在百姓的心版上（三十一 31～34）。

1.1.2 結構

20 世紀的學者們都同意耶利米書不是按歷史發生的時間次序記載。這卷書內藏精密的結構，但不易於列出。所以有學者認為全書沒有明顯的結構。總體而言，他們按文學體裁把全書大略區分為如下的分段，本書會按此分段作為全書內容大綱：

經文	主題	體裁
一章	上帝的呼召	敍述（呼召）
二～二十四章	耶利米的講章	講章（以西奈之約為基礎）
二十五～二十九章	判詞——被擄七十年	敍述（先知與國家的衝突）
三十～三十三章	關係與再生的宣告	預言及敍述（安慰之書）
三十四～四十四章	生命的應許與死亡的宣告	歷史敍述（耶路撒冷被毀前／後）
四十五～五十一章	向列國宣布神諭	預言
五十二章	歷史補篇	歷史敍述

「引言公式」是指以「耶和華對……説……」或「耶利米説……」作為引入一個新段落的短語；通常出現 dibbēr 這動詞。

20 世紀的學者們也發現耶利米書有許多「**引言公式**」（introductory formula）。不過，他們慨歎這些公式在耶利米書是「希伯來聖經內最混亂，最不可預期和變幻莫測的。」

自 90 年代開始，有學者運用「文本語言學」（text linguistics）❶ 的方法來分析耶利米書，便發現這些公式其實是有系統和有層次地把希伯來文版本的耶利米書的結構標示出來。這些引言公式是這樣的：

引言公式	出現次數	層次段落標記
耶和華的話臨到耶利米 *haddāḇār ʾăšer hāyāʰ ʾel-yirməyāhû mēʾēṯ* YHWH *haddāḇār ʾăšer dibber* YHWH *ʾel-yirməyāhû*	14	第一
耶利米的話對…… *haddāḇār ʾăšer dibber yirməyāhû* *haddāḇār ʾăšer-ṣiwwāʰ yirməyāhû*	2	第一
有這話從耶和華臨到耶利米 *haddāḇār hazzeʰ mēʾēṯ* YHWH *lēʾmōr*	3	第二
耶和華的話（又）臨到我（耶利米） *wayəhî ḏəḇar*-YHWH *ʾēlay*	28	第二
耶和華對我説 *wayyōʾmer* YHWH *ʾēlay*	13	第三

先知書都是按歷史事件發生的時間順序排列嗎？

先知書的成書，往往是在先知被差派和宣講（關於「差派」和「宣講」，參 1.5.1「了解先知書的基本文學類型」）發生之後，多是先知晚年回顧過去時，由他自己或他的門徒，又或是他的書記等人精心挑選編寫而成的。經文的安排可以不按時間順序排列，而是按編者的寫作目的編纂的。作者有時把相關內容，如：論列國的神諭（Oracles Against the Nations）歸納在一起（四十六～五十一章；參賽十三～二十三章）。他們也會用引言公式來標示先知書的分段，如「某年某月某日、耶和華的話臨到我」（二十五 1，二十六 1，二十八 1，四十六 2；參結二十九 1，三十 20，三十一 1，三十二 1 等）。作者有時也會加入一些歷史背景的説明（參三十七 1～5）。

總體而言，耶利米書的結構不是順時序，而是按主題信息來編排的。作者（或編修者）運用不同文學體裁及引言公式等方法來凸顯全書的主題信息。他運用的明顯不是現代文學寫作所用分段結構的方法，也不是按事件發生時間的先後次序編寫。但是，我們仍然能夠欣賞作者（或編修者）的設計和技巧。這結構顯示耶利米書的設計是一貫的，是一份有一致性的作品。在此列出 6 個重要的編排：

- 二至十章包含了耶利米的悲歎和哭泣（四 19，八 18～22，九 1、10、17～18 等），反映上帝因祂百姓離棄祂而要懲罰他們時，耶利米所產生的難過與悲哀。這些哀哭使耶利米得了「淚眼先知」的稱號。
- 十一至二十章出現 5 段的「申訴」（十一 18～十二 6，十五 10～21，十七 14～18，十八 19～23，二十 7～18），這些申訴配合整段的主題內容，帶出上帝對猶大公義的審判。
- 二十五至二十九章可以稱為上帝的判詞，全書提及兩次被擄「七十年」都在這裏（二十五 12，二十九 10），首尾呼應，有如一個括號，把整段經文括起來。
- 三十至三十一章的「安慰之書」沒有記載日期、地點。這樣，可把這段復興預言成為沒有時間性的、恆久常新的預言。

- 三十四至四十五章出現兩對「應許」，也出現兩次不順時序的安排。第一對是上帝應許西底家和巴錄，在戰亂中保存他們的生命（三十四 1～5，四十五 1～5），兩者呈首尾呼應。在兩次不順時序安排中間的前半部，加插另一對應許，是上帝給利甲族和以伯·米勒的（三十五 18～19，三十九 15～18）；他們都是歸化猶大國的外邦人，上帝應許在戰亂中保守他們平安。這段經文也提到只有一種人沒有得到應許蒙上帝保護，就是那些違抗上帝，下了埃及的猶大人，這記載在兩次不順時序安排中間的下半部（四十～四十四章）。
- 四十五章有上帝給巴錄的應許。這一章的內容一方面呼應三十四章給西底家的應許；另一方面，它也是四十六至五十一章論列國神諭的引言，因為巴錄在約雅敬第四年抄錄的書卷，正是上帝要預言毀滅列國（參三十六 2）。

1.2 歷史背景

耶利米是在祖國猶大衰落時期作先知。他事奉的年日超過 40 年，跨越猶大國最後 5 位王，直至猶大國亡後，他被挾持下埃及居住。在服事期間，他目睹其中兩位王戰死沙場（約西亞、約雅敬），其餘 3 位王被擄異地（約哈斯、約雅斤、西底家）。現將當時歷史事件簡略列出：

年份（公元前）	事件
722 年	亞述攻陷撒瑪利亞，北國以色列被毀滅，南國猶大仍留在應許地。
627 年 （約西亞王第十三年）	上帝呼召耶利米作先知（一 1，二十五 3）。
609 年	• 約西亞王出兵攔阻埃及軍隊去營救正敗北之亞述軍，在米吉多平原被埃及軍隊所殺（王下二十三 29；參代下三十五 22～24）。後來，亞述被巴比倫所滅。 • 約西亞的兒子約哈斯作王。在位只有 3 個月，就被法老尼哥擄至埃及，並死在那裏（二十二 10～12；王下二十三 31～34）。 • 法老立約西亞的另一個兒子約雅敬為王，作埃及的附庸國（王下二十三 34）。

605 年 （約雅敬王第三年）	• 法老尼哥在迦基米施敗於巴比倫軍隊（四十六 2）。尼布甲尼撒率領巴比倫大軍推進至埃及邊境，途中擄掠猶大，這是猶大第一次被擄（參但一 1～2）。之後因其父親逝世，尼布甲尼撒趕忙返回巴比倫。這刻，整個古代近東差不多服在巴比倫人之權勢下，約雅敬王仍然是巴比倫的藩屬。 • 約雅敬看不清當時政治局勢，見巴比倫撤軍就投靠埃及，毀了過去與巴比倫所立的君主藩屬條約，因此觸怒了尼布甲尼撒王（王下二十四 1）。約雅敬雖然懼怕巴比倫對他的懲治，他卻沒有聽從上帝，反而燒掉耶利米先知的書（三十六 28～29）。
601 年	當尼布甲尼撒奪得巴比倫國所有政權後，他重新揮兵西討，要征服埃及，但敗於埃及，被逼撤退；不過埃及軍隊也傷亡慘重。
598/597 年	• 尼布甲尼撒王重整軍力進軍猶大，施行懲處。巴比倫王尼布甲尼撒仍未抵達耶路撒冷，約雅敬王已在戰事中被巴比倫的先頭部隊所殺（二十二 18～19）。他兒子約雅斤（又稱哥尼雅）繼承作王。 • 3 個月後，尼布甲尼撒王把約雅斤和其他的猶大精英、貴族，擄去巴比倫（二十二 24～30，二十四 1～7），那是猶大第二次被擄。尼布甲尼撒立約雅斤的叔父約西亞的兒子西底家作王，猶大再度成為巴比倫的附庸國（三十七 1）。
586 年	• 西底家被國內親埃及派系慫恿，與埃及並鄰近國家，如以東和摩押等結盟，聚集起來要反抗巴比倫（二十七 3～11）。尼布甲尼撒出兵征討，圍攻耶路撒冷；埃及派兵營救，巴比倫暫時撤退（三十七 5）。不久，巴比倫又以雷霆萬鈞之勢直逼猶大。圍困 18 個月後，耶路撒冷終於被毀，西底家王與許多猶大人被擄(三十九章)。耶利米目睹國家 3 次被擄，心情痛苦萬分。 • 猶大國敗亡後，仍留在本地的猶大餘民殺死巴比倫人立的猶大省長基大利。他們的領袖約哈難便帶領部分猶大人逃去埃及。他們挾持耶利米和巴錄與他們同去(四十一～四十三章)。 • 耶利米先知下了埃及。他最後一篇信息，是對著散住在埃及各城市的猶大人宣講的（四十四 1）。耶利米書沒有記載耶利米最終結局如何，但根據傳統說法，耶利米是死在埃及；但亦另有一說法，謂耶利米去了巴比倫。
536 年	猶大被擄 70 年後，波斯王居魯士下令以色列人第一次回歸，重建聖殿。❷

1.3 成書過程與解釋進路

1.3.1 成書過程

耶利米書包含多種的文學體裁，其中最主要的有詩歌和散文類。詩歌類中佔多數的有哀歌、申訴、預言、論列國神諭和智慧箴言等。散文類中有敍述文、講章、自傳、信件和預言等。當然，耶利米書成書的過程除了有寫作階段，也有編修階段。可是，有學者認為耶利米本人沒有參與成書前那編修過程，原因是這卷書包含多種的文學體裁，這樣的作品不可能全都出自耶利米一人的手筆。❸ 雖然學者們質疑耶利米書作者的說法，本書的論證卻支持耶利米書的寫作和編修可以是出自耶利米先知本人的。

首先，我們不能規限一位作者只能寫作某幾種文學體裁的作品。他也可以應用他的能力和天分，創作不同體裁、類型的文學作品。須留意的是，耶利米是祭司的後人，他講道、申訴，也有文士巴錄作他的書記。因著他這身分和活動，自然就是生活在文士圈子當中（二十六 24，三十五 3～4，三十六 10、20、26）。他明顯是當時代的一個知識分子、學者和作家。他當然可以寫作多種體裁的文學作品。

第二，耶利米明顯可以用申典神學和風格來寫作並講道。約西亞作王第十八年（公元前 622 年）發現（或再發現）的申命記，帶來國家宗教改革（王下二十二 8～二十三 25；代下三十四 8～19）。自然地，猶大全國都受影響。作為當時宗教和知識分子，耶利米熟悉申命記的內容絕不為奇。他極可能運用了申典神學和詞彙來寫作及講道。關於這點，即使持不同立場的學者，大都同意「耶利米書使用與申命記類同的詞彙和句子結構，都是因為這是當時代的風氣。」他們也贊同「申命記風格是公元前 7 世紀末至 6 世紀初風行的文學風格。」耶利米既然生活於這段時期，他不懂得運用申命記風格寫作，反而顯得不合理。

第三，耶利米當然可以為這卷書作編修。約雅敬作王第四年，耶利米背誦過往 20 年的講章，並由書記巴錄記下，成為第一卷耶利米書的初稿（三十六章）。這反映了耶利米曾把他眾多的講章作修訂及編排，並且不可能是隨意的。

第四，耶利米的一生橫跨猶大末代王國至被擄時期。他目睹國家被上帝懲罰，同胞被殺的情景，也明白這應驗了律法書記載的詛咒(申二十八15～68)。耶利米親身經歷國破家亡，他肯定屬被擄時期的人。如此，我們沒有理由拒絕他是被擄時期的編修者！耶利米當然不用親自動手作編輯，因為他助手就是書記巴錄。巴錄在編修時不可能是隨己意去修改耶利米的意思，必定經過耶利米的同意方可。因此，我們有理由相信耶利米有分參與最後的成書。

第五，全書基本上顯示一致的結構和主題(參1.1.2「結構」)。這一致性是很難由不同時代眾多編修者之手累積而成的。它更有可能是出自一個作者(編修者)之手。

綜合來說，我們有足夠理由和把握相信現存的耶利米書基本上是出於耶利米一人的手筆或他個人的思想。但這並不是說每章每節都是由他親手寫下的，其中有部分內容是由他的書記巴錄寫的。耶利米是全書的基本作者(substantial author)。意思是一至五十一章整體上都源出於他，而且忠實地反映先知的思想、言語和動機。而且，耶利米可以有分參與全書的編修。

1.3.2 解釋進路

要解釋耶利米書，首先要知道它包含多種的文學體裁，因此，須用不同的解釋進路。它大體上有以下3種進路：

第一，自傳－心理上的進路(autobiographical-psychological approach)。讀者要從書內歷史的敘述和自傳式的詩歌，如申訴(參十一18～十二6)等，去了解耶利米先知和他所處的時代。從中嘗試解釋耶利米先知內心的掙扎，他屬靈的境況，以及他心靈上的成長等。這方法是好，但較不全面，因為它忽略了全書的結構編排和神學主題。

第二，是編輯鑑別進路(redactional critical approach)或歷史鑑別進路(historical critical approach)。這進路是從分析由不同的底本重組成書的過程，以及追溯不同時代的編修者所作過的編修痕迹，去研究編修者作編修時背後的神學思想和動機。藉此，讀者可以了解從被擄至回歸時期的社會及政治背景，以及神學思想等，並且也了解當代猶太民族的信仰及它的轉變。這釋經進路先假設耶利米書大部分內容都不是出自耶利米之手，而經過多人的手筆及漫長的過程才成書。本書不採取這個釋經進路，因為本書立場是相信現存的耶利米書基本上是出於耶利米的。不過，在分析經文時，也會參考這方面的研究成果，因為耶利米書確實有編修的痕迹。

「歷時性」是指研究一種文本如何在不同時代所產生變化的現象。「同時性」是指研究一種文本在特定的時代中的現象。

第三，是文學研究進路（literary approach）。這進路集中探討經文的解釋，藉著研究經文的結構、鋪排，以及它豐富的思想等來釋經。文學研究進路可以參考上述所提歷史性或**歷時性**（diachronic）的研究的成果，目的只是要了解經文的成書過程，或成書的時代。但它基本上是一個**同時性**（synchronic）的研究，以經文為中心的進路（text-centered approach），目的要找到經文本身要告訴我們的信息。

本書採用文學研究進路來分析耶利米書，筆者認為這是最可取的解釋方法。採用這方法的同時，也認同現存的耶利米書為一本一致的文本。故此，此書主要會以「同時性」的文學研究進路，只集中於分析現存經文。不過，在分析的過程中也會留意經文反映的歷史背景，內中所包含作者心理的狀況，以及其神學思想，以此擴闊及豐富我們對經文的了解。

1.4 耶利米書反映申典神學

「申典神學」的觀點是指帶著申命記歷史觀的神學思想。這思想強調以「順服」與「不順服」摩西律法來決定歷史的結果。

此書有帶著**申典神學**思想，同時也有非申典神學思想寫成的內容。對於申典或非申典神學，從這些觀點的內容，不同學者有不同的推論。那些帶申典神學的講章可能是在猶大人被擄期間（約公元前 587 ～ 538 年）所寫的。

1.4.1 申典神學的基礎

申典神學的基礎源自「西奈之約」（Sinai Covenant），而西奈之約是以出埃及為主要事件。西奈之約背後的意義在於上帝要賜予恩典，正式與以色列人建立關係。當以色列百姓仍未以耶和華為他們的上帝之時，上帝就因祂與他們列祖立約（應許）的緣故（出二 23～25），主動邀請以色列來與祂建立密切的關係。上帝這個動機從祂呼召摩西，藉摩西向以色列啟示祂本身的名字顯明出來了（出三 13～15）。因著**西奈之約**，有以下 5 個重點需要掌握的：

西奈之約以古代近東「宗主條約」（suzerainty treaty）格式訂立。上帝是宗主，以色列人是附庸。條款中上帝要作以色列人的神，以色列人要作祂的民。若其中一方毀約，定必遭懲罰。

- 西奈之約延伸和加深上帝與以色列列祖所立的約。
- 西奈之約的基礎是出埃及。出埃及這事件顯明了耶和華是以色列人的救贖主的身分，以及祂向他們所成就的大能拯救。上帝憐憫以色列，救贖了他們，以約為工具，把他們緊繫於祂自己身上，成為祂的珍寶（出十九 4～6）。
- 出埃及是推動以色列人順從上帝的原因。順服上帝這要求不只發生在摩西的時代，而是世世代代。只要以色列國仍存在，他們都要順從耶和華。
- 維繫西奈之約的，是神人之間「愛」的關係（申七 6～11）。上帝要求以色列效忠於祂。如果他們背叛，上帝便會懲罰他們。
- 上帝對以色列人的「**愛**」，是從祂對他們的照顧、供應，以及為他們戰勝敵人等這幾方面顯明出來（申一～三章）。而以色列人方面，則以完全效忠，以真誠服待上帝，來表明他們對上帝的「愛」。

古代近東條約中，「愛」這字包含忠誠、信任和慈愛。西奈之約雖是以宗主條約格式寫成，其核心不是條款，而是上帝與以色列民的親密關係，是基於救贖恩典所帶來愛的回應之關係。

描寫西奈之約最全面的是申命記。申命記是一卷非常重要的書，它是以色列人的國家資產，更是他們全國人民必讀的書。它對舊約和新約聖經影響也很深遠。

約在 1943 年，德國學者馬丁．諾得（Martin Noth）提出一個嶄新的概念：申命記與舊約的前先知書（即約書亞記、士師記、撒母耳記和列王紀）合成另一本著作，稱為「申典歷史」（Deuteronomistic History），都是被擄或回歸後寫成的。此理論後來推展為差不多所有舊約書卷都是後期寫的，更否定摩西是申命記的基本作者。這理論其中一個主要理據是在列王紀下二十二章 8 節。這段經文記載約西亞王時代，文士和祭司在聖殿中找到律法書。曾有某些學者持較為激進的看法，認為約西亞王時代的文士和祭司為要使當時宗教和政治改革能成事，便利用傳統書卷的說服力來推動改革。於是他們撰寫了一本律法書，將它定為是他們在修葺聖殿時所找到摩西遺留下來的律法書。這種說法筆者不能同意，原因有 4 個：

- 摩西的時代已經有文字，《漢摩拉比法典》(*Code of Hammurabi*) 和不少埃及文獻，以及美索不達米亞文獻等都是古時期寫成的。那麼，為何申命記不可能寫於古代？此外，在埃及成長的摩西是受皇室教育，他極可能也懂得寫作。所以，摩西可以是五經（包括申命記大部分內容）的基本作者。
- 前先知書本身顯示「律法書」早已存在（參書八 31；王上二 3；王下十四 6，十七 13、34、37 等），而不是後期著作。
- 我們應該留意激進派學者所持的神學立場，其背後隱藏著對聖經的歷史性抱懷疑態度。事實上，找不到考古證據，未必就能證明歷史事件從沒有發生過。再者，就算是找到考古證據，這些學者們的解釋理論都會因為他們的神學立場而有所偏袒。
- 事實上，沒有證據顯示約西亞王時代的文士是撰寫律法書，而不是編修摩西時代遺留下來的律法書。再者，以色列人一直堅信摩西五經是由摩西時代寫成。否則當約西亞王時代的文士尋到律法書，就不會視它為重要的文獻。

面對著這麼多歧見，我們應當持守自己讀聖經的態度，以聖經經文為中心，多花時間在欣賞經文的內容及其背後的意義，而不是花太多時間在作者、歷史的研究上。我們應該把寫作一卷書的歷史的定位看作為參考資料，以幫助我們更了解經文。否則，就只停留在沒完沒了的爭論中。學者所提出的理論，都只是他對書卷研究的其中一個推測而已。

信仰反省：西奈之約表明上帝的愛？

如果上帝是愛，為何西奈之約的條款看來是這麼嚴格？所定出來的條款不但不能令以色列人感受到愛，而且還感到上帝有點兒霸道呢！

事實並非如此。愛本身是抽象的，不能單憑感覺來表達，也要以實際行動顯出來。上帝因為愛以色列而帶他們離開埃及，脫離困境。出埃及的救贖正是上帝以行動來表達祂愛以色列人。

既然以色列人領受了上帝這愛的行動——出埃及救贖的恩典，他們便必須遵守西奈之約，作為對上帝愛的回應，也藉此保持與上帝愛的關係。這是上帝對愛的要求。須留意的是，西奈之約的條款是訂立在出埃及事件的基礎上，表明凡愛都是有要求的。

今天，要期望一個仍沒有領受基督救恩的人去結出聖靈的果子，是一件十分困難的事，因為他從沒領受何謂上帝真正的愛。不過，對一個曾經蒙恩得救的人而言，若要求他遵守聖經的教導，這並不是信仰上的霸道，乃是出於愛的要求。因為遵守上帝的教訓，是一個最直接表達對上帝愛的回應的途徑。

1.4.2 申典神學的內容

大體上，申典神學有 7 大重心（參申命記）：

- 統一於一個核心地點的崇拜（申十二 5～26）。敬拜只可以在上帝揀選的地方，在其他地方建立的祭壇，都是不合法的，是異教的敬拜。
- 以出埃及、立約和揀選為主題。上帝揀選以色列作祂的子民，又拯救他們出埃及，使他們專一歸向祂，與他們立約。以色列是屬於上帝的，是特選的子民，他們與萬民有別（申四 20，七 8，九 26，二十八 9～10）。
- 上帝是獨一的。除耶和華以外，並無別神。祂是惟一的創造主，以色列只能單單敬奉上帝（申四 34～39）。
- 以色列人要守律法，也要忠於他們與上帝所立的約。因為只有上帝拯救以色列出埃及，他們才可立國，他們必須向上帝效忠。以色列效忠上帝的惟一途徑就是遵守約的條款——律法（申四 25～31，七 12～28）。
- 承受地土。上帝應許列祖把迦南地賜予他們和他們的後裔。上帝對列祖的應許已經應驗了，祂使以色列人承受迦南這流奶與蜜之地（申四 1、5、

21，六 18）。

- 懲罰和賞賜。遵守約是以色列人的本分和責任。凡守約的，便可從上帝得福；凡違約的，便從上帝那裏受詛咒。上帝的懲罰包括：旱災、瘟疫、戰敗，最後是被擄。上帝的賜福包括：賜下兒女，畜牧農作豐收，戰爭獲勝，成為別國之首等（申四 4～8，六 3，三十 15～20）。
- 嚴責拜偶像。最使以色列人違反上帝和祂的約的，就是拜偶像。所以申命記用了不少篇幅嚴厲譴責這罪（申六 14，七 25～26，八 19～20）。

另外仍有兩點雖然出現在申命記以外，但學者認為也是連繫於申典神學：

- 上帝揀選大衛家，永遠以他為王（撒下七 16）。
- 預言的應驗。上帝是揀選了大衛家，但因為以色列諸王犯罪（王上十一 11～13 等）、背道、離棄上帝，所以，以色列和猶大家要遭被擄，這一切都應驗了先知的預言。

總而言之，申典神學的焦點在於維持神人之間約的關係。可是，綜觀以上的論點，申典神學並沒有交代當以色列失敗，受到懲罰之後接著的結果將會如何。所以這神學觀點引起不少爭議，至今仍未有定案。❹

1.4.3 申典神學與耶利米書的關係

申典神學所有的重點，基本上可以在耶利米書的「出埃及主旨」中尋到，只是沒有提到統一於一個核心地點的崇拜。原因有 3 個：

- 耶利米時代，聖殿已經建成，不用再提及一個核心地點的崇拜。
- 耶利米責備百姓的重點，不是在於他們在耶路撒冷以外敬拜上帝，乃是指責他們錯誤地以為耶路撒冷可以保障他們安全，永不動搖（七、二十六章）。
- 當時的以色列人仍使用丘壇作祭祀（七 31，十九 5），所以耶利米轉而針對責備他們拜偶像。

事實上，耶利米書的神學比申典神學領域更廣，更為深邃！耶利米書提到上帝與以色列人是夫婦的關係（二 1～6），並再立新的約（三十一 31～33），為大衛的後裔興起一個君王（二十三 5～6）。以色列國的復興是無條件的，是上帝主動使然，這純粹因為上帝永遠的愛（三十一 1～4）！這些內容在申命記從沒有出現過。這顯示耶利米並非只繼承申典神學，他也領受新的啟示，也超越了申典神學（參附錄三「耶利米書的『申典神學』和『非申典神學』詞彙）。

申典神學建基於上帝的愛之上，這個愛包含憤怒。當人違背了約，上帝便會憤怒，並且有審判。上帝用了「怒氣、憤怒、大惱怒」這 3 重的形容詞來表達祂的憤怒（二十一 5，三十二 37 等）。是的，上帝也會發怒！但發怒之後，上帝仍然有愛。所以，上帝要再建立以色列。以色列的復興純然是因為上帝對以色列永遠的愛的表現。

上帝與以色列之間愛的關係是比西奈之約（申七 7～11）還早。西奈之約的條款目的是要維持這關係，使之正式化。雖然西奈之約可以因以色列人違約而被破壞，但上帝愛百姓這關係卻沒有被打破。所以當以色列人毀約的時候，上帝仍然可以在這愛的關係上，按著祂的主權、智慧及計劃，在以色列亡國後施行祂的救恩，另立一個新的約。

回轉看看歷史，便發現耶利米提到的新約（三十一章）至終在耶穌出生後的時代應驗了。以色列於公元前 538 年回歸本土，於公元 1948 年成立國家。上帝確實與人立約，這純粹是出於上帝主動的愛。這是上帝單方面的愛、也是人沒法使之對等的愛。

1.5 如何讀這卷書

先知書屬於古代近東的文學作品，這些書卷的背景、文化、言語和文學習律（literary conventions）都跟近代文學的用法有很多不同的地方，這也是先知書比較難懂的原因之一。先知書也是舊約聖經重要的一部分，是上帝的默示，上帝要從中向我們說話。我們需要努力的研讀，了解它的信息。作為一本聖經的內容，先知書要對每一個世代發出上帝的言語；作為一本文學作品，先知書則要求讀者以文學的角度去理解、並分析其中的信息。在研讀先知書的過程中，除了可以查閱有關的歷史、文化、背景資料外，仍有兩方面須留意的。在翻開這卷書之前，如果我們能先注意這兩方面的事情，不僅有助於我們明白經文的信息，並能欣賞先知文學之美。

1.5.1 了解先知書的基本文學類型

耶利米書的主要文學類型（genre）是以報告式（reporting）表達。這報告式的文體把先知在不同時間從上帝的差派和宣講作一系統的報告和編修，以成為現今的先知書。

「報告」是把先知的「差派」和「宣講」的口傳信息寫下來，並作一系統的編排和編修。編排的方式可以是順時序的，也可以按主題或其他原則如論列國神諭的文體。通常在每個大段落的起頭是某些引言公式和補充一些背景資料，如：宣講的日期、當時的處境等，以幫助讀者更深了解宣講的信息。除了報告先知的差派和宣講外，作者也會報告先知的心情（參九 1～2）。

論到「差派」，它與「呼召」是不同的。對一個先知而言，他的一生只經歷一次的呼召，但差派卻不同，可以是多次的。上帝先呼召一個人作先知，然後差派他去宣講，因著向不同的對象宣講，上帝向先知便有多次的差派，正如君王差派使臣去向人民、邦國宣告他的諭旨般。差派是上帝對先知個別的啟示，當先知說出來時，我們才知道那是上帝的啟示，先知經常以「耶和華的話臨到我說／耶和華對我說」這短語表達（參二 1～3，三 11～12）。

至於「宣講」，這是先知向百姓覆述上帝差派他時所要說的話。先知為了要指出所宣講的是出於上帝的話，他們會不斷重複一些句子，如：「耶和華如此說」（在耶利米書共出現 154 次），或「這是耶和華說的」（在耶利米書共出現 175 次）。

1.5.2 運用想像力，尋找說話者及其內容

讀先知書就好像聽一個人在講述獨白式的故事。講述者不只要作旁白，也要兼顧模仿劇中人物的對白和反應。他可能用不同的聲調、語氣、音量、面部表情，甚至動作來模仿不同人物的話。昔日的先知可能也是用這些技巧來表達

他們的信息，以吸引聽眾的注意力。他們不只帶著權威的語氣說：「耶和華如此說……」，也用自己的說話責備、安慰百姓（五4～6；參賽一10）。有時候他們會表達自己內心最深的感受（參四19～26）。他們也會引用百姓的說話來證明他們的不是（參七4），甚至會和百姓直接對話。可惜當聲調、語氣、表情等演說（或講故事）的技巧放在紙上來的時候，這一切都會消失。剩下的只有作者的旁述和劇中人的對白，所以讀者需要運用想像力來重構當時的氣氛。

例子：耶利米書三章21～25節（話劇形式的講章）

這段經文裏，先知用了話劇形式，模仿3個人物的對話，來表達以色列人將來的回轉。

（先知）：有聲音從光禿的高地傳來，就是以色列人哭泣懇求的聲音……（21節）

（上帝）：你們這背道的兒女阿，回來吧！我要醫治你們背道的病。（22節上）

（百姓）：看哪，我們來到你這裏，因你是耶和華—我們的上帝……（22下～25節）

在先知書原初的文本中，並沒有任何引號或標點符號來說明誰是在說話。所以，當我們讀先知書的時候，除了運用想像力，還要分析經文所用的每一個詞，分辨出它是屬於名詞抑或動詞，同時也要知道每一個詞的語法格（case）、人稱（person）、語法性（gender）、數式（number），從中尋找說話者，以及說話的內容。然後，再從經文的上文下理（context）了解經文的意思。這樣，就更能投入先知書的時空中，經歷其戲劇性的情節，而讓人流連忘返於遠古的場景之中。

1.6 參考書目

1.6.1 一般參考書

陳慶文：《耶利米書研讀》。台北：永望文化事業，2002。

熊潤榮：《靈程日深：大先知精粹》。香港：中信，2002。

熊潤榮：《淚眼銅牆：耶利米書研讀》。香港：中信，2003。

楊牧谷：《淚眼先知耶利米》。台北：校園，1989。

1.6.2 學術性參考書

Brueggemann, W. *A Commentary on Jeremiah: Exile and Homecoming*. Grand Rapids, MI: Eerdmans, 1998.

Carroll, R. P. *Jeremiah*. OTL. Philadelphia, PA: Westminster, 1986.

Clements, R. E. *Jeremiah*. Interp. Atlanta, GA: John Knox, 1988.

Holladay, W. L. *Jeremiah* 1. Hermeneia. Philadelphia, PA: Augsburg Fortress, 1986.

_______. *Jeremiah* 2. Hermeneia. Philadelphia, PA: Augsburg Fortress, 1989.

Huey, F. B. *Jeremiah, Lamentations*. NAC 16. Nashville, TN: Broadman, 1993.

McConville, J. G. *Judgment and Promise: An Interpretation of the Book of Jeremiah*. Winona Lake, IN: Eisenbrauns, 1993.

McKane, W. A. *Jeremiah*, 1 & 2. ICC. Edinburgh, Scotland: T. & T. Clark, 1986.

O'Connor, K. M. *The Confessions of Jeremiah*: *Their Interpretation and Role in Chapters 1~25*. Atlanta, GA: Scholars, 1988.

Stulman, L. *The Prose Sermons of the Book of Jeremiah*. Atlanta, GA: Scholars, 1986.

溫習及思考問題

1. 耶利米書的主題是甚麼？這主題對當時代的以色列人有沒有安慰的作用？
2. 主題與主旨有何分別？耶利米有哪個主旨？「出埃及」如何成為耶利米書一至三十三章的整體動向？
3. 耶利米書有多少類「引言公式」？它如何引入內容？
4. 耶利米書的結構如何顯示它的設計是一貫的？這卷書是在甚麼的歷史背景下寫成的？你贊成「一貫性」這說法嗎？
5. 試簡述耶利米書成書的過程。學者對這過程有何不同的看法？你的看法如何？
6. 申典神學與耶利米書有何相同的議題？你所經歷的人生是否都與申典神學

所述的相近？

7. 西奈的約如何顯出上帝與以色列人那愛的關係？你有沒有經歷到被約束也是一種愛的表現？

釋經短註

❶ 以文本語言學研究希伯來聖經的方法是分析每個句子的每一個詞。在分析的過程中經常要問：那詞是動詞抑或名詞？有沒有加連接詞（*waw*）以作句子的開始？如果那詞是名詞，便要問究竟它是主語抑或賓語？有沒有定冠詞？如果是動詞，它佔句子中的甚麼位置？它是以甚麼時態出現？它源自哪一個字幹？要掌握這門學問，首先要十分熟悉希伯來文的語法結構；不過現時的電腦軟件是可以幫上一把的。

❷ 這70年的計算法，是從第一次被擄至波斯王居魯士下令以色列人第一次回歸。當約雅敬作王第三年（即公元前605年；參王下二十四1；但一1～2），猶大人遭受第一次被擄，而耶利米是在約雅敬作王第四年宣告猶大人被擄70年後，巴比倫便會亡國（參耶二十五1、12）。當耶利米宣告這信息時，猶大仍是一個國邦（公元前586年猶大亡國，國民遭遇第三次被擄）。故此，從第一次被擄至第一次回歸（公元前536/535年）是經過70年。

❸ 學者們大都承認，申典神學的講章是以耶利米的說話作基礎而發展出來的，故此內裏含有耶利米的說話。他們也承認耶利米本人可以書寫，不過，他們仍堅決認為，耶利米本人不可能是申典神學講章的作者，而且他對成書的編修過程差不多沒有作任何參與。他們這樣堅持的一個主要原因，是他們不願意否定他們的立場，否定

過去一個世紀累積而來的研究成果。他們這些研究都是建基於一些偏差的假設。

❹ 申命記到底有否提到以色列毀約後復興的可能？有沒有提及以色列被擄後可以復國？這些都是學者們仍然爭論的。現列出申命記經文作參考：

a. 申命記二十九 20，三十 18：百姓如果犯罪，上帝絕不饒恕。
b. 申命記三十 2～5：有條件性地提到復國、回歸的應許；但是，以色列沒有履行這些條件。
c. 申命記三十二 39 ～ 43：上帝無條件救贖祂的百姓；但是，沒有說明是復國。

這些問題無法在申命記中尋找答案，這不僅增加解釋上的張力，更支持申命記寫作的年代是屬很早的，不可能是回歸後期才寫的。否則，一定會非常的清楚提到復國的問題。

第一篇
上帝的呼召（一 1 ～ 19）

第一篇只有第一章。這一章對於整卷耶利米書十分重要，因為它不但記載耶利米先知的蒙召，也是全書信息的概論。一章 2 節「耶和華的話臨到耶利米」已表明他是一位蒙上帝呼召的先知。這位先知與摩西有許多相似的地方，故又被稱為「新的摩西」（a new Moses）。這一章除了記載耶利米的被召，也以兩個異象來帶出全卷書的信息，成為全書的概論。這部分作者描述耶利米作先知之時，整個國家的政治及宗教背景，同時亦引入耶利米作先知時將要面對的挑戰與衝擊。

第二章

呼召新的摩西（一1～19）

- 耶利米是新的摩西
- 全書背景
- 作列國的先知
- 生命的挑戰與超越

上帝曾對摩西說要興起一位先知像他，上帝要把「當說的話放在他口裏」（申十八18）。這短語原文的寫法在全本舊約聖經除了申命記，就只出現在耶利米書。上帝曾告訴耶利米：「我已將我的話放在你口中」（耶一9）。因此，耶利米就是上帝要興起的「新的摩西」，他可說是繼承了摩西的職分。

* 米高安哲羅（Michelangelo）筆下的耶利米

2.1 耶利米是新的摩西

耶利米先知被稱為新的摩西，其主要的原因是上帝向摩西所說的預言應驗在耶利米身上。摩西臨終前曾預言上帝將要興起一位先知像他一般，並且要把「當說的話放在他口裏」（申十八18）。這短語原文可直譯為「放（*nāṯan*）話語在他口中」。這種特別的用字，在舊約聖經只出現3次。第一次是在申命記摩西的預言（申十八18），其他的兩次是在耶利米書（一9，五14）。在其他舊約書卷中，若提及上帝要「放」（*śîm*）話語給先知，所用的詞與耶利米書的不同。若按原文比較，耶利米書一章9節，上帝把「我的話放」與申命記十八章18節的短句完全相同。換句話說，從所用的詞可推論耶利米書的起首語，就是記載上帝呼召一位「新的摩西」。摩西是以色列民族的一位英雄，他的出現標誌著以色列民族將來命運的一個轉捩點，就是以色列人要從奴隸的身分轉升為一個能夠自主的國家，他們有自己的土地和憲法。同樣，耶利米的被召也標誌著以色列人新時代的開始，因為他是新的摩西！至於這新時代是一個怎樣的時代，就由耶利米書的作者表述出來。

2.1.1 耶利米與摩西

耶利米被稱為新的摩西，他定必與摩西有許多相似的地方。現將他的蒙召、生平與事奉與摩西相似的地方列出來：

摩西	耶利米
蒙召的經驗	
摩西見異象（出三2）。	耶利米見異象（耶一11、13）。
上帝呼召他時，摩西以不善言辭來推卻（出四10）。	耶利米聽見上帝的呼召，也以自己年輕、不懂得説話來推辭（耶一6）。
上帝沒有放過摩西，祂應允與他同在，賜他口才，指教他當説的話（出四12）。	上帝沒有放過耶利米，應允與他同在，又伸手按住他的口，把祂的話放在他口中（耶一9）。
「出埃及」的職事	
摩西的職事是帶領以色列人出埃及，脱離埃及為奴之地（出六2～8）。	耶利米的職事是預言百姓因為背逆而要被擄，這是「反出埃及」；預言將來百姓一定會回歸，這是「新出埃及」（耶三十一1～3）。
當百姓犯罪，摩西多次向上帝祈求（出三十二11～14；民十四11～25）。上帝應允他不滅絕以色列人，但仍要懲罰他們，使他們在曠野漂流40年，只有新的一代才可進入應許地。	耶利米即使為叛逆的百姓代求，也不能挽回他們被擄巴比倫的懲罰（耶七16～20，十二14～17，十五1）。上帝應許先知，猶大國被擄70年後，新的一代以色列人會回歸本地。
西奈之約與新約	
摩西帶領以色列人與上帝立了「西奈之約」，寫在石板上。上帝應許作他們的神，他們是上帝的子民（出二十四12；利二十六9～13）。	耶利米預言「新約」，新約是寫在人的心版上（耶三十一31）。在新約之下，上帝是以色列人的神，他們是上帝的子民。

耶利米繼承了摩西的職分，但他的職事要到新約時代才完成，因為耶利米預言的「新約」是要在耶穌最後晚餐的時候才設立。當然，耶穌的來臨是標誌著新約時代的開始，耶穌是「終極的摩西」（來三1～6）。祂不只設立了新約，祂又救我們離開黑暗，進入光明，使我們可以作上帝的子民（彼前二9～10）。祂長遠活著，替我們在父上帝面前代求（來七25）。耶穌在世的時候，當代的人以為他是耶利米（參太十六14）。可以這樣説，耶利米是橋梁，他處身於第一個摩西與終極摩西——耶穌——的中間，把他們聯繫起來。

2.1.2 認識出埃及

「出埃及」是舊約聖經一個非常重要的主旨。要認識出埃及主旨，就必須先認識「出埃及」這事件。按聖經的記載，整個出埃及事件始於摩西被上帝呼召（出三 10），直至摩西死後，約書亞帶百姓過約旦河之前結束（書四 19～24，二十四 4～5；詩一〇五 23～27）。出埃及的核心有兩個主角：上帝、摩西，以及一個主要事件：西奈之約。現簡述之。

2.1.2.1 上帝

出埃及事件是由上帝發起的，這是出自祂對以色列人慈愛的心。沒有上帝，就沒有出埃及。以色列民在埃及做奴隸，受苦 400 年之久（創十五 13；加三 17），上帝一直等待，直到時候到了，就主動地呼召摩西帶領以色列民，也準備好以祂的大能來拯救他們。

「上帝的名字」原文 ʾehyeʰ ʾăšer ʾehyeʰ 是一個短語，由兩個相同的動詞「我是」及一個關係語氣詞「就是」組成，直譯作「我是，就是，我是」。

這位上帝呼召摩西的時候，向摩西啟示祂的名字（出三 14～15）。**上帝的名字**包含著豐富的奧祕，其中重要的是：上帝是記念祂的應許的神，上帝也是垂聽人的哀聲，而伸手拯救的神（出二 23～25，三 16～17）。尤其重要的是，上帝啟示了自己的名字，表明祂願意開放自己，讓摩西及祂的選民與祂建立緊密的關係。在古代近東文化，當向另一個人說出自己的名字，就表示願意與那人交往。原來上帝是渴望並主動地與人建立關係的神，祂不是高高在上，要與人隔開的神。

藉著祂在埃及地施行的十災，以及保護以色列人過紅海的空前絕後的神蹟，上帝顯明祂是全地的主，祂比當代最勇猛的埃及軍隊和最有權柄的法老更有權威，祂比一切可畏的埃及神明更有能力。在祂帶領以色列民在西奈曠野漂流的 40 年，以色列人試探上帝 10 次，上帝付出無限的忍耐，也在忍耐中顯出對他們悉心的照顧和公義的寬恕。的確，出埃及顯明了上帝的屬性。祂是全能、獨一、仁慈、赦免罪孽，滿有恩典，不輕易發怒，且有豐盛的慈愛（出三十二～三十四章）。藉著出埃及，上帝使以色列和萬國萬民知道祂是上帝，是全世界至高的神，並能具體地認識祂大能地救贖，以及完美的屬性（出十八10～11；申四34～35；書二10；耶三十二20～21）。

2.1.2.2 摩西

摩西是帶領以色列人出埃及的領袖，他在以色列民族中留下無可比擬的痕迹和影響。摩西是上帝的先知，是祂的使者和代言人。上帝吩咐他奉祂的名向法老說話——「耶和華如此說」，摩西也遵從了（出四22，五1）。他實踐這先知的職事，成為日後以色列眾先知的典範（包括耶利米）。

摩西也是西奈之約的中保。在西奈山上，上帝頒布律法和誡命給摩西，由他轉予以色列人（出十九1～5）。摩西也把百姓的回應轉告上帝（出十九7～8）。經由摩西之手，上帝與以色列立了西奈之約（出二十四3～12；申五1～6）。摩西這中保的身分，不只是幫助上帝和以色列民立約，也是代求者，責任重大。當百姓犯罪，拜金牛犢，違背西奈之約，摩西便為他們向上帝求寬恕。他把握著上帝的屬性、上帝要得的榮耀、上帝對列祖的應許，並祂慈憐的心腸，懇求上帝寬恕百姓。摩西甚至以自己的性命為百姓贖罪，來懇求上帝（出三十二11～14、31～32，三十三12～16）。摩西為百姓的代求成了日後以色列先知為百姓祈求的典範（參耶十四19～22）。

作為先知，摩西不只奉上帝的名說話，他也要把上帝的律法和歷史的意義，向百姓闡明、講解。從先祖亞伯拉罕時期至出埃及，在曠野漂流，及至當時在約旦河東預備征服迦南等（申一5～8，四1～40）。摩西是以色列民偉大的老師。

摩西留下一個預言給以色列：上帝會在他們中間興起一個先知像摩西的，祂要將「當說的話放在他口裏」（*nāṯattî ḏəḇāray bəp̄îw*），然後再將這些話傳予百姓（參申十八17～18）。

2.1.2.3 西奈之約

出埃及的主要事件是西奈之約，其中包括它的形成和約定。西奈之約是上帝賜予以色列民的恩典，要把上帝與他們密切的關係正式化。

西奈之約仍未形成之先，甚至在以色列出埃及之前，上帝已視祂與以色列間有親密如父子的關係。不是嗎？當上帝差遣摩西去見法老，上帝對摩西說：「你要對法老說：『耶和華如此說：以色列是我的兒子，我的長子。我對你說過：放我的兒子走，好事奉我……』」(出四 22～23) 這密切的關係是因為上帝早就應許亞伯拉罕要顧念他的後裔，也以約來保證事實的成就 (創十七 7)。所以，當以色列百姓仍未懂得以上帝為他們的神時，上帝就記念祂與亞伯拉罕所立的約，呼召摩西 (出三 7～10)。因此，西奈之約是要把上帝與列祖所立之約延伸到他們的後裔，同時把這列祖之約加深。

然而，西奈之約的基礎是出埃及。上帝憐愛以色列人，用大能拯救了他們離開為奴之地。出埃及事件讓以色列明白到上帝是獨一的、全能的。當上帝在西奈山與以色列立約，上帝就以成就出埃及的事實這身分與以色列人立約 (出二十 2)。上帝拯救了他們，如今，西奈之約把他們繫緊於上帝，他們要成為祂的珍寶。

西奈之約是以「宗主條約」的格式寫成，上帝是宗主，以色列是附庸國。以色列人要順從上帝。他們遵守西奈之約的動機和理由，就是他們經歷了「出埃及」的拯救。沒有出埃及，就沒有以色列國，而以色列國也不會歸屬於上帝。如今，他們是上帝所擁有的。這關係不但只發生在出埃及的時代，而且是直到永遠的。只要有以色列人的存在，他們都是屬於上帝，都要順從上帝，上帝也忠誠地愛他們。

由此可見，西奈之約的核心是「關係」，不是約的條款；是上帝與以色列「我－你」的關係；是一個基於恩典的救贖，所以帶來愛的回應的關係。條款 (律法) 的目的，不是要使人因為遵守了而被上帝接納。約的條文乃是要維持上帝與人之間，因出埃及而帶來那獨特的「我－你」關係，這關係需要培養，使之不斷延續。

的確，西奈之約要管治的，是上帝與以色列人之間愛的關係 (申七 7～9)。在古代近東的條約中，「愛」這個字的焦點是忠誠、信實和慈愛 (參 1.4.1「申典神學的基礎」)。引申到上帝方面，祂要如何「愛」以色列？是從祂對他們的拯救、照顧、供應、保護、使他們打仗得勝等顯明出來 (民二十三～ 二十四章）。在以色列方面，是從他們對上帝完全效忠、專一、真誠、順服等證明出來。

2.2 全書背景（一1～3）

第 1 至 3 節是耶利米書的標題，也是全書的引言。❶ 耶利米的父親是一個祭司。祭司的身分與工作是世襲的，故此耶利米應該也是一個祭司，不過經文沒有提及他曾做過祭司。我們不知道他出生於甚麼年份，但我們清楚知道，他從約西亞作王第十三年（公元前 627 年）開始傳講上帝的信息，直到西底家王第十一年五月間（公元前 586 年）「耶路撒冷被擄時」（一 3），超過 40 年。他是在猶大國末後 5 個王期間作先知。假設耶利米是 25 歲開始作先知，到亡國時，他已是超過 65 歲的老人了。

事實上，他作先知的時間比計算的更長。耶路撒冷被焚燒，猶大亡國後，耶利米在埃及繼續向移居那裏的猶大人傳講上帝的信息（參四十三 8，四十四 1）。❷ 他最後傳講的信息是在埃及。那時，猶大人已散布在「密奪、答比匿、孟斐斯、巴特羅」（四十四 1），這已離開「西底家王……十一年五月間耶路撒冷被擄時」好幾年的時間。

2.3 作列國的先知（一4～16）

上帝呼召耶利米的時候對他說，當他在母親的肚腹中仍未成形，上帝已經認識他。當他仍是一個胚胎之前，上帝已分別他為聖，揀選他作列國的先知（4～5 節）。對耶利米來說、當他仍未存在於世，而上帝已經為他安排使命，這是一個可畏的信息。作列國的先知，這是絕不簡單的啊！在這呼召臨到之前，先知的生命、生活和時間都是為了預備上帝這個呼召。可是，耶利米卻想逃避上帝的呼召，他回答：「唉！主耶和華，看哪，我不知道怎麼說，因為我年輕。」（6 節）不過，上帝不接受這解釋。上帝要求耶利米服從祂的吩咐，去宣布上帝所命令他說的一切話。由此可見，上帝是不輕易讓步的神！不過，祂知道耶利米懼怕，所以向他保證，上帝會與他同在，並且會拯救他（7～8 節）。

耶利米書出現之「拔出、拆毀、建立、栽植」

經文	說話的背景	說話的內容
一 10	上帝呼召耶利米	交託他雙重的使命：拔出和拆毀。上帝先按他的口，將祂的話放在他口中，然後才給先知這使命。耶利米用來拆毀和建立、拔出和栽植的工具，就只有一樣，就是上帝的話。
十二 14～17	上帝要拔出猶大和鄰國（民族遷移）。	不過，上帝也應許，拔出以後會憐憫他們。外邦國若敬畏並歸信上帝，他們會被建立成為上帝的百姓。上帝的心意是向整個世界敞開。
十八 7～10	上帝給人機會作回應，然後才落實祂的行動。	若人悔改，上帝就不會懲罰；若人叛逆行惡，上帝也不會祝福。不過，猶大人是刻意拒絕悔改的機會（十八 11～12）。
二十四 4～7	約雅斤王被擄代表上帝已經施行拔出。	當猶大被拔出之時，上帝應許會栽植他們，將來的被擄者會回歸，他們是上帝眼中的好無花果。這應許純然是出自上帝的恩慈，因為不是凡被擄的都是順從上帝的。
三十一 28、40	上帝再次應許要栽植以色列和猶大。	上帝說祂已經拆毀，拔出，現在準備栽植他們。這個新的栽植比拆毀的更好。重建的以色列有新的約，比舊的約好（三十一 31～34）。這一次的重建是永遠的，不會再拔出來（三十一 40）。
四十二 9～12	國家、聖殿已被毀被焚，巴比倫人委任的省長基大利被猶大叛黨所殺。	剩下猶大地的「餘民」欲逃往埃及地。上帝勸勉他們要留在猶大地。他們若留下，上帝就會栽植他們，保護他們。不過，他們沒有聽從。
四十五 4	這話是約雅敬王第四年對巴錄說的。他剛用皮卷記錄完耶利米的講道，準備要去聖殿宣讀。	一方面要安慰巴錄，另一方面是作四十六至五十一章論列國神諭的導論和引言。上帝掌管列國，縱然列國不認識祂，上帝仍是宣告要拆毀、拔出列國。整個近東地帶要經歷戰爭，人民遷移，上帝宣告要栽植其中某些被拆毀的（四十六 26，四十八 45～47，四十九 5～39），建立新的國際局面。

接著，耶利米在異象中感覺到上帝伸手摸他的嘴唇，並對他說：「我已將我的話放在你心中」（9 節）。這行動不但象徵耶利米被按立做先知，是新的摩

西，上帝更把祂的信息交付給他。為何上帝要強調已把「我的話」放在耶利米口中？為何這事情如此重要？因為耶利米的使命是「拔出、拆毀、傾覆，又要建立、栽植」（10節；參十八7～10，二十四6，三十一27～28，四十二10，四十五4等），這是個翻天覆地的使命，而執行此使命所能用的惟一有效的方法和工具，就是「上帝的說話」，非人的勢力。

聖經中圖像的功能

上帝用了兩個圖像，借助耶利米將「拆毀與建造」在當代之計劃具體化。第一個是農業方面的：上帝會把以色列和列邦如根拔起，之後重新種植。第二個是建築方面的：上帝會將以色列和列國拆毀，然後重新建造。除此之外，整本耶利米書也充滿了圖像，其中有些是舊約聖經中獨有的。它有許多功能：

1. 圖像是人類語言運用的一部分。聖經時常出現圖像來傳達信息，因為圖像是一些可見的事物，是容易明白的。
2. 圖像令人產生認知的功用。當有限的人要描述那無限、偉大的上帝，無可避免地要用圖像來描述，如當說「耶穌是上帝的兒子」，是以人間父子有同一生命的事實來描述耶穌是神，他有上帝的神性。用圖像來傳達一個抽象的觀念或真理，是人類與生俱來的本能，也是上帝的智慧。
3. 圖像有扣人心弦的功能。圖像是引動情緒的文字，因為它引起人的聯想。如「耶和華是我的牧者」，這牧者與羊的圖像引發出讀者無限的幽思和感觸。聖經雖是古老，可是數千年後的人在讀經時，仍感到聖經是在對他們說話。
4. 圖像提供讀者詮釋的空間。作者運用圖像的目的，就是要讀者能夠設身處地去聯想、去詮釋，進而引起深刻的領會。如「上帝大能的手和伸出來的膀臂」，是描繪上帝捲起衣袖，準備行動。這圖像貫穿申命記與耶利米書，令讀者聯想到當下的他如何經歷上帝。

耶利米只是上帝揀選的信差，是上帝的代言人。他沒有任何政治權柄。縱然如此，耶利米是被上帝立在列國之上，是百姓不可輕視的。耶利米要向列國萬民宣講上帝的信息，其中包括審判和復興這兩部分。上帝要把萬民如植物連根拔起，之後再種植，如房屋被拆毀，之後再重建（10節）。上帝要帶給當代以農耕為主的近東列國一個翻天覆地的改變：人民要離開家園，遷移異地，之後回歸本土。這個審判和復興的雙重使命，明顯貫穿整本耶利米書。耶和華的話表明祂不只是以色列的神（耶和華），更是全世界的神。他有權柄統管列國萬民，縱然列國的人未必認識祂，祂仍是他們的主—神。

以色列國的命運和將來的發展，確實是藉著耶利米所宣講上帝的話，被向前推動：猶大國先要經歷被擄異地的審判，然後整個以色列民族會有新的出埃及，他們會有新的開始，之後與上帝之間會有新的約。這是上帝對以色列民族的計劃，而不是人為的政治結果。

耶利米的出現不同於一般舊約先知。他是新的摩西。為何上帝給耶利米如此重要的身分？主要原因是那個時代是以色列國的一個關鍵期，也是上帝救贖歷史的一個轉捩點。北國以色列已於公元前 722 年被亞述國消滅，如今猶大也快要被巴比倫摧毀。第一次的出埃及而建立的國度將要成為過去，而藉著摩西所立的西奈之約也快要告一段落。在此發生之前，上帝要差遣一個新的摩西，預告重建的國度，並有一個新的約，來維持祂與以色列子民間的關係，也引出未來更偉大的救贖。

杏樹（šāqēḏ）原文字根與「留意保守」（šōqēḏ）相同，只是母音不同。杏樹是巴勒斯坦地每年最先開花的樹，在一月中開花。當杏樹開花，人便醒覺春天來了。所以，以色列的杏樹也稱為「醒覺樹」（awaken tree）。

將重要使命託付給耶利米之後，上帝進一步給他看見兩個異象。首先，耶利米看見一根**杏樹**枝，這象徵上帝時常的警覺，「看守」祂的話，使之得以實現（11～12節）。第二，耶利米看見「一個水燒開的鍋，從北而傾」（13節）。這象徵毀壞猶大的敵人將會來自北方。這北方的敵人會來到「耶路撒冷的城門口，周圍攻擊城牆」，以及猶大境內各城（14～15 節）。耶路撒冷要被攻陷，猶大要亡國。上帝如此懲罰猶大人並不是無故的，乃是因為他們長期的離棄上帝，「向別神燒香跪拜自己手所造的」偶像（16 節）。他們違背了上帝與他們的約——西奈之約。在第一章上帝沒有說明這北方的敵人是誰，直至二十章 4 節才首次點出他們是巴比倫人。

2.4 生命的挑戰與超越（一17～19）

上帝向耶利米解釋他的使命之後，進一步挑戰耶利米要勇敢行動。他要

「**束腰**」，把上帝吩咐他一切說的話，每句每字都告訴百姓。即使上帝的話語嚴厲，不受百姓歡迎，也不能因膽怯、懼怕百姓而與他們妥協。若先知妥協，上帝定必對付先知，使他在百姓面前「驚惶」（17 節；「現代中文譯本」譯作「更加膽怯」）。先知的職事是非常慎重的，不能掉以輕心！

「束腰」（ʾāzar）即「準備好」。古代的人衣服寬鬆，但在需要工作前便將衣服束好。

上帝知道耶利米所做的是非常的使命，所以上帝也行動，由耶利米被召開始，祂就堅強耶利米，使他成為「堅固的城」，如「**鐵柱和銅牆**」般堅硬，來面對猶大全國所有嚴厲的反抗，包括來自「君王、官長、祭司，並這地的百姓」的攻擊（18 節）。事實上，甚至先知的家鄉和他兄弟並父家都會背棄他（參十一 21，十二 6）。「鐵柱、銅牆」是堅硬，但絕不如「鐵戟和銅槍」鋒利。換句話說，耶利米只能忍受別人的加害，卻不能反擊。上帝也不會禁止別人攻擊耶利米，但祂會與先知同在，使他站穩陣腳，並且得勝。上帝應允：「他們要攻擊你，卻不能勝過你；因為我與你同在，要拯救你。」（19 節）

在耶利米時代，鐵、銅（青銅）是最堅硬的材料。鐵柱和銅牆是用作防禦的建築，不是用來打造武器。

耶利米的職事很是艱辛的，他不能選擇用自己的言詞來宣講上帝的信息，也不可以避諱不講上帝吩咐他說的話。他被人攻擊的時候不能還手，只有挨打的分。難怪經過了漫長年日的事奉，耶利米受不了，他投訴上帝（參十五 18～21）。上帝了解他的處境，祂聆聽先知的申訴，也使用先知的痛苦，推動審判要臨到猶大。

溫習及思考問題

1. 耶利米的人生用了超過 40 年作先知，你會如何運用上帝給你的 40 年？你願意把自己的一生交託給上帝，讓祂完成祂在你生命中的計劃與使命嗎？你希望自己的一生是被上帝使用，如耶利米般嗎？
2. 為何耶利米被稱為「新的摩西」？這新的摩西與出埃及記中的摩西有何相同之處（一 5～9）？
3. 耶利米書的中心思想是甚麼？試從串珠聖經找出這節經文在本卷書哪些地

方重複出現過（一 10）。

4. 猶大國的興亡全因上帝「拔出與栽植」的手，而不是人為的，可見人類歷史的發展都出於上帝。那麼，你的一生又如何？你相信上帝在掌管著你的順境和逆境嗎？
5. 猶大的敵人是從北方而來的，這個敵人及「北方所有的國家」是指誰（一 13、15）？你認為若耶利米知道自己的國家將要遭受大難時，他的心情會如何？換著是你，你會有何反應？
6. 上帝呼召耶利米，交付他使命後，給先知甚麼應許？這個應許有甚麼特點（一 18～19）？

釋經短註

❶ 第 1 至 2 節這句子在原文是沒有動詞的，以「耶利米的話」起首。換句話說，全書的第一個詞彙標明此書是「耶利米的話」。故此，按當時文學習律而言，第 1 節很可能就是書的標題（或名稱）。無論如何，第 1 至 3 節是全書的引言，介紹耶利米的生平和上帝差遣他宣講的日期。

❷ 第 3 節記載，上帝的話常臨到耶利米，直到「耶路撒冷被擄時」。理論上，這時期不包括四十二章 7 至 22 節、四十三章 8 至 13 節、四十四章 1 至 14 節等所記載更後期的上帝的啟示。這現象顯示出似乎第一章 1 至 3 節是寫在第四十二至四十四章之前的。若是真的，這現象反映了耶利米書有編修的痕迹，支持了耶利米書曾經過一段時間的編修過程，而不是一下子就成書的。

第二篇
耶利米的講章（二1～二十四10）

第二至二十四章記載了耶利米的講章，分為 5 個單元。每個單元輯錄的信息都圍繞著一個清晰的主題。除了講章外，有些單元還有先知與上帝的對話，先知的哭泣和申訴、並敍事散文等。它們與講章編織在一起，構成繽紛而聯絡整齊的單元。每個單元都是建立在它前一個單元之上，把全書信息緊扣一起，順序向前推進，直至二十五至二十九章的審判，然後發展至三十至三十三章的復興。這 5 個單元如下：

- 第一個單元（二～六章）描繪上帝與以色列的密切關係，這關係如同夫婦關係一樣。可以説，整個單元都是陳述上帝與以色列人的婚姻史，從出埃及至耶利米時代為止，以色列如何從鍾情的新婚少婦淪落為一個妓女妻子。上帝重複地呼喚以色列回轉，可是他們不肯，所以上帝要懲罰她。
- 第二個單元（七～十章）進一步指出耶利米當代猶大人的虛假。他們與上帝的關係只保留於表面的聖殿禮儀，而沒有內心誠實的敬拜，他們醉心拜偶像。他們以為按照律法要求獻祭及守禮儀，就保證上帝永不會讓耶路撒冷城被攻破。他們以擁有上帝的律法書為傲，卻沒有聽從書裏的教訓和要求去生活。耶利米當代的猶大人把外在的事物代替他們與上帝的內在關係，以致這關係外表化、非個人化。他們虛假的宗教招致上帝的懲罰，先知預先看見那懲罰的嚴厲，難過得為百姓哭泣。
- 第三個單元（十一～十七章）是環繞「約」的核心而發展的。猶大人違背西奈之約；根據約的規定，他們要受詛咒，例如：他們的土地發生嚴重的旱災等。最後上帝要放逐他們到異邦，耶路撒冷要被毀滅。因著上帝已決意要懲罰猶大，所以不容許耶利米為他們祈禱。上帝不會因先知的代求而寬容他們。這個單元開始出現耶利米的申訴。

- 在第四個單元（十八～二十章），上帝用陶匠和陶泥的比喻，表明上帝有絕對的權柄處理犯罪的猶大。因為耶利米當代的猶大人沉迷罪惡，上帝要打碎他們如同打碎瓷瓶一樣，使之不可修補。耶利米當代的人一而再的苦待忠心傳上帝話語的耶利米，令先知不只向上帝申訴，也要求上帝替他報復，他痛苦得詛咒自己。先知這些申訴證實了百姓的叛逆。所以，上帝處罰他們這行為是公義的。
- 第五個單元（二十一～二十四章）指出上帝的懲罰是嚴厲的。上帝已經決定要懲罰猶大。耶路撒冷、君王、先知、祭司和百姓皆不能倖免。不過，上帝留下復興的預言，而且將已經被擄去巴比倫的約雅斤王和猶大百姓比喻為好無花果，而留下的西底家王和耶路撒冷的百姓卻是壞無花果。

第三章

上帝與以色列的婚姻之愛（二1～六30）

- 以色列是不忠的妻子
- 悔改的召喚至審判的哀歎

耶利米接受上帝的呼召之後，便開始傳講上帝的信息。第二至六章記錄他早期的講章，可分為兩大段落：二章1節至三章5節、三章6節至六章30節。這兩大段落不是獨立的，在內容的發展和詞彙的運用方面皆是前後呼應。在二章開始，上帝描寫以色列為祂鍾情的新婚妻子（2～3節）；三章卻記載上帝的哀歎：「以色列家啊，你們向我行詭詐，真像妻子行詭詐離開丈夫。」（20節）二章描述以色列是單單屬於上帝的「初熟的土產」，誰「吞吃它」，上帝就降災禍給誰（3節）；六章卻記載上帝吩咐敵人攻擊以色列，他們「如摘淨葡萄一樣」（9節），上帝不會攔阻。二章陳述以色列是「歸耶和華為聖」的（3節）；六章記載以色列是「被拋棄的銀子，因為耶和華已經拋棄了他們」（30節）。

3.1 以色列是不忠的妻子（二1～三5）

上帝已經呼召耶利米做一個「新的摩西」（一章），現在這「新的摩西」呼喚百姓回憶第一次的「出埃及」。耶利米的講道，一開始就呼喚他的同胞回想從出埃及以來，上帝與以色列民的親密關係，上帝與他們就如夫婦一樣（二2～6）。這關係已經藉西奈之約正式化。接著，耶利米把這婚姻的關係應用到他的世代，指出百姓對上帝不忠，辜負上帝的愛，令上帝痛苦。談到以婚姻關係來描述上帝與以色列人的關係，除了耶利米先知，先知以賽亞也作過如此的對比，現將它作一比較。

上帝與以色列婚姻關係的比較

以賽亞書描述的圖像	耶利米書描述的圖像
以賽亞書描繪的圖像比較溫馨。	耶利米書的圖像比較活潑、哀怨。
以色列是「上帝所喜悅的」新婦（六十二4～5）。	上帝記得以色列「年輕時的恩愛（*ḥeseḏ*）」，「新婚時的愛情（*ʾahăḇāh*）」（二2）。
以色列是上帝那離棄片刻的少婦，但上帝以大恩將她收回（五十四6～7）。	上帝把以色列比作「少女」、「新娘」（二32）。 以色列與「許多情郎行淫」（三1），是上帝「行詭詐」的妻子（三20）。

上帝以「永遠的慈愛（*ḥeseḏ*）」憐憫以色列（五十四8）。	上帝以「永遠的愛（*ʾahăḇāʰ*）」愛以色列（三十一3）。
上帝是以色列的丈夫（五十四5）。	上帝是以色列的丈夫（三14，三十一32）。

分段大綱（二1～三5）

1. 從曠野的初戀到離棄上帝（二1～19）
   甲、上帝記得祂與以色列的戀愛史（二1～3）
   乙、上帝控訴以色列忘恩負義（二4～13）
   丙、離棄上帝的結局（二14～19）
2. 過去以色列世代的淫亂（二20～30）
   甲、以色列的淫亂（二20～25）
   乙、以色列向上帝頂嘴（二26～30）
3. 上帝哀歎耶利米當代的人（二31～三5）
   甲、上帝的哀歎（二31～37）
   乙、上帝願意猶大回頭（三1～5）

3.1.1 從曠野的初戀到離棄上帝（二1～19）

3.1.1.1 上帝記得祂與以色列的戀愛史（二1～3）

這段經文以一個引言公式「耶和華的話臨到我」開始（參1.1.2「結構」）。耶利米從上帝領受了信息，他是一個奉差遣的先知。以色列人第一次出埃及的時候，摩西接受上帝的差遣，帶領他世代的人去到曠野。如今，上帝差遣新的摩西耶利米，對他說話，要求他「去向耶路撒冷居民的耳朵呼喊」，喚醒百姓憶起祖先在曠野的飄流（2節）。

2至3節是解釋耶利米全書講道信息的鑰匙。耶利米覆述出埃及為講章的引言，因為出埃及的歷史是他所有講道的基礎。上帝拯救了以色列，而以色列只單單屬於上帝，如同當代文化中，妻子是屬於丈夫般。上帝看以色列是祂的妻子，這夫婦關係明顯帶著約的概念，帶著責任和權利的關係。上帝透露祂的心聲：那 40 年的曠野飄流是祂與以色列的「蜜月期」。上帝告訴耶利米當代的百姓說：「**【我記得】**你年輕時的恩愛，新婚時的愛情，你怎樣在曠野，在未耕種之地跟隨我。」(2 節) 上帝「記得」甚麼呢？上帝記得以色列起初對祂的愛和忠心。那時，以色列如同一個鍾情的少婦，忠貞地跟隨新婚丈夫——上帝，踏遍一望無垠的黃沙，走過荒野，經過那「未耕種之地」，直走到夫家，沒有埋怨。先知以短短的兩節經文描述上帝與以色列人的戀愛史，表示上帝記得祂與以色列的愛。

在原文聖經裏，二章2節耶和華信息開首的第一個詞是「我記得」(zākartî)。

為何上帝要耶利米在講道的起頭描述關於以色列與祂的戀愛史呢？這是因為自出埃及起至耶利米的時代，以色列已不再愛上帝了。他們離開祂極遠，他們雖有獻祭，有祭司講解摩西律法等，但卻同時敬拜巴力等外邦人的偶像，甚至到了一個地步，遭致上帝的懲罰和審判。耶利米被上帝呼召時所見到的異象，就是有一個燒開的鍋、從北而傾倒。這預表敵人會入侵猶大，攻取耶路撒冷和一切猶大城市，擄掠聖殿和百姓。簡單說，因為猶大人深重的罪，上帝決定毀滅耶路撒冷。

即使如此，當上帝差遣耶利米傳講審判信息的起頭，上帝仍說祂記得以色列與上帝的初戀，原因有 4 個。

第一，上帝要提醒當代猶大人去比較過去和現今的境況。過去他們戀愛上帝，現今卻如何？這是很可惜的，他們已經忘記上帝：忘記曾愛過祂，忘記跟隨過祂一同出埃及，忘記祂賜予的恩典(6～8 節)。這是上帝如今責備他們的理由和審判他們的根據。

第二，上帝借助婚姻的圖像提醒以色列人，他們與上帝是有約的關係。西奈之約把上帝與以色列連起來，如同婚姻把一男一女連起來般。若一方違約，另一方就有權按約的條款追討，處以死刑。同樣，以色列拜偶像，對上帝不忠，上帝有權按西奈之約使以色列滅亡和被擄。

第三，上帝借助婚姻的圖像最後一次，也是最親密的一次，呼喚以色列回頭，歸向上帝(參三 1、12、14、22，四 1～2)。上帝盼望借助回憶祂與以色列過去的戀愛，打動耶利米世代的人的心。既然曾經戀愛過，為何現在要離開？可惜百姓沒有被上帝的愛感動。

第四，上帝要告訴以色列，縱然祂將要懲罰他們，上帝仍是愛他們的。上帝與以色列之間的關係不只是約的關係，也是愛的關係。縱然以色列已經不再愛上帝，也不再守西奈之約，上帝仍是以永遠的愛愛以色列（三十一3）。上帝因為愛以色列，單方面應許當以色列被擄以後，會重新建立她，使她回歸。拔出以後有栽植、拆毀以後有重建。這栽植、重建不再是因為約的條款，純粹是因為上帝主動的愛，是人不配有的。

信仰反省：上帝記得……

無可否認，上帝在埃及與以色列邂逅，因著愛帶她出埃及。這種愛是她經歷到的。可惜的是，離開出埃及不久，以色列人便對上帝冷淡了。不過，上帝仍惦記那段短暫的愛情，從摩西直至耶利米時期，差不多歷時800年之久。你仍記得在初信的時候與上帝甜蜜親近的關係嗎？上帝說祂「記得」，但你記得祂嗎？今天你與上帝的關係如何？不論是親近，或是疏遠，上帝記得你與祂的初戀。

在那個時候，上帝何等的珍愛以色列！看她為「*初熟的土產*」（3節）。根據摩西的律法，以色列人一定要把「初熟的莊稼」獻給上帝（利二十三9～11、14～17），那是專屬於祂的，是祂的權利。上帝用戀愛以致嫉妒的激情要獨獨地擁有以色列。任何要侵犯以色列的人，上帝都看為有罪並加以懲罰。真的，在出埃及的時候，亞瑪力人和摩押人曾經攻擊以色列人，但都被上帝打敗（出十七8～16；民二十二～二十四章）。

上帝這個「記得」顯明了祂對以色列的情。而以色列的忠貞和戀愛是回應祂愛的表現，但非常的短暫。在出埃及之後，百姓對上帝完全忠貞嗎？不！他們常發怨言，拜金牛犢（參出三十二章；徒七42～44）。但上帝卻以「情人眼裏出西施」般的眼光來看祂的百姓，祂戴著一個愛的過濾鏡，把他們的缺點都濾過去了。同樣，上帝也戴上愛的過濾鏡來看我們這些在基督裏，但不完全的人。我們實在要感謝上帝呢！

3.1.1.2 上帝控訴以色列忘恩負義（二4～13）

這段經文，作者以法庭訴訟的言詞表達。原告者是上帝，被告者是以色列人。以色列曾經忠誠跟隨上帝，但這忠誠卻如曇花一現。出了埃及、進入迦南地以後，以色列很快便忘記上帝，也忘記上帝領他們出埃及的恩情。他們拋棄上帝，變成不貞的妻子（二20、23～24，三20），但上帝卻沒有忘記祂與以色列婚姻之愛。上帝問耶利米世代的人：「你們的先祖看我有甚麼錯處，竟遠離我，隨從那虛無的神明，自己成為虛無呢？他們並不問：『那領我們從埃及地上來，引導我們走過曠野，沙漠有坑洞之地，走過乾旱死蔭、無人經過、無人居住之地的耶和華在哪裏呢？』」（二5～6）他們不會問上帝在哪裏，這表示他們對上帝已經冷淡，所以對上帝的恩情漠不關心。以色列的祖先忘恩負義，上帝帶領他們進入肥美之迦南地，使他們享用其中的出產和美物。可是，他們進入應許地後就辜負上帝。他們很快就離棄上帝，跟隨假神，玷污了上帝所賜的應許地（7節）。不只平民百姓對上帝冷淡，甚至那些在會幕聖殿全時間事奉的祭司也不理睬上帝，他們從來不問：「耶和華在哪裏呢？」（8節）他們雖然有傳講律法，其實是不認識上帝的。他們如何能帶領百姓敬拜上帝呢？官長、政治領袖也背叛上帝，不遵守律法，貪圖利益。先知藉巴力的名說預言（8節）。如此的國家怎能算是「歸耶和華為聖」的國呢（3節）？

基提島即現今的塞浦路斯島，位於巴勒斯坦以西北。基達是現今敘利亞至沙地阿拉伯一帶的沙漠，位於巴勒斯坦以東南，是遊牧民族居住的地方。

難怪上帝要與祂的子民「爭辯」。「爭辯」一詞是法律用語，指法庭上的指控。上帝要在法庭上指控他們（9節）。他們繼承了迦南應許地後，一直沒有效忠上帝，且改拜假神！「你們且渡到**基提**海島察看，派人往**基達**去留心查考，看可曾有過這樣的事。豈有一國換了它的神明嗎？其實那不是神明！但我的百姓將他們的榮耀換了那無益的東西。」（10～11節）作者在此特別提到基提及基達這兩個地方，原因是借用兩個位於巴勒斯坦以北及南面的兩個鄰國，來指出即使他們走遍南北（即所有異邦）尋覓查究，也找不到像以色列人般對他們神明叛逆的態度，這表示他們的行徑極之不可接受。這些鄰國雖然沒有經歷過出埃及的大神蹟，他們卻只忠於他們的神明，不像以色列人般見異思遷。以色列人真的太過分了，他們領受了上帝豐富的恩典，與上帝立了「約」後，竟然離棄上帝，敬拜假神。他們比不上一般的民族。

因為以色列人離棄了上帝，上帝便呼喚「天」來見證祂子民的不是。上帝要「天」來見證，因為世間沒有人能夠在上帝與人之間作見證。過去，摩西曾在約旦河東向以色列人重申西奈之約時，是以「天、地」為證人的（參申四26，三十二1）。現在上帝呼喚：「諸天哪，要因此震驚，顫慄，極其淒涼！」（12節）因為「諸天」在過去曾見證上帝與以色列人之間的約，現在諸天也要作證，表示這「約」的鄭重性。以色列毀約了，所以「諸天」要驚恐起來。接著，上帝指控以色列犯了雙重的罪：「我的百姓做了兩件惡事：離棄我這活水的泉源；又為自己鑿出水池，卻是破裂不能儲水的池子。」（13節）水是人類賴以生存的必需品。活水的泉源能不斷供應人清甜的水，以此維持生命。在古代，能擁有一個活泉源實在是一件不容易的事，可說是個福氣。現在上帝願意以祂自己為以色列的泉源，要使他們蒙福；但以色列人愚昧，不要活水泉，卻選擇要往地下挖洞，抹上泥漿，作**儲水用的池**。池水不會流動，是死水。此外，以色列挖掘出來的，是漏水的、不能儲水的水池！他們離棄上帝，選擇用自己的方法去享受生活，用的方法卻是次等而沒有真效用的。何等愚昧！

古代的人只會在沒有泉源的地方挖掘儲水池，但絕對不會丟棄一個泉源，自行挖掘一個儲水池。

3.1.1.3 離棄上帝的結局（二14～19）

14至19節是上帝轉向耶利米當代的人說話，提醒他們對上帝不忠的結局。上帝先以兩個提問開始：「以色列是僕人嗎？是家中生的奴僕嗎？」（14節）這是一種修辭式提問（rhetorical question），目的是要求受眾以「是」或「否」作答，以此確定一個事實。他們的答案應該是「不」。不過，上帝再問：既是「不」，「為何成為掠物呢？」這樣的表達，是要喚起受眾反省為何他們今天仍遭受如此事情。「僕人【指奴隸】、家中生的奴僕」這身分對以色列而言，原本是遠古出埃及以前的事，不應發生在入迦南之後，如今他們縱然作上帝的子民，卻仍是不自由的，因為他們成了敵人追捕的獵物：「少壯獅子【「獅子」是複數】向它咆哮，大聲吼叫，使它的地荒蕪；城鎮焚燒，無人居住。」（15節）早於耶利米作先知前約100多年，亞述軍攻陷北國以色列，猶大國也受牽連，土地荒涼（五十17；另參賽一7）。現在猶大的敵人有「挪弗人和答比匿人」，他們全都代表威脅猶大安全的埃及軍力。埃及使猶大人受辱——「打破你的頭顱」(16節)。❶ 就在耶利米生平，猶大國約西亞王在戰場上被埃及兵殺死，他的兒子約哈斯被埃及王法老擄掠到埃及(王下二十三29～34)。

表面上看，猶大國喪失了尊嚴是因為埃及軍力強盛，但背後的原因是，這災禍是他們自招的，因為他們離棄了一路帶領他們的上帝(17節)。原來歷史的發展，往往在政治原因的背後，也有宗教和屬靈的因素。

原文二章17至25節的「你」全都採用第二身單數陰性代名詞「妳」，可見是呼應2至3節所描寫的：以色列是上帝的妻子。

猶大會怎樣面對敵人呢？他們會否因而歸回上帝？沒有！他們尋求政治解決的方法。他們去埃及求和，又想與亞述修好關係。上帝再問這與祂有約在身的子民：「現今**你**為何在埃及路上喝西曷的水呢？為何在亞述路上喝大河的水呢？」(18節)❷ 這提問反映了上帝內心的難過。試問一個人能否忍受看著自己所愛的人投靠別人，與之結盟？他們依賴與埃及和亞述的聯盟，不再倚靠上帝了。他們為了解決問題東奔西跑(參36～37節)。上帝的百姓離棄了活水泉源，挖另一個儲水池(13節)。水池不能長期儲水，因為它總是會漏水的，他們轉而去喝尼羅河及幼發拉底河的水，他們依然不回頭，不返回本土的活水泉源那裏。猶大的叛逆成為上帝控告他們，懲罰他們的罪證。上帝要令猶大人明白，他們離棄耶和華他們的上帝乃是一件惡事，一件苦事(19節)。

綜合這段經文，二章1至19節把以色列人的歷史，從出埃及至耶利米時代作了一個簡報。曠野飄流算是上帝與以色列美好的開始(1～3節)，可是進入迦南美地，他們就不理會上帝、拋棄上帝(4～13節)。上帝使敵人和埃及人攻擊他們，羞辱他們(14～16節)，但以色列只顧尋求與埃及和亞述和好，不願意歸向上帝，直到耶利米的時代。所以上帝要責打他們(18～19節)。

3.1.2 過去以色列世代的淫亂（二20～30）

耶利米綜合以色列自出埃及後的歷史(1～19節)，他進一步描寫以色列過去的淫亂(20～30節)。

3.1.2.1 以色列的淫亂（二20～25）

上帝在古時「折斷」祂妻子的軛，❸「解開」她的繩索（二20），即是以色列出埃及時，上帝使她從為奴之身變為自由人。然而，她卻對上帝說：「我必不事奉耶和華。」為何這蒙愛的妻子不肯服事丈夫？因為她「在各高岡上、各青翠的樹下屈身行淫。」（20節）「屈身行淫」是指以色列作為妻子的有不貞行為，這不只是宗教上的，也是道德上的。在古時，百姓是在山丘上、綠樹旁建築拜偶像用的丘壇，因為他們認為山頭比較接近天，而綠樹象徵生命。拜偶像儀式中最高潮的，是與在場的男女祭司發生性關係。上帝要指責以色列，他們本來是特選的葡萄樹，是上好的品種，但他們竟然變了種，成為劣等、毫無價值的野葡萄樹（21節）。上帝稱以色列為劣等的葡萄，因為她罪惡深重，縱使用鹼、肥皂洗滌，污漬仍留（22節）。以色列卻不同意上帝的說法，她為自己辯護，說她「沒有玷污、沒有隨從巴力」（23節）。以色列雖然堅持自己是清白的，但她的強辯是無用的。她們在每一座山頭，每一棵綠樹下都設立丘壇拜巴力，沉溺於崇拜禮儀中，也**與巴力先知行淫**。豈有一個民族像以色列般，曾以行走乾地過紅海，並從上帝那裏親自接受完備的律法？沒有！但很可惜，以色列竟效法其他民族一般生活，不願跟隨上帝。

在巴力崇拜中，拜偶像的人會與巴力的男、女先知性交，以刺激巴力從睡夢中醒過來，再祝福新一年的農耕，降雨在地。

以色列是葡萄樹

從舊約到新約，上帝都用葡萄樹的比喻來說明上帝的子民及我們與上帝的關係：

1. 以西結說得很清楚，葡萄樹的枝子除了結果子，就沒有其他實際的功用。它的木料比其他樹都柔軟無力，不可用來造器皿，甚至連做木釘都不行，它只可以當燃料燒了（結十五3～4，十九12～14）。
2. 以賽亞也把以色列國比擬作葡萄園（賽五章），其中的人就是葡萄樹（7節）。上帝悉心栽種他們，但他們結出不能吃的葡萄，使上帝失望。
3. 耶利米也把以色列人比擬作純種的葡萄樹，可惜它卻結出野葡萄，使上帝難過（耶二21）。

4. 到新約時代，耶穌基督把他自己比作葡萄樹，我們是枝子。他勸勉我們不要離開他，因為離開他，我們就不能作甚麼，更遑論結果子了（約十五 1～5）。

舊約先知所用葡萄樹的比喻都帶有審判的意味。以西結說上帝要懲罰耶路撒冷的人，把他們如同葡萄樹般丟在火裏燒，能被丟在火裏的葡萄樹已經連根拔起（結十五 6）。以賽亞說上帝要把祂的葡萄園拆毀（賽五 5～6）。但耶穌的葡萄樹比喻是一個愛的關係和吩咐。他在我們裏面，我們在他裏面。他信任我們，揀選我們，分派我們去結果子，使我們的果子常存（約十五 16）。耶穌是最偉大的先知，他把一個帶有審判的比喻轉變為一個滿有恩典的比喻。同樣，在他手中，一個枯槁的生命可以轉變為結實纍纍的人生。他是我們的葡萄樹，我們是枝子，多美！

以色列這妻子就如在山谷間任意「快行」、「狂奔亂闖」的獨峯駝，是完全不受控制，不可理喻的動物。她又如「野驢，習慣曠野，慾心發動時就呼吸急促，發情時誰能使牠轉回呢？凡尋找牠的必不費力；在牠的季節必能尋見牠」（24 節）。這些話把以色列人對上帝的不貞描寫得淋漓盡致。她失卻了人性，到處拜偶像行淫，與動物無異。她真是很可憐，追尋別的神明竟追到鞋破爛，「赤足而行，喉嚨乾渴」。她被自己那要犯罪的衝動折磨，並因此而受傷。她竟然不覺悟自己受的捆綁，她還是說：「我喜愛陌生人，我必隨從他們。」（25 節）

3.1.2.2 以色列向上帝頂嘴（二26～30）

面對這刻意毀約、叛逆的子民，上帝可以說甚麼？上帝只可以責備和懲罰。以色列全國除了人民，「君王、官長、祭司、先知也都照樣羞愧」，像賊被抓到時羞愧一樣（26 節）。上帝將要懲罰他們，使他們遭災。那時候，無論他們怎樣呼求那些以木頭、石頭造成的偶像，又以它們為掌管生殖的神明，看它們如同自己父母親一般，結果一切的呼求只會是枉然的，因為偶像根本不能搭救他們。到萬念俱灰的時候，他們只好回來呼求上帝拯救（27 節）。他們是何等愚昧呢！那時候，上帝會責備他們，要他們知道偶像的無能，也認清他們濫拜偶像是愚昧的：「猶大啊，你神明的數目與你城的數目相等。」（28節）

猶大人肯接受上帝的責備嗎？沒有。不但沒有，他們還跟上帝「爭辯」（29節，即「指控」；參9節）。上帝曾經「指控」猶大人（9節），現在他們也「指控」上帝。❹ 作者在此將猶大人描述為潑辣的婦人，他們不只沒有因上帝的責備而羞愧，反而要還擊！上帝憤怒地斥責他們：「你們都違背了我。」上帝曾經責打他們，但他們「不受管教」。他們甚至殺掉代上帝宣講的眾先知，他們變成了「殘害人的獅子」，失卻了人性（30節）。

3.1.3 上帝哀歎耶利米當代的人（二31～三5）

3.1.3.1 上帝的哀歎（二31～37）

上帝已經述說以色列過去的淫亂（20～30節），現在上帝要直接向耶利米當代的人說話：「**這世代**的人哪，你們要留意耶和華的話。」上帝責難地問他們：「我向以色列豈是曠野？或幽暗之地呢？」（31節）這同樣是一個修辭式提問，上帝期望的答案是「不」。這提問是讓聽眾轉念從前在曠野40年飄流的日子中，上帝如一個忠心的丈夫供養他的妻子（2～3節）。可惜從曠野飄流日子直至耶利米的時代，情況不但沒有好轉，反而變本加厲。耶利米世代的猶大人認為上帝是一個不負責任的丈夫，沒有供應和保護他們，是不值得跟隨的。所以，他們高聲說：「我們脫離約束，不再歸向你了。」（31節）猶大人要離開上帝、毫無拘束的拜巴力、多行邪淫。

「現代中文譯本」和「七十士譯本」都沒有「這世代」（haddôr）一詞。這與原文聖經及「和修」不同。

難怪上帝哀歎的說：「新娘豈能忘記她的美衣呢？我的百姓卻在無數的日子裏忘記了我！」（32節）耶利米世代的人，已完全忘記自從國家建立開始，上帝是如何忠誠地愛他們，供應和保護他們。他們忘記了上帝憐愛他們的無數日子，反去追求不正當的愛情。他們的淫亂比一個最惡劣、最沒有操守的妓女還厲害（33節）。上帝把耶利米當代的猶大人描寫成一個淫蕩的妻子，她的不貞指她拜偶像、捨棄與上帝的約定（31～33節）。他更具體指出其他兩方面的不貞（34～37節）：

猶大因拜偶像，道德自然敗壞。這是自古以來，人離棄上帝的結果（參羅一19～32）。

第一，他們社會**道德淪落**，隨意欺壓、殺害那些沒有權勢的人：「你衣服的邊上有無辜貧窮人的血，其實你並未發現他們」偷進你的房屋（34節）。雖然「這一切【不公義】的事」發生了，他們仍是不知羞恥，不認自己的罪，竟說：「我無辜；耶和華的怒氣必定轉離我了。」（35節）難怪上帝嚴厲地說要審問他們。

第二，他們下到埃及尋求政治幫助，要投靠埃及，不肯投靠上帝（36節）。他們的國家曾經投靠亞述（王下十八14～16，代下三十三11），但亞述被巴比倫打敗了。在耶利米事奉初期，亞述已經是強弩之末，被新興的巴比倫壓制。約西亞王就是要攔阻埃及出兵幫助亞述攻打巴比倫，而戰死米吉多平原（參王下二十三29～30）。

現在他們「改變道路」（36節），轉向投靠埃及，要脫離巴比倫的軍威。但他們必會失望，埃及必不能幫助他們，他們會因埃及羞愧。上帝明說：「你也必兩手抱頭離開這裏；因為耶和華已經棄絕你所倚靠的，你不能因他們而得順利。」（37節）上帝已經命定「北方的敵人」巴比倫來毀滅猶大，任何的政治聯盟都不可以改變上帝的計劃。❺

3.1.3.2 上帝願意猶大回頭（三1～5）

耶利米當代的猶大已經不再愛上帝了（32～33節），但是上帝卻邀請她回來：「你和許多情郎行淫，還是可以回到我這裏。」（三1）按摩西的律法，一個男人不能將曾跟別人結婚的前妻帶回家，否則就是犯了姦淫，玷污了耶和華的地（申二十四4）。不過，訂立西奈之約的上帝因為愛以色列，所以求她回來。上帝在這裏不是談律法，乃是向負心的以色列表達祂的愛情和慷慨。上帝一方面憤怒妻子的邪淫（二33），另一方面又盼望她回頭、悔改，與祂和好。在三章1節至四章1節中，上帝用了6次「回到／回來」（*šûḇ*）這詞來直接呼喚猶大回轉歸向祂（三1、12、14、22，四1〔2次〕），另有3次表達祂盼望猶大回轉（三1、7〔2次〕）。這說明上帝矛盾的感情，以及祂對猶大回轉的熱切期望。不過，說到底，上帝並沒有真的把以色列休棄。所以，上帝並沒有觸犯西

奈之約的法律。❻

上帝雖然開始呼喚以色列回來，但也指責這妻子的罪惡：「**你**舉目向光禿的高地觀看，何處沒有你的淫行呢？你坐在道旁等候，好像阿拉伯人在曠野**埋伏**，你的淫行和邪惡使全地污穢了。」（2節）。❼

第2節原文所有代名詞都以第二人稱女性出現。而且，原文「好像阿拉伯人在曠野」之後是沒有「埋伏」這詞，也沒有如「現代中文譯本」所譯「等著獵物」這句子。

因為耶利米當代猶大人的罪行，上帝必須加以管教，「因此甘霖停止，春雨不降」（3節）；這些都是西奈之約的懲罰（參申十一16～17，二十八23～24）。❽ 可是以色列還是「一副娼妓之臉，不顧羞恥」（3節）。他們更不知羞恥地諂媚上帝，說：「我父啊，你是我年輕時的密友。人豈永遠懷恨，長久存怒嗎？」（4～5節）他們這樣說目的是求上帝賜下雨水，不要罰他們；另一方面他們卻繼續「竭盡所能」犯罪，離開上帝（5節）。他們毫無悔意，深深傷了上帝的心。上帝知道他們的假冒，所以直接指出了他們的虛偽。

3.2 悔改的召喚至審判的哀歎（三6～六30）

三章6節至六章30節是耶利米早期講章（二～六章）的第二大段落。它是以第一個段落——猶大與上帝夫婦關係的圖像——作基礎。從這基礎發展出以下動人的講章。它的詞彙和概念與前文是緊密呼應、連貫一起的。就如三章1節上帝已經邀請猶大歸向祂，三章6節至四章1節上帝一次又一次呼喚祂的妻子回頭。

耶利米當代的猶大人不斷拜偶像和犯罪，但上帝一直呼喚這個不忠的妻子悔改歸向祂（三1、14、22，四1）。這妻子後來淪為妓女（四30）。因為猶大執意犯罪，不肯回頭，上帝不能不施加懲罰（五9、29）。這幾章的講道充滿濃厚的感情，充分表達猶大的卑劣和愚昧，這不但令上帝難過和決意要審判她，也令耶利米哀歎。最後，上帝要丟棄猶大如同無用的銀子（六30）。

分段大綱（三6～六30）

1. 上帝一而再的呼喚都被置之不理（三 6～四 4）
   甲、上帝愛的呼喚和計劃（三 6～20）
   乙、先知的想像和勉勵（三 21～四 4）
2. 全地必然荒涼（四 5～31）
   甲、戰亂的來臨（四 5～18）
   乙、先知的哀痛（四 19～31）
3. 上帝哀歎以色列品性惡劣（五 1～31）
   甲、猶大淪落如所多瑪（五 1～19）
   乙、為何不能赦免猶大（五 20～31）
4. 災禍要臨到像渣滓的猶大（六 1～30）
   甲、不竭的罪惡（六 1～15）
   乙、被棄的渣滓（六 16～30）

3.2.1 上帝一而再的呼喚都被置之不理（三6～四4）

3.2.1.1 上帝愛的呼喚和計劃（三6～20）

約西亞王在位的時候，上帝向耶利米說話，要他向猶大百姓宣講信息，內容是要求受眾回顧北國以色列的滅亡（6 節）。當約西亞作猶大王之時，北國以色列亡國已經 80 年了。從屬靈的角度來看，以色列亡國是因為他們對上帝不忠。上帝毫不避諱地稱以色列為「背道的」（即不貞潔的）。她曾經忠誠地跟隨上帝（二 2），但只曇花一現，很快便離棄上帝，拜偶像：「她上到各高山，在各青翠的樹下行淫。」（三 6；參二 20，三 2）上帝曾經盼望祂不忠的妻子會內疚並回頭：「她行這些事以後會回轉歸向我。」（7 節）很可惜，她沒有回轉。所以，到最後，上帝只好給不貞的以色列「休書」（8 節）：上帝休棄北國，使她被亞述擄掠、毀滅，不再成國。「休書」只是一個圖像，目的是要激發耶利米當代猶大聽眾的心。北國的滅亡，證明上帝不是軟弱的上帝，任憑祂立約的子民犯罪，長期對祂不忠。故此，耶利米世代的猶大人要反省，若他們也對上帝不忠，他們所承受的會是一個怎麼樣的結果。

猶大國領受教訓嗎?上帝指責她說,那不貞的妹妹猶大看見了姐姐以色列被上帝休棄,仍沒有懼怕之心,繼續對上帝不貞,甚至墮落為妓女,「因**以色列**輕忽了她的淫亂,與石頭和木頭行姦淫,她和這地就都污穢了」(9節)。不但如此,猶大還「假意」歸向上帝(10節),她的虛偽使上帝加倍難過。當耶利米說猶大「假意」歸向上帝,這並不是要誣蔑猶大,而是有歷史事件作根據的,這事件應該是指希西家時期的宗教改革。北國以色列亡國後,猶大在希西家王領導下曾經有宗教上的復興(參王下十八1～7),但他兒子瑪拿西作王後,迅速將國家的宗教境況回復至之前敗壞的原狀,使猶大走上宗教的淫亂(王下二十一1～18)。❾

9節原文沒有「以色列」,故「輕忽了的」應該指猶大,而不應是以色列。

在此,上帝把猶大與北國以色列作一比較:「背道的以色列比奸詐的猶大還顯為義。」(11節)❿上帝因愛驅使,吩咐耶利米「去向北方」呼喚:「背道的以色列阿,回來吧……我必不怒目看你們,因為我是慈愛的……我必不永遠懷怒。」(12節)上帝已準備要憐憫他們,而他們要做的,就是承認自己不忠、得罪了上帝(13節)。11至13節的宣告明顯是一個象徵行動,因為以色列北國當時已經不存在了,能夠聽到這宣告的是猶大人。這個「向著北方」的講道也是以「先知性戲劇」(prophetic drama)的體裁表達,目的使猶大的受眾感染戲劇的作用,他們的心會有較深刻的體會。這個象徵性宣告有兩個目的:

- 要使仍存在的猶大國知道上帝的慈受。上帝如何呼喚北國悔改,也會如何呼喚猶大悔改(14節)。
- 要預備帶出上帝的救恩。因為上帝的慈愛和憐憫,上帝會使滅亡的以色列復國,並回歸應許地。上帝盼望至終使兩國合而為一(18節)。

接著,上帝呼喚不忠的猶大歸回祂,因為上帝是他們的「**丈夫**」(14節)。上帝是「歸回行動」的策劃者和推動者,上帝心目中的回歸,不只是指以色列重新對祂忠誠,這個回歸其實是理想的以色列復國藍圖,其中有4個特色:

第14節原文bāʿal亦可指「主人」,「和修」譯為「丈夫」,是呼應二章至四章「以色列是不貞的妻子」的主題。在古代,丈夫也是妻子的主人。

- 回歸的人是少數，但代表整個以色列。上帝說：「我……要將你們從一城取一人，從一族取兩人，帶到錫安。」(14節)上帝按著祂的主權，揀選祂所要的人。
- 回歸的人羣中有好的領袖。他們是合上帝心意的統治者，以知識和智慧管治人民(15節)。這樣，國家就會有美好的前景。
- 上帝要在耶路撒冷作王，親自管理萬國萬民，與世人同在。耶路撒冷會成為「耶和華的寶座」(17節)，不再是以色列人獨有，乃是萬國萬民聚集敬拜上帝的地方，那是一個新時代。在這新時代，他們不再需要約櫃，原因是約櫃曾經象徵上帝的寶座。但到那時，上帝的座位是耶路撒冷，已不再需要約櫃來表徵上帝的同在，人不再提起，也不再記念約櫃(16～17節)。上帝直接與世人同在。
- 以色列會聯合起來，從新合一。南國，北國要一起離開流亡之地，回到上帝所賜的應許地，再成為一個統一的國家(18節)。過去以色列國一分為二的恩怨被救贖了。

這個復興的計劃是在未來實現，第16節的「那些日子」(*bayyāmîm*)經常在先知書出現(有時候是以單數名詞出現)，是指向末世(賽二11，五十二6；珥二29；摩八9；亞八6)。那是美好的時光，全世界的人都不再受頑固和邪惡的心驅使作惡(17節)。明顯的，這個復興到21世紀初仍未實現，新約信徒們仍要耐心等待，持定盼望。

第19至20節把讀者從未來的烏托邦帶回到現實。上帝用父子與夫婦兩個圖像說明祂與以色列慘淡的關係：

- 做父親的大都樂意把產業分給兒子，上帝也是如此。祂把最美好的土地賜給以色列，可是以色列領受產業後背離上帝，不以上帝為父親(19節)。
- 作丈夫的都樂意供應、保護妻子，期望她忠貞，上帝也是如此。祂把以色列帶到肥沃的土地去，讓他們享受土產和美物(二7)，可是以色列卻像不貞的妻子與情夫私奔(20節)。

3.2.1.2 先知的想像和勉勵（三21～四4）

三章21至25節的詩歌是以「先知性戲劇」的體裁表達。耶利米以第三者、上帝和百姓3個身分來表達這首詩歌。整首詩歌以5個「耶和華—上帝」（*YHWH ʾĕlōhîm*）這詞串連起來：

- 先知指出以色列人哭泣懇求是因為他們忘記「耶和華—他們的上帝」（21節）。
- 上帝呼喚以色列歸回祂。百姓說他們願意來到上帝面前，因為祂是「耶和華—我們的上帝」（22節）。
- 他們得救是在乎「耶和華—我們的上帝」（23節）。
- 他們慚愧地承認，他們得罪「耶和華—我們的上帝」，也沒有聽從「耶和華—我們的上帝」（25節）。他們是咎由自取，但他們仍相信上帝是他們的神。

耶利米把他想像到的理想意境，配以上帝的啟示，描寫出以色列人回轉時的情景，這種想像配合了上帝先前預告的復興（14～18節）。人要得到上帝的救恩，是需要真誠的悔改。這個想像也告訴讀者，上帝以愛呼喚那對祂不貞的妻子，這呼喚沒有落空，最終是如願得償的。這究竟是一個怎樣的理想意境呢？

在此，先知聽到有人哭泣。原來是以色列人在「**光禿的高地**」（21節；*šəpāyîm*），就是他們曾經拜偶像犯罪的地方，在那裏流淚哀求（21節）。他們哀求，因為他們被欺壓，導致家破人亡（24節）。在戰亂之際，他們只能在光禿的高地哀求，不能去到聖殿，更何況耶路撒冷也是岌岌可危。他們向誰哀求？向上帝。因為舊約聖經沒有記載過以色列在苦難中向偶像哀求，都是記載他們在患難中向上帝哀求。就在以色列流淚難過的時候，上帝的心也動了。祂再次開口呼叫他們：「你們這背道的兒女啊，回來吧！我要醫治你們背道的病。」先知想像百姓聽到上帝的呼聲，便回應上帝說：「看哪，我們來到你

光禿的高地原本意思不詳，最可能是指鄉野或空曠的地方。耶利米書出現6次（三2，21，四11，七29，十二12，十四6），另有以賽亞書有四十一18，四十九9。對應第2節，這裏應指拜偶像的地方。

這裏，因你是耶和華－我們的上帝。」(22 節)先知也彷彿聽到以色列出自真心悔改的懇切之詞，他們知道過去拜偶像是愚昧的，它們只帶給他們禍害，損失一切財產。就在家破人亡之際，他們懊悔，為自己的行為感羞恥及慚愧，他們承認得罪上帝，沒有聽從祂的話(23～25 節)。

以上 21 至 25 節是先知的理想而已，事實上仍未發生。為了要使這個理想實現，上帝再次呼喚以色列人回頭，上帝只有一個要求：「你若回轉，回轉歸向我，若從我眼前除掉你可憎的偶像，不再猶疑不定，憑誠實、公平、公義指著永生的耶和華起誓。」(四 1～2)那時，他們會成為祭司的國度(出十九 5～6)，使列國歸向上帝、榮耀上帝。「列國就必因他蒙福，也必因他【指上帝】誇耀。」(四 2)回應三章 17 節所說的，萬國都會敬拜上帝。

百姓拜偶像不只是因受外來的引誘，也是因他們內心軟弱無力。要除掉偶像，就要下決心，付諸行動。耶利米借用農耕的比喻來勸勉他們。農民要收穫，就必須先付出勞力開墾荒地，然後播種。若撒種在荊棘中，當然不需要開墾，所以是舒服的，沒需要付任何代價，正如他們倚靠偶像解決問題般；但種子至終不會結出穗子，更談不上有收成(四 3)。耶利米勸勉當代的猶大人要「自行割禮，歸耶和華，將你們心裏的污穢除掉」(四 4)。這樣，上帝才會接納他們，不懲罰他們。耶利米在此提出行割禮，並不是指他們仍未行這禮。猶大人出生第八日後行割禮，但他們的心仍未經歷割禮真正的意義。耶利米提醒他們要以自行割禮同樣的決心和勇氣，在內心裏行割禮，把內心的污穢除掉，把一切在上帝以外愛戀的偶像和邪淫割掉。上帝要求百姓的，就是對祂專一。他們若不肯悔改，上帝的憤怒和懲罰會臨到，如火無人能撲滅(四 4)。

3.2.2 全地必然荒涼（四5～31）

3.2.2.1 戰亂的來臨（四5～18）

四章 5 至 18 節，耶利米生動地描述上帝的懲罰來臨的情況，使百姓了解上帝憤怒是很可怕的。先知想像全猶大國要準備作戰，故此先響起警報：「當在國中吹角，高聲呼叫說：『你們當聚集！』」(5 節)敵軍入侵了。鄉村的百姓要聚集，進入有牆的城鎮，抵禦外敵。他們也要「豎立大旗」作訊號，通知

> 由上帝主使災禍的來臨曾出現於其他的先知書中(參珥二10～11)。

百姓往錫安城奔逃，那是國家最大、最安全的堡壘，因為「災禍與大毀滅從北方來到」(6節)。**這災禍是由上帝主動安排的**，因為第6節是上帝說的「我必使災禍與大毀滅從北方來到」。耶利米在這裏沒有指明這北方敵人是誰，只形容他們如同兇猛的獅子離開自己的洞穴，來使猶大地「荒涼，使你【指猶大人】的城鎮變為廢墟，無人居住」(7節)。眼見國家荒涼，百姓都會「腰束麻布，哭泣哀號」(8節)。那時，因為上帝猛烈的懲罰，「君王和領袖的心要失喪，祭司都要驚奇，先知都要詫異」(9節)；全國上下，無分貴賤都要悲哀、痛苦。

耶利米所使用「獅子」的比喻

獅子被看為動物中最威猛和勇敢的(箴三十29～30)，雖然現今的巴勒斯坦地不能尋找到，但牠在古時曾在巴勒斯坦曠野一帶出現過(王上十三24，二十36)，而且為數也不少，否則聖經不會經常提及牠(全本聖經共出現161次)。這詞在耶利米書出現共11次，當耶利米使用這名詞之時，都是用來比喻某些人物，象徵他們厲害的「攻擊性和破壞性」，也有指他們的「兇殘和邪惡」：

1. 指以色列或猶大的敵人(二15，四7，五6，五十17，五十一38)。五十章17節指出亞述和巴比倫是毀滅以色列的獅子，五十一章38至40節描寫巴比倫是兇惡的獅子，但上帝使他們變為軟弱的羊羔。
2. 指以東國的敵人(四十九19)。他們要破壞以東，趕散他們離開家園。
3. 指以色列(二30，十二8)。他們殘害上帝的先知，也兇惡地攻擊上帝。
4. 指上帝(二十五38【原文指上帝】，五十44)。祂要毀壞列國，特要毀滅巴比倫。

這時，先知因為在腦海裏看見這未來悲哀的景象，他忍不住向上帝哀求：「哀哉！主耶和華啊，你真是大大欺哄這百姓和耶路撒冷，說：『你們必得平安。』其實刀劍已經抵住喉嚨了！」(10節)這句話是指第9節的「先知」(複數)而說的。那些假先知向百姓預言，說他們會有平安。其實，他們是刻意說百姓喜歡聽的吉利的話(參八11)，卻沒有提醒百姓要注意上帝的要求。這裏，耶利米向上帝表達他的哀傷。當他說「你真是大大欺哄這百姓和耶路撒冷」(10

節）並不是真的指上帝欺哄，而是在表達他個人的一種感受，似乎埋怨上帝沒有干預假先知說的謊言、迷惑百姓，以至百姓遭受災難。表面看，這是一個埋怨，實質是耶利米在祈求上帝憐憫百姓，因為他們被誤導了。

上帝沒有回答先知，仍繼續描述那要來入侵的敵人。他們就好比一陣從沙漠「光禿的高地」刮來的大旱風，非常強烈，且是炎熱的，使農作物凋謝枯萎，也是傷害人的。敵軍的「戰車如旋風，他的馬比鷹更快」（13 節）。面對這強大兇悍的敵人，先知代表百姓發出哀歎：「我們有禍了！我們敗落了！」（13 節）

相對於耶利米，敵人的犯境是將來的，現今他呼求同胞：「你當洗去心中的惡，使你可以得救。惡念在你裏面要存到幾時呢？」（14 節）接著，先知聽到「有聲音從但傳出，有災禍從以法蓮山傳來」（15 節）。「但」是以色列最北方的城市，因為近北，這地的居民會最先看到敵人的動靜，便將警號傳開去，很快便傳到「以法蓮山」。以法蓮地是從前北國以色列南邊的地方，靠近猶大國北面邊界。這兩地的人民趕快「傳給列國，要向耶路撒冷報告：『有圍攻的人從遠方來到，向猶大的城鎮大聲喊叫。』」（16 節；可譯作「傳給列國……：有**圍城的軍旅**從遠方來到」。）敵軍來到，攻陷各猶大城鎮後，就來牢牢的圍困耶路撒冷，「好像看守」（17 節；原文 *kəšōmrê* 可譯作「似守護員守著」）一塊田地，預備要捕捉田中一切的動物一樣。⓫ 原先各城的眾百姓聚集在城內，以為這樣可逃避危險（5 節），現時他們是無處可逃了。故此，圍城那天，死亡人數將會很多。為何會有這樣的災難發生？上帝說是因為猶大背叛了祂。上帝指證百姓：「你的作風和行為招惹這事；這是你罪惡的結果。」（18 節）這些敵人是無法抵擋的，他們帶來的毀壞和痛苦將會刺透百姓的心。

「圍城的軍旅」比「和修」的「探望的人」更接近內文的意思，也與 17 節「他們圍攻耶路撒冷」的意思配合。

3.2.2.2 先知的哀痛（四19～31）

19 至 31 節描寫耶利米彷彿聽到敵人軍隊侵襲時戰亂之聲，他為國家將要來臨的敗亡悲傷，他的心充滿悲痛。這是全書第一次出現先知為國家哀傷：「我的肺腑啊，我的肺腑啊，我心疼痛！我的心在我裏面煩躁不安。我不能靜默不言，因我已經聽見角聲和打仗的喊聲。」（19 節）災難一個緊接一個，全國都荒廢。百姓的家園被戰爭摧毀如帳棚在頃刻間倒塌（參十20）。先知感同身受，他感到自己的家園也被戰爭摧毀：「我的帳棚忽然毀壞，我的幔子頃刻破裂。」（20節）耶利米又哀問：「我看見大旗，聽見角聲，要到幾時呢？」（21節）戰爭要到何時才停止呢？這是先知的祈求，盼望上帝憐憫。上帝回答先知說：「我的百姓愚頑，不認識我；他們是愚昧無知的兒女，有智慧行惡，沒有知識行善。」⓬ 這裏是上帝首次稱猶大百姓是愚昧的。上帝曾經說過，那要來的懲罰是百姓自招的，是他們罪惡的結果，所以，懲罰是不可減免的（18、19～22節）。

先知明白上帝的回答。這時，在他腦海中看見將來戰亂摧毀的猶大，就仿如上帝創造天地以前的空虛和混亂的情況。「我觀看地，看哪，地是空虛混沌；我觀看天，天也無光。」（23節）整個世界都在顫抖。「我觀看大山，看哪，盡都震動，小山也都搖來搖去。」（24節）四周是死寂一片。「我觀看，看哪，無人；空中的飛鳥也都躲避。我觀看，看哪，肥田變為荒地；所有城鎮在耶和華面前，因他的烈怒都被拆毀。」（25～26節）四圍都是廢墟亂石。明顯的，這裏是耶利米富有創意的想像。他借用上帝創造世界的詞彙來描寫猶大國的滅亡。國家的荒涼，彷彿是回到創造以前的情況：地是空虛混沌，天也無光（創一2）；山震動，無人，也無飛鳥。整個國家和宇宙都消失了。這是一種「反創造」的表達方式，將讀者帶回世界仍未被創造時的愴惶情景。

這時，上帝介入耶利米想像的場景中、祂告訴先知：「全地必然荒涼，我卻不毀滅淨盡。」（27節）猶大國雖然荒涼，卻不是盡頭，上帝仍有計劃。不過，現時要注意的，是上帝嚴厲的懲罰。天地都要為猶大悲哀，因為上帝「意已定，必不改變，也不由此轉回」（28節）。在戰爭最厲害之際，城內的士兵和百姓都棄城逃亡，躲入樹林、磐石穴中，他們非常可憐（29節）。

看到他們的可憐，上帝問猶大在這荒涼之中要怎樣做。難道他們繼續對祂不忠，對他們就有好處嗎？上帝描寫猶大為錫安女子，是一個打扮標緻的妓女，她「穿上朱紅衣服，佩戴黃金飾物，用眼影修飾眼睛」（30節）。這個妓女圖像對照曠野鍾情的妻子（二1～3），比對那忘記美衣的新婦（二32～33），也呼應那假意歸上帝的淫婦（三10）。這已淪為妓女的妻子有許多戀人，但他們都藐視她，甚而要殺她。這妓女懷了孕，現在要受生產的痛苦了；她在難產中，痛苦呻吟：「我有禍了！在殺人者跟前，我的心靈發昏。」(四 31) 在上帝懲罰猶大，北方敵人入侵之際，耶路撒冷人知道他們註定要滅亡了。猶大人被自己的罪傷害到這個地步，令耶利米的心傷透了。

3.2.3 上帝哀歎以色列品性惡劣（五1～31）

在第五章，上帝重申無法赦免猶大深重的罪惡。上帝審判猶大不是隨意的，而是因為百姓腐敗異常。耶路撒冷當中沒有一個誠實的人，窮人和領袖都背棄上帝，又奉假神起誓，姦淫之風盛行，有錢人欺壓貧窮的人，而且他們都不懼怕上帝。

3.2.3.1 猶大淪落如所多瑪（五1～19）

上帝吩咐耶路撒冷人四處尋找：「看是否有人行公平、求誠實；若有，我就赦免這城。」(1 節) 在上帝眼中，耶路撒冷已淪落到如所多瑪一樣，甚至可能較之更惡劣 (創十八 23 ～ 32)。猶大人邪惡到一個地步，指著上帝的名字發假誓 (2 節)。耶利米回答上帝說：的確，上帝要求猶大的是誠實，說話真誠，行動也誠實。可是，百姓不只不誠實，他們邪惡到一個地步「臉剛硬過於磐石，不肯回頭」(3 節)；無論上帝如何懲罰他們，他們都拒絕悔改回轉(3 節)。耶利米說這話的時候，心裏是滿有氣憤。

可是，耶利米愛同胞心切，不願看見他們就此接受上帝的審判，他要尋找挽回的機會。他想可能他是在不適當的羣體中——愚昧、貧窮不認識上帝作為和法則的人——尋找行公義求誠實的人。他要去到城中高貴的精英階層，因為他們應該知道上帝的作為和要求 (4 ～ 5 節)。但先知的想法和行動是枉然的。他很快就明白，那些上層社會的人與平民百姓一樣，要「齊心將軛折斷，掙開繩索」(5 節；參二 31)；他們要離棄上帝，不遵守上帝的律法和吩咐。

到此時，先知得到一個結論，耶路撒冷是沒有一人行公義、求誠實的。「他們的罪過極多，背道的事也增加」(6 節)。所以，上帝懲罰他們是對的。上帝要差敵人——獅子、豺狼和豹子——圍困他們，「凡出城的必被撕碎」(6 節)。他們註定要被敵人毀滅，不能避免，就是逃亡離開耶路撒冷，也必被上帝的懲罰追上。

7至19節，上帝接著借耶利米向猶大宣布，上帝是不會赦免他們的：「我怎能赦免你呢？你的兒女離棄我，又指著那不是上帝的起誓。」(7節)他們拜的假神是關乎生殖的，那種崇拜的禮儀包括了性行為：「他們就行姦淫，居住在娼妓家裏。他們如餵飽的馬，精力旺盛，各向鄰舍的妻子吹哨。」(7～8節)他們的罪惡使他們失卻人性，淪落如動物般。整個社會的家庭制度因為猶大人沉迷假神而破壞了。上帝絕不能赦免，「我豈不因這些事施行懲罰嗎？像這樣的國家，我豈能不報復呢？」(9節)耶利米在此用了修辭性提問，目的是確定上帝必討罪、必報復。接著上帝吩咐敵人來毀滅猶大：「你們要上去毀壞它的**葡萄園**，但不可毀壞淨盡。」(10節)上帝要把猶大這葡萄園中不好的樹、不屬於祂的枝子剪掉，但仍保留這葡萄園，因為上帝在猶大身上有別的計劃(參三14～15，四27，五18)。

「葡萄園」原文是「一行一行傾斜的平地」(šārāʰ)，指葡萄園中一行一行的葡萄樹。

上帝的子民以色列和猶大都對上帝不忠，以詭詐待上帝(11節)。他們曾經驕傲自持，以為上帝不理會任何事情，也不會使災禍、戰爭臨到他們。他們把耶利米和上帝的先知所宣講的警告當作耳邊風，不以它是上帝的話而敬重之(12～13節)。上帝要懲罰他們這種過分的自信。上帝形容耶利米傳的話成為火，這些驕傲的百姓是柴。火要把柴燒掉。上帝警告猶大，說出他們的懲罰是：「我必使一國從遠方來攻擊你，是強盛的國，是古老的國；他們的言語你不知道，所說的話你不明白。這是耶和華說的。」(15節)

這些講外語的軍旅兇狠、毀滅力強大，「他們的箭袋有如敞開的墳墓」(16節)，他們要把猶大全地「吃盡」，包括田野、牲畜、城鎮和百姓(17節)。不過，上帝不會將他們「毀滅淨盡」(18節)，因祂仍有計劃。如果百姓聽到耶利米這嚴厲的信息後，問：「耶和華—我們的上帝為甚麼向我們行這一切事呢？」耶利米就要回答：「你們怎樣離棄我，在你們的地上事奉外邦神明，也必照樣在不屬你們的地上事奉外族人。」(19節)他們因為拜假神，所以上帝要放逐他們，離開本國。這就是上帝的計劃，也是一個嚴重的警告。

3.2.3.2 為何不能赦免猶大（五20～31）

耶利米書內所有關於智慧的主題，除了直接運用「智慧、愚昧」等詞語外，也借用大自然的例子來表達（四22，五21～25，八7，十11～16，十三23）。

20節到31節，上帝借助先知重申為何不能赦免猶大。在耶利米講道中，上帝再指稱**百姓是愚昧**的（參四22）。先知代表上帝呼喚：「愚昧無知的百姓啊，你們有眼不看，有耳不聽。」（五21）百姓是愚昧無知，因為他們不懂得「懼怕」上帝。真的，敬畏（畏懼）上帝是智慧的基本原則（開端）。全能的上帝創造世界時設定了大自然的規例，「我以沙為海的界限，作永遠的條例，使它不得越過。波浪洶湧，卻不能勝過；怒濤澎湃，仍無法越過」（22節）。海浪服從上帝的定例，不越過上帝定的界限；可是上帝的百姓竟沒有順服上帝，卻順著自己「背叛忤逆的心」（23節），放肆的反叛上帝、離開上帝。他們不斷享用上帝賜下的秋雨、春雨，並收割的節令；卻沒有想過敬畏那賜下雨水、季節的上帝，他們的確愚昧無知（24節）。因著他們的愚昧和罪過，上帝使秋雨、春雨之福轉離他們，猶大國便遭遇旱災（三3，十四1）。先知指出，不是上帝無故使他們受苦，乃是他們的罪使他們失去祝福（五25）。

26至31節具體指出猶大的罪。百姓中有惡人如同捕鳥的人，在樹林中「埋伏……設羅網陷害人」。他們的家裏充滿了從受害者奪取的不義之財，如同捕鳥人的「籠子怎樣裝滿雀鳥」（26～27節）。他們輕看同胞的價值，草菅人命。他們的財富見證他們的邪惡。他們欺壓孤兒和窮人，在法律訴訟上屈枉可憐的人，完全沒有公義。上帝說：「我豈不因這些事施行懲罰嗎？像這樣的國家，我豈能不報復呢？」（29節）上帝說了兩次，祂一定要討以色列人的罪，親自報復他們（9、29節）。不僅如此，國中充斥說假預言的先知，喜愛弄權的祭司；而百姓竟贊同附和這些不公義的事情。上帝激憤地借先知問他們：「到了結局你們要怎麼辦呢？」（31節）

3.2.4 災禍要臨到像渣滓的猶大（六1～30）

上帝已經說了要嚴討猶大的罪（五29）。六章指出耶路撒冷是湧流的水井，不斷湧出罪惡來。而猶大百姓是不能煉淨的、只可如被丟棄的銀渣。所以，他們必會受上帝的懲罰。

第六章是由4首詩歌組成：1至8節、9至15節、16至21節、22至30節。第一首與第四首呈現首尾呼應，它們在詞彙和內容表達上是扣在一起的。它們都是描寫從「北方」而來的敵軍攻打耶路撒冷的情況（1、22節），他們砍伐樹木，連夜進攻，急不及待（4～6節）；他們整齊浩蕩，如排山倒海撲來（22～23節）。第一首詩歌指出敵軍來攻打猶大，因為耶路撒冷的罪泉湧不絕，上帝吩咐百姓要接受警告，否則祂會與他們疏遠（7～8節），第四首則提出錫安的罪是除不掉的，上帝已經把他們棄掉（29～30節）。

第二首詩歌與第三首對應。第二首指出在戰禍要來之際，猶大的兩種領袖（先知和祭司）都是錯誤的、輕輕忽忽地安慰百姓，說他們會平安無事（13～14節）。第三首則指出，上帝提供猶大人兩種正確的提醒：「古老的路」和守望的人，他們卻決絕不聽（16～17節）。這兩首詩歌提出的有關詞彙，如祭司，獻祭，先知等，都指向下一章（第七章）的「聖殿講章」。

3.2.4.1 不竭的罪惡（六1～15）

上帝藉著先知的口發出警告：「便雅憫人哪，當逃離耶路撒冷。」（1節）便雅憫支派的土地是在耶路撒冷北邊，敵人進攻耶路撒冷時，是首當其衝的（賽十27～32；何八～九章）。他們要離開耶城，往南逃走，就是逃至**提哥亞和伯·哈基琳**（這兩座城是在耶路撒冷南邊），他們也要吹角，發出警號，打起號旗，因為從北方有「災禍與大毀滅」臨近（1節），他們要做好準備隨時奔逃。上帝要毀滅「那秀美嬌嫩的錫安」（2節），這個曾經是上帝所愛，但現今因犯罪被上帝拋棄的妻子。外族的君王——牧人——會帶領他們的軍隊——羊羣，來圍困耶路撒冷。他們要吃盡錫安，如羊吃盡草場一樣（五17）。

提哥亞在耶路撒冷以南12公里（參摩一1），在伯利恆以南6公里。伯·哈基琳位於耶路撒冷與伯利恆中間。

先知想像上帝吩咐這北方的敵人「準備攻擊」耶路撒冷。因著上帝的吩咐，敵軍的軍長命令部下：「起來吧，我們要趁正午上去。」（4節）可是，到了黃昏，他們的軍事部署仍未完成，「日已漸斜，黃昏的影子拖長了」（5節）。但軍長們沒有停止進攻的計劃，他們下令：「起來吧，我們要夜間上去，毀壞它的宮殿。」

（6節）他們砍伐樹木，築壘攻打耶路撒冷。敵軍的攻勢勇猛淩厲，志在必得。

此刻，上帝宣布耶路撒冷是「該受罰的城」（6節），因為其中充滿強暴和欺壓，且從不止息，如同水源源從井湧出一樣。水井湧出的水是清甜的，但耶路撒冷城湧出來的是污濁的水——強暴、毀滅的事，和它帶來的病痛損傷（7節）。面對這「該受罰的城」（6節），上帝費煞思量地勸戒她：「耶路撒冷啊，當受管教，免得我心與你生疏，免得我使你荒涼，成為無人居住之地。」（8節）上帝是因厭煩錫安的罪惡，所以與她疏遠（原文「你」是陰性代名詞）。

可惜猶大人沒有領受上帝的勸戒；所以，上帝沒法赦免他們。因此，「他們洗劫以色列剩下的民，如摘淨葡萄一樣」（9節）。其實，上帝吩咐那將要來進攻的敵軍：「現你的手如採收葡萄的人，在樹枝上採了又採。」（9節）原文直譯是：「你要像摘葡萄的人，向樹枝伸手，摘了又摘。」敵軍要擄盡所有可以據為己有的戰掠品，不留下絲毫（參12節）。上帝不會攔阻他們。

上帝曾經把以色列作為歸祂為聖的初熟土產，凡吞吃它的，必算為有罪，災禍必臨到他（二3）。現在，上帝懲罰悖逆的耶路撒冷，興起敵人攻擊、擄掠他們，如同收割的人要摘淨樹上葡萄那樣。祂不只沒有加害與敵人，反讓他們吞吃、再吞吃！可見上帝放棄了以色列。被上帝放棄是痛苦的；若我們頑梗背叛上帝，上帝也會放棄我們。

此時，先知希望百姓明白那要來的懲罰真是嚴厲的。可是，他發現百姓都不願意聽他的警告。「現在我可以向誰說話，警告誰，使他們聽呢？」（10節）百姓的耳朵是「未受割禮」（*ʿārēlāʰ*；原文另有一個意思是「不開通的」），不能明白和領受上帝信息的。他們覺得先知傳講的信息是難聽的，於是拒絕先知。因此，耶利米心裏從為百姓焦急轉為憤怒——上帝那種的憤怒。先知感到心裏有很大的負擔，要把上帝的憤怒傾倒在百姓身上。所以，他說不論男女老幼，都要承受上帝的責罰（11節）。此時，先知是站在上帝的那一邊斥責百姓。

緊接耶利米的憤怒情緒，上帝宣布祂要「伸手攻擊」猶大的居民；他們的房屋，田地和家人都要交給敵人，「如採收葡萄的人，在樹枝上採了又採」（9節）。上帝這樣對他們是因為他們不論老幼都是貪婪非常，連先知和祭司都行事虛謊（13節）。先知和祭司是百姓的領袖，他們是要保護、引導百姓，使他們靠近上帝的。可惜的是，就在上帝差來的災禍幾乎來到眉毛之際，他們卻「輕忽地醫治我百姓的損傷，說：『平安了！平安了！』其實沒有平安。他們行可憎之事，應當羞愧；然而他們卻一點也不覺得羞愧，也不知羞恥。」（14～15節）因此，上帝要追討他們。他們要從領袖的位上被拉下來，受羞辱。的確，做領袖的要承擔更重的責罰。13至15節的內容在八章10至12節再出現。⑬

3.2.4.2 被棄的渣滓（六16～30）

在16至21節，耶利米把焦點放回百姓身上，先知轉告上帝的吩咐：「你們當站在路邊察看，尋訪古老的路，哪裏是完善的道路，就行走在其上；這樣，你們自己必找到安息。」（16節）「道路」（「現代中文譯本」譯作「十字路口」）當然不是指一條實質的路，而是一個隱喻，比喻人生的方向和生活的方式；如何選擇人生方向，便會引出人生的後果和結局。人最需要的是心靈的安舒，而心靈安舒的道路不是難找的。自摩西時代開始，以色列人的祖先便流傳下來，那條使心靈安舒的道路，就是「古老的路」。這古老的路就是古時上帝吩咐摩西指示以色列人遵守的律法——妥拉（Torah），是一條上帝祝福及安息的道路。可惜的是耶利米當代的人不願意聽從。這節經文的表達與先知以賽亞所說的相近（賽三十15），先知以賽亞也曾發出類似的呼喚，但以色列人竟自不肯。此外，在不同的世代，上帝都設立守望的人——眾先知（17節；參結三17～21），來提醒警告百姓，可是他們拒絕聽上帝先知的話。猶大拒絕上帝給予他們的兩種提醒——「古老的路」和守望的人。

上帝呼喚列國來作證人，也來聽上帝如何指控和審判百姓。上帝也召喚大地來見證上帝要降災禍給百姓。這都是因為他們違背上帝的約和律例所帶來的惡果（18～19節）。即使他們把價值昂貴的**示巴**乳香，和遠方出產稀有的**菖蒲**獻給上帝，上帝也不會因此減輕他們的懲罰。其實，就是他們平常獻的燔祭和其他祭牲，上帝都不悅納。他們從沒了解上帝的心意。上帝所要求的不是祭

菖蒲是一種散發香味的植物的幹莖，產於東非洲。它屬草本抑或是木條則不可知。

示巴應該是現今阿拉伯半島的也門國（Yemen）。舊約的五經沒有提到以這兩種物品獻上給上帝。耶利米書提出這兩樣東西，顯出猶大是與埃及等非洲國家有商業貿易。

物，而是順從遵命的心。上帝宣布祂要對付百姓，把絆腳石放在他們的路上，使他們全家、甚至全族都跌倒，直至死亡（20～21節）。這是何等可憐的結局！

上帝最厲害的武器，就是差派敵人來毀滅他們（22節）。這從北方而來的強敵來勢洶洶，「他們拿弓和槍，性情殘忍，不施憐憫；他們的聲音如海浪澎湃」（23節）。猶大要面對這可怕而兇狠的敵人。此時，先知把自己代入百姓中間，他在想像中代表百姓作出歎息：「痛苦將我們抓住，疼痛彷彿臨產的婦人。」（24節）先知在想像中吩咐那時驚恐的百姓「不要出到田野去，也不要行走在路上，因四圍有仇敵的刀劍和驚嚇。」（25節）其實，那時百姓是無處可逃，難怪先知難過地說：「我的百姓啊，應當腰束麻布，滾在灰中。要悲傷，如喪獨子般痛痛哭號。」（26節）

最痛苦的是，上帝並沒有因耶利米的哀歎而減輕百姓的懲罰，似乎耶利米的歎息落了空。上帝還要告訴先知，他日後與這些叛逆的百姓會有更多衝突。從這些衝突中，先知會更深明白上帝懲罰百姓是出於公義。先知要成為一個「測試者」（*bāḥôn*；原文意思是「驗金者」），至於「考驗者」（*mibṣār*；意即「礦石」）這詞在「和修」看似是描述耶利米，其實是用來形容百姓的。若依照原文，這一節應譯作「你是我百姓的測試者，百姓是礦石，使你知道並考驗他們的行為」（27節）。作者在此描繪了一個圖像，耶利米是一個驗金者，百姓是礦石。這驗金者要試驗那些礦石的真偽。

上帝告訴耶利米，他當代的百姓是非常的悖逆，且常背後誹謗人。他們的心如同銅鐵，非常剛硬，他們的悖逆是不能去掉的。鐵匠只要加強在風箱吹火，礦石中的雜質如鉛就會燒溶流走；但百姓雖經上帝多次責打、對付，內心的悖逆仍沒有除掉，「人必稱他們為被拋棄的銀子」（30節）。因此，上帝只可以把他們拋棄，如同鐵匠把煉過又煉、已經沒有半點價值的渣滓拋棄一樣。事實上，上帝已經放棄了他們（30節）。耶利米當代的猶大人在上帝眼中原來是如此沒有價值。其實，每一個決心悖逆上帝的世代，不論他們的成就有多高，在上帝眼中都是沒有價值。

信仰反省：上帝的痛苦

讀完第二至六章後，是有兩方面事情值得反省的：

第一，二至六章或許令讀者留下一個很深刻的印象，就是上帝降災的決心，但在此不能忽略的，作者透過他個人的感覺來描述上帝的痛若。這幾章經文內描繪出上帝與以色列如夫婦的關係。從這關係的描寫，不難看出上帝對以色列由衷的愛，及傷痛的複雜心情。這部分的經文曾出現一些十分動心的情節，就是上帝「珍惜」！上帝「呼喚」！！上帝「哀歎」！！！

1. 上帝「珍惜」以色列曾經對祂忠誠（二1～3）；
2. 上帝「哀歎」以色列對祂不忠（二23～25、32～33，三1～5，19～20）；
3. 上帝「呼喚」以色列回轉（三1、12、14、22，四1）；
4. 上帝「哀歎」以色列悖逆（五22～25，六8）；
5. 上帝「哀歎」以色列品性惡劣（五7～9，六10、13～15、28～30）。

上帝是一位信實的神，昔日祂因為與以色列人有約的關係，便付出由衷的愛。今天我們與祂也是有約在身，祂對我們也是如此。若以色列人犯罪離開祂，祂是不會因為愛他們而縱容他們。今天上帝對你也會如此。當你犯罪離開祂之時，也要想到上帝會因為愛，而會對你施懲罰。今天當停下來反省你與上帝的關係如何。

第二，不少信徒常有一種想法，認為上帝永不放棄我們。這話是絕對的嗎？耶利米先知稱猶大為「被拋棄的銀子」，因為上帝已經放棄了他們（六29～30）。上帝放棄了以色列，上帝可能也會放棄我們，我們要拿以色列人作借鑒。上帝為何丟棄以色列呢？因為他們如不斷湧出水的井，不斷湧出罪惡來（六7）。他們又是煉不淨的銀，上帝曾經忍耐地把他們煉而又煉，但總不能除掉他們的卑劣（六28～29）。故此上帝要丟棄他們。

今天，怎樣才算被上帝放棄？是否我們禱告不蒙應允，就是被上帝放棄？不！乃是上帝在我們身上不斷管教、提醒，但最後我們依然故我，沒有改變，沒有啟迪，沒有得著智慧。就如有些信徒信主多年仍被不良嗜好捆綁，不肯順服上帝；有人多年參加教會聚會但仍暗暗占卜，學習異教的生活行為。

上帝並不輕易放棄我們，祂從摩西時代開始忍耐以色列人，直至耶利米的世代，才放棄他們。被上帝放棄是痛苦的。當上帝放棄了以色列，敵人就擄掠他們，如同摘淨葡萄一樣，摘了又再摘。上帝曾經珍愛以色列如歸祂為聖的初熟土產，凡吞吃它的，上帝要責罰他（二3）。現在，擄掠以色列的，不只沒有禍害，且吞吃、再吞吃！同樣，我們若被上帝放棄就會被魔鬼擄掠、被罪惡吞吃、被自己壓制。我們不要做被上帝放棄的人！我們要決心依靠基督，順服上帝，離棄罪惡。

溫習及思考問題

1. 上帝記得以色列人「年輕時的恩愛、新婚時的愛情」(二 1～3)。耶利米描寫他們在曠野跟隨上帝的時候，那時他們「歸耶和華為聖」。在以色列人的歷史裏，哪一段時期描寫這種生活？
2. 二章 1 至 3 節描寫上帝與以色列之間的是一個甚麼樣的關係？
3. 上帝用比喻指出以色列人犯了哪兩件惡事(二 13)？
4. 作者將以色列比喻為葡萄樹(二 21)。若把教會(真以色列)比喻作葡萄園，我們結出的葡萄是好的，抑或壞的呢？我們自己也有永生的種子在我們裏面嗎？我們的表現有否令上帝難過？
5. 讀三章 1、12、14、22 節，四章 1 節上帝的呼喚説盡上帝的愛，你看到上帝的心意嗎？你是否也有被上帝呼喚回頭的經驗？你是如何回應呢？
6. 第四章 23 至 26 節描寫先知預見猶大受懲罰的情況，他説那時候猶大地是「空虛混沌」。舊約聖經中哪處提到類似的詞句？
7. 耶利米先知如何描述以色列人拜偶像的情況？如何假意歸向上帝(三 6～四 4)？我們對上帝的心，是否愛理不理？
8. 作者如何借用「耶和華—上帝」這詞來表達上帝、先知與以色列人的關係(三 21～25)？「耶和華—上帝」這名字對你有何意義？
9. 第六章由多少首詩歌組成？其中的詩歌如何對應？你在此能捉摸到先知的心情嗎？

釋經短註

❶ 二章16節「挪弗」(即孟斐斯〔Memphis〕)和答比匿都是埃及尼羅河三角洲的軍事重鎮。「挪弗」控制埃及以北尼羅河三角州的交通,「答比匿」鎮守從東面進入埃及的主要公路。上帝使埃及人羞辱猶大是事實。早在所羅門時期,所羅門王因拜偶像,以致國家分為南北國。當所羅門的兒子羅波安作王時,耶路撒冷曾遭埃及軍隊攻破,擄掠了耶和華殿及王宮內的寶物(王上十四25～26)。

❷ 二章18節沒有提及亞蘭,只提到埃及和亞述,明顯指出這已是以色列後期的政治情形。當北國以色列仍未敗於亞述,已疲於與兩國修好(王下十七3～4)。南國猶大亞哈斯王曾經進貢亞述(王下十六10～16),希西家王可能在被亞述圍攻時,也向埃及王求救(王下十八19～21,十九9)。直至耶利米的時代,西底家王也有投靠埃及王,以抵禦巴比倫的圍攻(三十七5～10),甚至耶路撒冷被巴比倫焚燒後,前朝的軍長約哈難也投靠埃及來背叛巴比倫(四十三1～7)。

❸ 二章20節「折斷」在「馬所拉文本」的主語為第一人稱單數,即「我折斷」。這第一人稱單數是指「上帝」,故此「上帝」就是主語。「現代中文譯本」採用「七十士譯本」,有另一種譯法,把「折斷」的主語定為第二人稱陰性單數,即「妳拒絕」,然後加上「以色列啊」(這是原文沒有的),其意思是:以色列人在古時已叛逆上帝。若是如此,整個句子的意思就與「馬所拉文本」的完全不同。「馬所拉文本」所指的是,上帝從古時已釋放以色列人。若參考二章1至19節,便發現作者是描述上帝與以色列的戀愛史,強調上帝將以色列人從埃及釋放出來。因此,「馬所拉文本」是較為準確。

❹ 二章29至30節沒有說明猶大人所指控上帝的是甚麼罪狀。他們的指控可能包括強辯自己是無辜的，或指責上帝苛刻對待他們（35節），也可能埋怨上帝不夠寬容，祂應該疼愛猶大，而不應該發怒（4～5節）。這些都是因為人不認識上帝，對上帝不滿時常用的理由。

❺ 二章37節「和修」只有代名詞「從其中」，這可以指猶大與埃及的政治聯盟；而「他們」應該指「埃及人」。36至37節描寫的應該是指約雅敬和西底家王時期，猶大人投靠埃及的表現。

❻ 三章2至3節的意思是：上帝不會接受不忠的妻子回來找祂，因為她仍然不忠，沒有內疚之心。即使她回來，說的都是虛假的諂媚話，沒有誠意（4～5節）。不過，三章12、14、22節和四章1節描寫的意思頗有出入。上帝不斷呼喚祂不忠的妻子，上帝是願意她回來找祂的。四章1節「你若回轉，回轉歸向我」中的「回轉」的原文其實只是一個「回來」的分詞再加一個帶有代名詞的前置詞「來我這裏」（*wəšôḇ ʾēlay*）。這兩個詞可以翻譯為一個「命令式」或「祈使式」句子，如「和修」的「還可以歸向我」，或NIV、NRSV的「你願否歸向我」（Would you return to me?）。「和修」和NIV、NRSV的翻譯使人想起先知何西阿的傳統，上帝對不貞的妻子仍然存著希望和愛。

❼ 三章2節「阿拉伯人」是一個統稱，泛指居住沙漠的遊牧民族貝都因人（Bedouin）。他們不是獵人，乃是以貿易通商為生計。他們會帶著一些有價值的貨品在曠野路旁等候，與路過的人作交換、買賣。上帝指祂的百姓如同阿拉伯人在路旁等候，他們出賣的卻是自己的宗教情操和身體。

❽ 三章3節提及沒有雨，這會帶來乾旱（參五24）。上帝藉著停止雨水來懲罰以色列人犯罪的行動，這是西奈之約的詛咒（利二六19；申十一16～17，

二十八23）。二至六章仍未提到「約」這詞，它首次出現是在十一章2節，而十四章1至6節才記載旱災。

❾ 三章10節的歷史事件，應該是指希西家時期的宗教改革，而不指約西亞時期的那段歷史，這是有其原因。首先，耶利米在約西亞作王十三年被召（一2），之後他開始宣講。三章6節至四章4節很可能屬於他早期宣講的信息，是約西亞作王第十八年（即約西亞王宗教改革的年份）以前發出的。而且，在約西亞王時期，當祭司們因修理聖殿而發現「律法書」之時，所帶來全猶大國的宗教復興，其中有全國上下把偶像、巴力等拆毀、焚燒（王下二十二章），與耶利米書三章所描寫的拜偶像情形並不吻合。所以，耶利米書三章是在約西亞王十八年以前宣講是合理的。當然，約西亞王第十八年開始的宗教復興，並沒有把猶大國拜偶像的罪根治。接續他的兩位王約雅敬和西底家，也沒有繼承約西亞王的那種宗教熱誠（王下二十三37，二十四19）。約雅斤王被擄後，耶路撒冷人背地裏拜偶像之風仍沒有減少（參結八章）。他們拜「天后」的熱誠是貫徹始終的（耶七18，四十四5、15～25）。國家首都如是，其他城市更可想而知。

❿ 三章11節「*以色列……猶大*」。在舊約先知書內，通常以色列是指北國10個支派，猶大指南國猶大和便雅憫支派。然而在南北分裂之前，以色列是指整個國家。在耶利米書中，以色列有兩個意思，可以指北國的以色列（參三11、18，五11），也可以指12個支派或整個國家（參二3、4、14、31），故此，會引起一些混亂和不清楚的地方。不過，可從經文上下文的意思來確定所指涉的。

⓫ 四章17節的名詞原文只是「她」，沒有耶路撒冷。但是，因第11、14節都出現「耶路撒冷」，17節的「她」應指這城。此外，「和修」指敵人好像「看

守田園的」是有點不協調。通常看守田園的人都是面向外，提防外來的人侵佔田園。這裏應該是敵人如同獵人圍著一片田野，面向內（田野），以捕捉一切逃出來的動物。

⑫ 在四至五章，耶利米當代的百姓是「愚昧」，不只因為他們只有智慧行惡，沒有知識行善，也因為他們不認識上帝的作為和法則（五 4）。他們是「愚昧」的，因為他們有眼卻看不明白，有耳朵卻聽不清楚（五 21）。上帝指責他們愚昧，表達了祂的哀傷和憤怒。

⑬ 六章 13 至 15 節的內容在八章 10 至 12 節再出現。這可能是成書時，把這一段經文重複抄寫。也可能耶利米宣講同一段信息超過一次。重要的是，這重複表明在耶利米當代，因為假先知和祭司對百姓不良的影響，整個社會都腐敗不堪，上帝要追討他們。

第四章

以色列人破壞與上帝的關係（七1～十25）

- 猶大依賴聖殿卻違背上帝
- 猶大因頑梗拒絕上帝而受禍
- 先知為百姓哭泣
- 猶大因拜偶像而受傷害

七至十章的大主題，是描寫猶大人把他們與上帝的關係「非個人化」（depersonalized）。他們以為只要保存外表的禮儀，如：聖殿的崇拜，公開宣讀律法等（七 8～10，八 8），便是保持與上帝良好的關係。他們錯誤地以為上帝看重這些外表的事情。當然，若與上帝有良好關係，必然也會有聖殿的崇拜和宣讀律法等。這些外表行為應該是反映內心對上帝的敬重，而不是滿足宗教需要。如果他們認識上帝是一位偉大、真實的神（十章），從這種知識出發，洋溢到外表的敬拜行動和日常生活，這就是真正的敬畏上帝，與上帝有美好的個人關係，也是有真智慧。因為智慧生活的基礎原則，就是敬畏上帝（箴一 7）。

耶利米當代的猶大人把他們與上帝的關係「非個人化」，另外一個表現就是他們以擁有摩西的律法為傲。可是，只擁有律法不是就得到智慧。從認識上帝作出發點，遵守律法才是敬畏上帝，才是有真智慧。猶大人肯定沒有遵行律法，因為他們除了敬拜上帝以外，同時拜許多偶像（七 9、18），供奉其他神明。他們以為多拜幾個神明，就必蒙各神明護佑。他們這樣做，正正違反西奈之約的要求。他們如此的行為，何能與上帝有好的關係？何能是生活有智慧呢（八 7～8）？他們不是因為不知道西奈之約的要求，所以敬拜上帝以外也拜偶像。他們是明知故犯，心硬不肯回轉（七 24，八 5，九 14）。他們的身體受了割禮，心卻未受割禮（九 25～26），是不潔淨的，不屬於上帝的。

因為猶大人拜別國假神的風氣旺盛，耶利米花了不少篇幅把上帝對比偶像，告訴百姓，上帝遠比偶像崇高、超越。先知警告他們，責備他們，也為他們難過到哭泣，因為他知道上帝要重重的討他同胞的罪。他也在傷痛中敬拜上帝，因為上帝是那用能力創造天地，用智慧建立世界的真神（十 12）。

「智慧」這詞原文的字根是 ḥāḵām，凡加括號的是希伯來聖經的節數，而「和修」在十章 9 節譯作「巧匠」。

綜合以上，這 4 章經文的獨特詞彙有「聖殿」（*bêṯ* YHWH：七 2、10、11、14、30；*hêḵal* YHWH：七 4〔4 次〕）、「律法」（八 8）、「認識上帝」（九 3、6、24）、「**智慧**」（八 8～9，九 12、23，十 7、9〔巧匠〕、12）和「先知的哭泣」（八 18，九 1、10、18）等。

4.1 猶大依賴聖殿卻違背上帝（七1～八3）

七章1節至八章3節被稱為耶利米書著名的「聖殿講章」（Temple Sermon），因為這是耶利米站在聖殿的門口發出的信息（七2）。大部分學者都相信這講章與二十六章1至19節的情節有密切關係，認為是在約雅敬登基之時宣講的（公元前609/608年）。這是因為兩段經文都有某些相似的地方，如：兩段經文都將示羅與聖殿連在一起來談論（七14，二十六6、9）；此外，所用的詞彙也相同，如：「你們的所作所為」（七3、5，二十六13）等。這段經文的信息充滿著「申典神學」的思想，內容都是指出以色列人宗教混亂，生活敗壞。因著違背律法生活，他們定必遭受懲罰（七15、32～34；參1.4「耶利米書反映申典神學」）。

分段大綱（七1～八3）

1. 責備猶大人誤用上帝的殿（七1～15）
2. 責備猶大人敬拜天后（七16～20）
3. 責備猶大人存歪心獻祭（七21～28）
4. 責備猶大人建丘壇（七29～34）
5. 上帝懲罰臨到拜偶像的人（八1～3）

4.1.1 責備猶大人誤用上帝的殿（七1～15）

這一段落開始之時，以「耶和華的話臨到耶利米」（1節）這短語作卷首句。這是先知書寫作的一種特色（參1.1.2「結構」）。在此上帝向耶利米說話，吩咐耶利米站在聖殿的門口，向進入聖殿敬拜的百姓宣講祂責備的信息（七1～2）。上帝要預告聖殿將成為廢墟，百姓要死亡，因為他們只倚靠聖殿，卻不聽從上帝。

先知說的第一句話「你們要改正你們的所作所為」（3節），就是要求百姓悔改。若他們如此，上帝就讓他們仍居住在這國家的土地上。這要求表明耶利米當代的猶大人行事邪惡、不願悔改，而且愚昧地以為他們是很安全穩妥，因為他們相信擁有聖殿這建築物，就擁有堅固保障，因為這建築物既然是上帝的聖殿，上帝就不會讓這聖殿遭難，否則有損祂的名聲。聖殿如果被毀滅，就表示上帝沒有能力，不能保護祂自己的居所。所以上帝必定會保護聖殿，也因此必保護耶路撒冷。先知模仿他們說了3遍「這是耶和華的殿」，來顯出他們的自以為是(4節)，以此威脅上帝。其實，他們的信念是虛謊的。他們看錫安山是永不動搖、永遠不敗的(詩一二五1～2)。他們這樣的神學觀念是錯誤的。他們以擁有上帝的殿為榮，不是因為他們看上帝為偉大而尊崇祂的能力，乃是因為他們將聖殿變為他們的保障。

耶利米再次勸勉以色列人「改正你們的所作所為」(5節)，目的是指出他們不但要改變他們的神學思想，更要切實地改變他們的行為，就是「施行公平……不欺壓……不流無辜人的血……不隨從別神」(6～7節)。若他們切實地改正行動作為，上帝才會讓他們在這應許之地繼續安然居住。但是，這提醒對以色列人有效用嗎？沒有。他們仍繼續犯罪。他們「偷盜，殺害，姦淫，起假誓，向巴力燒香，隨從素不認識的別神」(9節)。他們犯罪後，就來聖殿敬拜、獻祭，然後心安理得地說：「我們平安無事。」(10節)上帝指出，他們所行的其實是把聖殿變為賊窩(11節)。他們必須悔改，停止犯罪，上帝才會讓他們繼續居住在祂賜與他們祖先，現在留給他們的土地(7節)。言下之意，他們若不悔改，上帝就要把他們趕走。

上帝清楚看見他們的罪惡和愚昧，也知道他們不理會祂多次的警告。所以，祂給他們當頭的棒喝：祂要毀滅他們所信賴的聖殿，如同從前祂因百姓的罪毀滅**示羅**一樣(12～14節)。而且，上帝要把他們放逐，他們會離開他們的家園，如同從前上帝驅逐他們的同胞北國以色列人——「所有以法蓮的後裔」(15節)，去到亞述國一樣。

示羅是撒母耳時代擺放摩西會幕的地方。約櫃在戰場上被擄後，非利士人也乘勝追擊，攻入示羅，把會幕毀壞。這解釋為何約櫃留在基列．耶琳20年，沒有回去示羅(撒上七2)。

4.1.2 責備猶大人敬拜天后（七16～20）

耶利米當代的猶大人不只依賴上帝的殿為犯罪的保障，他們也在聖殿以外供奉埃及的女神明天后。他們公然拜天后到一個地步，是在耶路撒冷及每個城鎮都行這事，而且全家供奉這神明。先知形容他們是「孩子撿柴，父親燒火，婦女揉麵做餅，獻給天后」。他們不但拜天后，而且也「向別神獻澆酒祭」(18節)。

耶利米書的「天后」

耶利米書曾有6次提及「天后」，只在第七和四十四章出現（七18，四十四17、18、19〔2次〕、25）。學者都相信這位天后是古代美索不達米亞人所供奉的一位女神，它最可能是指伊斯他爾（Ishtar）。她的名字從沒出現於舊約聖經。它之所以譯作「天后」，因為原文（*məleḵeṯ haššāmayim*）意思就是「天上的王后」。伊斯他爾通常是以晨星，就是金星（Venus）所代表著，象徵生育和戰爭，故此它可説是古代近東的人的「生育之神」和「戰爭之神」。這位伊斯他爾神首先由美索不達米亞人所供奉，後被帶至迦南，及至埃及。當以色列人在埃及時就取了這神祇來供奉。

他們全家同心供奉異邦的神明，卻沒有這樣的心和殷勤敬拜上帝。他們激怒上帝了！上帝決定要懲罰他們。上帝吩咐耶利米「所以，你不要為這百姓祈禱；不要為他們呼求禱告，也不要為他們向我【指耶和華】祈求，因我不聽你」（16節）。在耶利米書中，上帝多次要求耶利米不要為百姓禱告。而七章16節則是第一次作出這樣的要求。

上帝多次不容許耶利米為百姓祈禱

先知的一個職分是為百姓呼求、禱告。可是，上帝在此至少有4次直接或間接吩咐耶利米不要為百姓祈禱。上帝明明的説不會聽耶利米的祈禱，也不會應允百姓的祈禱。慈愛的上帝當時有甚麼心情呢？耶利米聽從上帝的吩咐嗎？如果他真的不祈禱，那麼他如何實踐先知代禱的職分？如果他有禱告，他算是不順服嗎？在耶利米書，上帝這4次的要求如下：

上帝第一次吩咐耶利米不要為百姓祈禱，記載在七章16節。這一章是「聖殿講章」。上帝責備百姓倚賴聖殿這個建築物(七4、8～10)，他們不但不肯敬畏上帝及改正行為，反而毫無歉疚地敬拜上帝的同時，又供奉巴力和天后。所以，上帝決定要懲罰他們，又要使聖殿如從前示羅的帳幕般傾倒（七 13、14）。上帝的心情是憤怒的，態度是決斷的（19～20 節）。因此，上帝要求耶利米順從，不要為百姓祈禱。祂不會應允先知的祈禱。的確，第七章沒有記載耶利米祈禱。

第二次的吩咐是在十一章 14 節，當時的百姓違背了西奈之約。「約」這個詞到十一章才出現。因為百姓背約，上帝要按約的條款作出懲罰，使一切詛咒臨到他們（十一 7～8）。其實上帝的心很難過（13、15 節），但祂決定要懲罰他們，所以當災禍臨到時，他們縱然哀求，上帝也不會聽（14、15 節）。因此，上帝吩咐耶利米不要為他們呼求祈禱。先知明白上帝定意要做的事是不會改變，所以他順服上帝。因此，第十一章沒有記載先知為百姓祈禱求恩，反而記載他的申訴，求上帝審判百姓（20～23 節）。

第三次記載在十四章 11 節，當時以色列人正面對旱災的懲罰（十四 1）。耶利米看到旱災帶來的痛苦和悽涼，他求上帝為祂名的緣故施恩，求上帝不要離開百姓（7～9 節）。第 11 節是上帝對耶利米祈禱的回應：不要再為這百姓祈禱求好處。上帝指出即使百姓禁食，祂也不會聽。他們獻上燔祭，祂也不會悅納（11～12 節）。因為上帝現今要按西奈之約追討他們的罪孽，滅絕他們（10、12 節）。雖然上帝吩咐先知不要禱告，先知仍有祈禱（19～22 節）。不過，這祈禱以哀歌表達。哀歌中耶利米盼望上帝施恩。這個禱告並不簡單，耶利米為百姓認罪，求上帝不要厭惡他們，不要忘記與他們有約的關係。這關係是一個愛的關係（參二 2～3）。先知這個禱告是合上帝心意的，所以被記載下來。

第四次記載在十五章 1 至 3 節，當時上帝清楚説明，縱然有摩西、撒母耳站在祂面前代求，祂也不會聽。上帝的心已經決定不顧惜百姓，他們已經到了必須受罰的地步。上帝要伸手攻擊他們（5～6 節），不能再有憐憫。耶利米順服了。從十五章開始，耶利米沒有再為百姓求上帝施恩。原來上帝會有定意不憐憫的時候。若上帝已經決定，祈禱是不能改變上帝的。所以，我們要學習，不要妄用祈禱。

當上帝吩咐耶利米不要為百姓祈禱期間，先知有否繼續祈禱？有！他的祈禱分為兩個層面：

第一，他求上帝施恩（十四 7～8、19～22）。此外，在十章 23 至 25 節描寫先知站在國家的位置，以父母親的身分（20 節「我的兒女」）向上帝認罪。先知作為一個國民，承擔了國家的責任。十六章 19 節的是信靠上帝的禱告：上帝是力量、保障。他不是以個人身分，乃是站在國家的位置上祈禱。

第二，求上帝報仇。在十至二十章，耶利米的祈禱也逐漸轉方向。先知轉而求上帝審判百姓，為他報仇，因為百姓要謀害他。他祈求審判（十一 20，十八 19～20），求報仇（十二 3，十五 15）。可參頁 105 列表：「耶利米的 5 次申訴」。

當上帝説不會聽百姓在患難中的呼求，這並不是永遠的。70年被擄期滿，百姓回歸時候，上帝吩咐他們要呼求祂。那時，他們的祈禱會蒙應允（二十九12～14），上帝會照他們的懇求引導他們（三十一9）。上帝預告會再聽他們祈禱，這是上帝的恩慈。不聽祈禱有時，聽也有時。

由二十一章開始直至三十一章，耶利米書沒有記載任何先知的祈禱。不過，當上帝説會聽百姓祈禱後（二十九12，三十一9），接著的三十二章便記載先知的祈禱：耶利米買地後，他祈禱上帝用大能成就難成的應許（三十二16～26）。

信仰反省：人的禱告可以改變上帝的心？

上帝要求耶利米不要為百姓祈禱，顯示了兩點。第一，先知的祈禱是可以打動上帝的心。正因為上帝知道這可能性，所以上帝預先吩咐耶利米不要向祂祈禱，彷彿上帝不要先知影響祂的心和決定。所以，我們要相信祈禱是有功效，是可以改變上帝的心的。第二，上帝不要我們隨便按自己心意祈禱。我們要學習在合宜的時候作合宜的祈禱。

當上帝吩咐耶利米不要為百姓祈禱，而祂也不理會百姓的禁食，祂是按著祂的公義做這樣的決定，因為祂要懲罰他們。人都是希望犯罪後不用承擔責罰，甚至願意以悔改、禁食祈禱作為挽回懲罰的方法。可是，耶利米書讓我們了解到，上帝接受人悔改是有一個界線。若過了界，就沒有可以悔改的可能性。但這界線是怎樣？這惟有上帝才知道，你我是不能確定的。不過，作為上帝的先知，耶利米要了解上帝的心意，不要在上帝決定施行懲罰時仍祈求上帝赦免罪孽。

上帝禁止先知向祂禱告，這並不是説我們不可以求上帝赦免我們，除非是上帝説明的，那我們就不用祈禱了。所以，要不斷尋求明白聖靈的指引，要尋求智慧去明白現實。祈禱不是一種工具，用來改變所有痛苦的事情，使人生沒有絲毫哀傷，這行為只反映人在逃避現實。我們乃應祈禱上帝賜我們勇氣去承擔難處，有力量去接受現實，堅強的生活下去。這種祈禱才是有勇氣的祈禱。

萬事都有定期，祈禱也有它的時間表。讚美有時，申訴有時；祈求赦免有時，求能力接受懲罰有時。主，教導我們在合宜的時候作合宜的祈禱。

上帝的憤怒是烈火，祂要把猶大國所有的人、動物、樹木和五穀燒盡（19～20節）。這都是他們自取其禍，自取其辱。耶利米當代的猶大人宗教方面腐敗不堪，他們的社會也是充滿不公平和欺壓，貧富懸殊（6～9節）。宗教與道德這兩者是有關連的。那些不敬拜上帝的宗教，一定會引致社會道德腐化，最後引來上帝的憤怒和審判。

4.1.3 責備猶大人存歪心獻祭（七21～28）

耶利米當時的社會雖然有許多問題待解決，百姓卻看獻祭比一切重要。他們以為獻祭就等於順從上帝，等於滿足摩西律法主要的要求。他們誤解這一點了。上帝諷刺地指出他們的愚昧：「將燔祭加在你們的祭物上，又要吃肉。」（21節）燔祭是燒盡整隻祭牲的，其他的祭如平安祭是有一部分祭肉留給獻祭者吃用的。猶大人獻許多的祭，以為這些獻祭行動能帶給他們的益處。其實，祭肉固然吃了，卻沒有取得上帝的喜悅。

他們獻祭是因為摩西律法（西奈之約）的要求。不過，上帝指出獻祭並不是西奈之約基礎的要求。事實上，獻祭與否根本不重要。當上帝帶領以色列人的祖先離開埃及，祂用大能的手帶領他們過紅海，經過曠野達到西奈山腳聚集期間（參出十九3～6），祂都沒有命令以色列人獻祭給祂（22節）。在那時刻，上帝只吩咐他們一件事情，就是「聽從我的話，我就作你們的上帝，你們也作我的子民。你們行走我所吩咐的一切道路，就可以得福」（23節）。因為他們是上帝拯救的，是完全屬於上帝的。這基於上帝拯救的吩咐，正是出埃及記十九章3至6節的精粹。再者，在西奈山腳，當上帝傳給以色列人十誡和其他律例時，祂沒有提及以色列人要以獻祭牲為敬拜上帝，服事上帝之用（出二十～二十三章）。

上帝最原先頒布的命令都是一些道德的律例，為要規範以色列人的生活行為。直到百姓應允遵守上帝的吩咐，與上帝立血約，以色列70位長老在上帝面前吃喝，摩西再上西奈山40天（出二十四章），上帝才頒布建造做祭壇的法則（出二十七章），以及每天當獻的祭物（出二十九章）。由此可見，聽從上帝命令、生活公義善良，比獻祭優先得多。

可是，一直以來猶大人的祖先沒有聽從上帝，也沒有聽從上帝差派眾先知傳達的話。他們沒有悔改，離開罪惡。到了耶利米世代，人更是頑劣、悖逆上帝（24～26節）。何以見得？上帝要耶利米向他當代的人傳達祂的話。但上帝預先告訴先知：他們是不會理會他的，也不會接受先知的責備。其實，他們連提都不提要向上帝效忠（27～28節），他們只是一味的獻祭。

4.1.4 責備猶大人建丘壇（七29～34）

他們向上帝獻上牲畜，但對待假神卻用自己的兒女為祭物燒獻給它（31節）。他們獻給假神的，遠超過給上帝的。這種殘酷、可憎的祭禮激怒上帝。上帝要嚴厲的懲罰他們。因這懲罰的嚴重，上帝呼籲百姓（祂將百姓看為一個女子）要舉哀：「耶路撒冷啊，要剪頭髮，扔掉它，在光禿的高地唱哀歌，因為耶和華棄絕、離棄了惹他發怒的世代。」（**29節**）那世代的猶大人作了兩件上帝看為可憎可惡的事（30～31節）：

29節原文沒有如「和修」所譯「耶路撒冷啊」，而「要剪髮拋棄，舉哀」等命令都是第二身單數陰性表達，形容一個女子在悲痛時，把心愛的長髮剪掉，以示哀悼。

- 把偶像放在聖殿中，污辱了殿。聖殿原本是為上帝而建造的，是上帝的居所，但猶大人已再沒有分辨是非的心，竟將偶像帶入殿中。一方面表示他們目空一切，對上帝的不尊重，另一方面反映了他們看所拜的偶像就是神。
- 在欣嫩子谷造陀斐特的祭壇。欣嫩子谷位於耶路撒冷城南和西南界的深谷。陀斐特則可能位於欣嫩子谷的一個地方。❶ 猶大人在這地方築壇，把自己的兒女焚燒獻給外邦的神祇摩洛為祭。許多時候當聖經提及欣嫩子谷，都與獻祭給外邦神祇有關（十九5，三十二35；另參王下二十三10；代下二十八3，三十三6；賽三十33；結二十三37），故此極有可能所描述的是指欣嫩子谷的陀斐特。猶大人在那地方敬拜巴力和摩洛。約西亞王曾廢除這些以人為祭的邪惡的宗教禮儀（王下二十三10）。但明顯的，約西亞王離世後，耶利米世代的猶大人恢復了這些邪惡儀式。

獻兒女為火祭

將自己的兒女獻為火祭，通常是指將兒子獻給神明摩洛。古代近東的民族獻兒女為火祭的行為，已屬於巴勒斯坦地普遍的一種宗教儀式。從巴勒斯坦沿海發掘出來的文物，如古迦太基（Punic）的石刻也發現有這些事情發生。古代的人竟然可以將自己的兒子獻為火祭，當中應有一些原因。有學者認為所獻的若是長子，這可能與生育有關；亦有認為將兒子獻給死神，為要代替另一個人的死，又或改變一件事的厄運（如摩押王當著以色列人面前獻子作火祭來平息戰爭；參王下三27）。這些說法都沒有定案。有學者提出亞伯拉罕獻以撒，最後由羔羊代替這事件，是帶有批判獻兒子作火祭這宗教行為。

古代的以色列人極可能也有行過這儀式。在摩西律法中，曾記載不許兒女經過火（出二十二29～30；利十八21，二十2～5）。若當時以色列人沒有這宗教禮儀，摩西律法也無須有如此的禁戒。聖經亦曾記載士師耶弗他也曾將自己的女兒獻為燔祭（士十一31～40）。

在王國時期，以色列人染了這些惡習，將自己的兒子或女兒，燒給摩洛（耶七31，十九5，三十二35；參詩一O六37～38；結二十三37）。亞哈斯王在欣嫩子谷用火燒自己的兒女（代下二十八3）。似乎當代的人會為特別嚴重的事情，把長子獻上，以取悅神明（彌六7）。

因為猶大人作了這些噁心的行為，上帝要懲罰他們（32～34節）：

- 欣嫩子谷要成為「殺戮谷」（32節），屍首多得埋葬不來，為飛鳥走獸所食。因著他們曾在那裏殺了許多無辜的孩子，如今上帝要將他們所行的報應在他們身上。
- 猶大全國要荒廢，不再有歡笑聲，「新郎和新娘的聲音，因為這地必然荒蕪」（34節）。這短句在十六章9節重現。這兩段經文都是指出上帝審判時猶大國的荒涼，人所沉醉的事物全都要消失了。

摩洛

摩洛（Molech, Moloch）是巴勒斯坦地普遍供奉的神明。考古發現最早期供奉這神明的，可能是公元前1700年馬里（Mari）城的人。摩西的律法早就記載不許兒女經過火，獻給摩洛（利十八21，二十2～5）。從列王記上十一章7、33節，並列王記下二十三章13節來看，亞捫人的神明是「摩洛」，也是「米勒公」（Milcom）。摩洛的希伯來文（*mōleḵ*）與君王（*meleḵ*）相似，因此「摩洛」這詞可能是一個稱號，如埃及的法老，羅馬的凱撒一樣。

在希伯來聖經，摩洛共出現8次（利十八21，二十2、3、4、5；王上十一7，王下二十三10，耶三十二35）；在「和修」共出現10次，其中的阿摩司書五章26節（「撒古特君王」於「七十士譯本」是譯作「摩洛的帳棚」），原文沒有摩洛這名詞。米勒公有4次（王上十一5、33，王下二十三13；番一5）。

4.1.5 上帝懲罰臨到拜偶像的人（八1～3）

八章1至3節接著描述上帝懲罰猶大時的荒廢情景。終有一天，會有「人」把猶大王、官長、祭司、先知和百姓的骸骨從墳墓裏掘出來。這些人是指外邦的軍隊。他們將猶大王等人的骸骨掘出來，原因是這些都是社會上有地位的人，他們的墳墓必埋著許多珍寶作陪葬品，故此外邦的軍隊要將它們掘出來。他們取了財寶之後便將骸骨拋散在地上，讓它們暴露在太陽、月亮下。這日、月就是那些有地位的猶大人生前所供奉的天像。上帝要外邦軍隊如此行，為要證明猶大百姓曾經所奉拜的偶像如何無能。這些骸骨不會再被收殮，最後要變成垃圾、糞土。

在耶利米當代，骸骨不能入墓安葬是一個嚴厲的詛咒，表示人死後也不得安寧。至於那些剩下來仍生存而又流放異鄉的人則會非常哀痛，他們的生活比死更慘，所以他們情願死也不願活（3節）。先知這宣講實在是沉重的，聽見的百姓也應該明白上帝對他們真的感到很憤怒。

4.2 猶大因頑梗拒絕上帝而受禍（八4～17）

這部分是由3個段落組成：指責猶大全民自恃（4～7節）；指責文士自以

為是（8～12節）；向全民宣布審判（13～17節）。上帝要嚴厲的懲罰猶大，不只因為他們虛謊的依賴聖殿、拜邪教，更甚的是他們自恃，背叛上帝到底，不肯回頭，故此上帝宣布祂的懲罰。

分段大綱（八4～17）

1. 指責猶大全民自恃（八4～7）
2. 指責領袖自以為是（八8～12）
3. 向全民宣布審判（八13～17）

4.2.1 指責猶大全民自恃（八4～7）

4至12節先知描述猶大對上帝的背叛和頑梗。上帝在此發出一個希奇的提問：「人跌倒，不再起來嗎？人轉去，不再轉回來嗎？」（4節）這是一個修辭性提問，目的是提供聽眾一個否定的答案，以此表達猶大百姓的無理。是的！人跌倒了，總會站起來；走錯了路，總會回頭；但為何上帝的子民卻如此徹底地背叛，到一個不可回轉的地步呢？「他們抓住**詭詐**，不肯回頭。」（5節）他們知道自己作惡，卻不肯回頭，定意的繼續以詭詐對待上帝，並為自己辯解。

「詭詐」（tarmîṯ）原文指「言語、思想的詭詐和虛假」，所以是描述猶大其他行為，而不是指他們拜偶像這行為（參番三13；詩一一九118）。

上帝說祂有細心地聽祂子民說的話，但聽到他們不肯說誠實話，也沒有人會為自己過往的罪感到懊悔而說：「我做的是甚麼呢？」（6節）第6節的「說」（*lēʾmōr*）原文是結構性不定詞（infinitive construct），使用這結構目的是表達懊悔時會說的話，但不是自省。故第6節不應翻譯為：「我究竟做了甚麼？」

所有的子民都一意孤行，偏離正路，「如馬直闖戰場」（6節）。馬是不懼怕爭戰的，牠身體裏面流著好戰的血液（參伯三十九19～25）。

先知用一句箴言來作比較，指出祂子民的愚昧：「空中的鸛鳥知道自己的季節；斑鳩、燕子與白鶴也守候當來的時令；我的百姓卻不知道耶和華的法則。」（7節）這種比較式的表達，也曾出現於耶利米書其他地方（十二5；參賽一3），這通常是用來指出一種不合理的行為。先知在此再次指出猶大無理或無知的叛逆。雀鳥懂得順著上帝創造的季節生活，但上帝的子民卻看不懂時代的局勢，不明白上帝的作為和動向，只是固執偏行己路，不明白上帝的法則。他們生活得比雀鳥愚昧，何等可憐！

4.2.2 指責領袖自以為是（八8～12）

當譴責全民後，先知在此特別提出教導律法的文士。他指出他們也是無知，卻自以為有智慧，以為擁有上帝的律法書就可目空一切。上帝指出這班文士常常以詭辯謬解上帝的律法，他們以筆「舞弄虛假」（原意是指「以筆將真律法變成謊言」）。先知指出他們這樣做其實是拋棄了上帝的律法。這種智慧是假的。當上帝的懲罰臨到，這種假智慧只會使他們羞愧，不知所措。拋棄上帝的話（包括律法）的人，不可能擁有智慧。上帝會審判以假智慧誇口的人，他們的田地和妻子會交在敵人手中，很是羞辱（8～10節）。從心裏敬畏上帝才是真智慧，才使人生活蒙福（箴三1～12）。

另一方面，上帝懲罰文士是因為他們全都貪圖不義之財，可是連祭司和先知也欺詐百姓。在當代，先知和祭司都是有學識的人，他們與文士是同一階層的，都是做領袖的。他們知道上帝律法的要求：生活要公正，要盡領袖的責任。他們卻輕輕忽忽地帶領百姓，沒有好好牧養他們。百姓把痛苦和難處告訴他們，他們只輕忽地說：「『平安了！平安了！』其實沒有平安。」（八10～11）他們對百姓的困苦視若無睹；他們虛謊，並沒有半點羞愧。他們是麻木不仁的，所以當上帝要追討他們的時候，「他們必跌倒！」（12節）❷

4.2.3 向全民宣布審判（八13～17）

第13節解釋第12節提及的上帝的懲罰：他們的農作物會失收，他們要經歷饑荒。「葡萄樹上必沒有葡萄，無花果樹上沒有果子，葉子也必枯乾」（八13）。凡上帝賜給他們的一切，全都要失掉。他們要經歷這些饑荒和損失，因為戰爭要來臨了（14～16節）。❸

在14至16節，耶利米把他自己放在百姓的位置，代表他們講出被上帝懲罰時的心情。先知把自己代入同胞中，以哀怨的詩詞描寫戰爭來到時百姓會有的反應。借助這種手法，他引導百姓進入他的思緒中，去想像未來可怕的情景。「我們為何靜坐不動呢？我們當聚集，進入堅固城，在那裏靜默不言；因為耶和華——我們的上帝使我們靜默不言，又將苦水給我們喝，都因我們得罪了耶和華。」（**14 節**）「靜默不言」表達的是一種哀情，是上帝的子民被上帝追討罪惡時的哀傷。

14 節原文開首沒有「上帝的子民問」，「現代中文譯本」是加插的。

那時，百姓盼望平安，但不會有平安；他們有的只是驚慌。因為敵人來到最北方的但城了，他們的戰馬在嘶鳴、在噴氣。因牠們的奔跑，地也震動，上帝的百姓要被消滅了（15～16 節）！

上帝附和先知說：上帝必把毒蛇（比喻敵人）放在祂子民中間，是一些「法術無法驅除的」毒蛇，意思是指那些是百姓們無法控制的毒蛇。這些蛇要咬傷他們才會停止（17 節）。毒蛇咬傷，是疼痛難醫的。耶利米世代的人必會遭受類似懲罰的痛楚，不能倖免，因為他們自恃，依賴自己，不聽從上帝（參 8～9 節）。

4.3 先知為百姓哭泣（八18～九26）

耶利米在心靈中看見同胞被上帝責罰。這責罰雖然是未來的，但耶利米心靈中感受到那時他們的痛苦。這部分經文深刻描繪了他愛國愛民之情。

分段大綱（八18～九26）

1. 耶利米為國哀哭（八 18～九 16）
2. 耶利米為耶路撒冷哀哭（九 17～22）
3. 耶和華懲罰沒有真受割禮的人（九 23～26）

4.3.1 耶利米為國哀哭（八18～九16）

這段經文表達了耶利米那悲傷不已的心，他心裏愁煩，彷彿聽到猶大百姓在痛苦中哀問：上帝不是在錫安的嗎？為何祂看到祂子民的痛苦卻無動於衷？此時，先知也彷彿聽到上帝反問他們：你們為何固執地拜偶像，激怒了我？你們受苦是咎由自取（八18～19）。百姓是要受責罰，不能逃避。但他們要受苦多久呢？相信會是不短的時間。因此，先知站在百姓的位置上，代表他們發出呻吟：夏季過去了，收成的季節也結束了，我們仍然沒有得救（20節）。耶利米是愛同胞的，因為同胞受創傷，耶利米的心也碎了。他感同身受，悲痛萬分。

耶利米再發出哀問：難道基列沒有醫藥嗎？沒有醫生嗎？為甚麼我的同胞沒有得到醫治呢（21～22節）？基列廣義指位於約旦河以東一帶高地，也可狹義指基列地。基列地當然是有著名的乳香，按當時的人，這些乳香有醫病的作用。耶利米發出一個修辭性的提問：「在基列豈沒有乳香呢？在那裏豈沒有醫生呢？我百姓為何得不著醫治呢？」（22節）這些問題是要挑戰讀者，讓他們思考到自己真正的境況。他們要知道即使有醫生及藥物，可是他們的創傷非乳香能醫治，因為這些創傷是上帝審判所加的。惟有等待上帝的審判過去，猶大人才能有得痊癒的盼望。

先知哀哭

舊約聖經所描繪的先知，多是宣布審判信息的，形象是硬朗的，即使妻子離世也不能舉哀（結二十四15～18），也甚少記載他們的哀哭。記下來的，有以利沙。他曾經為百姓未來的苦難哀哭，但只記載一次（王下八11～13）。此外，也有耶利米，他哭了不少次（四19，八18～九1，九10、17～18，十19），他確實是「淚眼先知」。他所哭泣的，都是國家及同胞的事，不是自己的事。耶利米作先知40多年間，親口預言，也親眼目睹共5位猶大王戰死或被擄異地（參1.2「歷史背景」），百姓流離失所，以及耶路撒冷被焚毀。當親身經歷這一切後，是難以阻止一個愛國的先知不為國家百姓哀哭。

耶穌曾經問門徒，人說他是誰。其中有一個回答說，耶穌是耶利米（太十六13～14）。可能耶穌時代的猶太人看見耶穌的表現如同耶利米般憂國憂民。耶穌也為耶路撒冷的苦難哭過（路十九41～44）。

在上帝審判的時候，耶利米不能做別的，只能哀哭。所以他說：「但願我的頭為水，我的眼為淚水的泉源，我好為我百姓中被殺的人晝夜哭泣。」(九 1) 耶利米因為憐憫百姓，所以哭泣。但眼淚中充滿悲憤，他想不理會他們，「惟願在曠野有旅客的客棧，我好離開我的百姓而去」(2 節)。因為猶大百姓不只拋棄上帝，他們的社會也充滿姦淫、謊言，沒有忠信。強暴、欺詐、虛謊比比皆是，連自己的親人也不能信任(2～6 節)。這是一個罪惡滿盈的社會，所以上帝要向他們報復，祂不能不懲罰這樣的國民(7～9 節)。

上帝的懲罰臨到時，猶大國將會滿目瘡痍。耶利米覺得他要為國家唱輓歌：山嶺、草原燒成焦土，再沒有人走過，再沒有牛羊的聲音，再看不到飛鳥和走獸。遍地都荒涼淒慘(10 節)。上帝附和先知說：耶路撒冷和猶大各城鎮要荒涼，沒有人居住(11 節)。

耶利米向上帝慨歎：誰會明白為何猶大國土會荒廢，沒有人煙？有誰被上帝教導過，能以說明箇中原因(12 節)？耶利米的提問其實是一種文學手法，以表達他的感概，這好比以賽亞書五十三章 1 節：「我們所傳的有誰信呢？耶和華的膀臂向誰顯露呢？」耶利米早已傳講上帝要因猶大的罪而懲罰他們。現在，他是用一個與上帝談話、有問有答的形式來覆述早已傳講的信息，使百姓可以有新的領會。

上帝回答先知：上帝使猶大國土荒涼是因為：第一，他們不遵行上帝的約(律法)，也不聽從祂借先知說的話。第二，他們隨從自己頑梗的心去事奉敬拜巴力(13～14 節)。所以，上帝要懲罰他們，將「茵蔯、苦水」給他們作食物，意即要流放他們到外族的國家。不但如此，上帝要使「刀劍」——戰爭、死亡——在異國追殺他們，直到將他們滅絕(15～16 節)。難怪猶大國土會荒涼。上帝這個描寫確實是以色列人後來在世界各處遇到的情況。

耶利米的眼淚

耶利米稱為淚眼先知。他為何哭？他哭是因為看到國家的敗亡，抑或在思想與感情裏感受到國家未來的命運？他的哭與上帝的感受有關連嗎？先知可以代表上帝哭嗎？他有停止哭的時候嗎？我們可以從耶利米的哭泣學到甚麼？以下是有關的經文：

1. 耶利米為百姓的愚頑所招徠的荒涼感到心疼痛（四 19～26）

經文沒有說先知有流淚，但他的心在疼痛（19、31 節）。縱然戰爭仍未發生，耶利米在心靈裏彷彿聽到戰爭的聲音（19、21 節），聽到上帝的哀歎（22 節），上帝的說話（27、28 節），並百姓的呻吟（31 節）。他也看見國家被毀的情形，看見戰爭的毀壞（20 節），並反創造的景象（23～25 節）。這一切皆因百姓愚昧，被自己的罪傷害而不知道（18、22 節）。

耶利米的感受和痛苦是真實的。上帝使用先知這些感受和痛苦編成講章，使百姓聽見，他們就可以想像到未來戰爭的可怕，以致感動他們悔改。

2. 耶利米為百姓的愚昧與損傷流淚（八 18～九 10）

耶利米的心發昏，他聽見將要被擄的百姓的哀歎（八 18～20）。因百姓的損傷，先知也受損傷（八 21）。耶利米在哭，但所流的眼淚未足夠表達哀傷，他就晝夜哭泣（九 1）。他也為國家荒涼的土地哭泣（九 10）。這哀哭帶著憤怒，因為百姓犯了罪（九 2）。

在耶利米的哭泣中，上帝有說話（九章、3、6、9 節出現「耶和華說的」這短語）。經文也顯出耶利米的哭泣與上帝的說話已連成一體（參八 19 下，九 11）。因此，可以說，先知的哀痛反映上帝的情緒。例如：耶利米書出現約 40 次「我百姓」，而大部分都是出自上帝的口，所以那些似乎是先知說的「我百姓」，也可以看作是上帝說的。八章 18 節至九章 10 節就是一個例子。

大部分聖經學者都認為八章 18 至 19 節、九章 1、2、10 節的眼淚之詞是耶利米說的，但也可以看為是上帝說的。就是上帝刻意借用耶利米的口和感情，讓百姓知道上帝在傷痛。事實也是，如果先知能夠為他所愛的國家有如此悲痛，我們可以相信上帝都會有這感情，且比先知的更豐富，祂必定為祂所愛的子民更難過。上帝肯定是有感情的，祂呼喚人來為「我們」舉哀（九 17～18）。因此，耶利米的眼淚，可說是表達上帝的眼淚。

3. 耶利米為百姓的固執、驕傲而哭（十三 15～17）

耶利米看到百姓驕傲自滿、偏行己路，自以為是，不肯讓上帝得榮耀（參 8、11 節）。他為上帝不能在百姓中得榮耀而難過。縱然百姓會受懲罰，也需要將榮耀歸給上帝，因為上帝是配得的。也許上帝會在患難中賜予百姓盼望（16 節）。可是，耶利米知道百姓不會聽他的勸勉，所以會被擄。耶利米暗地為百姓哭泣，痛苦流淚（17 節）。

4. 耶利米為死亡的百姓哀哭（十四 17）

這節是上帝吩咐先知為百姓說出的哀歌：願我眼淚汪汪，晝夜不息。其實，這帶眼淚的話是上帝放在耶利米口中的。因為言辭出自上帝，所以反映了上帝的傷痛。

5. 上帝吩咐耶利米不要流淚（十五 5，十六 5～6）

耶利米也有停止哭的時候。上帝不是要耶利米不斷流淚。如果是，這對耶利米的心理和生理皆會造成損害。上帝要先知只在一段時間流眼淚。哀哭有時，不哀哭也有時。直至十五章 5 節，上帝對耶路撒冷說：不會有人可憐她，為她悲傷。在十六章 5 至 6 節，上帝吩咐耶利米：「不要去哀哭、也不要為百姓悲傷。」的確，十五章以後，再沒有記載耶利米為百姓哭。由此可說，先知順從了上帝，甚至哭也順從祂。

縱然先知的眼淚在十五章以後停止了，整卷耶利米書卻記載當百姓悔改時，他們也哭。首先，先知預告百姓難過、痛悔時的哭聲（三 21）。另外，百姓走在回歸路上的時候，他們發出哭聲（三十一 9、18），那時上帝恩慈的心向他們顯明（三十一 20）。這兩段經文都記載百姓的認罪。

故此，上述 5 處經文都是耶路撒冷被圍困以前，上帝借助耶利米來感動百姓的講章。在戰爭的日子，百姓都要逃亡，不會停下來聽先知講道。況且，在耶路撒冷被圍困時，耶利米是被監禁的，也不能向百姓公開講道。

4.3.2 耶利米為耶路撒冷哀哭（九 17～22）

流放異國是痛苦的，國破家亡，人面全非。這是一件應該哀悼的事情。上帝呼喚猶大：「你們要考慮」——你們要明白，並要這樣做——找善唱輓歌的婦女來哀悼（17 節）。上帝甚至把該說的話代他們講出來：「叫她們速速為我們舉哀，使我們眼淚汪汪，使我們的眼皮湧出淚水。」（18 節）上帝知道百姓在被擄、流放時候的痛苦。他們需要流淚，也應該流淚。被放逐的人彷彿聽見錫安城在哀哭：「我們竟然敗落！我們何等慚愧！我們撇下土地，人拆毀了我們的房屋。」（19 節）

在他的腦海裏，耶利米覺得百姓可以有更深切的哀悼，所以先知**呼喚做母親的教導她們的兒女和鄰居哀哭**，唱輓歌（20節）。先知甚至代替她們吟出一首輓歌：「因為死亡從窗戶進來，進入我們的宮殿，從外邊剪除孩童，從街上剪除少年。」（21節）

耶利米呼喚女子為國家哀哭，也把哀歌放在她們口中（20～21節），如同上帝先前做的（17～18節）。先知的行動和言語與上帝的配合。

接著上帝吩咐耶利米去宣布，當猶大變為荒場時，「人的屍首必倒在田野像糞土，又像收割的人身後遺落的禾稼，無人拾取」（22節）。這境況是很悲哀的。這節經文解釋第1節所記載先知為百姓中被殺的人哭泣的原因。

信仰反省：上帝的眼淚

耶利米先知是一個有感情的人，他把這感情奉獻，讓上帝使用。上帝也真的使用。因著先知的奉獻，上帝和先知的關係就如靈魂和身體一樣。靈魂需要身體才可以將整個人活現出來；同樣，上帝的感情需要借助先知的眼淚才可以向世人表達出來。上帝的傷痛和耶利米的眼淚是不可以完全分開的。沒有先知的眼淚，我們就誤以為耶和華只是一位審判的神，彷彿祂永遠鐵面無私，審判時不徇情面。但透過先知的眼淚，我們發現上帝在施行審判的同時，心也是在痛苦難過。可能，上帝真的也為祂的百姓流淚了。

人人都哭過。還記得上一次的哭嗎？那是為甚麼事情哭呢？耶利米為國家的將來而痛苦哭泣，為百姓要面對的戰爭和受苦哀哭。讓我們也學習為在苦難中的人哭。

人年紀大了，可能已很少哭。從耶利米身上，我們學習到哭不一定是弱者的表現。哭可以是靈命成熟的表現，是反映一顆對屬靈的事情有敏銳的心，甚而是要表達上帝的情緒。如果發現自己甚少去哭，我們就要祈求上帝賜我們一顆柔軟的心，讓自己敏感於周邊的事；也要培養自己的同情心和想像力，去感受他人的痛苦和傷害。這樣，我們的心會逐漸產生疼痛。我們自然會在哭泣中祈禱和仰望祂的恩慈。我們會更明白上帝的心。或許，這是一條痛苦的路，卻是一條達致成熟的路。如耶利米一般，我們的感情可以被上帝使用，讓世人都知道上帝的心腸。

4.3.3 耶和華懲罰沒有真受割禮的人（九23～26）

23節的「智慧人」是指那些以為擁有上帝的律法書、就等如有智慧的文士和百姓的領袖（參八8～9）。他們和軍人（勇士）、財主（有權勢的人）都是國家的領袖，是百姓所服從的。

接著的23至26節，是幫助我們明白九章1至22節這段落其實是先知在想像未來的情況。上帝的懲罰仍未到，猶大仍未放逐。現在，凡聽到上帝信息的人，他們要做的，是不要自誇、自恃，不要以任何自己擁有的為保障，包括**智慧**、勇力和財富（23節）。他們只能做一件事，就是尋求認識上帝。認識上帝不只是了解上帝的品格——不變的愛，執行公義，更是按著上帝的品格行事為人，施行慈愛、公平和公義（24節）。

上帝看重的不是人遵守了外表的宗教禮儀，如割禮等，而是人以心靈和誠實遵守西奈之約，作上帝的子民。這等人是心靈有受割禮的人。在當代，除了猶大人，其他民族如埃及人、以東人、亞捫人、摩押人，都有割禮。有些曠野的民族甚至剃光頭髮，以示潔淨，但他們的內心是遠離上帝的，他們的行為是上帝看為可憎的。他們與耶利米當代的猶大人一樣：心未受割禮。「日子將到」——將來上帝會懲罰這些民族和猶大人（25～26節）。當將來上帝興起巴比倫，猶大和所有鄰國都要被巴比倫人鎮壓。巴比倫的興起，會席捲當代中東所有國家。

4.4 猶大因拜偶像而受傷害（十1～25）

耶利米當代的猶大人只注重聖殿的崇拜儀式和外表的割禮，把他們與上帝的關係「非個人化」，一個主要的原因是他們迷信異國的宗教，看輕自己的上帝。第十章分為兩個段落：在第一段，先知特別比較偶像與上帝，指出上帝遠比偶像崇高和超越（1～16節）。在第二段，先知為將要被擄的人預先作哀歌（17～25節），預告他們的痛苦。

分段大綱（十1～25）

1. 上帝遠比偶像崇高和超越（十1～16）
2. 預告百姓被擄時的痛苦（十17～25）

4.4.1 上帝遠比偶像崇高和超越（十1～16）

在第一段落，先知開宗明義指出，百姓要有智慧，捨棄異國的假神，也不要如外族人被**天空奇異的景象**騷擾，心神不安（1～2節）。他們要單單信靠、敬拜上帝。接著先知描述百姓拜偶像的愚昧：外族人的偶像只不過是砍下來的木頭，加以金銀修飾，用釘釘牢。它們不能說話，不能行動，只不過是人製造的；是沒有生命氣息的。它不能害人，也不能福澤拜它的人（3～5節）。那麼，百姓為何還要拜偶像呢？這是因為他們的愚昧。

古代近東如埃及、亞述、巴比倫，都有星象學家。他們從觀察星象來預測國家大事。以色列國是沒有這種星象學家，不過他們深受這些異國的星象文化影響。

說到這裏，耶利米不能不開口讚頌上帝。「耶和華啊，沒有誰能與你相比！你本為大，你的名也大有能力。萬國的王啊，誰不敬畏你？敬畏你本是合宜的。」（6～7節）的確，以色列的上帝遠遠超越列國的偶像。上帝是偉大的，祂掌管萬國，全世界的智慧人和君王沒有一個可與祂相比。相比之下，他們都顯得是愚蠢和無知。他們求問的是自己手做的偶像，是他們用金銀、顏色布料裝飾的手工而已。惟有以色列的上帝是真神，是永生、永恆的上帝。惟有上帝是活神，祂有祂的性情。祂發怒的時候，大地都要震動。所以，世人當順從上帝，不要惹祂發怒（8～10節）。

接著的第11節是以亞蘭文寫成，不是希伯來文。這節可能是編修者後期加插的。不過，從這最後文本的編排，可發現它被放置於此，是因為它的內容可被看成是上帝呼喚祂的子民向外族的宣告：「你們要對他們這樣說……」要說甚麼？是指出偶像不是那創造天地的上帝，至終它們一定從天地間被消滅（11節）。

12至16節是一首詩歌。作者藉著詩歌繼續頌讚上帝的偉大和權能。耶利米用了希伯來的**智慧傳統**來高舉上帝：創造顯明上帝的獨一、偉大、生命和智慧。惟有祂是創造的上帝。祂遠超一切人間被造的偶像。

上帝以大能和智慧創造宇宙。是祂以權能使風吹起、雲飄湧，電閃、雨降。這些大自然的奧妙和奇工在在顯出

智慧傳統的源頭是創造，上帝以智慧創造宇宙，可參考箴言三章19至20節、八章22至31節等。因此萬物井井有條，天工巧奪，正正顯出上帝的超越。祂是主宰，在萬物之上，統管一切，無以可比。

人的渺小和無知。如果人選擇供奉自己手所造、沒有生命的偶像，而不敬畏上帝，他們簡直是荒謬可笑的。偶像不能與創造的上帝相提並論，在追討的那日，創造主上帝要消滅它們。上帝是耶和華—萬軍的統帥，祂選召了以色列作祂的子民〔產業〕（12～16節）。上帝是偉大無可比的，正因為祂揀選了以色列作祂的子民，祂要懲罰那些拜偶像、不敬拜祂的百姓。

4.4.2 預告百姓被擄時的痛苦（十17～25）

從文字的表達，17至25節這段落的氣氛與上一段完全不同。這是另一首詩歌，但不是讚美詩，而是哀歌，內容是預告百姓被擄時的痛苦。

17至19節原文沒有提到「耶路撒冷」這城，故這可以廣泛指到其他猶大城鎮的百姓，也同樣遭受重擊。

耶利米呼叫猶大各地的百姓在被敵人圍困時，收拾行裝。他們要準備離開家園，因為上帝要把他們拋離這片土地，如被機弦甩出一樣（**17～18節**），是以重力被拋出去，而不是輕輕的。

上帝既然重重地擊打猶大，他們就因所受的創傷哀號。先知的心也感到痛苦，他把自己代入百姓的地位，代表百姓哀號：「禍哉！我受損傷，我的傷痕極其重大。」不過耶利米知道，他要接受這些痛苦。所以他告訴自己說：「這真的是我必須忍受的痛苦。」（19～20節）19至20節動詞的主語是「我」（單數）。故此，這裏是先知把自己代入百姓的地位，代表百姓哀號，而不是百姓在哀號。先知把他的感覺溶進百姓的感覺中，以父母親慈憐的心情，哀悼他的百姓。他說：「我百姓的家園（帳棚）毀壞了，我的兒女流放離開了，再沒有人來支搭帳棚；遍地是一片荒涼。」（參20節）

21至22節是回應19至20節的內容，發出說話的，可以是上帝，也可以是耶利米。不過，在此解釋為上帝的說話較為合理，因為接著的23至25節是先知的回應。若循著這樣的解釋，便把19至25節連接成上帝與先知的對話。

上帝回應耶利米代表百姓的哀號：猶大受痛苦，是因為他們的領袖（牧人）愚昧，不尋求祂，故此帶給百姓（羊羣）悲痛的命運。北方的敵軍正蠢蠢欲動，他們的入侵，會使猶大各城鎮荒涼，成為野狗的窩（21～22節）。

面對將要來到的戰禍，耶利米再為百姓懇求上帝施恩。先知為百姓求情說，百姓不像領袖般。百姓有許多的限制，他們不能掌握自己的前途：「人的道路不由自己，行路的人也不能定自己的腳步。」（23節）耶利米站在百姓的位置上求上帝憐憫他們：「耶和華啊，求你按公平管教我，不要在你的怒中懲治我，免得你使我歸於無有。」否則猶大國會滅亡（24節）。這個「我」當然就是指百姓，而不是耶利米自己。先知求上帝從寬處置猶大之餘，也有另一種心情，他祈求上帝懲罰那些不敬畏祂的列國。他們來攻擊猶大，但他們也是犯罪的，他們要殺戮的是上帝的子民，要使土地荒廢（25節）。

耶利米愛國愛民的心情在此表露無遺。他忠誠地宣講上帝的信息，也不忘記為同胞求恩。上帝正是要使用一個有感情、愛百姓、順服上帝的先知。昔日，耶利米被上帝呼召，今天上帝也在尋找相類的人來服事祂，服事人。願上帝興起現今世代的耶利米。

溫習及思考問題

1. 七至十章有哪幾個獨特的詞彙？試列出。
2. 為何第七章1節至八章3節稱為「聖殿講章」？它有何特別之處？在猶大人的心目中，聖殿是一個甚麼地方？我們是否也習慣了返教會？將教會生活與平日的生活表現分割？
3. 試描述猶大人拜天后的情形。他們如何激怒上帝？信了主的人是否不會再拜偶像？甚麼事情導致信徒追求偶像？今天我們所拜的偶像是否一個有形的雕刻物？
4. 在耶利米書裏，上帝有多少次不容許耶利米為百姓祈禱？你認為耶利米的心情會是怎樣？
5. 從上帝阻止耶利米為百姓禱告一事，你如何看禱告的意義？
6. 耶利米如何責備猶大人獻祭的態度？上帝介意我們所獻的祭物嗎？
7. 從七章30至31節的描述中，那世代的猶大人作了哪兩件上帝看為可憎可惡的事？我們今天不會將兒女經過火，但在態度上有沒有作類同的事？
8. 耶利米如何責備文士（八8～12）？知識如何使人自恃而離開上帝？怎樣

才能作一個謙卑的智慧人？

9. 耶利米書有多少處經文提到耶利米哭？他為誰而哭？還記得你上一次的哭是為著甚麼原因的？

10. 作者如何藉著耶利米的哭來代表上帝的哭？你認為上帝會哭嗎？在你的信仰生活中，有沒有令上帝難過的地方？你與上帝的關係如何？

釋經短註

❶ 欣嫩子谷是耶路撒冷城西南一個又深又長的峽谷，陀斐特是屬這谷的其中一個地方。「陀斐特」有「火爐」的意思（參賽三十33），學者認為這意思是來自亞蘭文字的「焚燒」。它在耶利米書只出現在七章31、32節，十九章2、6節，三十二章35節共5次。使用這詞可說是耶利米書的特色之一，在舊約的先知書和歷史書，「陀斐特」作為一個地方，只另外出現兩次（王下二十三10；賽三十33）。在約伯記十七章6節，這詞指「吐唾沫」的動作。

❷ 八章10至12節對祭司、先知們的審判與六章12至15節非常接近，而且兩段的內容所用的詞彙接近平行。「七十士譯本」沒有八章11至12節，故此，有學者認為有文士把六章12至15節寫在八章9節旁邊，後來成為經文一部分。這或許有其可能性，可是找不到沒有八章11至12節的希伯來文抄本的支持。故此，可以說是「七十士譯本」的譯者把經文縮減了，作者在八章重提這內容，表示那些宗教領袖是經常講出輕忽的言詞，已經是一個習慣，所以他們需要面對懲罰。

❸ 八章13節「我必使他們全然滅絕」原本的意思是相當難確定的。這句子有兩種譯法，一是照著「和修」的，另一種是「我要結集我的子民，像收穫農作

物」（參「現代中文譯本」）。出現這兩種不同的譯法，原因在於這節經文的原文開首兩個詞（*ʾāsōp̄ ʾăsîp̄ēm*）十分相似。第一個詞的字根是*ʾāsap̄*，第二個詞的字根是*sûp̄*。兩個詞合在一起可直譯為「收聚，我要使他們滅絕」。這樣會出現意義上的不協調。因此，學者們認為這是出於抄寫經文的人將「收聚」這詞作為「滅絕」的絕對性不定詞（infinitive absolute）。支持這看法的學者較支持如「和修」的譯法，故沒有將「收聚」譯出來。但亦有學者認為它確實有兩個詞的出現，第二個詞可以譯作「莊稼」。支持這看法的學者較為支持「現代中文譯本」的譯法。這與「七十士譯本」的「我要收聚農作物」比較接近。可是，這節經文的結束是「我所賜給他們的，必離他們而去」，而這句沒有在「七十士譯本」出現。所以，究竟哪一種文本和翻譯才對，至今仍未有定見。

第五章

猶大因違背西奈之約而受詛咒（十一1～十七27）

- 猶大違約
- 第一次申訴
- 上帝的哀訴
- 象徵性行動和比喻
- 毀約的結果
- 猶大的罪

十一至十七章圍繞「約」的主題而發展。猶大因為破壞了西奈之約，所以上帝要按西奈之約懲罰他們，使詛咒臨到他們身上。這部分可分為 6 個段落，以「耶和華的話臨到耶利米，說……」開首（十一 1），這句子同樣表示一個新的分段的開始。接著這開首語，十一章便是第一段落。作者開宗明義提到耶利米當代的人沒有聽從「西奈之約」，所以必要受「約」的詛咒（十一 2～17）。接著是耶利米先知的第一個「申訴」（十一 18～十二 6），這兩者是有關連的。簡單說，先知的「申訴」推動「約」的詛咒來到。連著的一段是上帝哀訴百姓對祂無情，祂要懲罰他們；不過上帝將來仍是要憐憫他們（十二 7～17）。第四段落記載先知以象徵性行動、描述猶大因拋棄與上帝榮耀的約的關係，所以變為無用（十三 1～27）。第五段落記載上帝宣告祂要攻擊猶大，他們將會面對嚴重的旱災，這是他們毀約的結果（十四 1～十六 21）。這懲罰是肯定的，因為上帝拒絕先知任何的代求（十五 1）。在這段落加插了耶利米第二個「申訴」（十五 10～21）。第六段落記載未來一個更大的懲罰（十七章），其中也加插了耶利米第三個「申訴」（14～18 節）。

十一至十七章是全書上下部分的轉折位。在二至六章，耶利米講道的主題是集中在上帝與祂子民的關係。這關係如同夫婦關係，是愛的關係。只是，耶利米的世代完全不明白上帝的愛而背棄祂。他們不理會上帝柔情的呼喚，也不肯回頭。所以，上帝要審判他們。七至十章描寫以色列把這關係「非個人化」，以聖殿、禮儀等外表的行動替代與上帝的關係，這種替代就是拋棄上帝。因此緣故，上帝要懲罰猶大。固然，在宣布懲罰當中，上帝仍有恩典，因為上帝愛他們。可是，經文一直沒有具體指出上帝是按甚麼基礎來懲罰猶大。十一至十七章便提出那基礎就是西奈之約，在此同時也描寫猶大違約所帶來給上帝、耶利米和百姓的痛苦的結果。此外，十一至十七章有關「約的審判」這主題，一直發展到二十九章。

5.1 猶大違約（十一1～17）

十一章的開首出現了「約」這詞（2～4 節），❶ 也是全書第一次出現這詞。可見這一章的中心信息是責備猶大不守約。

分段大綱（十一1～17）

1. 責備猶大不守約（十一1～5）
2. 宣布猶大將要承受的懲罰（十一6～17）

5.1.1 責備猶大不守約（十一1～5）

這「約」是指西奈之約。上帝要求耶利米先聽這約的內容，然後才向猶大和耶路撒冷人宣布「不聽從這約之話的人必受詛咒。」（1～3節；參申二十八15～68）。

西奈之約是上帝帶領以色列的祖先從埃及出來的時候，與他們立的約。上帝用「鐵爐」（*k̲ûr*；古代冶金用的火爐）比喻以色列在其中作奴隸的埃及。這比喻描畫出那時以色列的祖先被埃及人奴役的辛苦情況：火一般的炎熱、乾旱、燒焦般的皮膚和身體。然而，上帝從埃及人手中拯救了以色列人離開困苦，他們脫離了鐵爐。沒有上帝的拯救，就沒有出埃及；沒有出埃及，就沒有以色列，他們仍是埃及人的奴隸。因此，上帝擁有以色列。上帝有絕對主權要求他們服從上帝，「照我【指耶和華】所吩咐的一切去做」（4節）。不過，上帝拯救以色列，不是要他們作祂的奴隸，乃是賜予他們自由，作祂的子民，祂作他們的神。上帝要與以色列建立「上帝—子民」的關係。西奈之約的條款就是來規定並維持這「上帝—子民」的關係。以色列民要服從上帝，上帝也會實現對亞伯拉罕、以撒、雅各所起的誓，把那流奶與蜜又肥沃的迦南地賜給他們（5節）。從約書亞的世代開始，上帝已經實踐這約。耶利米當代的人也住在這肥沃的土地上，可是，耶利米當代的人有遵守這約嗎？

5.1.2 宣布猶大將要承受的懲罰（十一6～17）

上帝吩咐耶利米走遍猶大和耶路撒冷，向百姓宣布，他們要服從這約的規定（6節）。先知也要告訴百姓，在過去的時代，因為他們的祖先沒有聽從上帝藉著以前眾先知的勸告，拒絕遵守這約，只顧隨從自己頑固邪惡的心，為所欲為。所以上帝已經照這西奈之約的規定，懲罰了他們的祖先（7～8節）。現在，耶利米的世代要作選擇，他們是順著祖先背逆上帝，受約的詛咒，抑或是願意遵守西奈之約，領受祝福？經文在此沒有記載耶利米宣布這約的內容後百姓的反應如何。不過，卻記載上帝向耶利米訴説祂難過的心情（9～14 節），反映出百姓的情況很糟糕。

上帝指出百姓要聯合起來，密謀背叛上帝，背叛西奈之約。他們背叛的方式，就是不專心敬拜上帝，而去跪拜別的神明。他們明知約的要求：除了上帝以外，不可有別的神（出二十 4；申五 7）。他們卻違背了上帝與他們祖先立的約（9～10 節）。事實上，他們有數不清的假神。上帝哀怨的指出：「你神明的數目與你城鎮的數目相等；你所築可恥的壇，就是向巴力燒香的壇，也與耶路撒冷街道的數目相等。」（13 節）由此可知上帝難過的心情，難怪祂説要毀滅他們。那時，即使他們向上帝哀求，上帝必不會聽。如果他們向假神哀求，後果也是一樣，絕不能得到假神的幫助（11～12 節）。

這段經文表達了上帝毀滅猶大的決心。所以，上帝吩咐耶利米不要為他們祈禱。這是上帝第二次要求耶利米不要為百姓禱告（參專欄「上帝多次不容許耶利米為百姓祈禱」），甚至當他們受懲罰時哀求上帝，上帝也不會聽（14 節）。作為上帝的先知，耶利米要體會上帝的心意，配合上帝的計劃。上帝不是沒有感情。他們曾經是上帝「所親愛的」子民，卻「**多設惡謀**」（15 節；*ʿăśôṯāh haməzimmāṯāh hārabbîm*）。

「多設惡謀」是呼應了「丈夫—妻子」關係的圖像，指出猶大在宗教上的不貞；原文則指出猶大不但在宗教上，也在社會道德上犯罪。

既然他們對上帝不忠，就沒有權利到上帝的聖殿來。況且他們來聖殿並不是真的敬拜上帝，他們只是來借助獻牲畜為祭，以消除災禍。他們的敬拜是虛假的（15 節）。所以上帝要毀滅他們。上帝曾經栽培他們如同人栽植上好的橄欖樹；現在上帝要折斷他們。這是他們咎由自取，自招災禍（16～17 節）。

5.2 第一次申訴（十一18～十二6）

上帝提出西奈之約來指責猶大，實在是證據確鑿，猶大人無可推諉。按理，他們應該內疚，可是，他們不但沒有，更是變本加厲，竟要謀害傳達上帝責備信息的耶利米。先知本來是不知情的，但上帝把他們的陰謀向他啟示，讓他知道他將遭謀害，而害他的是亞拿突城的人。**亞拿突**是祭司城，也是耶利米的家鄉（一1）。現今，耶利米不但遭同鄉，更可能是他的同僚謀害。這些祭司和同鄉不要耶利米再宣講上帝的信息，他們計劃把他殺掉（十一18～21）。當耶利米知道後，他的反應是激動的，他向上帝投訴他的敵人，要求上帝為他報復。上帝也回應先知的「申訴」（十一18～十二6）。

亞拿突屬便雅憫支派地界內分配給利未人歌轄宗族的一座城（書二十一18），位於密抹與耶路撒冷中間（賽十28～30）。它因為是一座祭司城，故此住在此城的男丁全都是祭司。

耶利米書共有5個「申訴」。這些「申訴」只出現在十一至二十章「約的審判」的主題內。

耶利米的5次申訴

經文	背景	求上帝懲罰百姓	投訴上帝	上帝的回應
十一18～23 十二1～6	同鄉要謀害先知（19節）	向同鄉報仇，拉他們出來殺（十一20，十二3）	上帝不公平（1～2節）	輕輕責備
十五10～21	先知被百姓咒罵、逼迫（10、15節）	為先知報仇（15節）	上帝以詭詐待先知（18節）	責備先知要他悔改
十七14～18	先知覺得驚恐、羞愧（17～18節）	要百姓蒙羞辱，毀壞他們（18節）。	沒有投訴	沒有回應
十八19～23	百姓要謀害先知（18、20節）	饑荒，刀劍來臨，不要赦免他們（21～23節）	沒有投訴	沒有回應
二十7～18	百姓向先知報仇（10節）	為先知報仇，使百姓永遠蒙羞（11～12節）	上帝欺騙他，自詛生辰（7節）	沒有回應

十一章18節至十二章6節是耶利米書內先知的第一次「申訴」，它可分為兩篇：十一章18至23節；十二章1至6節。

分段大綱（十一18～十二6）

1. 先知哀歎遭害（十一18～23）
2. 先知哀歎上帝不公義（十二1～6）

5.2.1 先知哀歎遭害（十一18～23）

在18節耶利米得到指示，知道了一些事情，就是「你將他們所做的給我指明」。耶利米沒有具體說明「他們」要怎樣滅猶大人，即使後來上帝回應耶利米之時，都只說他的同鄉要尋索他的命（21節）。這裏作者用了省略的表達，因為他的重點不是在「如何被害」，而是被害的事實，以及耶利米知道自己將要受害的反應。耶利米知道這指示後感到很沮喪，將自己看為一隻無知、馴良的小羊，到一個地步甚至快要被屠宰也不知道。他憤恨為何有人對他不懷好意，要把他殺死，刻意使他從世上消失，使他的名不再被記念（19節）。先知在此以懇切陳詞祈求上帝按祂的公義替他伸冤（20節）。他們要殺耶利米，是因為不要他再說預言。耶利米怎能不宣講上帝的信息呢？他是上帝揀選作先知傳遞上帝信息的啊！所以，耶利米與同鄉之間的衝突只能夠由上帝來解決。

先知發出哀傷之後，上帝作出回應。21節開始之時，作者用了「所以」（*lāḵēn*；原意是「因此」）這助語詞。因著耶利米的哀怨，上帝便更具體地說出他亞拿突的同鄉的恐嚇，他們在找機會殺他。他是他們的同鄉啊！他們竟不顧念親情。再者，他們是祭司和利未人，是一羣服事上帝的人，他們理應明白耶利米所宣講的是真確的，也知道凡不順從上帝的必遭懲罰。他們卻掩耳不聞，不肯面對現實。在這境況中，他們只有禁止耶利米說話。耶利米忠心宣講上帝嚴厲的責備，反遭他們設計謀殺他，使他閉口。上帝除了說出真相，也沒有袖手旁觀，祂回答耶利米說：「我必懲罰他們；他們的壯丁必被刀劍殺死，他們的兒女必因饑荒而死，他們當中必無任何倖存者；因為在他們受罰之年，我必使災禍臨到亞拿突人。」（22～23節）上帝的懲罰是嚴厲的，全城的人都要死亡，不論年輕人或兒童都不能倖免。

5.2.2 先知哀歎上帝不公義（十二1～6）

雖然上帝向耶利米保證祂會懲罰亞拿突城的人，但耶利米的情緒仍未被平復。這刻耶利米將自己受苦的原因歸咎於上帝，認為惡人可以亨通，詭詐的人可以安逸，是因為上帝栽培了他們，使他們扎根，沒有對付他們。這暗示了惡人行惡是由上帝造成的。先知要與上帝理論，質問上帝：為何公平的上帝不施行公義，沒有對付惡人（1～2節）？當先知說：「他們的口與你【指耶和華】相近，心卻與你遠離」，似乎暗示上帝看不見他們心中的邪惡（2節）。他認為上帝應該對付他們，原因是祂曾說過要拔除他們（一10）。這些人是虛偽的，口中常掛著上帝的名，但心裏卻沒有上帝。反觀耶利米先知，他是心口一致、表裏誠實，但卻遭壞人對付。耶利米很難過，他求上帝懲罰惡人，把他們拉出來，拘禁，等候死亡，不容讓他們再行惡事（3節）。

作者在此作了一個對比。在十一章19節，他形容自己為「柔順的羔羊」，但在十二章3節，他卻要求上帝看待他的敵人如「**拉出來**……將宰的羊」。耶利米將自己比喻為最可憐的，但他的敵人卻要拉出來殺掉。他的語氣從悲哀轉為憤怒。他這樣的表達帶著濃厚的感情色彩，讓讀者感同身受耶利米心靈那種傷害及內心的憤怒。因為他敵人的邪惡，國家也受牽連，土地、田園枯乾，飛鳥走獸死光。他豈有不憤怒呢？這些都是約的詛咒（參申二十八24）。這些惡人卻不以為然，以為不需要為自己所行的負責任，他們誇口說上帝看不到他們的結局（4節）。就是因為他們的自恃，上帝必定對付他們，不能容讓他們繼續行惡，牽連國家。

「拉出來」（nāṭaq）這動詞原文意思是「扯出來」，動作是帶粗暴的；而且作者以祈願語氣來表達這動詞。這動詞流露了耶利米要他敵人受死的心切。

耶利米宣洩了他的感受之後，上帝便回應他。在回應中，上帝沒有反駁耶利米的質問，也沒有回答他對祂行事不「公正」的質疑。上帝只是輕輕責備先知，並提醒他要超越現時心情上的執著，因為他以後行的道路會更艱難。現今他只算是與人賽跑，但將來他要與馬賽跑。上帝要讓他知道，假如與人同跑已乏力，他將來哪有能力與馬同跑？未來他要經過荊棘密布的約旦河叢林，現今他算是在空曠的荒原而已。如果現在他覺得受不了，未來更不然了（5節）。上帝的回答是安慰嗎？不是，人怎能與馬賽跑呢？上帝像是一個要求過高的教官，沒有體諒學員的難處，只苛刻地要求他達到祂所要求的水平，絕不許放鬆。

上帝在回應中最後要說的，是預先告訴將來他的同胞和親人都會聯合起來攻擊他。上帝也教導耶利米，既然他親友是奸詐的，他可以做的，不是心

第6節「說好話」，不一定指恭維耶利米的甜言蜜語，也可以是「動聽的、打動人心的話」，正如二十八章假先知哈拿尼雅挑戰耶利米的，都是惹動人心的假預言。

懷不平，乃要冷靜地面對，接受孤單，也不能隨便相信任何人；即使有人對他「**說好話**」，他更要有智慧分辨他們的言語，否則會被騙、受虧損（6 節）。耶利米要開始了解人面人心多有虛假，不能天真地與人相處。雖然到最後，上帝仍沒有回答耶利米對祂的質問，但上帝接著便告訴先知，祂對懲罰祂子民的感受（7～13 節）。

信仰反省：耶利米先知的申訴

耶利米的「申訴」一方面表達了先知對他同胞的控訴和詛咒，另一方面給我們看見耶利米內心對先知職事的掙扎。更重要的是，作者將這些經文編排在十一至二十章內，是有兩個作用：

1. 先知的痛苦表明當時的百姓是苦待先知的，這更證明他們不斷抵擋上帝。故此，這更顯明他們該受上帝審判。而先知向上帝的 5 次投訴，這成為一股延續的動力，推動上帝施行西奈之約的審判，使懲罰臨到百姓身上。
2. 先知在宣講審判信息時曾表現出對上帝的疑惑，也表現出他對百姓滿懷的愛與恨。先知這種矛盾的心情，正反映出上帝對祂子民矛盾的心情。上帝對祂的叛逆子民是又愛又恨。愛之愈深（像苦戀），恨之愈切（施行懲罰的迫切）。

從耶利米身上，讓我們看見，事奉上帝的人也有情緒；他會投訴，甚而說一些難受的話，這是因為事奉中總會有痛楚和掙扎。耶利米在事奉的痛楚和掙扎中，他投訴上帝，投訴其他人。上帝如何回應先知的投訴？是安慰？是責備？抑或置之不理？值得留意的，在申訴中，上帝沒有認同他的要求，但申訴卻改變了耶利米這人。就如先知一直在流眼淚，因為他所訴求的得不到應允（參四～十四章）。十一章申訴開始出現後，先知的眼淚流少了。先知有流淚（十三 17，十四 17），但出現愈來愈多的，是他對百姓的控告和向上帝的申訴。這個可否也成為我們的經歷？

5.3 上帝的哀訴（十二7～17）

這段應看為是獨立的一段。在 5 至 6 節上帝回應了耶利米的傷痛和憤怒，他的同鄉同袍要殺他，上帝說話的對象是先知。在 7 至 13 節上帝傾訴祂的哀傷，祂與猶大人的恩怨，是上帝獨白，對象不只是耶利米，所以應該與上一段獨立出來。編修者將它放置在這位置，目的要讓讀者知道，耶利米將被同鄉同袍所害，是一件悲痛的事，但上帝與耶利米是落在同一境況中，上帝也是哀傷的。所以，上帝要撇棄猶大，不過祂也預告未來的救贖（14～17節）。十二章7至13節在寫作手法及用詞上明顯與上一段不同，例如作者運用了許多象徵性文字形容猶大人，如：產業、獅子、斑點的鷙鳥等。

分段大綱（十二7～17）

1. 上帝撇棄猶大（十二7～9）
2. 猶大的荒涼（十二10～13）
3. 上帝對鄰國的勸諭（十二14～17）

5.3.1 上帝撇棄猶大（十二7～9）

耶和華回應了耶利米的哀傷之後（5～6節），祂繼續說話，不過話題卻轉了，是上帝自己的哀歎。這段哀歎，充滿著上帝哀傷的感情。

上帝在此指出祂要離開祂的「**殿宇**」（*bayiṯ*）。這殿宇是指上帝的聖殿？祂的家？抑或祂的民？其實是指哪一個在意義上都沒有分別，因為這是一個象徵性的文字，所指向的都是祂的民。上帝將祂的子民看為自己的「產業」、「心裏所親愛的」（7節）。上帝承認了祂已拋棄以色列，然後祂將這些所愛的交給敵人。人只會「離棄」自己所不愛的，而將所親愛的留在自己身邊，但上帝卻作出這樣的行為。這只能反映出祂對所愛的人的行為，已到了忍無可忍的地步。此外，祂形容所親愛的產業竟如「林中的獅子」怒吼，猛然地起來攻擊祂，這當然令上帝難受，因此，祂對猶大產生恨惡（8節）。這是一種象徵性的文字表達，是將上帝從愛戀猶大變成厭惡她，上帝愛恨交織的感情表露出來。這樣的描述說出了當上帝為猶大付出極摯之愛，同樣也會受極度的傷心。

這詞原文可解作「房子/房屋」（利十四51；箴七6），亦可以解作「殿」，指「上帝的殿」（王上十二27；耶七4）。故此有中文譯本譯作「家」。

百姓本來是上帝所喜愛的產業，可是如今卻像一隻有斑點的鷙鳥（食肉鳥的一種）。這有斑點的鷙鳥遭到沒有斑點的圍攻，因為有斑點的那隻被看為不同類的鷙鳥。這比喻著百姓罪惡滔天，令上帝討厭，最後遭致鄰國要如敵人般圍攻他們（**9節**）。之後，上帝要招聚野獸，就是強大的敵人來毀滅猶大和她的鄰國（9節）。他們有此遭遇都是自討苦吃。

9節原文可直譯「我的產業向我，不就像有斑點的鷙鳥，被其他的鷙鳥四圍攻擊她？」「和修」的翻譯都接近原文。

5.3.2 猶大的荒涼（十二10～13）

作者在此用另一個象徵性名詞：「牧人」（*rāʿāh*；10節）。這名詞原文是「牧養」這動詞的分詞，它在此作名詞用。這分詞雖然多被用來指牧羊的人，在舊約聖經裏，也曾用來喻指上帝（詩二十三篇），也用來喻指「掌權者」（參耶三15，十21，十七16，二十三1～4，二十五34～38；亞十2，十一16，十三7）。上帝要聚集列國的掌權者來摧毀祂自己的「**葡萄園**」（賓語「我」是指上帝）。這「葡萄園」就是「以色列」。列國的掌權者要踐踏上帝「美好的地產」——以色列，使之荒涼（10～11節）。毀滅者不辭勞苦地翻過曠野的山嶺而來，令猶大遍地烽火連天，民不聊生。因為戰爭的緣故，所有勞苦的耕耘都被踐踏。一切都枉費了，沒甚麼可收成的。農田因戰禍而滿布荊棘。這一切是出於上帝，因為祂向祂所愛的子民發怒（12～13節）。

以賽亞書五章5節描述上帝把葡萄園的籬笆搬走，所以葡萄園——以色列被摧毀。耶利米有可能是引用以賽亞的圖像。

葡萄園

「葡萄園」這詞在耶利米書共出現7次（十二10，三十一5，三十二15，三十五7、9，三十九10，五十二16）。以色列的「葡萄園」分布於約旦河谷，它的果子可釀成酒。這詞在聖經中可有兩個意義：

1. 是指真正的葡萄園。聖經所描寫的葡萄園並不一定是一個在平地的花園，而通常是座落在小山上的一個園子，那些葡萄長滿遍山遍地。一般百姓只要擁有土地，都可擁有葡萄園（三十五7、9，三十九10，五十二16）。

2. 葡萄園象徵以色列國，它代表以色列是屬於上帝的財產，而且是受祂保護的。這是因為整個葡萄園的葡萄都是被圍牆包圍著，收成季節有園丁看守。園丁要防備盜賊、狐狸等（歌二15）。因著上帝勞心勞力栽植了以色列，上帝期望以色列人尊崇祂，榮耀祂，讓祂可以享受他們（賽五章）。

在耶利米書出現的7次「葡萄園」，只有十二章10節那一次象徵以色列國，其他都指真正的葡萄園。

5.3.3 上帝對鄰國的勸諭（十二14～17）

雖然上帝招聚鄰國來擄掠猶大，侵佔他們的土地，上帝不是袖手旁觀，任由自己的子民遭蹂躪，祂會秉公義行事，懲罰鄰國。14至17節是上帝宣布鄰國的懲罰，以及勸諭列國學習祂百姓的道。上帝宣布鄰國將被「拔出本地」，意思是指他們會從他們本國中被放逐，連根拔除。然後，上帝要在他們中間把猶大人拔出來（14節），意思是上帝要從放逐之地「拔出」以色列人，把他們帶回本土。第15節作者再提及「拔出」，不過這是指鄰國，而不是猶大家。這裏陳明上帝要將猶大從鄰國重新回歸他們的故土上，呼應一章10節的上帝立耶利米在列國之上，為要施行拔出和建立。❷

當上帝復興以色列的時候，這些鄰國也會有機會得到恩惠，不過，是有條件性的。若他們願意藉著以色列人的教導，歸向上帝，他們就能與上帝的子民一起被上帝「建立」。否則，他們會被連根拔除（16～17節）。換句話說，外邦人也可以成為上帝的子民，但只有一個方法，一條路，就是接受上帝為他們惟一的神。就如新約聖經使徒行傳所說：「除他以外，別無拯救，因為在天下人間，沒有賜下別的名，我們可以靠著得救。」（徒四12）由此可見，這段經文包含著上帝對猶大的救贖計劃的描述（14～15節），同時也包含上帝對全世界的救贖計劃（16～17節）。

5.4 象徵性行動和比喻（十三1～27）

十三章內容包含1個象徵性行動（1～11節），1個比喻（12～14節），以及 1 篇神諭（15～27 節）。整個篇章都是針對猶大的不是。作者以不同方式來宣告猶大的罪，也宣布耶利米當代的猶大人將要被擄。值得留意的是，第 1 至 11 節是耶利米書第一次**以象徵性行動來宣講信息**（參十六 1～4，十八 1～12，十九 1～2、10～11，二十七 1～二十八 17，三十二 1～15，四十三 8～13，五十一 59～64）。

其他先知也曾採用類同的方式宣講信息（賽二十2～6；結四1～13，五1～4）。

這段落最大的特色是，作者在這章使用了許多象徵性的文字來表達他的內容。首先是以腰帶作象徵、接著以酒罈作比喻，指出百姓的可憐，再以古實人、豹和 3 個女性的圖像比喻百姓未來的情形。

分段大綱（十三1～27）

1. 象徵性行動——腰帶（十三 1～11）
2. 比喻——酒罈（十三 12～14）
3. 宣布神諭（十三 15～27）

5.4.1 象徵性行動——腰帶（十三1～11）

上帝吩咐耶利米作一個象徵性行動，整個行動是呼應十二章 7 至 13 節，表明上帝要放棄猶大和以色列。耶利米按著上帝的吩咐，買一條麻紗腰帶，但不需要把它浸水便束在腰上（1～2 節）。先知束上腰帶後，上帝再吩咐他去把腰帶藏在「幼發拉底河……的磐石穴中」（4～5 節；「磐石穴中」：*binqîq hassālaᶜ*，指「巖石峭壁的裂縫中」）。這腰帶象徵著以色列人，經文卻沒有解釋腰帶不可以浸水是象徵甚麼（10～11 節）。「腰帶浸水」與「藏在峭壁的裂縫中」，兩者應該是沒有直接聯繫。首先，按常理來說，浸水以後曬乾，跟沒有浸水的腰帶應該是沒有多大的分別。再者，有學者認為沒有浸水的腰帶更容易破爛。這也未見得。如果埋藏腰帶的裂縫內都有水，腰帶有否浸過水是沒有分別的。這「不浸水」其實是象徵猶大人「不肯聽上帝的話」。「水」有潔淨的作用，「不浸水」的腰帶就是指沒有潔淨過的腰帶。同樣，猶大人不肯接

受上帝的信息：「這惡民不肯聽我的話，按自己頑梗的心而行，隨從別神，事奉敬拜它們。」（10節）

當耶利米再去「幼發拉底」城（即伯拉城）找回那腰帶，❸ 它已破爛不堪，不能再用（6～7節）。上帝解釋整件事象徵的意思：上帝要破壞猶大人和耶路撒冷人的驕傲（8～9節）。麻紗腰帶是祭司用的腰帶（出二十九1～9；利八1～9），他們是在聖殿事奉上帝的。同樣，猶大人本來是尊貴的民族，緊貼上帝，要做歸與上帝的子民，使上帝得榮耀。他們後來卻變成叛逆的子民，服事假神。雖然他們曾經是上帝所寶貴的，現今卻是不潔淨甚至到腐爛的地步。他們要像這條破爛的腰帶，變為毫無用處（10節）。這腰帶的象徵行動，除了喻指猶大家的敗壞，也喻表上帝與他們的關係。在11節上帝向耶利米解釋：「腰帶怎樣緊貼人的腰，照樣，我【指耶和華】也曾使以色列全家和猶大全家緊貼著我，歸我為子民，使我得名聲，得頌讚，得榮耀。」只是「他們卻不肯聽從」。所以他們敗壞了。耶利米出自祭司家族，對這腰帶代表的意義是清楚不過的。

5.4.2 比喻——酒罈（十三12～14）

接著的12至14節可能不是象徵性行動，乃是一個比喻。順著腰帶的「破爛」，上帝設了另一個比喻，囑咐耶利米對百姓說：「各罈都要裝滿酒。」這比喻看來平凡無奇，沒甚意思，百姓也會覺得無聊（12節）。但這比喻的目的是要警戒他們；上帝要使猶大君王、祭司、先知等喝醉，他們都不能正確地行動和思想，他們會彼此衝突，如酒罈相碰、破裂，酒流到地上，帶來災難性的結果。上帝不會同情他們，因為這正是上帝要施行的審判，懲罰他們（12～14節）。

這個比喻與另一個比喻：「上帝將苦膽水給他們喝」相似（八14，九15，二十三15），都是喻指上帝要懲罰祂的百姓。不過，「喝苦水」的重點是「苦」，卻沒有「酩酊大醉」的那種思想、行動混亂的意思。「酩酊大醉」的比喻不只用在上帝懲罰猶大人上，也用在懲罰猶大的其他鄰國，如摩押、以東、巴比倫等（二十五15～29，四十八26，四十九12，五十一39）。

5.4.3 宣布神諭（十三15～27）

耶利米為到這個比喻所象徵的感到哀傷。在此他宣布信息，勸勉百姓。在這勸勉中，他把他心中所想的都說出來（15～17節）。他明白以色列作為上帝的腰帶（子民），本是要使上帝得榮耀的（11節），但他們驕傲自恃（8～9節）。他勸同胞不要再驕傲愚昧，要留心聽上帝的話（15節）。上帝的審判來臨時，四圍黑暗，沒有光明，這是可怕的。但當時審判仍未來到，先知便勸勉百姓要榮耀上帝（16節）。先知懇求百姓，是因為他期望他的勸勉可以改變百姓的心，使他們轉向上帝，使上帝的憤怒可以延遲，而他們也可以得到上帝的憐恤。不過，耶利米了解百姓的頑梗，他預計他會因他們的狂傲哭泣。百姓不願意榮耀上帝，他便將確定他們將會被俘擄這命運寫下來，是一個使先知「痛哭流淚」的命運（17節）。

上帝聽到耶利米的心聲，祂和應先知的預見。祂吩咐先知勸諭君王和王后謙卑自己，從寶座上走下來，坐在低微的地方，因為他們已經失去榮耀了，他們的「王冠」會從頭上脱落（18節）。在這勸勉中，上帝描畫未來的情況：猶大南部的各城鎮被圍困，無數百姓被擄去（19節），只剩下耶路撒冷。而且敵人正從北方入侵，情況岌岌可危。王的榮耀是在乎人民的多寡，但人民大多被俘擄，已不在了，王談何有榮耀呢（20節）？

這盟友應指巴比倫。從希西家王開始，猶大國已開始與巴比倫國結盟（參賽三十九章），直至耶利米的時代，巴比倫卻要統治猶大。

不但如此，猶大國的**盟友**竟然來征服她、統治她。這是何等羞恥和痛苦。如果猶大問：他們為何落得如此地步？上帝便回答説，這是因為他們的罪所招來的結果（21～22節）。

接著作者借用了「古實人」和「豹」作比喻，指出猶大百姓犯罪本來就是他們的天性。「古實人」不能改變他們黑的膚色，花豹也不能除掉身上的斑點，猶大人天生犯罪，又豈能改變犯罪的本性（23節）？作者借用這兩個圖像是要表達上帝的哀歎，表示無論上帝做甚麼、做多少，他們仍是固執地犯罪，去事奉敬拜假神。他們執意忘記上帝，不理會上帝。因此，上帝要施行報應，趕走他們，如風吹散麥穗一樣（24～25節）。上帝甚至會暴露他們的羞恥，如行淫被抓的婦女被人將她的私處顯露一樣

（26～27節）。這是一個極為嚴苛的指責。21至27節上帝責備猶大的信息內，上帝用了3個女性的圖像來形容猶大：

- 猶大要受罪的懲罰，像產婦陣痛的那樣痛苦（21節）。
- 因為他們的罪，猶大要如婦人被強暴，衣服被撕破，身體被虐待(22節)。
- 猶大拜假神，如同無恥婦人，在山間田野隨處犯姦淫，她的羞恥要公開在眾人面前（26～27節）。

第三個圖像是呼應耶利米開始宣講時所用的圖像：以色列如鍾情的新婚少婦跟隨上帝（參二1～5），這少婦後來成為淫婦，忘記上帝（參二20、32～33，三1～10）。到這個時候，這做妻子的令丈夫非常痛苦和難過。上帝哀歎：「耶路撒冷啊，你有禍了！你不肯潔淨還要等到幾時呢？」（27節）因為猶大不肯自潔，所以會招致更多上帝的憤怒和懲罰。

信仰反省：上帝的失望

我們都經驗過被好朋友或親人拒絕我們的善意，我們會覺得失望。同樣，我們都使上帝覺得失望，因為我們都曾經偏行己路，自我中心，拒絕祂的善意。就如上帝本要把我們如腰帶貼在祂身邊，成為祂榮美的裝飾。可是，我們都曾經如耶利米埋藏在峭壁縫隙的麻布腰帶，腐爛了，不能再使用了。上帝是失望的。

耶利米書表達上帝那種失望是帶有心性的：如丈夫眼見妻子陣痛而不能幫助她，又如男人眼見婦人被強暴而無能為力，又或如丈夫眼見自己的妻子因犯罪而當眾被羞辱那種又愛又恨的痛苦。這些圖像告訴我們，上帝對我們的，不只是善意，而是情意，是一種神人之間的情意，彷彿男女之間的愛。因為上帝對我們有情意，所以祂會有那種情意被拒絕，被糟蹋時的失望。

如何使上帝不失望？不錯，古實人不能改變皮膚的顏色，豹不能改變身體上的斑點；但只要我們「願意求潔淨」，上帝便使我們重生，改造我們。祂是上帝，只要我們經常「願意」，祂能夠工作到底！

5.5 毀約的結果（十四1～十六21）

十四至十六章是另一大段落。整個段落的內容主要是集中描述以色列毀約後將要帶來的結局。十四章提及的一個旱災，這災難的來臨，對耶利米來說，是一個背棄西奈之約帶來的懲罰（參利二十六18～19；申二十八22～24）。十五章是上帝宣布祂棄絕猶大國的堅決。因著上帝的堅決，耶利米在此發出他的第二篇申訴。十六章是記載一些關於先知生平的事迹，以及與他有關的宣講。

分段大綱（十四1～十六21）

1. 為旱災發出哀歌（十四1～十五9）
2. 第二次申訴（十五10～21）
3. 耶利米的事迹及有關的言論（十六1～21）

5.5.1 為旱災發出哀歌（十四1～十五9）

5.5.1.1 旱災的來臨（十四1～6）

在耶利米的時代，猶大國曾有一次大旱災（十四1）。在古代中東一帶，百姓的生活都是倚賴溪水或水池儲的水，若沒有水，人民、牲畜都要死亡。故此，旱災是一個可怕的災害。2至6節把當時可憐的情景具體描畫出來。首先，是人的反應。因為沒有水，他們感到悲哀。作者這樣描繪當時的情境：「猶大悲哀，城門衰敗；眾人坐在地上哀慟，耶路撒冷的哀聲上達。他們的貴族打發童僕去打水；他們來到水池，找不到水，就拿著空器皿，蒙羞慚愧，抱頭而回。」（2～3節）因為沒有水，便帶來人的羞恥。此外，地上的動植物都受到很大的影響：「因為無雨降在地上，土地就乾裂，農夫為此蒙羞抱頭。田野的母鹿因為無草也撇棄才生的小鹿。野驢站在光禿的高地喘氣，好像野狗；牠們的眼目因無草而失明。」（4～6節）這情況看來都十分悽涼。

5.5.1.2 耶利米與上帝深情的對話（十四7～十五9）

耶利米第一次呼求（十四 7～9）

面對如此落魄的百姓，耶利米代表百姓向上帝認罪。須留意的是，先知也屬國家一分子，他同樣是受著旱災之苦的。他祈禱上帝：縱然國家是有罪，離棄上帝，多次得罪上帝，他仍懇求上帝因**祂自己名的緣故**憐憫百姓（7 節）。「為你【指耶和華】名」就是為上帝自己的榮耀。上帝是至高、至大的神，也是猶大人的神。祂若不拯救他們，便會使外邦人誤以為上帝是無能為力的。不錯，猶大百姓是不配的，但上帝仍可以憐憫他們。

「為你名的緣故」（šəmaʿan šəmekā）這短語在十四章共出現兩次（7、21節）。這短語的意思不但指一個名字，而是名字背後所包含的權能、偉大、榮耀，表示祂是以色列的神。

其實，猶大百姓非常需要上帝，上帝是他們惟一的希望。可是，現今上帝對他們如同陌路人，停留一會兒就離開。上帝看似不在乎他們，也不留意他們的痛苦。上帝也像無能為力的戰士，沒有為猶大作出任何反擊的行動。可是，耶利米沒有放過上帝，他確信猶大仍是上帝的子民，上帝仍在他們中間，他再提及猶大仍是祂「名下的人」。所以，他呼求上帝不要離開他們（8～9 節）。這是耶利米信心的呼喊和懇求。無論他的同胞如何軟弱，上帝如何拒絕他們，先知仍相信上帝會憐憫他們，故此他向上帝發出這呼求。

上帝第一次的回應（十四 10～12）

聽了耶利米的呼求，上帝也作出回應，內容與先前的相同（參十三15～27）。祂指出耶利米的同胞喜歡犯罪、游蕩，也離開上帝（10 節）。縱然這次饒恕他們，他們仍會繼續犯罪。他們犯罪已經到了一個地步，令上帝討厭他們，所以上帝已經決定要懲罰他們。故此，上帝吩咐耶利米「不要為這百姓求福」（11 節；參專欄「上帝多次不容許耶利米為百姓祈禱」）。即使他們禁食祈禱，上帝不會聽；即使他們獻燔祭和素祭，上帝也不會接受。上帝要用「刀劍、饑荒、瘟疫」3 重的災難消滅他們（12 節）。這 3 重的災難是違約帶來的懲罰（參申二十八 20～22）。上帝說得這樣清楚，耶利米是明白的。

耶利米第二次為百姓求情(十四 13)

耶利米告訴上帝說：百姓不明白上帝的心意不完全是他們的責任，乃是因為有假先知說假預言迷惑他們，說他們可以長久享太平，又說上帝會賜他們平安。

上帝第二次回應耶利米(十四 14～18)

上帝告訴耶利米，那些是假先知，上帝並沒有差派他們。他們講的來自他們虛假的異象及詭詐的心(14 節)。上帝必懲罰那些假先知。當他們說沒有戰爭、饑荒，上帝就用戰爭、饑荒來消滅他們。而且，凡聽從假先知的，同樣都要全家消滅。百姓所以被迷惑以致滅亡，乃是因為上帝使用這方法來報應他們的邪惡，而不是因為他們的無知誤信假先知的話(十四 15～16)。

這哀歌特別之處，在於先知雖是哀哭，這是上帝所吩咐而發出來的(比較九章 1 至 2 節)。惟有十四章 17 節出現上帝吩咐先知哀哭，這也代表上帝的哀哭。

上帝這番說話似乎說得很無情。其實不盡然，因為**上帝吩咐**耶利米向百姓陳述一首哀歌：「願我眼淚汪汪，晝夜不息，因為少女—我百姓受了重大的打擊，傷口極其嚴重。我若出到田間，看哪，有被刀殺的；我若進入城內，看哪，有因饑荒患病的；先知和祭司也在各地往來經商，不知如何是好。」(17～18 節)這哀歌深刻描寫了猶大的荒涼。經文沒有說清楚這是誰的哀歌，這哀歌當然是耶利米向同胞陳述出來的。可是，因為這是上帝吩咐耶利米陳述的哀歌，它就是從上帝而發的信息，故也可以說這是上帝為猶大唱的哀歌。的確，如果上帝要表達對百姓的哀傷，祂可以如何表達呢？在此，祂借助先知的眼淚。

耶利米第三次為百姓求情(十四 19～22)

雖然上帝說不要耶利米為百姓向祂哀求，他仍要為他們求情。這次他的語氣表達轉變了，不是哀求，而是哀問。他問上帝：「你全然棄掉猶大嗎？你的心厭惡錫安嗎？你為何擊打我們，使我們無法得醫治呢？我們指望平安，卻得不著福氣；指望痊癒，看哪，受了驚惶。」(十四 19)這些提問表達了先知為國家感到沉痛和哀傷的心情。他雖然發出這麼多的提問，他是知道上帝擊打他們的原因，就是他們都得罪了上帝。他的提問完全出自他對同胞的情懷，而不是對上帝的質疑。到此，耶利米只能做的，就是站在同胞中間，代表國家向上帝認罪：「耶和華啊，我們承認自己的罪惡，和我們祖先的罪孽，因我們得罪了你。」（20節）他也懇求上帝不要丟棄他們這立約的子民，視他們為沒有關係的外人：「求你為你名的緣故，不厭惡、不輕視你榮耀的寶座。求你記念，不要違背你與我們所立的約。」（21節）接著，耶利米代表他的同胞承認，偶像是幫不了他們的。偶像不能使天降雨，消除旱災的苦難。惟有上帝才可以，祂是他們惟一的希望（22節）。

上帝第三次的回應（十五1～9）

十四章19至22節充分表現了耶利米發自內心的禱告，是感人肺腑的。似乎上帝也同意這是一個偉大的禱告，所以把耶利米與舊約聖經裏偉大的祈禱者相比。不過，這個比較更能說出上帝懲罰猶大的決心。上帝告訴耶利米：「雖有摩西和撒母耳站在我面前，我的心也不顧惜這百姓。你把他們從我眼前趕出，叫他們出去吧！」（十五1）❹ 上帝表達了即使有偉大先知如摩西和撒母耳為百姓代求，也會拒絕他們，故此拒絕耶利米的代求也不例外。由此可見，上帝對百姓是怒氣填胸的，一個禱告是不可以抵消。

當以色列人第一次出埃及之後，他們在曠野多次犯罪、叛逆上帝，但因為摩西的祈禱，上帝便施憐憫，沒有消滅他們（民十四11～25）。現在，縱使摩西站在上帝面前代求，上帝也不會顧惜百姓，堅決要把他們趕離祂的面。在第一次出埃及，上帝帶領百姓離開為奴之地，他們便得自由和生命，可以去敬拜祂。現在，上帝要百姓離開祂的面去受刑，就是死亡、刀殺、饑荒或被擄（2節）。上帝按著西奈之約的條款，把四重災害臨到猶大：被刀劍殺死，屍體被野狗撕開，被飛鳥啄食，野獸吞吃等，而且要把百姓放逐異國（4節；參申二十八25）。原因是他們違約，敬拜別神，多行邪惡，也因為瑪拿西所犯的罪（4節）。❺

上帝對付猶大時，沒有人會可憐他們，包括他們的鄰國，因為當猶大被巴比倫人俘擄時，鄰國如摩押等都遭戰火蔓延，自顧不暇（5節）。因為百姓已經棄絕上帝，所以上帝要「伸手攻擊」猶大，毀壞他們。上帝說祂不會再心軟了，因為祂說：「**我已憐憫到厭煩了**」（6 節；*nilʾêṯî hinnāḥēm*；參「呂振中譯本」）。上帝有憤怒的時候，也有憐憫的時候，但現在祂是憤怒。

「和修」6 節的「憐憫到厭煩」原文意思是「煩於再施憐憫」，與「呂振中譯本」所譯的意思相近。

上帝一直以來的懲治，仍未能使猶大悔改。最後，在戰禍彌漫時，男人（軍人）都要陣亡，寡婦會「比海沙更多」，母親都會悲痛萬分。那時，剩餘的人都如喪失 7 個兒子的母親，痛苦悲傷得暈倒。可是，連這些剩餘可憐的人，仍會有敵人追擊他們（7～9 節），這是何等悲慘。

5.5.2 第二次申訴（十五10～21）

聽到上帝這樣的審判信息，對於充滿愛國情懷的耶利米，當然按捺不住。這信息帶給他心理的創傷，並百姓對他的討厭。他不是一個播音筒，而是一個有感情的人，何況他講道的對象是他的同胞。當他代表上帝宣布同胞的災難和上帝的憤怒時，他不能置身度外。他也是猶大國的一分子，不能與羣體的罪完全抽離。同胞受苦，他也受苦。

即使如此，耶利米也要忠心地去宣講上帝的信息。可惜的是，聽的人不會與他有同感，也不接受他的信息。他遭到責罵，所以他要申訴。10 至 21 節是耶利米書內先知第二次的「申訴」。「我的母親哪，我有禍了！因你生我作全地爭相指控的人。我素來沒有借貸給人，人也沒有借貸給我，人人卻都咒罵我。」（10 節）先知的信息是這麼嚴厲，百姓都詛咒他，這是可以想像的。耶利米明白這是因為他盡責事奉上帝的緣故。他不是不愛同胞，他在他們困苦時都替他們哀求。所以，他惟有忍受同胞的詛咒。

耶利米作出這樣的申訴，上帝就安慰他（11～14 節），上帝說：「我必定釋放你，使你得福氣。災禍苦難來臨時，我必使仇敵央求你。」（11 節）接著上帝轉向審判百姓：「人豈能將銅與鐵，就是北方的鐵折斷呢？」（12 節）❻ 上帝這話帶有安慰耶利米的成分，因為上帝已經使耶利米成為鐵柱銅牆，是百姓不能折斷的（參一 18，十五 20），現在上帝所預定那從北方來毀滅猶大的敵人

（北方的鐵），百姓更是不能夠折斷。他們要掠奪猶大一切的財富，帶到遙遠的地方。這是因為猶大犯罪，惹了上帝憤怒（13～14節）。

當上帝聽到有人咒罵先知，祂定必施行懲罰，不過會是一段日子之後的事。現時，先知仍要面對他敵人對他的逼害。他們在找機會殺害先知，耶利米也難以忍受，所以耶利米繼續向上帝申訴，求上帝記念他，即時向逼迫他的人報復，不要延遲，因為他是為上帝的緣故而受了凌辱的（15節）。他稱上帝為「耶和華－萬君之上帝」（16節），表示祂是一位為他爭戰的神。先知接著回顧他對上帝的忠心：

第一，他接受自己是單單屬於上帝的，因為他是上帝所呼召的，是祂將當說的話放在他口中（一9），他沒有以這為不好，反而以得到上帝的言語為寶貴。每次他得到上帝的話之後，都完全接受，「把他們吃了」（16節），並且覺得心中滿有喜樂，因為知道他是屬上帝的，是上帝名下的人。

第二，因著他要忠心傳講上帝的話，就被百姓孤立。但他沒有因此而埋怨，這也是他可以接受的，他甘心接納「並未坐在宴樂人的會中歡樂」。因著上帝的靈的感動，因著內心認同上帝而有的憤恨，耶利米甘心地「獨自靜坐」（17節）。

他這樣的為上帝忠心，但可惜的是，因著長期的孤單、承受壓力、危害的威脅，耶利米的心裏充滿傷痛和憂鬱。他終於心裏發出疑問：「上帝豈不是說過要保護我嗎？」（參一19）在這難以忍受的處境中，先知心裏對上帝起了懷疑：「我的痛苦為何長久不止呢？我的傷痕為何無法可醫，不能痊癒呢？」（十五18）難道上帝是那些曠野裏容易乾涸的小溪，是靠不住的嗎？當曠野的旅客拖著疲倦的身軀，踽踽向小溪走去時，本以為那裏有水，可以解渴。誰知到達溪旁才發現，那是乾涸的小溪！何等失望，那種被騙的感覺是強烈的。上帝也就是如此的嗎？耶利米埋怨上帝，控告上帝的不信實。

這個控告是出自他事奉的痛楚和掙扎，其痛苦不只來自百姓的逼害，上帝也是一個因素。如果每次的痛苦上帝都安慰耶利米，每個的掙扎上帝都來平息，先知的痛苦可能沒有那麼深。可是，先知覺得上帝並沒有這樣幫助他。

先知真情流露的控訴，本來期望上帝的安慰，但上帝並沒有安慰他，反而責備他，且要求他悔改：「你若歸回，我就將你再帶來，使你站在我面前；你若將寶貴的和下賤的分別出來，你就可以當作我的口。」(19 節)除非先知放下對上帝的埋怨，然後悔改，他才能繼續事奉上帝。除非先知不再控告上帝，他才可以繼續作上帝的先知。上帝沒有向耶利米作任何解釋，上帝好像沒有體諒先知的痛楚。不過，上帝告訴先知，就在他堅忍的時候，百姓會自動歸向他，他卻不必遷就他們。就是這樣忍受內心的痛苦，耶利米會被鍛煉像堅固的銅牆一樣，沒有人能擊敗他。強暴的敵人仍會攻擊他，但上帝會保護他，把他從邪惡強暴的人手中搭救出來(19～21 節)。這就是耶利米先知的生涯，即使是有痛苦與掙扎，但不被痛苦與掙扎打倒。

十四至十五章梅花間竹的記載上帝與先知的對話。這一方面表達了耶利米的事奉生涯已跌至谷底，同時亦表示上帝與先知真如朋友，你一言、我一語，彼此溝通。這是做先知的榮耀，與上帝的交往暢通無阻。他清楚知道上帝所說的是甚麼，也向上帝坦白說出自己的想法和感覺。

5.5.3 耶利米的事迹及有關的言論（十六1～21）

5.5.3.1 上帝以耶利米的人生喻作信息內容（十六1～13）

第十六章讓我們進一步了解先知為何心裏充滿悲傷和掙扎。上帝吩咐耶利米不可結婚，不可生兒育女(1～2 節)。在當代猶大人文化，男子不結婚是不正常的，沒有兒女是一種詛咒，因為他的產業不能被承傳，他的名字在上帝的應許地上也將要消滅，與這應許無分。為何上帝要耶利米不結婚、不生兒育女？原來上帝要使先知孤獨的生涯成為一個信息：將來在猶大地的所有兒女和父母親都要死亡，且沒有人會哀悼、埋葬他們。他們的屍身堆在地上腐爛，成為飛鳥和野獸的食物(3～4 節)。這是一個約的詛咒(申二十八 26)。在那個詛咒應驗的時候，有兒女的等於沒有兒女。耶利米現今的獨身，預表了那時候的淒涼。耶利米沒有妻子安慰，沒有兒女滿足心願，他只是孤單一生，面對事奉的壓力，沒有抒發，沒有支持，難怪他患上憂鬱，內心充滿痛苦和掙扎。不過，他也明白，因為他是隻身一人，他可以免去戰亂時面對妻子兒女死亡的痛苦。

耶利米不只不可以結婚，上帝也不容許他參加喪禮或飲宴，以他的行為作為一個信息。上帝吩咐先知不得進入任何喪家為人哀悼，以此象徵上帝不會憐憫祂的百姓。因為上帝不憐憫，百姓也不會彼此體恤。在上帝的詛咒臨到之日，貧富、老少都要死亡，沒有人被埋葬，沒有人去為已死的人作哀悼，沒有人跟喪家用膳，表示安慰；也沒有人會向喪父喪母的人表同情（5～7節），因為死亡人數太多了，每個生存的人都被哀痛壓傷。那是一個何等憂傷的情景！上帝也不容許先知進入喜宴的家，與人一同吃喝歡樂。縱使有人邀請，先知也不可以參加，以象徵上帝會使猶大不會有歡笑，不會有婚宴喜慶的聲音，上帝要「你們還活著的日子，我必在你們眼前止息這地方歡喜和快樂的聲音、新郎和新娘的聲音」（8～9節；參七34）。這表示眾人都很哀傷，已再沒有事情可以帶來歡樂的聲音。

這些自我孤立的行動必然引起百姓的疑問：為何上帝要如此嚴厲的懲罰猶大？他們究竟犯了甚麼罪？上帝透過先知回答他們，這是因為他們比祖先頑劣。他們祖先不守律法，離棄上帝，在敬拜上帝之餘同時拜假神。耶利米的世代的人卻已定意不聽上帝的話，只隨從自己頑梗的心思，為所欲為（10～12節）。既然他們這麼喜歡別國的神祇，上帝就把他們趕出應許地，去到外族的國家。在那裏，他們就可以「晝夜必事奉別神」（13節），只是不能敬拜與他們立約的神。這是一個很痛苦的懲罰，因為他們失去了國家的尊嚴，只能被外邦人愚弄。上帝不再憐憫他們，祂要放棄耶利米當代的人。

5.5.3.2 插曲：安慰信息（十六14～15）

但是，上帝是否真的完全放棄猶大？不！十六章14至15節插入上帝將來救贖以色列的計劃。上帝要施行「新的出埃及」，把祂的子民從被擄之地帶回來，回到賜給他們祖先的土地。當上帝說「日子將到，人必不再指著那領以色列人從埃及地上來的永生耶和華起誓」（14節），而是指著「那領以色列人離開北方之地、離開他們被趕到的各國之永生的耶和華起誓」（15節），這不是指有兩位上帝，而是指在上帝救贖計劃仍未成功以前，他們所認識的上帝只停留在出埃及的經歷，當在上帝的救贖計劃成功後，以色列人對上帝的認識會更新，他們起誓的公式也會改變（14～15節）。「出埃及」是他們國家的根基和身分的象徵（14節）。但新的救贖成功後，發誓的對象沒有改變，改變的是發誓的公式，「離開北方之地」——替代了出埃及。可見被擄回歸是「新的出埃及」。這新的救贖給他們新的身分象徵。他們經歷了上帝的放逐（審判），但也會領受上帝使他們再生的神蹟和能力（救贖）。

5.5.3.3 上帝施行審判（十六16～18）

可是，這偉大的救贖是在將來的。此刻，上帝要準備審判猶大。上帝用捕漁和打獵的圖像來描寫祂的審判。漁夫和獵人是細察秋毫的，他們會把捕獲的獵物置之死地。同樣，上帝細察祂百姓一切的行為，他們的罪在上帝眼前無法隱藏。因為他們的偶像（可憎之物）污染了上帝賜予的土地，所以上帝要差派敵人來捕獵他們，置他們於死地（16～18節）。上帝追討他們，就好像加倍報應他們一樣。❼

5.5.3.4 耶利米的禱告（十六19～21）

耶利米知道他的同胞罪無可恕，但他沒有失望，就是因為他知道上帝並沒有全然放棄猶大，他遙望未來上帝偉大的救贖，而祈禱上帝，他握著上帝是他的力量，是危難時的避難所。在上帝的救贖來臨時，列國都會來猶大敬拜上帝，到時所有人都會放棄偶像，明白它們只是假神（19～20節）。

上帝回答先知：上帝要藉著未來這一次的救贖，就是那審判以後的救贖（以色列的回歸），顯出祂的榮耀，使列國知道上帝的大能大力，知道上帝是耶和華（21節）。這就如同上帝施行第一次出埃及的救贖時，祂也是在萬國中得了榮耀（參三十二20）。

信仰反省：上帝的榮耀

上帝憐憫人最後的根據不是「約」，是祂自己的榮耀。

耶利米宣判上帝要用各種災難毀滅猶大（十六4），這些都是律法上所記有關背約的詛咒（申二十八25～26）；但上帝宣判詛咒之後，也宣布將來祂要帶以色列人從被擄之地回歸他們的國土。那時，人要指著領以色列回歸的上帝起誓，如同以前他們祖先指著領以色列人從埃及出來的上帝起誓一樣（耶十六14～15）。我們或許會問，上帝是根據甚麼來宣布回歸的應許？是西奈之約嗎？

不是！按約的條款，猶大人回歸的條件，是他們要盡心盡性歸向上帝（申三十2～3）。但如今，猶大仍沒有任何迹象和意願歸向上帝。事實上，耶利米的世代是不能回轉的，如同古實人是不能改變皮膚的顏色，豹是不能改變身體上的斑點（耶十三23）。西奈之約只預言猶大人必要滅亡（申三十18）。上帝能如此宣布惟一的根據和理由是祂自己。祂要叫人認識祂的榮耀和能力，知道祂是獨一的神（耶十六21）。

我們要感恩和頌讚上帝，我們是不能遵守約的要求（新約與西奈之約有密切的關係），但上帝是按祂自己的榮耀憐恤我們。祂要我們認識祂愛之深，能力之大；要我們認識祂神性的無限和深厚。是的，祂是上帝，是我們偉大的神。

5.6 猶大的罪（十七1～27）

這一章的內容大體可分兩部分，第一部分看似是雜記，事實上是由好幾首詩歌組成的（1～13節），另一部分是一篇耶利米的申訴（14～18節）及他的一篇論及守安息日的神諭（19～27節）。作者使用了許多詞彙和對比的概念，如「水泉」、「加倍毀壞」等，把這段落與其他的，甚至全書連起來。

分段大綱（十七1～27）

1. 耶利米宣布神諭（十七1～13）
2. 第三次申訴（十七14～18）
3. 守安息日的神諭（十七19～27）

5.6.1 耶利米宣布神諭（十七1～13）

5.6.1.1 審判神諭（十七1～4）

十七章1至4節是另一篇審判神諭，它接續十六章的信息，上帝再次指證猶大罪孽深重。十七章2至3節提到的偶像和懲罰，是回應十六章11至13節的假神和被擄。

刻在猶大人心版上的，是他們的罪；當上帝的救贖完成時，刻在他們心版上的是上帝的律法（參三十一33）。

十七章開首，上帝指出猶大的罪是不可磨滅的，是用鐵筆，用金剛石**刻在他們心版上**和祭壇角上的（1節）。作者用了「銘刻」的圖像來描畫猶大的罪是證據確鑿的，不是上帝對他們的誣告，這些證據是不能抹拭的。在此上帝再指出他們拜偶像的境況，他們花費許多金錢、精神去拜假神。在每棵綠樹下、每個山崗上，都建造假神的祭壇和柱像。這些祭壇和柱像就是罪證。但是，他們用在敬拜上帝的資源和時間卻遠遠不及拜他們的偶像。因為猶大的罪是證據確鑿，上帝要差派敵人掠奪他們，放逐他們去異國之地做奴隸（2～4節）。

5.6.1.2 訓誨詩（十七5～13）

這一段經文雖然仍在責備猶大的罪，但表達手法已不同，它是以各類詩歌形式，如詩歌、智慧詩歌、箴言、祈禱等彙集而成。因為以眾多詩歌形式表達，故此比喻性的言詞相繼流露出來。這樣的表達手法可以從不同的角度及象徵文字刻劃出猶大的叛逆。

在5至8節上帝指出偶像是人鑄造的，人卻用他親手造的偶像來營造出新的信仰系統。當一個人服事偶像，不敬拜真的上帝，這人看似是敬拜著神明，其實是選擇倚靠人自己的系統，不倚靠上帝。這反映出人們自我的思想，即使是神明，至終都是要服在他們的創造之下，故此偶像要服膺在人的指揮之下，偶像保護他們是一種聽命。這其實是顯明了人甚至要控制神明。上帝告訴耶利米，信靠人（拜假神）與信靠上帝的分別：信靠人、叛離上帝的人雖然可以生存，但是活在詛咒之下（有禍了）。他們如同沙漠中的杜松灌木，不可能茁壯、不會有幸福。可是，專心信靠上帝的人，不只生存，更會蒙福；他們如同扎根溪水旁的樹，樹葉常青，不怕乾旱，就是在乾旱之年也會果子纍纍（5～8節）。這個對比是強烈的。那麼，人為何還不選擇信靠上帝呢？這是人的愚昧。這首詩歌將敬拜偶像與敬拜上帝作一比較。它與詩篇第一篇的智慧詩歌內容和詞彙十分相似。

當然，因著人的心腐敗了，變得非常詭詐（9節），非常貪心。他們不選擇上帝都是自然的，因為他們知道上帝不喜悅這些事情。人要不按正途發財，就會用各種不正確的手段滿足慾望。造偶像的人會用諸多理由繼續製造偶像，目的是賺取更多金錢。拜偶像的人會用諸多藉口繼續服事偶像，目的是要借助偶像掙取財富和滿足其他的慾望。但上帝察驗人的心，要照各人的行為報應他們。凡順著內心行詭詐的人，最後會成為愚昧人、受禍害，他們的財富也不能久留（10～11節；參箴一20～33）。第11節「鷓鴣孵不是自己生的」比作貪財者，明顯充滿古代近東箴言的特色。

耶利米聽完上帝對世人的心態作評估，他都完全認同。他為此敬拜、讚美上帝：「我們的聖所是榮耀的寶座，從太初就在高處。」（12節）先知提及的這寶座可以指上帝天上的寶座，也可以指聖殿內約櫃上的施恩座。以色列人相信兩者是相連的，施恩座是上帝天上寶座的預表。無論如何，上帝榮耀的寶座是以色列的聖所，這「聖所」（*miqdāš*）也是以色列的避難所。所以先知祈禱說：「耶和華－以色列的盼望啊！」（13節）上帝既然是以色列的盼望，離棄上帝的人必要蒙羞，因為他們離開了盼望的源頭，他們的人生不會再有真的盼望。

此刻，上帝和應先知的祈禱：「離我而去的，他們必被寫在地裏，因為他們**離棄耶和華，這活水的泉源**。」（14節）上帝要他們的生命如寫在塵土上的字，頃刻就消失。上帝說過猶大人的罪是用鐵筆、用金剛石寫的，不可磨滅（1節）；可是，他們的生命卻不然，竟像寫在塵土上的，是短暫的，是容易消失的，這是一個強烈的對比。他們很快要消失，因為他們離棄了上帝，他們活水的泉源（13節）。從古至今，人沒有水就會死亡。

「活水的泉源」與第8節「溪河」，以及十四章提出的旱災形成強烈的對比，顯出這兩章在意思上是有關係的。此外，「離開上帝這活水的泉源」早已出現在二章13節。

上帝宣布了要使離棄祂的人蒙羞，先知也祈禱說上帝是投靠祂的人的盼望（12～13節）。可是，耶利米現今仍被那些離棄上帝的人逼迫。他身心靈都受創傷，他求上帝醫治，也求上帝應驗祂說過的，使敵人蒙羞（參14至18節的分析）。

5.6.2 第三次申訴（十七14～18）

14至18節是耶利米第三次「申訴」。耶利米先求上帝醫治、拯救他（14節），接著他求上帝保護他，但卻要加倍毀壞他的敵人（15～18節）。18節的「加倍的毀壞」呼應十六章18節的「加倍報應」。在之前兩次的申訴中，上帝都有回應，只是這次卻沒有。

耶利米先求上帝醫治、拯救他，因為上帝是他所讚美的（14節），先知接著告訴上帝，他的敵人藐視、奚落他，他們不信他所傳的信息，更嘲諷先知說：上帝的警告在哪裏？讓它應驗吧！（15節）他們以為先知的警告信息是詛咒他們。其實，耶利米從來沒有無故求上帝「降災禍」在他們身上，或盼望災殃的日子快來，使他們受苦。耶利米要求上帝作證（16節），❽ 因為敵人的藐視，耶利米覺得恐懼；他求上帝保護他，作他的避難所。先知也求上帝使他的敵人蒙羞、恐懼，使災禍臨到他們，「加倍的毀壞」他們（17～18節）。在之前兩次的申訴中，上帝都有回應，只是這次卻沒有。

> *一至二十章只記載審判的信息，但審判仍未來臨，經文沒有任何記載指出審判來到了。在其中的十一至二十章，先知的申訴出現了5次，直至二十一章，作者便開始描述巴比倫王圍攻耶路撒冷。*

耶利米**第三次的申訴**反映出先知在事奉中的改變。過去他只是傳達上帝審判的信息，最多是求上帝向逼迫他的人為他報仇，並沒有具體地求上帝降災予同胞。現在他站在上帝的一方，也祈求上帝「加倍的毀壞」他們（18節；參十六章18節上帝的用詞）。這種心態上的改變不是隨意的，乃是在他不斷被同胞逼迫，心情痛苦、掙扎時產生出來的（十一18～23，十二6，十五10～15）。先知的經歷和改變，成為一個窗口，讓我們窺見上帝與以色列的關係。上帝本來也不願意懲罰祂的子民。可是，他們使上帝太傷心、太難受了，所以上帝漸漸的從憐憫他們轉為憤恨他們，最後要按著西奈之約的條款來懲罰猶大。另一方面，因為先知現在也改變了，站在上帝那一方，祈求上帝「毀壞」（18 節）他的同胞。可以說，先知從掙扎中產生的「申訴」，推動即將降臨的懲罰，使之實現。

5.6.3 守安息日的神諭（十七19～27）

雖然上帝沒有回應耶利米的申訴，祂接著指出猶大人是該受責罰和審判，不只因為他們逼迫耶利米，也因為他們沒有遵守西奈之約。19 至 27 節描述猶大人沒有守安息日，就是最明顯的證據（出二十 8～11，三十一 12～17；申五 12～15）。舊約先知如阿摩司也有提及百姓厭煩遵守安息日（摩八 4～5）。可是，在耶利米的時代，猶大人已經放棄守安息日，認為這是浪費時間和資源，對社會經濟完全沒有助益。因著守安息日是西奈之約的標記，百姓不守安息日就成為一個證據，表示他們沒有遵守西奈之約。

上帝吩咐耶利米去到耶路撒冷各城門口，向君王、百姓宣布，如果他們「**謹慎**」（*hiššāmrû bənap̄šôṯêḵem*；意思是「愛惜生命」），就不應在安息日「從家中挑擔子出去」（「擔子」原文是 *maśśā'*），進出耶路撒冷的城門，或做任何工作，正如西奈之約所要求的（19～22 節）。「挑擔子出去」不是指搬運普通日常用的東西，乃是頗為巨大、重載的「物件」。這些「擔子」就是他們做買賣用的「貨物」。當然，搬運貨物是工作，搬運貨物後也需要工作，就是把貨品存放、打點等。先知以在安息日搬貨物來代表他們在安息日工作，可見那是當時普遍的現象。西奈之約是要求「以安息日為聖日，在當天不可作工」，以此為敬拜上帝的一種行動，使上帝的子民可以休息。

「你們要謹慎」原文直譯是「你們要保存你們的生命」，意思是「為你自己生命的緣故」。

百姓的祖先雖然沒有聽從，耶利米時代的百姓卻要服從上帝（23～24 節）。這樣，他們的君王、領袖才可以有尊榮，耶路撒冷才有人居住、不荒廢。全國的人民也都會來耶路撒冷的聖殿朝拜上帝，獻祭還願。他們若不遵守西奈之約，不守安息日，上帝就要懲罰他們，燒毀耶路撒冷所有城門和宮殿。火勢之猛，沒有人能夠撲滅（25～27 節）。整個猶大國要毀滅，成為廢墟。十七章的結尾是一個嚴厲的警告，因為耶利米時代的人沒有遵守西奈之約。

溫習及思考問題

1. 為何上帝責備猶大不守西奈之約？為何不守約會遭致如此大的懲罰（十一 1～5）？
2. 當耶利米忠心勸戒人之時，那些事奉上帝的利未人祭司卻掩耳不聽。你認為原因何在？當別人勸勉你之時，你的反應如何？
3. 當耶利米知道自己將要遭受同鄉及同僚陷害，他的反應如何？你感同身受嗎？從耶利米第一次的申訴中，你對他有何認識？甚麼原因引致事奉的人說出這樣的話？你有類似的經歷嗎？
4. 當耶利米呼求之時，上帝怎樣回應他？你如何理解「伸冤在我，我必報應」這真理？
5. 上帝以甚麼行動表示祂撇棄猶大的決心（十二 7～17）？上帝是否真的要撇棄猶大？從耶利米的反應中，能否一窺上帝對猶大的愛？
6. 十四章 7 節至十五章 9 節如何描述上帝與耶利米的對話是充滿感情的？耶利米如何為百姓禱告？
7. 上帝多番不許耶利米為百姓禱告，但他仍堅持如此，這反映了甚麼事情？你有沒有耶利米般的情懷？
8. 上帝不許耶利米結婚生子（參十六章），這對一個事奉的人是否要求很高？你有沒有心理準備會這樣被上帝使用？
9. 試分析耶利米 3 次的申訴中相同相異之處。上帝如何回應他的申訴？這 3 個不同的申訴如何表現耶利米對上帝及他的百姓的觀念改變了？
10. 上帝如何責備猶大人？他們做錯了甚麼事情，而被上帝指責他們為不守安息日？安息日的意義何在？主日在教會忙於事奉是否表示沒有守安息日？

釋經短註

❶ 十一章2節「約」(*bərîṯ*)原文在耶利米書共出現24次。5次在十一章,9次在安慰之書(三十～三十三章),6次出現在三十四章的「約」。這詞在三十四章主要指西底家與百姓領袖,在耶路撒冷被圍困時,立約釋放奴隸,這行動是西奈之約的要求。在安慰之書的「約」則指西奈之約、新約、大衛之約、利未人之約等,包羅甚廣。無論如何,這詞在耶利米書首次出現時,是專指西奈之約(十一2)。至於三章16節「那些日子,人必不再提説耶和華的約櫃,不追想,不記念」,指的是「約櫃」,而不是指西奈之約。這段經文的背景指彌賽亞國度的時候,外邦國家會來敬拜上帝,以色列民不再重視約櫃,因為彌賽亞已在他們中間。

❷ 十二章14至17節共出現4次「拔出」(*nāṯaš*)。第一個「拔出」是指「所有的惡鄰」(14節)。猶大百姓犯罪,上帝要使鄰國如亞蘭、以東等侵佔他們,但這些鄰國後來會被巴比倫鎮壓。巴比倫統治中東一帶之時,採用了民族遷移的政策,因此許多民族都要流放異國。故此,以色列鄰國也遭流放。這「所有的惡鄰」也包括巴比倫,因為後來巴比倫也被波斯所滅,也被流放,而且從此不能再復國,因為巴比倫是那不聽從上帝的鄰國,被上帝「不但拔出,還要毀滅」(17節)。至於14節的第二個「拔出」,上帝「將猶大家從他們中間拔出來」,意思是上帝要從巴比倫地「拔出」以色列人,把他們帶回本土。15至17節的兩個「拔出」都是指猶大的鄰國。在波斯年間,被拔出的鄰國都可以回國,再建立他們的國家。如果他們學習做上帝的子民,上帝就會建立他們。

❸ 幼發拉底河離開耶路撒冷約700公里。步行一來一回需時約8、9個月。耶利米應該不會走那

麼遠。「呂振中譯本」翻譯為「伯拉河」(*pərāṯ*)。其實十三章4節的「幼發拉底河」原文只有*pərāṯ*,而沒有「河」這詞。它可以翻譯為「幼發拉底」。*pərāṯ*這詞也指便雅憫地的一座城市名叫Parah(書十八23,「和修」翻譯為「巴拉」)。故此,耶利米很可能只是去了這便雅憫地的城市,把腰帶藏在附近一個峭壁的縫隙中,而不是位於巴比倫的幼發拉底河。但因這便雅憫城市的名字與「幼發拉底」相同,故此它喻指百姓要被擄到幼發拉底(即巴比倫)。作者在此運用了「同詞異意」的修辭方法表達。

❹ 十五章1節上帝叫耶利米把百姓「趕出,叫他們去吧!」(*hazzeʰ šallaḥ mēʿal-pānay wəyēṣēʾû*)這樣的表達正是出埃及時摩西所用的語句,與摩西跟法老對峙時相同(參出五1,七16,九1、14,十4)。出埃及時摩西要求法老:「容我百姓去。」(*šallaḥ ʾeṯ-ʿammî*)他的工作是要「領他們出埃及,好去敬拜上帝」。現在上帝借助新的摩西耶利米、用同樣的語氣和語句來宣告審判:以色列將要被擄。這是一個「反出埃及」的宣告。

❺ 耶利米作先知時,瑪拿西王已經死了。十五章4節提出瑪拿西王罪大惡極,表明上帝沒有忘記歷史。猶大自瑪拿西王開始,就得罪上帝(參王下二十一1~18)。耶利米很可能將當代的宗教境況與瑪拿西的作比較,發現他們並沒有多大實質的改善。列王紀的作者指出,因為瑪西拿王(和他當代的王)的罪,猶大國被擄的命運是注定了;約西亞王的宗教改革不能改變上帝的審判(參王下二十三26~27)。耶利米書十五章的事情發生在哪一個時刻,是我們不能確定的。無論如何,十五章4節的思想是呼應列王紀下二十三章的。有學者認為第4節是後期加插的,可是這說法無法確定。

❻ 「和合本」把十五章12節作為編輯附加的,把經文放在括號內,其實這是不需要的。編者

附加這標點符號是因為他們認為 12 節是與上下文不連接，故看為加插的。編者有這樣的顧慮是因為不能判定「銅與鐵」、「北方的鐵」是指誰。無可否認，銅與鐵是用來比喻耶利米，因為上帝曾鼓勵他作「鐵柱」及「銅牆」（一 18），十五章 20 節再提出耶利米是百姓不能夠勝過的銅牆。除此以外，這裏所指的「鐵」是來自北方，明顯不是指耶利米，而是敵人。此外，參考十五章 13 至 14 節，不難發現更是指敵人。若如此，12 節就不是加插的，乃連接 13 至 14 節。也有學者把 12 節連接 11 節，作為上帝對先知的安慰的一部分，因為原文可以直譯為「鐵豈能把北方的鐵與銅折斷？」意思是：耶利米的敵人（鐵）不能折斷北方的敵人（北方的鐵）和耶利米（銅）。這翻譯需要把「鐵」作為「打斷」這動詞的主語。

❼ 十六章 18 節「加倍報應他們的罪孽」與以賽亞四十章 2 節的用詞「加倍受罰」相同。根據西奈之約，凡偷去他人物件而被抓到的，要加倍賠還（出二十二 7～9）。若將此律法應用在以色列國，他們是虧缺、盜取了上帝的榮耀，因此上帝也會加倍懲罰他們。十六章 18 節的「加倍報應」呼應了十七章 18 節「加倍的毀壞」，強調十六至十七章是按照毀了西奈之約帶來的懲罰來審判猶大（參出二十二 7～9）。

❽ 十七章 16 節的「牧人」應該翻譯為「降災禍」。「牧人」一詞在耶利米書和其他舊約書卷都是指政治或宗教掌權者（三 15，十 21，二十三 1 ～ 4，二十五 34 ～ 38；參 5.3.2「猶大的荒涼」）。這是耶利米知道的，除非他覺得上帝是差他作國家的政治或宗教領袖，他才會用「牧人」形容自己，但這不大可能。「牧人……離棄」（「牧人」原文是 *rāʿāh*；「離棄」原文是 *mērōʿeh*）與「降災禍」的子音相同（*mrh*），只是母音不同而已。故此，有譯本如「呂振中譯文」則譯作「催迫你降災禍」（「現代中文譯本」也有類同的意思）。這個翻譯比較切合上下文的意思。

第六章

猶大人頑梗，惡待耶利米（十八1～二十18）

- 頑梗的陶泥
- 耶利米打破瓷瓶
- 耶利米受枷鎖

十八至二十章是耶利米講章的第五單元。這三章分別有 3 個不同的信息內容。十八章記載耶利米去陶匠的家觀察製造陶器的過程，說明上帝的主權和人要如何回應上帝的警告。因為猶大頑梗地背叛上帝，先知忍不住也祈禱上帝懲罰猶大。接著的第十九章順勢記載耶利米去陶匠的家買瓷瓶，把它摔碎；這比喻了猶大人犯罪已到極點，所以上帝要毀滅他們。最後的二十章記載祭司巴施戶珥聽到耶利米的宣講後，毆打耶利米，不經審訊，就把先知鎖在聖殿囚室內。耶利米因內心的掙扎和痛苦，向上帝訴苦、埋怨和哀求。這 3 章經文也包含耶利米先知最後兩個申訴（十八 19～23，二十 7～18），是最激烈的，也是最痛苦的。

十八至二十章的描述分兩條線進行。一條是描述先知受同胞的逼害，這加給先知內心許多痛苦。作為先知，耶利米應該為百姓祈禱，求上帝赦免他們。可是，他內心的痛苦和澎湃的掙扎，逼使他向上帝投訴他的同胞，並祈求上帝審判他們，為他伸冤。另一條線是描述上帝借助先知的象徵性行動，表明猶大百姓拒絕上帝所賜的悔改機會。故此，他們再沒有機會悔改了，上帝要毀滅他們。

6.1 頑梗的陶泥（十八1～23）

分段大綱（十八1～23）

1. 陶匠作器皿（十八 1～12）
2. 上帝責備的信息（十八 13～17）
3. 猶大百姓謀害耶利米（十八 18）
4. 第四次申訴（十八 19～23）

6.1.1 陶匠作器皿（十八1～12）

在耶利米當代，陶匠的家就是他的工場。他們在家裏製造、堆放陶器，讓鄰居在此挑選購買。

在十八章，上帝吩咐耶利米去一位**陶匠的家**裏。耶利米便去。在那裏他觀摩陶匠幹活的工具，和陶器製造完成的過程。他看見有些時候陶匠手裏的黏土不完美，陶匠就改變他原意，把那塊黏土另做別的器皿（1～4 節）。陶匠有他的主權和技巧，黏土有它的特性和素質。雖然是陶匠採取主動，借助塑造陶泥把他的心思實踐出來，但黏土也要配合陶匠的設計，才能做出可用的陶器。

上帝告訴耶利米，這陶匠就是祂，而以色列民族是陶泥。這段經文在解釋上會遇上一個問題：泥土在陶匠「手中做壞了」。若陶匠喻指上帝，泥土喻指以色列民，那麼，是否指以色列人是在上帝手中做壞了，而不是他們自己變壞的？即是說，以色列民行惡，罪不在於他們，而在於創造他們的上帝。須留意的是，這只是一個比喻，它的重點不在於「做壞」，而在於「用它另做……」。況且，泥土本身的素質也影響陶匠的手工。作者目的是要申明，無論泥土如何不中用，只要泥土仍在陶匠手中，他總要想辦法按他的巧工，將它變成可用的器皿。泥土至終成為怎麼樣的器皿，主權全在於陶匠那裏，因為「照他看為好的去做」（4節）。

上帝有祂的主權，但以色列也要回應、配合上帝所主導的（十八5～6）。當上帝發出警告，要懲罰一個國家，要「拔出、拆毀、毀壞」他們（7節），如果那國家「回轉」（*šûḇ*；原文意思是「歸回／回轉」）離開「惡」，上帝就會「改變心意」（*nāḥam*），不懲罰他們（8節），❶ 並且建立這國。當上帝宣布要建立一個國家，要「建立、栽植」他們，而那國家卻叛逆上帝、犯罪，上帝也會「改變心意」，不建立他們（10節），即使曾說過要建立他們。從廣義看，不只以色列是陶泥，世界上所有的國家都如是。上帝是全人類的陶匠，祂管理世界萬國，巴比倫就是一個例子。上帝揀選巴比倫擄掠猶大，同時也審判巴比倫，使他們衰敗（五十～五十一章）。

「惡」這名詞原文有一個前置詞「從……」。因此，「回轉離開他們的惡」意思是「從惡那裏回轉」。

接著上帝吩咐耶利米去警告猶大和耶路撒冷人，上帝要準備懲罰他們。故此，他們要「回轉」，離開過去所行邪惡的生活、人生取向，改正行為（11節）。不過，上帝預先告訴先知，他們是不會接受警告的。他們仍會堅決叛逆，順從自己「頑梗的惡心」（*šərirûṯ libbô-hārāᶜ*）繼續犯罪（12節）。說出了人最大的問題不是不知道罪惡會帶來的結局，乃是知道後，內心有一種頑梗及固執，不願意不犯罪。耶利米當代的猶大人就是頑梗的陶泥，他們一直處於頑梗中。直至新約時代，基督的救恩要臨到，人的心得到更新（三十一 31～34）。在新約的時代，上帝更新人的良心，使人主動認識祂，上帝把律法寫在人的心上，又賜人聖靈住在心內，幫助人遵守律法。新約比舊約好，這是福音。

6.1.2 上帝責備的信息（十八13～17）

13 至 17 節描述上帝責備祂子民的頑梗叛逆。上帝慨歎他們完全忘記祂，只顧拜偶像。作者在此用了黎巴嫩山頂的現象及列國的民，來比喻以色列民不合理的叛逆。黎巴嫩山頂的積雪從不會完全溶化，它的山澗也從不會完全乾涸；但猶大百姓卻完全忘記上帝，他們對上帝不再有感情。列國的人民從不會完全忘記他們的神，以色列人卻例外，他們對上帝的忘情是罕有的，是不會發生在列國中間（13～14 節；參二 10～11）。猶大百姓是何等的愚昧！

他們就如頑梗愚昧的旅客，不去走那清楚明顯的古道（即先祖曾行過的路），卻偏要走上那難行的、沒有路標、「未修築的斜路」小徑。作者指出以色列民忘記上帝並不是因為他們對上帝的無知，乃是因為頑梗，決意要離開先祖的傳統信仰，轉而拜別國的神明。所以，他們要絆跌，走迷路，走冤枉路，最後去到死亡的終點（15 節）。上帝要借助敵人把猶大人驅散，像風吹散灰塵一樣。戰爭和被放逐會使他們的土地荒涼，看見的人都驚駭搖頭。這些災難發生時，上帝不會顧念他們，因為這是他們頑梗棄絕上帝的後果（16～17 節）。

6.1.3 猶大百姓謀害耶利米（十八18）

可是，猶大百姓對耶利米的嚴肅信息無動於衷，他們還聯合起來對付耶利米，要謀害他。他們以有「祭司講律法，有智慧人設謀略，有先知說預言，都未曾斷絕」為藉口，指出他們根本不需要耶利米這位異己分子。他們誤解了！他們祭司所教導的是膚淺的（六 13～14，八 8～11），他們的智者計謀的外交政策是錯誤的（三十七 6～10），他們的假先知傳達的只是虛謊的話（十四 13～14，二十三 9～40）。無論如何，他們不但不理會耶利米的宣講，他們更計劃「用舌頭攻擊」耶利米，要用謊言誹謗他、毀滅他（18 節）。

從十八章 18 至 19 節開始，經文陸續記載百姓要謀害耶利米。他們具體的計劃包括：指控耶利米叛國和誣衊聖殿，要藉此殺死耶利米（參二十六8～11，三十七13，三十八16等）。

6.1.4 第四次申訴（十八19～23）

耶利米與百姓本是同胞，都同是上帝立約的子民阿！他們這些祭司和先知等，不少是外表敬虔的宗教領袖，私下卻竟設計謀害耶利米，耶利米因而心情大受打擊。他祈求上帝為他報仇，懲罰那些逼害他的百姓（十八19～23）。這禱告是耶利米先知的第四個「申訴」。先知以哀告開始，求上帝細聽他敵人背後控訴的話：「耶和華啊，求你留心聽我，且聽那些指控我的人的話。」（19節）耶利米控訴他的敵人以惡報善，設奸計陷害他。其實，先知從沒有傷害他們。先知要求上帝「記念」他在過去常在上帝面前替他們哀求，求祂轉消怒氣，不要對付以色列民（20節），現時他們竟忘恩負義。所以，先知要求上帝在烈怒中對付他們：「讓他們死於刀劍之手；願他們的妻無子，且作寡婦，願他們的男人被死亡所滅，他們的壯丁在陣上被刀擊殺。」（21節）耶利米詛咒他們，願他們全家在戰爭中被殺，或受饑荒和瘟疫而死亡；讓他們的家園被侵略者洗劫；讓他們在敵軍面前驚恐哀號（21～22節）。這是相當苦毒的話。這一方面反映耶利心中的憤怒，同時也反映他曾經深切的掛念百姓的境況，否則不可能說出如此的話。所謂愛之愈深，恨之愈切。

最後，先知求上帝不要饒恕他們，要重重地懲罰他們：「耶和華啊，他們要殺我的那一切計謀，你都知道。求你不要赦免他們的罪孽，也不要從你面前塗去他們的罪惡。願他們在你面前跌倒，願你在發怒的時候對付他們。」（23節）耶利米這樣求上帝懲罰他的敵人，一方面是和應了上帝的吩咐，不要為百姓祈禱和祈求（七16，十一14），另一方面，是因為百姓把耶利米憐憫的心給磨光了，他的悲憤配合了上帝的心情。上帝已經決定懲罰他們（十五1），現在先知的祈禱正配合上帝的決定。

十八章記載耶利米去陶匠的家觀察製造陶器的過程，引出先知求上帝懲罰猶大的祈禱。第十九章順勢記載耶利米去陶匠的家買瓷瓶，把它摔碎。這顯明上帝已堅決要毀滅他們。

信仰反省：主權與選擇

從陶匠的比喻可以看見上帝行事的原則，祂就像陶匠般不輕易放棄手上的泥土，即使壞了，他也要想法子做好它。在再做之先，他通常會將之前所做的「拆毀」，以方便再做一個新的。人在上帝手中，也是如此。為要使壞的做好，上帝通常會先將之「拆毀」，才可以「建立」新的。至於怎樣才算是好器皿，決定權卻不在泥土，而是陶匠——上帝。

這章經文同時也說明人的行為直接影響他的結局。上帝以祂的公義保證這種因果關係定會實現。上帝有如此心意，為要人選擇離開邪惡和死亡，而走向公義和生命。上帝有祂的主權，但同時也尊重人決定的自由。所以上帝只會以警告來指引人離開邪惡，以應許來鼓勵人行義。人的責任就是要回應上帝，作出正確的選擇。「選擇」會帶來改變，而上帝的主權是包容了人作選擇的自由。上帝會按著人的選擇和行動來作出賞罰。這並不是說，上帝是一位會改變、又是又非的神。祂所不變的是，祂一直按公義審判，賞善罰惡；祂願意賜福，不願降禍，這是祂一貫的行事原則。

6.2 耶利米打破瓷瓶（十九1～15）

十九章記載著一個象徵性行動。上帝吩咐耶利米去陶匠的家買一個瓷瓶，然後帶同百姓的領袖出到耶路撒冷城外的欣嫩子谷，在他們面前把它摔碎。這是象徵上帝的審判，且已成定局，上帝要毀滅猶大。須留意的是，十九章1至13節並不是描述這個象徵性行動的過程，而是記載上帝的一番話。它是用了「曉諭」這文學體裁，「耶和華如此說」來表達上帝對先知的一個吩咐。上帝怎樣吩咐耶利米，耶利米就怎樣行。14至15節便記載先知做完這象徵性行動後，才回到聖殿後作公開宣講。作者在此使用了「耶和華如此說」的「引言公式」，作為引入一個新段落的短語（參1.1.2「結構」）。

上帝吩咐耶利米向陶匠買一個瓷瓶，然後召集民間長老和年長的祭司去到耶路撒冷城「哈珥西的門口」（*haḥarsîṯ*；2節）那裏。❷ 再走到欣嫩子谷，在那裏告訴他們上帝的信息（1～2節）。上帝吩咐耶利米先知做的，他該是順從了。可是，過程究竟如何，我們不得而知。耶利米不是一個受歡迎的先知，故此，祭司和長老們會否真的聽從耶利米的吩咐，跟著他去到欣嫩子谷，這很可能不會了。若是會，可能都只是一至兩位。這可能解釋為何1至3節不是敘述文，乃是一個曉諭，因為極有可能只有耶利米孤單一人做這摔碎陶器的行動。不過，他仍將上帝的曉諭寫下來，使百姓都知道這事。

第3節指出這個象徵性行動的目的，耶利米是要向猶大君王和耶路撒冷的百姓宣布，上帝要降大災難予耶路撒冷，凡聽見的人都應震耳欲聾。上帝懲罰猶大是因為他們離棄上帝、拜偶像，因而污染了大地。他們拜偶像並不是以普通崇拜的儀式，而是以他們活生生的兒女為火祭，燒給假神。可以說，他們是把無辜者的血灑遍了大地。這種殘忍的宗教禮儀，是上帝一直以來極為反對的（4～5節）。他們這種以活人獻祭的邪惡禮儀，通常是在城外的欣嫩子谷進行的（代下二十八3，三十三6；賽三十33）。耶利米要長老、祭司們出到城外的欣嫩子谷，就是要以這些邪惡祭壇為證據，宣布上帝的責罰。

6至9節指出上帝責罰的嚴峻。有一天，這些祭壇所在之地不會稱為欣嫩子谷或陀斐特（參七32；另參4.1.4「責備猶大人建丘壇」〔七29～34〕），而要叫「殺戮谷」。因為在這地方，上帝要使敵人屠殺他們，「我要把他們的屍首給空中的飛鳥和地上的野獸作食物」，這是西奈之約的詛咒（7節；申二十八25～26）。而且，耶路撒冷會被毀滅。十九章5至7節提出的拜偶像和西奈之約的詛咒，與七章31至33節很相似，❸ 但此處接著所提出的上帝的懲罰卻嚴厲得多。

上帝施行的懲罰是這麼的嚴厲，過路的人看見毀壞的城都會「驚駭**嗤笑**」（8節）。上帝宣布，敵人圍城糧絕時，城內的人要吃鄰居，甚至親生兒女的肉（9節）。這是西奈之約另一個詛咒（申二十八52～58）。吃兒女的肉，這是何等悲慘！當上帝要按約的條款懲罰他們時，猶大就會有如此的悲慘，不論他們有任何的計劃要使國家逃避惡運，上帝都會破壞他們一切的計劃（7節），無人能倖免。

「嗤笑」（šərēqāh）意思是「發出嘶聲」，是指旁觀者看到如此兇惡的事情時，所發出的嘶聲，目的表示藉此擋開不幸的命運臨到。它也有「唾棄」的意思。

上帝吩咐耶利米講完責罰的信息後，便要當著在場的人面前摔碎他買的那瓷瓶（10節）。瓷瓶摔碎的聲音和碎片紛飛的場面，肯定會使在場的人肅靜無言。接著，耶利米大聲宣布，上帝要消滅耶路撒冷和猶大，如同這打碎了的瓷瓶一樣，不能修補。上帝要把耶路撒冷改成為陀斐特；凡城內的房屋，不論是王宮或平房，曾經在其屋頂上拜星宿、偶像的，都要像陀斐特，是不潔的，要充滿屍體，被玷污（11～13節），非常可怕。

14至15節是一段敍述文。耶利米做完上帝所吩咐的，從欣嫩子谷回到聖殿，站在殿的院中向羣眾重申上帝審判的信息（即1至13節的內容）。這些百姓可能沒有親眼目睹先知打碎瓷瓶，但這並不重要，上帝的審判會照樣臨到。上帝會把先知說過的懲罰降在耶路撒冷和周圍村莊的百姓身上（14～15節）。

6.3 耶利米受枷鎖（二十1～18）

分段大綱（二十1～18）

1. 耶利米被拘禁（二十1～6）
2. 第五次申訴（二十7～18）

6.3.1 耶利米被拘禁（二十1～6）

二十章首次記載百姓的領袖拘禁耶利米先知，待他如犯人。當祭司巴施戶珥聽到耶利米在聖殿宣講的內容（十九14～15），他不經審訊，便毆打耶利米，把先知鎖在聖殿北面的便雅憫門那裏。巴施戶珥（*pašḥûr*）並非希伯來文字，而是來自埃及文，意思是「屬於**何露斯**（Horus）神明的」。在猶大人中間出現這名字，一方面表示當代的猶大頗受埃及文化的影響；這不足為奇，因為猶大與埃及有軍事聯盟（參二18、36～37），這種文化影響肯定是有的。另一方面，他的父親音麥是一位祭司（二十1），卻為自己的兒子改了異教神明的名字，極可能他們都膜拜這神明。猶大的宗教境況由此可見一斑。

何露斯是古埃及神明，樣子像獵鷹。它是一位戰神，甚受埃及人尊崇。

* 何露斯神明圖像

這位巴施戶珥在耶利米書只出現1次，他把耶利米鎖在聖殿的門那裏的事情發生在哪一個王也不得而知。❹ 基大利可能是他的兒子（三十八1「……巴施戶珥的兒子基大利……聽見耶利米對眾百姓所說的話」）。這基大利也是針對耶利米的。音麥、巴施戶珥等名字都出現在從巴比倫回歸以色列的祭司家族名單上（參代上九10～12）。

巴施戶珥如此霸道，因為他是聖殿的總管（1～2節），很有權勢。他只鎖了耶利米一天，第二天當釋放耶利米時，耶利米便向他宣布上帝的審判。上帝給巴施戶珥起名為「瑪歌珥．米撒畢」（*māḡôr missāḇîḇ*；3節）。這名字是由「驚嚇」（*māḡôr*）這名詞及「四面包圍」（*missāḇîḇ*）這前置詞加副詞組成。這是一個預兆，指出巴施戶珥將來會親眼看見他的同胞死在敵人的刀下，也會看到上帝親自把猶大人交給巴比倫王。巴比倫王要擄走或處死他們，更會洗劫耶路撒冷所有的財物。巴施戶珥要親眼看到他全家和他的朋友都要被擄至巴比倫去，並死在那裏，不能返回猶大本土（3～6節）。對於巴施戶珥而言，這是一個殘酷的預言。

巴施戶珥禁錮耶利米先知這事件對先知是一個轉折點。作者在此首次記載耶利米先知被拘禁，為要借助這事情，讓耶利米書首次清楚指出「巴比倫」就是那要來擄掠耶路撒冷的敵人（4～5節）。在二十章以前，那要毀滅猶大的敵人都是用「北方列國的萬族」或「擾亂從北方而來」來代表（一15，六22，十22）。從二十章開始，先知審判的信息變得更明朗清晰了。

「巴比倫」在耶利米書

「巴比倫」在耶利米書的出現是匠心獨運的寫作編排。

在整本耶利米書裏，「巴比倫」第一次出現是在二十章4節：「……必將猶大人全都交在巴比倫王的手中，他要把他們擄到巴比倫去，用刀殺他們。」巴比倫人要來殺戮猶大人，這正是耶利米最後「申訴」的一章。作者如此舖排是有其意思的。第一章上帝呼喚耶利米作先知，給他看見異象：有一個燒開的鍋，從北而傾（一13），代表有北方列國要來，毀滅猶大；但上帝沒有說是巴比倫。從二至十九章的講道信息中，上帝都沒有點名是巴比倫。在十一章，耶利米開始申訴被人逼害，投訴上帝沒有理會他；上帝仍沒有說明巴比倫人要來。經過先知多次的申訴，在申訴要結束的時候，上帝就預言「我必將猶大人全都交在巴比倫王的手中」（二十4）。

二十一章緊接提到巴比倫攻擊猶大。西底家王對耶利米說：「請你為我們求問耶和華，因為巴比倫王尼布甲尼撒前來攻擊我們；或者耶和華照他一切奇妙的作為待我們、使巴比倫王離開我們而去。」（二十一2）可見巴比倫王已經來到猶大地！故此二十章的神諭在這時成了事實。二十一章3至14節正是兵臨城下時的審判宣告。接著的第二十二章提到3個猶大王要遭禍，第二十三章指出假先知要受審判。這是一個徹底且全面的審判。先知的申訴把上帝的審判向前推動，使之實現。

6.3.2 第五次申訴（二十7～18）

祭司巴施戶珥苦待耶利米時，他年紀已不小。給祭司毆打和監禁，先知身心靈受到很大的打擊和羞辱。這次的苦待引出耶利米第五篇，也是最後一篇的申訴，這章之後，作者再沒有記載耶利米的哀訴。❺

7至18節的申訴與1至6節的敘述在體裁方面是有區別的。7至18節是一篇以第一人稱——我——寫成的哀歌，但1至6節是一篇以第三人稱——他——寫成的散文。耶利米在這篇哀歌裏向上帝埋怨和哀求，這清楚表現先知內心的掙扎和痛苦，和他事奉早期對先知職事的愛與恨。這申訴分為兩部分：耶利米對上帝的懷疑和感想（7～13節），以及耶利米的自我詛咒（14～18節）。

6.3.2.1 耶利米對上帝的懷疑和感想（二十7～13）

在第一部分，耶利米先埋怨上帝「欺哄」了他（*pāṯāh* 這詞應譯作「愚弄」；7節）。基於上帝比他強大，所以先知即使被愚弄，也不能抗拒，且不能因此不作先知，故此他要繼續受心靈的痛苦，也天天受同胞冷嘲熱諷（7節）。他曾多次直言上帝的懲罰快要到，「強暴和毀滅」即將臨到（8節）。但是，看來那些懲罰卻沒有來到，所以百姓都譏諷、藐視耶利米，甚至討厭他。上帝要求耶利米向猶大人所說的話成為先知的「凌辱和譏刺」（8節）。耶利米曾想過不再奉上帝的名宣講，可是上帝的話就像火在他心中焚燒，在他骨中壓迫他；耶利米沒有能力禁住自己不把上帝的話宣布出來。從他的感受看，他似乎是被逼做先知的（9節）。耶利米強烈感到身不由己！

接著，耶利米由埋怨耶和華轉至埋怨其他的人。因為耶利米常常以上帝快要懲罰猶大來警告百姓，但懲罰老是沒來到。耶利米身邊的人看見事情未應驗，所以他們給耶利米起名為「四圍都是驚嚇」（*māḡôr missāḇîḇ*；10節）。這「四圍都是驚嚇」就是上帝給聖殿的總管巴施戶珥起的名字，因為他虐待耶利米（3節）。現在耶利米身邊許多的人反倒給耶利米起這名來**譏刺他**，借用耶和華為巴施戶珥改的名來反諷先知。耶利米的心情是非常難受。

百姓可以譏刺耶利米謬講「四圍都是驚嚇」這信息，反映了當時猶大國仍未感到受周邊國家的威脅。這表明一切都是發生在耶利米事奉的早期。當百姓看見巴比倫軍隊圍攻耶路撒冷，殺死約雅敬王，擄約雅斤王等，他們不能再訕笑耶利米。

這許多的人，甚至先知的朋友都在監視耶利米，抓把柄告發他，要使先知身敗名裂。他們聯合起來要報復先知，把先知打倒（10節），可見他們是多麼憎恨耶利米。可是，耶利米知道上帝與他同在，如一個大能而「可怕的勇士」，時常保護著他，又破壞他敵人的計謀。可憐的是，他的敵人卻愚昧到以為逼迫耶利米只是閒事，他們的無知累他們要「永遠受那不能忘懷的羞辱」（11節）。先知這種表達反映他內心甚為激動。

即使如此，耶利米並沒有因上帝的保護而滿足，他進一步要求上帝要如公義的法官般為他伸冤，他求上帝向他的敵人報復。在他的祈禱中，似乎耶利米有把握相信上帝會聽他的要求；所以他呼喚人來讚美上帝，因為上帝已經拯救被壓迫的人脫離惡人的手（12～13節）。耶利米的祈禱其實就是催促上帝施行審判，不要延遲。

先知的祈禱和申訴是有功效的。一至二十章都只是預言的宣講，經文沒有記載上帝的審判來到。可是經過先知的「申訴」，**二十一章起首**就記載上帝的審判開始來到了：西底家王期間，「巴比倫王尼布甲尼撒前來攻擊」耶路撒冷（二十一1～2）。當然巴比倫王在約雅敬和約雅斤王期間曾入侵猶大，但都離去。到了西底家王期間，巴比倫再次入侵，把猶大毀滅，這應驗了西奈之約的審判。

編者這樣的編排是要讀者明白，先知的申訴和祈求是有功效的，它們確實催促了上帝審判的來臨。

6.3.2.2 耶利米的自我詛咒（二十14～18）

在耶利米呼喚人來讚美上帝之後，出現另一首哀歌：耶利米詛咒自己的生日（14～18節）。這5節經文放在二十章末，描寫了耶利米的心情並不是憤怒或為同胞受報感慶幸，乃是充滿哀傷和抑鬱。經歷如此悲情的事，他巴不得自己從沒有活在人間。

嬰兒的出生本是一件喜樂的事。在這天，作父母親的都滿心歡欣。可是，耶利米卻哀訴：「*願我出生的那日受詛咒！願我母親生我的那天不蒙福！*」（14節）先知認為他的出生是一個詛咒，所以不應有人因他的出生而喜樂，他情願從不來到這世間。他詛咒那報他出生喜信的人，因為那報喜信的人沒有把先知在出生之前殺死他，以致讓他來到世間（15～17節）。這詛咒是不合理的，但當人長期處於憂鬱，又怎能說出有理性的話？不過，先知的詛咒不是真的，他只是在宣洩心情，因為那報喜信的人很可能早已過世了。這詛咒標示了這正是耶利米人生的最低點，並那時他悲憤欲絕的痛苦心情。雖然耶利米呼籲上帝替他報復（12節），毀滅百姓，他本身卻是痛苦得詛咒自己，彷彿他預先分擔同胞痛苦的命運。

在此最驚訝的是上帝把先知的自我詛咒保留在聖經內。這似乎是要我們看見耶利米內心的痛苦和掙扎：「*我為何出胎見勞碌愁苦，在羞愧中度盡我的年日呢？*」（18節）此外，作者也想表達另一個信息：如果先知代表上帝，先知的痛苦可說正反映上帝內心的掙扎。這掙扎如同耶穌在十字架上痛苦時向上帝說：「上帝啊，上帝啊，你為甚麼離開我？」這也是反映出基督那時為拯救人，承擔罪惡的懲罰時的痛苦和掙扎。想起自我詛咒，在舊約聖經書卷中除了耶利米書，約伯記是另一卷記載自我詛咒的書。雖然這兩卷書都有這內容，兩者仍有不少的分別：

- 耶利米的只有5節詛咒的話，約伯的卻有26節（伯三章）。
- 耶利米的自咒是以較為有規律的詩歌表達：他以「*願*」作為詩歌上半部的開首；約伯自咒的詩歌，具有更多的變化和圖像。
- 耶利米是在同胞的苦待，和他求上帝報復他們的矛盾下而詛咒自己的生日；約伯是因義人遭遇苦難而詛咒自己。

- 耶利米是一位先知，在公元前600至560年，服事猶大國滅亡前的同胞。他是因受同胞逼迫而自我詛咒。約伯是一個義人，他的遭遇代表著普遍人的境遇，是沒有任何歷史背景。約伯記作者要表達一個義人受苦時會經過的掙扎。

耶利米申訴的目的與果效

約伯記及耶利米書的申訴，會引發我們去問：我們可以像耶利米及約伯般投訴上帝、投訴人嗎？若是不可以，為何這些申訴會記載在聖經裏？若是可以，人要在甚麼情況下才可以申訴？又或聖經記載這些申訴的目的何在？

猶大人背叛上帝是鐵一般的事實。上帝將耶利米放在如此的時代中，要求他在如此的境況中事奉，使他在事奉上經歷痛苦和掙扎，是有更大的目的。簡單説，上帝使用耶利米在傳講上帝話語這事奉中，透過與人與上帝的掙扎，推動上帝審判的計劃。

首先，先知與人衝突中，他感到恐懼，這成為一個愈來愈強的明證：上帝審判猶大是必須的。當他們攻擊上帝的先知，就等同攻擊上帝。從他們對耶利米愈來愈厲害的攻擊，清楚表明他們對上帝的反叛和攻擊是不斷加強的。

第二，先知的掙扎反映上帝的矛盾心情。上帝要以「被擄」來審判猶大，但在耶利米當時，百姓仍遲遲未有被擄。這被擄對於上帝而言，是最大最後的審判。上帝與猶大人有密切的關係，假如祂要施行如此的審判，實在是一件極為痛苦的事，有如作了一個反創造的行動。

在遠古的日子，上帝帶領祂的子民離開為奴之地的埃及，建立他們成為一個國家，在流奶與蜜的迦南地享受安息。「被擄」把過去一切的美好，上帝的恩惠和上帝榮耀的事迹等都推翻了、粉碎了。上帝真是好不容易去施行這個審判，因為祂要毀滅過去祂親自用大能的手和伸出來的膀臂所拯救的子民。耶利米的申訴及看來是延遲的審判，似乎表達了上帝的躊躇不決、矛盾和掙扎。這矛盾如同當耶利米控告上帝欺騙了他，沒有保護他，又使惡人享平安、通達時的心情一樣。耶利米的控告某程度是有根據的，是真實的，所以上帝沒有回應耶利米。但從另一角度看，耶利米是祂的先知，卻竟然控告祂。上帝的心在此是何等的矛盾呢！這在作者的筆尖下完全描繪出來。

上帝心情既然充滿矛盾，審判一事又何時實現呢？故此，「被擄」——這最大、最後的審判是需要推動的。這推動力，就是先知的申訴。這些申訴把上帝的審判向前推動，顯明耶利米的申訴是有效果的。

耶利米 5 次申訴之後，作者繼續記載上帝對猶大家的審判和責備，而且似乎每個責備是一個比一個嚴厲。從百姓失去平安，到極痛苦的死亡臨到，無論老幼；由聖殿和宮殿被拆毀，到耶路撒冷城被毀，到最後兵臨城下，連人帶牲畜全受上帝的攻擊。從預告審判到發展到悲慘的現實時，實在是一個極痛苦的旅程。

綜觀耶利米 5 次的申訴，每一次申訴之後，作者就描述上帝接下來的一些行動，可見申訴都帶來一些結果。這反映了申訴把上帝對猶大的審判逐步逐步往前推，將預告變為現實：

申訴	上帝接著的行動	參考經文
十一 18～十二 6	上帝要使祂的產業荒涼。這荒涼比喻上帝要懲罰祂的子民，因為他們如同獅子吼叫攻擊上帝，所以上帝恨惡他們（7～8 節）。上帝的刀要施行殺戮，沒有人可以有平安（12 節）。	十二 7～12
十五 10～21	上帝要以刀劍和饑荒滅絕他們，他們要死得甚苦，無人哀哭，不得埋葬，給飛鳥和野獸作食物（4 節）。他們從老到幼都要死亡（6 節）。上帝吩咐先知不要為百姓哀哭（5～6 節）。這段經文以後再沒有記載耶利米哭泣。	十六 1～9
十七 14～18	耶路撒冷的聖殿和王宮要被燒毀，而且毀滅的火不會熄滅（27 節）。	十七 19～27
十八 19～23	城要被圍困（8～9 節）。耶利米把瓷瓶摔碎，象徵城和人民完全毀滅（11 節），屍首無處可葬。	十九 7～14
二十 7～18	巴比倫圍困耶城，兵臨城下。上帝在 3 重的憤怒中，用伸出來的手和大能的膀臂攻擊猶大，連人帶牲畜都要遭瘟疫死亡（5 節）。	二十一章

信仰反省：痛苦中的事奉

從耶利米身上所看見的，就是事奉會帶來痛楚和掙扎。這些掙扎使我們變得老練、現實，我們也因此被拉倒，變得冷淡。但耶利米卻不然，他處理內心的憤怒，不被它摧毀。

耶利米以禱告表達他的憤怒。可見，我們要在祈禱中向上帝傾心吐意，抒發內心的憤怒和痛苦，坦然無懼將自己對上帝的掙扎説出來，向祂表達內心的疑惑。我們一方面等候上帝將來審判，同時也祈求上帝，伸出祂慈愛與公義的手，趕快為我們伸冤。

此外，我們也要勇敢接受現實，不能過於天真地看人，要接受人性是有邪惡的一面。有時候，攻擊我們的人可能嘴裏掛著正義、公義的口號，孜孜不倦地把我們逼到他們所要求的位置上才罷手。他們可能刻意找同黨壯大聲威，作為談判桌上的勢力。我們不要以其人之道，還其人之身。耶利米有朋友，但沒有同黨。他願意交託上帝，在敵人面前柔順如羔羊（十一 19），但也了解敵人的動機，知道他們要挖坑、設網羅，他不還手但避開他們。我們要效法耶利米，坦然表達憤怒，但沒有反擊的行動；只把憤怒向上帝抒發，也把憤怒轉為力量，面對敵人不退縮，不手足無措，口齒不清，乃勇敢果斷。

如果我們在痛苦中有適當的回應，順著上帝的靈的引導來回應，可能上帝會使用我們事奉中的經歷，來推動上帝的工作和計劃。最要緊的是，記得耶利米只是申訴，他沒有因四面受敵而放棄了事奉，他沒有離棄上帝。他堅持繼續的事奉上帝。正因為他沒有離開先知的職事，上帝才能使用他的申訴和痛苦。

今天，若我們因事奉的難處和痛苦而離開上帝，離開教會，離開上帝交給我們的崗位，上帝不但不能使用我們的痛苦，反而我們會被痛苦捆綁，成為自己憤怒的犧牲品，在事奉行列中被淘汰。所以，我們要站穩，不過於自憐，要心裏決志選擇繼續在上帝賜的崗位上事奉，尋求上帝。我們相信上帝會使用我們的痛苦，把上帝的計劃往前推，顯出上帝的榮耀和奇妙的作為。

溫習及思考問題

1. 陶匠與泥土這段經文在解釋上遇著甚麼問題？它如何突出這段經文的比喻意義？你認為你在上帝手中是哪一類的器皿？
2. 「和修」的「改變心意」（十八 8）指甚麼意思？這詞與「回轉」（11 節）有

何關係？上帝怎樣後悔？

3. 作者如何借用黎巴嫩山頂積雪的現狀來比喻以色列民不合理的叛逆？十八章 18 節如何描述以色列民謀害耶利米？若你是耶利米，你的心情會如何？
4. 在第四次申訴中耶利米如何詛咒他的敵人？從耶利米這申訴中如何看見上帝的主權？上帝在此是否對耶利米苛刻？
5. 試描述「打破瓷瓶」這象徵性行動。這行動的目的甚麼？
6. 耶利米為何將欣嫩子谷改名為「殺戮谷」？猶大人在這地方行了甚麼惡事？猶大人獻火祭這事如何反映他們與當時的異邦文化有密切的關係？
7. 十九章 5 至 7 節與七章 31 至 33 節有何相異的地方？這兩段經文如何反映猶大人宗教上的混亂？
8. 當其他人看見猶大人受懲罰，便「驚駭嘲笑」（十九 8）。他們的行為與西奈之約有何直接關係？上帝如何成就祂所應許的？
9. 耶利米為何被拘禁（二十章）？這事件為何對先知是一個轉折點？
10. 上帝給巴施戶珥起名為「瑪歌珥．米撒畢」，這與耶利米有何關係？
11. 在第五次申訴（二十 7～18）中，耶利米如何埋怨上帝？這段經文如何將先知的性格表達出來？
12. 百姓為何替耶利米起名為「四圍都是驚嚇」？耶利米在此受了甚麼迫害？
13. 耶利米的自我詛咒中，他主要詛咒自己哪方面的事？他自我詛咒的內容與約伯記的有何相同及相異的地方？
14. 耶利米每次申訴後，上帝如何行動？如何將預告變為現實？你認為上帝有沒有關注耶利米的申訴？上帝是否經常不以你的方法解決你的問題？

釋經短註

❶ 十八章共出現兩次「改變心意」這詞（8、10節），它表達上帝的感情。上帝是帶著感情與人類交往，不是冷漠、高高在上的。第7、10節「拔出、拆毀、毀壞」和「建立、栽植」是從第一章開始，且是貫通全書的主題詞語。

❷ 十九章2節「哈珥西」（*haḥarsîṯ*）原意是「陶器碎片」。哈珥西的門沒有在聖經裏再出現。亞蘭文的舊約聖經「他爾根」指出「碎陶門」就是「糞廠門」，是耶路撒冷城其中一個城門（參尼二13，三13～14）。基於欣嫩子谷是位於耶路撒冷城南和西南界的深谷，故此哈珥西門極可能是耶城以西一個門口。

❸ 十九章5至7節與七章31至33節十分相似：

十九章5至7節	七章31至33節
[5]他們建造巴力的丘壇，要在火中焚燒自己的兒女，作為燔祭獻給巴力。	[31]他們在欣嫩子谷建造陀斐特的丘壇，要在火中焚燒自己的兒女。
這不是我命令的，不是我吩咐的，我心裏也從來沒有想過。[6]因此，看哪，日子將到，這地方不再稱為陀斐特和欣嫩子谷，反倒稱為殺戮谷。	這並不是我所吩咐的，我心裏也從來沒有想過。[32]因此，看哪，日子將到，這地方不再稱為陀斐特和欣嫩子谷，反倒稱為殺戮谷。他們要在陀斐特埋葬屍首，甚至無處可葬。
這是耶和華說的。[7]我要在這地方使猶大和耶路撒冷的計謀落空，也必使他們在仇敵面前倒在刀下，倒在尋索其命的人手下。我要把他們的屍首給空中的飛鳥和地上的走獸作食物。	這是耶和華說的。[33]並且這百姓的屍首要給空中的飛鳥和地上的走獸作食物，無人嚇走牠們。

這兩段經文雖然相似，但是有些明顯相異的地方。十九章提到「獻給巴力」，七章沒有提及偶像的名字。在古代近東的宗教儀式中，將兒女獻為火祭，通常是獻給摩洛，而不是巴力（參4.1.4「責備猶大人建丘

壇」)。不過，三十二章35節對比十九章5節與七章31節，也是相似：

十九章5節	七章31節	三十二章35節
他們建造巴力的邱壇，要在火中焚燒自己的兒女，作為燔祭獻給巴力。	他們在欣嫩子谷建造陀斐特的邱壇，要在火中焚燒自己的兒女。	他們在欣嫩子谷建造巴力的邱壇，把自己的兒女經火獻給摩洛；他們行這可憎的事，使猶大陷在罪裏，這
這不是我命令的，不是我吩咐的，我心裏也從來沒有想過。	這並不是我所吩咐的，我心裏也從來沒有想過。	並不是我吩咐的，我心裏也從來沒有想過。

三十二章35節清楚提到「巴力的丘壇」和「經火獻給摩洛」，這很可能表明猶大人是在欣嫩子谷同時拜巴力和摩洛，甚至偶爾把這兩個偶像連起來，等同對待，故產生以上3節相似的經文。若這推測是對的，可見猶大人的宗教是混雜不堪。

❹ 耶利米書內有兩個巴施戶珥：一個是祭司音麥的兒子巴施戶珥(二十1)，他鎖了耶利米；另一個是瑪基雅的兒子巴施戶珥(二十一1)，他在西底家時把耶利米丟在牢獄內(三十八1～6)；他可能不是祭司。這裏沒有足夠的經文支持二十章耶利米被鎖的事情是發生在三十八章下牢獄的事件以前或以後的。

❺ 二十章7至18節的申訴在時間上不一定發生於祭司巴施戶珥苦待耶利米之後。編者刻意把這個申訴編排在先知被鎖之後。編者如此編修，為要使讀者看見這申訴是由先知被鎖的事引起的。

第七章

上帝審判君王和先知（二十一1～二十四10）

- 上帝審判猶大最後四位君王
- 指責假先知的毒害
- 兩等猶大人

二十一至二十四章是耶利米審判信息的高峯：上帝要懲罰百姓的領袖、君王和先知。君王是人民生活的軸心，是國家榮耀的象徵。先知是上帝與人中間的橋梁，也是國家宗教、道德生活的導師。這些人全都要被上帝審判。這部分也記載上帝的懲罰終於來到了。經過耶利米的責備信息（一～十章），也經過先知的申訴（十一～二十章），便記載「巴比倫王尼布甲尼撒前來攻擊我們【指耶路撒冷】」，這事發生在西底家王期間。先知勸勉王出城投降巴比倫（二十一 2～9）。

第二十二至二十三章可分為兩大段。第一段是宣判約哈斯、約雅敬、約雅斤這 3 位君王的罪（二十二 1～二十三 8）。耶利米作先知 40 年期間，親眼看到他的君王被擄異地或被殺。先知對這 3 位王的講論，有些時候是指著他們的遭遇而宣講，有些時候是預言他們的未來。這部分第二段是宣判作惡的假先知的罪（二十三 9～40）。這段經文是整卷書最詳細討論和責備假先知的經文。在當時代，先知是君王和人民求問上帝的主要對象。不少時候，以色列的君王是借助先知所宣講或曉諭的來做決策。先知幾乎是君王的謀士，所以非常影響國家民生。故此，上帝宣講審判君王之際，連帶責備假先知是適宜的。相比之下，當代祭司團對君王和國家政治的影響很少；因此全本書內耶利米責備祭司相對地少很多，也很零散，而且大多與先知一起出現（二十三 11、33，六 13，八 10～11）。

二十四章是總結二十二章對君王的宣判。作者以兩簍無花果的異象來論述猶大國最後兩位君王：約雅斤和西底家。當約雅斤王與耶路撒冷的精英被擄到巴比倫，就表明上帝對君王的審判已經臨到。餘下留在耶路撒冷的百姓以為被擄的才是上帝拋棄的無花果，留在耶路撒冷及逃到埃及的才是好的，所以上帝正計劃要復興留下來的。但上帝的意思並不是這樣。留在耶路撒冷的西底家王、首領和百姓，雖看似是猶大國殘存的希望，其實是壞得不可吃的無花果，上帝要消滅他們。這個異象一方面指出上帝已經懲罰西底家之前的 3 位君王，另一方面在此留下註腳，暗示上帝對猶大國有深遠的計劃，祂依然有祂救贖的工作。

7.1 上帝審判猶大最後四位君王(二十一 1～二十三 8)

這段經文是先知對猶大最後四位君王審判的宣講。先是西底家，接著是約哈斯、約雅敬和約雅斤，這明顯不是順時間次序記載的。可是，把對西底家王的宣講放在開首是合理的，因為西底家作王時，巴比倫軍隊正入侵猶大，上帝在此宣布猶大會被打敗(二十一章)。在這以前，耶利米只是預言巴比倫將要來擄掠猶大(二十 4)；現在，上帝的審判終於臨到。推動審判臨到的，是耶利米先知在被百姓逼迫中，5 次向上帝的申訴(參 6.3.2.1「耶利米對上帝的懷疑和感想」)。

分段大綱（二十一1～二十三8）

1. 上帝審判西底家(二十一1～14)
2. 上帝審判三位猶大王(二十二1～30)
3. 未來有公義的王(二十三1～8)

7.1.1 上帝審判西底家（二十一1～14）

這位西番雅不是西番雅書中的西番雅。這位是副祭司(參王下二十五18；耶五十二24；「和修」在此譯作「西番亞」)，他在這兩次求見耶利米中，都有出現。

西底家王期間，巴比倫揮軍隊攻入猶大，情況看來極為不妙(參王下二十四 18～二十五 7)。西底家王差巴施戶珥和瑪西雅的兒子祭司**西番雅**見耶利米，請先知替王和百姓祈求上帝行神蹟，使巴比倫軍撤退(二十一 1～2)。這是西底家王第一次請耶利米為他祈求，也有第二次，是記載在三十七章，估計兩者相隔一或兩個月。這次，巴比倫王正率領軍隊進攻猶大(2 節)。在第二次，王是差猶甲和祭司西番雅去見耶利米(三十七 3)。那時，埃及出兵要援助猶大，故巴比倫從耶路撒冷撤軍，南下攻打埃及，西底家和一些領袖以為可以脱險了(三十七 4～9)。王兩度差派人見耶利米，可見國家上下都因為巴比倫軍隊入侵而忐忑不安。在這兩次的求見，耶利米仍未坐牢，所以王要差人去見他。❶

上帝藉著耶利米回覆西底家王，表示祂絕不會救援他們。巴比倫軍隊來到耶路撒冷城下是必然的事，並且上帝會使圍城的巴比倫軍隊打敗猶大的軍隊。那時，猶大軍隊的「兵器轉回……聚集在這城中」(4節)。這節經文描述猶大軍因贏不過強而有力的巴比倫，於是扭轉兵器，退入城裏。先知說猶大軍隊打敗仗是因為上帝要全力攻擊他們。上帝要在「怒氣、憤怒和大惱怒中，用伸出來的手和大能的膀臂，親自攻擊你們【指猶大人】」(5節)。這句話不只表達上帝要懲罰猶大，也用了出埃及的圖像說明上帝要直接攻擊他們，因為在舊約聖經內，上帝「大能的手和伸出來的膀臂」都是一貫指向上帝在出埃及顯明的能力(參申四34，五15，七19，十一2，二十六8等；參耶三十二21)。然而，耶利米書二十一章5節最特別的地方是，這個短語的形容詞次序調換了，是全本舊約聖經內惟一的一次，象徵了「反出埃及」的現況：

- 申四34，五15等：大能的手和伸出來的膀臂……
- 耶二十一5：伸出來的手和大能的膀臂……

將以色列人領出埃及是上帝的大能。來到耶利米的時代，上帝會用帶領以色列人出埃及同等的能力，來攻擊猶大。上帝如何用祂能力保證出埃及的成功，現在也保證猶大一定會被擄。百姓一定會離開應許地——反出埃及，去到被擄之地。上帝是在3重的憤怒：「怒氣、憤怒和大惱怒」中成就反出埃及(二十一5)，絕對不會有半點猶疑。要留意的是，上帝3重的憤怒「怒氣、憤怒和大惱怒」在耶利米書只出現兩次，首次是在二十一章5節，❷ 這配合舊約聖經內惟一的一次「伸出來的手和大能的膀臂」(5節)，凸顯著上帝按西奈之約施行的審判是嚴厲的！是肯定的！

上帝對猶大的憤恨是猛烈的：「以後，我要將猶大王西底家和他的臣僕百姓，就是在城內，從瘟疫、刀劍、饑荒中倖存的人，都交在巴比倫王尼布甲尼撒手中，交在仇敵和尋索其命的人手中。巴比倫王必用刀擊殺他們，不顧惜，不同情，不憐憫。」(7節)在上帝用3重的災難(「瘟疫、刀劍、饑荒」)攻擊祂的子民時，上帝重複3遍說祂不會顧憐他們(「不顧惜，不同情，不憐憫」)。不過，上帝仍是給猶大百姓一條活路；他們若選擇投降巴比倫人，便有機會逃生。否則，他們都要死亡(8～10節)。

上帝對猶大人的憤恨是特特衝著猶大皇室而來的(11節)。上帝指出大衞家的君王原本要牧養百姓，他們審判百姓要公正，並要解救被欺壓的人。然而，猶大君王多是邪惡的，他們惹動了上帝的怒氣，這怒火是人不能使之熄滅的。他們以為住在耶路撒冷就可以安全，但這是真的嗎？不錯，耶路撒冷是一個擁有天然險要的城，難以攻破(撒下五6～8)。可是，上帝發怒時，即使是矗立山頂，持天險要塞的城，也要被上帝打下來，被火焚燒。無人能因有靠山而向上帝誇口，猶大領袖也不能因依靠耶路撒冷而安穩(12～14節)。

7.1.2 上帝審判三位猶大王(二十二1～30)

這段落以「耶和華如此說」(1節)標示了新段落的開始。上帝吩咐耶利米到王宮去警告君王和他的政治官員(1節)。經文沒有記載當時是哪一位君王在位，很有可能是約雅敬王，因為約哈斯和約雅斤兩人都只是作王3個月，應該沒有時間顯出他們的政績。約雅敬作王長達11年，是一個行耶和華眼中看為惡事的王(王下二十三37)。而且，作者提及「欺壓」、「流無辜人的血」(3節)、「香柏樹」(7節)等詞彙，都出現在後來對約雅敬的責備裏(14、17節)。無論如何，因為沒有提及君王的名字，1至9節的宣講就被普遍的應用到所有的王。

7.1.2.1 向君王普遍的宣講(二十二1～9)

耶利米沒有特權可以進入王宮。若要將信息傳達到王面前，他只可以去到王宮門外公開宣講(二十二1)，讓聽到的官員把信息傳達到王的耳中。先知警告王審判百姓時要公正。君王有責任解救被欺壓的人，特別是孤兒、寡婦和外僑。君王也不可流無辜者的血，上帝的命令是要他們履行公義(3節)。若君王履行上帝的命令，他的後代便可以繼任，一直坐寶座作王，而他的臣下和百姓便可以生活平安。否則，上帝起誓要毀滅這王，而王的首府耶路撒冷要成為廢墟(4～5節)。

上帝也要毀壞這王的宮殿(6節；「家」原文 *bêṯ* 與「宮殿」原文是同一字；參十九13)。在當代，王宮就是國家的榮耀，花費全國大量財力、人力建造。

作者描述即使錫安山猶大王的宮殿如「基列」的森林那麼漂亮，如「黎巴嫩的山頂」蔥綠的香柏樹林那麼華麗(6節)，上帝都不會珍惜。在上帝眼中，這宮殿只代表猶大皇室政治的邪惡和腐敗。上帝「要預備施行毀滅的人，各人佩帶兵器攻擊你；他們要砍伐你佳美的香柏樹，扔在火中」(7節)。當耶路撒冷被上帝攻擊，成為廢墟時，人都會慨歎：是上帝攻擊它，因猶大人違背與上帝立的約，去服事別神(8～9節)。

這篇宣講開始時，是指出君王要以公平治理(3～4節)。結束講章時，也指出王連同百姓都違背了他們與上帝立的西奈之約(9節)。當人不遵守約的條款(律法和道德誡命)，就會行為邪惡、不公義。上帝的律法是以色列社會道德的標準。猶大王違背上帝的律法，就不會行善，只會行惡。

7.1.2.2 為約哈斯王作哀歌（二十二10～12）

約哈斯是在他父親約西亞王在米吉多戰死後，開始繼位的。他作王只3個月，便被埃及王俘擄(王下二十三31～35)。他是惟一被擄到埃及的猶大王。君王被擄是國家的羞辱，也是國家的悲哀。百姓當然希望約哈斯可以回來，可是，先知勸勉他的同胞：「不要為已死的人【指約西亞王】哀哭；也不要為他悲傷，卻要為離家外出的人【指約哈斯王】大大哀哭。」(10節)因為耶和華這樣論到約哈斯(又名叫沙龍)：「他必不再回到這裏來，卻要死在被擄去的地方，必不得再見這地。」(11～12節)英雄流落異鄉是一個無奈，君王客死被擄之地是一個悲哀！

7.1.2.3 對約雅敬王的審判（二十二13～19）

自古以來，宮殿代表君王的尊榮和權柄。愈是華麗，愈表明他的權威。

對約雅敬最大的審判是預言他的死亡。約雅敬生活奢華，先知要宣告說：這王「禍哉」! 因為他濫用私權，用不公義的手段擴建**宮殿**：他還強迫人民白白為他作工，不肯付他們工錢(13～14節)。他這種行為有如將他的人民看待為奴隸。無論約雅敬王建以香柏木作為護牆板的宮殿有如何華麗、宏偉，他在上帝眼前只不過是一個不認識上帝、不公義、邪惡自私的王。

他不但濫用王權肥己，更濫殺無辜，以暴力壓制人民；完全不如他的父親約西亞王(15～17節)。因此，上帝要審判約雅敬。他要死亡，死後要被人拖走，拋到耶路撒冷的城門外，如一頭死野驢被棄置荒野垃圾堆，即使埋葬了，也沒有人民會哀悼他，因為他們討厭這位惡王(18～19節)。他生前住香柏木王宮，獨自享用，死時卻如野驢一般，與最貧賤的人**同葬**荒野。這是報應，也是上帝給他的審判。按照歷代志的記載，約雅敬是被「巴比倫王尼布甲尼撒……用銅鏈鎖著他，要把他帶到巴比倫去。」(代下三十六6)這節經文沒有說明約雅敬去了巴比倫之後如何。關於約雅敬如何及在哪裏死，不同傳統有不同版本，如約瑟夫在他的《猶太古史》(*Antiquities of the Jews* 10.97)補充記載他是被放逐至巴比倫途中死亡，他的遺體被拋出城外，沒有正式的被埋葬。我們對於這歷史問題未能有肯定答案，不過可以確定的是，這記載與耶利米的預言吻合。

列王紀下二十四章6節記述約雅敬與他列祖「同睡」，卻沒有記載他「葬」在列祖墳墓裏(參王下十五38，十六20)。

7.1.2.4 為耶路撒冷居民作哀歌（二十二20～23）

住在首都的居民按理是比其它城鎮的百姓更有榮耀。住在這裏的人不少是皇室親戚、文武官員及他們的家屬，國家的精英等。但耶利米為他們哀悼，因為一旦君王戰敗被擄，他們也要流放、被擄。他們要在「**黎巴嫩**」、「巴珊」、「亞巴琳」哀哭(20節)，哀號耶路撒冷被毀滅了。黎巴嫩山是一列位於巴勒斯坦以北的山脈，巴珊是位於巴勒斯坦東北一列平原，亞巴琳也是一列山脈，它位於巴勒斯坦東南(摩押平原附近)一帶山脈。這一帶地區可算屬於外邦人的地方。作者要求他們上到這地方「哀號」、「揚聲」。在山上宣告、揚聲。這表示宣告者有消息向眾人宣告(參賽四十9)，現時他們宣告國家要面對困厄。在過去的日子中，他們只顧經濟繁榮，住華麗房屋，但他們沒有顧念貧窮人，卻利用權勢作奸犯科，沒有遵守上帝的吩咐(21節)。遇困難時，他們只從現實著眼，沒有想過上帝是可依靠的，結果他們用自己的方法與外國聯盟。現在，他們自己

「你這住黎巴嫩、在香柏樹上搭窩的」(23節)是一種圖像式的描述，描寫他們房子的華麗材料，並生活優游如鷹雀在樹上居住。

的方法行不通了，因為他們的叛逆，上帝的災難便來臨了。先知說：「你的牧人【指君王】要被風吞吃，你所親愛的【指盟國】必被擄去；那時你必因你一切的惡行抱愧蒙羞。」（22節）現在他們雖然生活安逸，住在黎巴嫩香柏木做的房子（14～15節），但當他們被俘擄，卻要痛苦得像產婦陣痛般呻吟（23節）。

7.1.2.5 為約雅斤作哀歌（二十二24～30）

18歲的約雅斤作王只3個月，便被圍城的巴比倫軍隊俘擄到迦勒底地（王下二十四8～16）。❸ 這幾節的預言多是在公元前598年耶路撒冷被圍困、兵臨城下時，先知指著約雅斤說的。那時，約雅斤的父親約雅敬王已經死亡了。約雅斤是猶大皇室的嫡傳，是整個國家的希望，是非常寶貴的，如同君王右手上的印章戒指。可是，上帝要把他交給巴比倫王。不只是他，**他母親**也會被放逐到異國，她不會有機會在猶大地再生兒子繼位。縱然他們渴望回到本土，但永遠不能，他們要死在異國（24～27節）。在當代，猶大人不能葬在以色列本土是一個詛咒，也是一個莫大的悲哀。

她母親名字是尼護施他，是耶路撒冷人以利拿單的女兒（參王下二十四8）。以利拿單是一位文士，在王宮中工作（耶二十六22，三十六12、25），可見她都是來自皇室家族。

從這背景看，難怪先知要以一首哀歌來哀悼約雅斤。上帝定意給約雅斤的遭遇使先知覺得悲痛：「哥尼雅【即約雅斤】這人是被輕看、遭毀壞的罐子，是無人喜愛的器皿嗎？他和他的後裔為何被趕到素不認識之地呢？」（28節）先知呼喚「大地」（即全人類）來聽：「地啊，地啊，地啊，當聽耶和華的話！」（29節）跟著先知宣布上帝對猶大皇室的審判：「耶和華如此說：『要把這人登記為無子，是平生不得亨通的人；因為他後裔中再無一人得亨通，能坐在大衛的寶座上治理猶大。』」（30節）約雅斤雖有兒女，但他們沒有一人會繼承大衛的王位，統治猶大。從歷史看，約雅斤被擄後，巴比倫人果然立約雅斤的叔父西底家做王（王下二十四17），以顯示巴比倫的權勢。這中斷了約雅斤後人繼位的機會。❹

7.1.3 未來有公義的王（二十三1～8）

在這一章裏，耶利米繼續指責君王。上帝對約雅斤王和他後代的審判，似乎是絕了猶大人復國的希望（1～4節）。所提的審判其實是要引入接著的內容。先知接著預言的仍是：希望。當時候到，上帝要為大衛興起一個公義的「苗裔」，一個公義的王（二十三5～8）。

7.1.3.1 失職的牧人（二十三1～4）

先知沒有特定指出這牧人是指哪一位王，只是概括對猶大君王失職的審判。君王作為百姓的牧羊人，本是應該照顧上帝的百姓。這些牧人卻殘害驅散「草場之羊」（即「上帝的子民」）。因此緣故，上帝要追討這些行惡的君王（1～2節）。不過，懲罰君王是不足夠的。作為那最大的牧人，上帝要救贖祂的子民。祂要把那些殘存各國的子民召集起來，帶他們歸回故土，使他們人口繁盛，然後派一個新的牧人牧養他們。他們再不會在恐懼裏生活，也不會因被欺壓而失去家人（3～4節），他們每個人都會有完整的家庭，安享天倫。

7.1.3.2 公義的苗裔（二十三5～8）

接著，上帝宣布那位牧養百姓的好牧人——君王——是從大衛家興起的「公義的苗裔」（5節），他會以公平、正義治理國家，人民會安居樂業。這君王似乎不是普通的君王，因為他會被稱為「耶和華－我們的義」（5～6節）。❺上帝這未來的救贖工作媲美過去上帝拯救以色列出埃及。在第一次出埃及完成後，以色列人是指著那施行出埃及的永生上帝來起誓。同樣，在未來回歸完成後，以色列人是指著那領他們從放逐之地回來的永生上帝起誓（7～8節）。對於猶大人而言，被擄回歸是一個新的出埃及。❻

這段經文共出現兩次「日子將到」（5、7節）。作者在第5節提到的未來的日子，要等到末世、耶穌再來在世上執掌王權才會應驗；在第7節所指的則是耶和華所應許猶大人必回歸的日子。整段經文中，作者說了雙重的預言，第一個是對應1至4節所指上帝要懲罰那些沒有按祂心意管治國家的君王，而日後將會有另一位君王要管治他們；第二個預言則指出，即使猶大國會因行惡而遭亡國，而且一切住在耶城的官員及貴族要被流放，但總有一天他們會歸回的。這兩個預言給當時流放的百姓帶來希望。後來，當他們歸回本土，他們可以體驗那歸回的信息：新的出埃及；至於新的王，那公義的彌賽亞，他們卻仍在等候中。不過，這歸回的信息已足以令他們更認識他們所信的上帝。昔日他們列祖的耶和華－上帝是只屬於他們民族的神（帶領他們出埃及），與其他邦國無關，但經過被擄而又歸回之後，他們明白到上帝掌管列國歷史，上帝借列邦將他們帶回所住之地。他們在此便知道耶和華是全地的神，所起誓的對象是一位萬國之神。

7.2 指責假先知的毒害（二十三9～40）

9至40節是針對當代的假先知，主要內容是暴露他們的錯謬和可恥行為，以警惕百姓，也指出上帝必會懲罰他們（12、39節）。在這神諭的開始（9～10節），作者描寫耶利米的心情和悲憤，因為假先知的邪惡帶來毒害，國家遍地都悲哀。接著的11至40節，經文都是上帝以「我」這第一人稱說話，中間沒有記錄耶利米任何的回應或講話。這大段經文是把上帝在不同時間向耶利米曉諭的話作編修，這解釋了為何曉諭的引言公式連續出現，如：「這是耶和華說的」（*nəʾum-YHWH*）共有12次（11、12、23、24〔2次〕、28、29、30、31、32〔2次〕、33節）；「耶和華如此說」（*kō^h-ʾāmar YHWH*）有3次（15、16、38節）。這大段經文的9至24節是詩歌，25至40節是散文。體裁是有不同，但內容是連貫的。為了簡化的緣故，整段經文可以有以下的分段。

分段大綱（二十三9～40）

1. 引言（二十三9～10）
2. 上帝曉諭的話（二十三11～40）

7.2.1 引言（二十三9～10）

第9節「論到那些先知」（*lannəḇīʾîm*；二十三9上）原文是一個由前置詞加名詞組成的詞，它成了全段經文的標題。❼ 接著，耶利米以詩歌描述他被上帝的靈感動之時，他的反應。當上帝的「聖言」（*ḏiḇrê qoḏšô*）臨到他的時候，他的心沉重得像要破碎，他的骨頭發抖，他整個人不受控制，如同人酒醉一樣。上帝這番「聖言」是審判的話。先知要對假先知和同胞宣布上帝嚴厲的審判，難怪他的心情沉重。再者，他看到自己的國家布滿邪淫、不道德的人（指假先知和他們誤導的百姓）。他們帶來的詛咒，使土地都枯乾了（9下～10節）。先知的心怎能不傷痛？

7.2.2 上帝曉諭的話（二十三11～40）

耶利米對上帝的話臨到時的反應和傷痛（9～10節），對照出假先知對上帝啟示的庸碌態度，和他們對百姓犯罪的輕率（11～40節）。上帝指出假先知至少有10個錯誤：

耶利米的年代，北國早已滅亡。這段經文是譴責南國的假先知，但在這裏提及北國的假先知，目的是要比較南國的先知，他們的行徑和影響比北國假先知的更腐敗（14節）。

- 假先知是褻瀆上帝的，他們在聖殿敬拜上帝的地方犯罪（11節）。
- **北國的假先知**奉巴力的名說預言，使百姓走入歧途（13節）。
- 南國猶大的假先知犯姦淫，百姓犯罪。他們不但沒有勸百姓改邪歸正，反散播淫亂的風氣，使全國墮落如所多瑪（14節）。
- 假先知憑自己的幻想，甚至幻覺說預言，不是在傳達上帝的信息（16節）。
- 假先知只是說吉利的話來討好人，包括那些頂撞上帝的人（17節）。
- 假先知從沒有參與「耶和華的會」，所以根本不知道上帝說了甚麼（18節）。
- 他們從未被上帝差派，但卻擅用上帝的名說預言（21節）。
- 假先知不但沒有責備百姓離棄邪惡，反把他們引入犯罪的歧途（22節）。
- 他們把所作的夢或編造的夢作為上帝賜的預言來宣講，使百姓走迷（25～28節）。
- 他們謬用「上帝的**默示/重擔**」，成了口頭禪。其實，他們是用人的話，當作是上帝的指示（33～36節）。

「默示」與「重擔」原文是同一個詞，都是 maśśāʾ。

上帝告訴耶利米，如果有先知、祭司或任何人詢問他：「耶和華有甚麼默示呢？」耶利米都要回答說：「我【指耶和華】已撇棄你們」(33 節)，要懲罰你們了。「撇棄」(*nāṭaš*)原文就是「抛擲」的意思。「默示」希伯來文就是「重擔」——從上帝來的「負擔」。上帝要把凡說從上帝領受到「負擔」(「默示」)的假先知都抛棄，如同人把不要的「重擔、擔子」抛擲出去一樣(**33 節**)。他們要承受神的憤怒，被擄到異地，要死亡。

33節提到先知和祭司，11節也提到假先知和祭司在聖殿內犯罪。他們兩者是狼狽為奸的。

上帝不許他們將「耶和華的默示」這短句成為他們的一種術語(33～38 節)，因為他們根本沒有遵行上帝借助耶利米說的真的默示，只虛妄的以「耶和華的默示」為自己的一種宗教熱情。❽ 假先知的宗教熱情是虛假的，使上帝討厭。上帝要對付他們，其中有 5 件：

- 上帝要使假先知吃「茵陳」、喝「苦水」(15 節)。這圖像是描述上帝要懲罰他們，使他們受苦，生病。
- 上帝要向假先知發怒，像強烈的旋風般摧毀他們和他們擁有的財物(19～20 節)。
- 上帝要計算他們的虛謊，他們的欺騙不能隱瞞那無所不知的上帝(23～24 節)。
- 上帝要直接的與他們為敵，以祂大能的曉諭如錘攻擊他們，如火燒滅他們(29～33 節)。
- 上帝要把假先知連同耶路撒冷丟棄，他們要死亡，受永遠的恥辱(39～40 節)。

辨別真假先知

許多時候，真假先知是不容易辨別的。我們需要時間，上帝也說是在「末後的日子，你們要全然明白」(二十三 20)。不過，從二十三章我們知道真假先知在領受上帝的曉諭，以及他們的宣講和宣講的結果方面，都有差異。

一、得到上帝的曉諭

真先知曾站在耶和華的會(Council of Yahweh)中,留心聽上帝的話,然後領受信息(二十三18、22)。這天上的會議是耶和華聚集天上諸靈磋商議事,並由耶和華下決策和判語的地方。這議會如同地上君王在宮廷判決國策,執行王權,管理國民生計一樣(王上二十二;伯一~二章;詩八十二篇;賽六章)。這表明真先知曾有與耶和華獨特關係的經歷,是平常人沒有,也不明白的。

假先知從沒站過這天上的議會,故不會聽過耶和華的話。他們只能從自己的夢,或抄襲別的先知的言論作為他們領受的上帝的曉諭(二十三25、30),甚或撒謊説是上帝委託他説的預言(二十三32)。

二、宣講

真假先知都會用宣講程式,如「耶和華如此説」等來表明他們是奉上帝差遣宣講的(二十三16)。不過,真先知會指出百姓和領袖的罪惡,他們會宣講上帝要臨到的懲罰(二十五15~26),並且警告百姓離開罪惡。所以,他們不會廣受百姓歡迎。

不過,假先知卻剛剛相反,他們多只會對百姓説平安吉利的話,不會指出、責備他們的罪惡(二十三17、22)。他們虛假的宣講順應百姓的頑梗愚昧(十三10,十六12,十八12),使他們續繼頂撞上帝。

三、宣講的結果

真先知的宣講會成就上帝的工作,或許是審判和毀滅(二十三29),或許是復興和重新建立。上帝要保護忠心的真先知,幫助他們完成使命(一18~19)。

假先知的宣講最後會使百姓忘記上帝的名:不認識上帝的性情和要求(二十三27)。因此,上帝必會「與他們為敵」(二十三30、31、32)。這短句一連出現3次,表示上帝是認真地對付假先知。到最後,上帝要撇棄假先知,使他們承擔永遠的羞恥(二十三33、40)。

7.3 兩等猶大人(二十四1~10)

二十四章是二十二至二十三章的總結。第1節「巴比倫王尼布甲尼撒將約雅敬的兒子猶大王耶哥尼雅⋯⋯從耶路撒冷擄去,帶到巴比倫」證明二十二章25節論到這個王的預言應驗了,而且上帝對約哈斯和約雅敬王的審判都過去了。不但如此，當時在位的西底家王和耶路撒冷的首領們也將會被擄去（8～10節）。不過，在審判中上帝仍進行祂救贖的計劃（4～7節）。

當約雅斤和耶路撒冷的精英如官員、工匠、技工等一起被巴比倫軍隊俘擄後，西底家被任命做王。猶大國剩餘的人一方面是羞愧、懼怕，另一方面他們仍存留在猶大而感到慶幸，以為自己得到上帝的保佑。漸漸地，他們產生一些錯誤的看法：他們是蒙保守的一羣，被擄去巴比倫的同胞才是上帝所拋棄、懲罰的。可是，上帝的看法與他們的不同。上帝給耶利米看到一個異象：在聖殿前兩筐的無花果。一筐盛滿初熟的好無花果，是可以獻給上帝的；另一筐是壞得不能吃的無花果。上帝要用這異象作了一個比喻，指出誰是被保守，誰是被拋棄的（1～3節）。百姓都會同意：好的無花果要保留，壞的要拋棄。

上帝告訴耶利米，約雅斤和被擄到巴比倫的人就是那好的無花果；上帝會眷顧他們，將來祂會帶領他們回歸本國，重新被建立，他們雖然經過「拆毀……拔出」（6節），上帝會重新栽植他們，賜給他們認識上帝的心，他們會一心歸服上帝，與上帝建立美好的關係。因此，他們仍要作上帝的子民，上帝仍要作他們的上帝（5～7節）。他們才是猶大國未來的希望。另一方面，西底家王和存留在耶路撒冷的人，包括逃亡去埃及居住的人都是那壞的無花果，是上帝要消滅的人。❾ 經過約雅斤被擄的懲罰，他們仍是不肯歸服上帝，所以上帝要使災難繼續臨到他們，「刀劍（戰爭）、饑荒、瘟疫」（3重的災難）要把他們從上帝的應許地除滅；❿ 餘下的要被流放天下萬國，顛簸流離，受人詛咒、凌辱（8～10節）。

這個異象的解釋無疑對存留在耶路撒冷的人是當頭棒喝。他們要自問：是甚麼原因使上帝看他們比被擄的人更壞、更爛，要受上帝這樣嚴厲的責罰？關鍵是耶利米。上帝看他們兩羣人的好與壞，不在乎他們的處境，乃在乎他們願意接受上帝的安排與否。耶利米已經宣布他們的際遇，他們必須聽從耶利米，而不是聽從假先知（二十三9～40）。從另一個角度看，被擄到巴比倫國的一羣，是經歷了上帝的責罰，他們已承擔自己罪的結果，所以是被煉淨了的一羣，是上帝可以在未來祝福和重新建立的。留在耶路撒冷的西底家和其餘的百姓，其罪仍沒有被對付，他們仍是不順從上帝，所以上帝要責罰他們。

耶哥尼雅（即約雅斤）被擄巴比倫，西底家留在耶路撒冷；這現狀把猶大人在地理上分開兩羣。當巴比倫雄霸中東政局時，這兩羣猶大人算是和平共存。可是若干年後，在波斯國期間，住巴比倫的**猶太人**開始回歸本土。他們是被擄猶大人的第二代，可說是生長於巴比倫，所受的文化、宗教、言語都與巴勒斯坦的猶大人有極大的差異，故當歸回後，兩者形成不少張力。不過，因為回歸的猶太人掌有政治權力，並且有猶太領袖如：所羅巴伯，以斯拉，尼希米等人支撐著；況且，他們是帶有波斯王的允准而回國，回國後成了巴勒斯坦猶太羣體中主導的一羣，他們就主力重新建立猶太民族。

當猶大國仍存在之時，全數在這地方的人都稱為猶大人，但當被擄後，因為國已亡，再沒有猶大國，只有猶太省，故此，歸回的都被稱為猶太人，以示與前猶大國的人區分。

信仰反省：責罰帶來正面意義？

我們若願意接受上帝安排的責罰，上帝在我們身上會有新的計劃。這一章帶出上帝嚴峻的責罰。責罰有兩種：上帝憤怒中施行的和祂預先安排的。

第一種責罰是因猶大國最後的王希西家和他的臣僕犯罪和叛逆。他們要被「*刀劍、饑荒、瘟疫*」3 重的災難攻擊，直到他們從應許地上滅絕。這 3 重責罰是上帝在 3 重的憤怒——「*怒氣、憤怒和大惱怒*」——施行的。這些責罰源自西奈之約，是違約的人所要受的詛咒（申二十八 21～25）。那些要受上帝憤怒責罰的人，就像壞得不可吃的無花果，得到的都只可以趕快將之拋掉，免得礙眼和滋生細菌。我們要留心，要避免受這種責罰。

另一種責罰是上帝安排的，出自祂莫測的旨意。約雅斤王和其他人被擄至巴比倫，正是在接受上帝安排的責罰。在上帝的眼中，這批人就像供獻給祂的初熟無花果（二十四 2）。他們既然歸上帝為聖，凡吃了的人，必遭上帝追究（二 3）。但話仍要說回來，即使他們是供獻給上帝，也不表示這批人本質是好的，他們同樣也要受責罰。但在上帝的旨意中，這懲罰不是來自「追討罪」，而是表明這些子民正是祂要重新栽植和建立的人。他們要重新從心裏認識上帝，要知道祂的名是耶和華（二十四 6～7）。他們要與上帝建立個人的關係，就像第一次出埃及時，上帝與以色列有個人關係一樣。上帝現在要帶領他們歸回應許地，也就是新的出埃及。接受上帝安排的責罰——反出埃及——就是經歷「新出埃及」的準備。多奇妙！這是上帝的恩典！

你是否覺得所遭遇的挫折、意外或疾病，好像是上帝在責罰你？你的心是否不服上帝的安排？如果你是因自己的緣故而受這些傷害，就接受上帝安排的責罰吧！請相信，上帝會在你身上有新的計劃，祂要重新建立你。前面有「新出埃及」等待著你呢！

溫習及思考問題

1. 當耶和華審判西底家時，猶大國正面臨怎樣的政治局勢（參二十一1～14）？
2. 耶利米要誠實地將猶大國將要滅亡的信息告訴猶大王。你會否也有耶利米般先知的忠誠，將聖經的真理坦誠說出來？
3. 當耶利米宣告猶大王的審判時，是站在王宮門外。你認為有沒有人會聽他的信息？換著是現代的人，這行動將遭遇甚麼結局？
4. 約雅敬作王時，他的生活如何奢華？他怎樣欺壓百姓？對應於今天的社會，你認為同樣的事有發生嗎？
5. 耶利米如何為耶路撒冷的人及約雅斤作哀歌？為一個仍未離世的人作哀歌，聽見的人會有甚麼反應？
6. 耶利米如何以牧人作比喻，譴責君王失職？作者又如何藉此引入盼望？「苗裔」是甚麼意思？它與所預言的「彌賽亞」有何關連？
7. 耶利米看見一朝一朝的君王繼位，他們都是行耶和華眼中看為惡事的王。在這情況下，你認為耶利米會落在甚麼的心情中？
8. 假先知如何毒害百姓？耶利米書的作者如何辨別真假先知？這樣的方法如何適用在今日的教會/信徒當中？
9. 二十四章的比喻包含甚麼意思？它與猶大人的想法有何衝突？
10. 表面看，耶哥尼雅是受罰的，卻沒想到西底家才是真正耶和華所憎厭的。這是否也反映上帝行事的一些原則？

釋經短註

❶ 西底家兩次求見耶利米（二十一1～14，三十七1～10）大約發生在西底家作王第八、九年。他作王第四年，開始與以東、摩押、亞捫密謀反抗巴比倫，後來也停止進貢（二十七～二十八章）。所以，巴比倫揮軍攻打猶大，為要懲治猶大。西底家就尋求埃及出兵救援，但不能挽回局面（參王下二十五1～7）。

❷ 二十一章5節上帝3重憤怒的短語在舊約聖經中首次出現在申命記二十九章28節，是西奈之約的短語。在耶利米書，另一次是在三十二章37節。

❸ 歷代志下記述這約雅斤王登基時只有8歲，接著就說他行耶和華眼中看為惡的事（代下三十六9）。假如他真的只有8歲，卻參與拜偶像，也算是行了耶和華眼中看為惡的事，這是聖經作者一貫的寫作手法。不過，他極可能是18歲，而歷代志出現此分歧，可能是在抄寫上出錯。因為他的父親約雅敬登基時是25歲，作王11年（王下二十三36，代下三十六5）。在那時代，王18歲結婚是合理的，反而28歲結婚算是遲了。約雅敬是36歲被擄，假設他18歲結婚，生下約雅斤，故約雅斤登基是18歲（王下二十四8）。

❹ 上帝宣布了約雅斤不會有後代登上大衛的王位，以此作為對猶大皇室的審判。那麼，二十三章和三十三章提到上帝要給大衛興起一個公義的苗裔作王，這又會是指誰的後裔？上帝在耶利米時代是審判了猶大皇室，但不等於上帝沒有辦法來應驗祂給猶大國的應許：興起一個公義的苗裔。馬太福音第一章的家譜記載了約雅斤的兒子是撒拉鐵。這家譜由撒拉鐵一直延到「約瑟，就是馬利亞的丈夫」，而基督（受膏者，即是君王）耶穌是從馬利亞生

的。馬利亞的先祖是大衛的兒子拿單(路加福音三31)。耶穌是約雅斤的後代嗎?從血統來說,不是。但耶穌作為「大衛的子孫」,他仍可以在未來日子登上大衛的王位,統治以色列和萬國。所以約雅斤沒有後代登上王位,與上帝救贖的計劃與審判的預言是沒有衝突的。

❺ 二十三章5節「苗裔」原文 *ṣémaḥ* 可譯作「苗」或「枝子」(「思高譯本」譯作「苗芽」)。「苗」是描繪「生機、青翠、茁壯、有生氣」,呼應未來復興時的新氣象。「枝子」似乎比「苗」較長大。「枝子」給人一種已經存在,比較堅實的感覺,它沒有「苗」那樣呼應復興時的青綠、生機等。在這節經文中,兩者翻譯都可以,都象徵接續大衛王位的君王。舊約其他地方指「青苗」的有:詩六十五10(「其中生長的」就是指「青苗發長」);賽六十一11;結十七9等等。其他較不明顯指「青苗」的有:賽四2;亞三8。這些經文都指向「新的生長」,帶有「青綠、生機」的意味,所以即使譯為「枝子」,也應該是「青綠的嫩枝」,而不是「棕褐的樹枝」。

❻ 二十三章7至8節與十六章14至15節有相同的地方,但信息重點卻不同:

二十三章7至8節	十六章14至15節
7 看哪,日子將到,人必不再指著那領以色列人從埃及地上來的永生耶和華起誓。這是耶和華說的。8 人卻要指著那領以色列家的後裔離開北方之地,離開我趕他們到的各國的永生耶和華起誓。他們必住 在本地。	14 看哪,日子將到,人必不再指著那領以色列人從埃及地上來的永生耶和華起誓。這是耶和華說的。15 人卻要指著那領以色列人　　離開北方之地、離開他們被趕到的各國之永生的耶和華起誓;並且我要領他們歸回我從前賜給他們祖先之地。

- 兩處都描寫國家的再生。不過,二十三章8節的結束是「他們必住在本地」,表示他們會在自己的故鄉安居,其重點是「住、安居」。十六章15節的結束是「我要領他們歸回我從前賜給他們祖先之地」,其重點是「轉回」。
- 二十三章7至8節是以「大衛的苗裔—彌賽亞」為引

言（參 5～6 節）。這位彌賽亞是公義的王，「在他的日子，猶大必得救，以色列也安然居住」。這正好把前文描述 4 位壞君王帶給國家的破壞扭轉過來（二十二1～二十三4）。十六章 14 至 15 節並沒有以彌賽亞為引言。

此外，「七十士譯本」把二十三章 7 至 8 節放在 40 節之後（9 至 40 節為責備假先知）。這表示「馬所拉文本」的編者十分則重猶太傳統所重視的「大衛的苗裔─彌賽亞來臨」這盼望，故把 5 至 8 節編輯在此。所有中文聖經沿用了「馬所拉文本」。

❼ 按照「和修」的譯法：「論到那些先知，我心在我裏面憂傷……」，第一句「論到那些先知」似乎是連接著第二句，且是這段落的第一句。「呂振中譯本」的譯法稍有不同：「論到那些神言人們：我的心在我裏面破碎了……」。若照「呂振中譯本」的譯法，「我的心在我裏面破碎了……」才是這段落的第一句。若參照原文，「呂振中譯本」的譯法較為準確，所以「論到那些先知」是一個標題。

❽ 二十三章 34 至 38 節指出上帝不容許先知說他有「耶和華的默示」（34 節），或百姓問先知是否得到「耶和華的默示」（38 節），他們只可以說「耶和華回答了甚麼？耶和華說了甚麼呢？」（35、37 節）。耶和華只向先知「默示」祂的話，而先知有責任將上帝的話語說出來，百姓也有責任聽從先知說出的默示。可是，假先知濫用「默示」這詞語，把他們的感覺和幻覺當成「默示」，表示自己有特殊的經歷，來誤導百姓；百姓也因此跟隨他們的謬誤而行。上帝禁止他們，要他們以後只可以詢問或說出那些先知從上帝聽到的話。這無形中把嚴肅的責任放在假先知身上。他們必須要真實聽到上帝說話的經歷（「站在耶和華的會中」；18 節），如耶利米的一樣。如果他們自己也不肯定是否真的聽到

上帝說話而隨意宣講神諭，他們就是說謊。他們的謊言就成為上帝要懲罰他們的證據。

❾ 二十四章8節的「住在埃及地的猶大人」應該是最後成書時加上的，它是指四十二至四十四章提及的猶大人。這班人在約雅斤被擄去巴比倫時，都是與西底家存留在猶大一片土地的人，他們中間有不少人是當時的軍長、皇室公主等（四十三4～6）。當巴比倫王委派的省長基大利被謀殺後，他們因為懼怕巴比倫軍隊報復，所以逃往埃及居住。耶利米曾警告他們不要去，他們不但不聽，反而挾持耶利米一同去埃及。他們是極壞的無花果，不無道理。

❿ 在二十一至二十四章這大段經文內，「刀劍、饑荒、瘟疫」這短語只出現在二十一章7、9節和二十四章10節，形成前後呼應。這3重災難也呼應二十一章5節上帝的3重憤怒「怒氣、憤怒和大惱怒」。

第三篇
判詞——被擄七十年
（二十五1～二十九32）

第一章導論討論過，原文的「耶和華……的話臨到耶利米」（*haddāḇār ʾăšer hāyāʰ ʾel-yirməyāhû*）這「引言公式」其實是「第一層次段落的分段標記」（參 1.1.2「結構」），它在原文是一個非連續式（asyndectic）的句子，而句子開始的 3 個詞按次序是：定冠詞主語「話語」（*haddāḇār*），關係代名詞（relative pronoun）*ʾăšer*，和動詞 *hāyāʰ*（參本書頁 6）。這個原文特定的「引言公式」在二十五章 1 節出現後，只在三十章 1 節重現，我們有理由相信，編修者是把二十五章至二十九章作為一個單元。這 5 章經文中間的二十六章 1 節、二十七章 1 節（原文是 *bərēʾšîṯ mamleḵeṯ* ……*hāyāʰ haddāḇār hazzeʰ*），以及二十八章 12 節、二十九章 30 節（開始是 *wayəhî ḏəḇar* YHWH ……），這 4 句都不是非連續式的句子，而且句子並不是以定冠詞主語「話語」、關係代名詞 *ʾăšer*，和動詞 *hāyāʰ* 等來開始，只是中文都把它們一律翻譯為「耶和華的話臨到耶利米」，這 4 個句子在原文都沒有「第一層次段落的分段標記」的功能。

這段經文另有需要留意的是，它的頭尾兩章記載上帝為猶大和巴比倫定了「七十年」：「這些國家【指猶大】要服事巴比倫王七十年。七十年滿了以後，我【指耶和華】必懲罰巴比倫王和那國。」（二十五 11～12）耶利米全書在此第一次出現「七十年」這主題。此外，二十九章 10 節也如此出現：「為巴比倫所定的七十年滿了以後，我【指耶和華】要眷顧你們【指以色列人】，向你們實現我的恩言，使你們歸回此地【指巴勒斯坦】。」這主題猶如括號般把二十五至二十九章框隔出來，並且把這 5 章經文的起首和結尾聯繫起來。

第八章

被擄七十年的審判（二十五1～二十九32）

- 猶大要臣服巴比倫七十年
- 羣眾要殺耶利米
- 先知的決戰
- 上帝發出的信和人的反應

「被擄七十年」是上帝對猶大國終極的審判。猶大國的人一直以為他們的國家矗立不倒，因為他們擁有聖殿——上帝名字的居所（七章；參王上六章），擁有永不搖動的錫安山（詩一二五篇），更擁有大衞之約（撒下七章）。他們篤信上帝會責備，會以饑荒、旱災等災難懲罰他們（耶十四1），但總不致使他們的國家敗亡。猶大百姓對耶和華這種信念是很大的誤解。無可否認，上帝會因他們的行為作責備、懲罰，但若然他們屢不悔改，滅國之災終臨到他們。不過上帝不會不動聲色地施行審判。耶利米早已宣布上帝會按西奈之約懲罰他們（十一章），也宣布要興起巴比倫王來執行對猶大的審判（二十1～6）。只是先知的宣講中，一直沒有説明那最後的懲罰是甚麼。

踏入第二十五章，上帝的判詞正式出現，它明確提到猶大國要臣服巴比倫70年，猶大附近的國家也要服事巴比倫人。這信息大概是在約雅敬王第四年宣講（二十五1）。到西底家王時候，這個判詞後來更用筆記錄，在耶利米寄給被擄巴比倫百姓的信內寫下的（二十九1）。可見「被擄巴比倫七十年」是事實不可更改，且可以供人查驗。原來這個70年的判詞不只是向猶大國的百姓宣布，到後來被擄巴比倫的百姓也要知道。這信曾給但以理看過，他由此知道這70年的預言：「就是他【指大流士】在位第一年，我－但以理從書上得知，耶和華的話臨到耶利米先知，論耶路撒冷荒涼期滿的年數為七十年。」（但九2）

在這兩遍提及「七十年」判詞之間是具體描述百姓對先知宣講的反應（二十六～二十八章）。他們抗拒先知的信息，而且逼害先知，要把耶利米置之死地（二十六章）。他們當中的假先知當面反抗耶利米做的象徵性行動（二十七1，二十八10～11），也假傳上帝的名宣講相反的信息，謠傳被擄巴比倫的聖殿器皿快要帶回猶大（二十七16～22，二十八1～4）。他們的信息明顯指控耶利米是假先知，他們才是真先知。這些頑強的抗拒行動證明上帝按西奈之約給他們那「被擄七十年」的判詞是合理的，猶大人是罪有應得的。

二十五至二十九章若按歷史時序，它可以分為兩大段：發生在約雅敬作王期間的事件（二十五～二十六章）；發生在西底家作王期間的事件（二十七～二十九章）。這兩段的主要信息是相同的，目的要帶出，聖殿要被毀，猶大要臣服巴比倫70年。

約雅敬時期	二十五章	約雅敬第四年，耶利米宣布猶大要臣服巴比倫 70 年。
	二十六章	約雅敬第一年，耶利米預言聖殿被毀，因而遭受羣眾死亡的威嚇。耶利米也與宗教領袖和假先知衝突。
西底家時期	二十七章	**西底家**第四年，耶利米背負木軛，向列國宣講要臣服巴比倫。
	二十八章	西底家第四年，耶利米與假先知哈拿尼雅對抗，重申聖殿要被毀，巴比倫要把鐵軛放在列國之上。
	二十九章	西底家打發人晉見巴比倫王，耶利米借助他們帶信給被擄到巴比倫的猶大人，勸勉他們要臣服巴比倫 70 年。他因此與巴比倫的假先知對抗。

「和修」二十七章1節是「約雅敬」，但有不同希伯來文版本是「西底家」。若參照第3節，這王應該是西底家（參釋經短註9）。

從約雅敬第一年至西底家第四年，約共 13 年。這期間，耶利米傳講的有兩個主要信息：一，聖殿要被毀；二，上帝為猶大定了 70 年，他們要臣服巴比倫。這兩個信息是連在一起的。猶大若順從上帝，便要臣服巴比倫，國家就可得保存，聖殿也不用被毀（二十七 11）。不過，耶利米預先知道君王和領袖們都不會聽從上帝，所以聖殿一定被毀，百姓和君王都要經過戰禍，最後要被逼臣服巴比倫。

這五章經文亦有一個相關連的主題：假先知。有些假先知想殺害耶利米，與耶利米爭鬥，公開挑戰耶利米那先知的真實身分（二十六 7～9）。其中也有預言巴比倫的勢力會衰退，而被帶去巴比倫的聖殿器皿很快會被帶回猶大，所以猶大不用臣服巴比倫。他們的預言與耶利米的信息剛剛相反（二十六 7～8，二十七 14～18，二十八 1～11）。不過這些假先知受到上帝的懲罰（二十八 10～17）。此外，在耶路撒冷有領袖帶領羣眾殺害耶利米（二十六 8～15）。被擄到巴比倫後，仍有假先知擾亂耶利米的信息。他們最後落在巴比倫王手中（二十九 21～22）。

8.1 猶大要臣服巴比倫七十年（二十五1～38）

分段大綱（二十五1～38）

1. 宣告猶大的頑梗及被擄七十年（二十五 1～11）
2. 一個分岔（二十五 12～14）
3. 繼續 1 至 11 節審判的主題（二十五 15～38）
   甲、上帝憤怒的杯（二十五 15～29）
   乙、耶利米向列邦的宣講（二十五 30～38）

8.1.1 宣告猶大的頑梗及被擄七十年（二十五1～11）

第二十五章 1 節標示那年「猶大王約雅敬第四年」，也是「尼布甲尼撒的元年」。作者刻意將猶大國與巴比倫王國的年分拼在一起談論，目的是指出猶大與巴比倫關係很近，也表示亡國的日子已到。

根據但以理書一章 1 節「猶大王約雅敬在位第三年、巴比倫王尼布甲尼撒來到耶路撒冷……」，早於約雅敬王第三年，巴比倫軍隊已來到耶路撒冷，把聖殿的部分器皿和猶大皇室的一些人員擄去（參王下二十四 1）。那是猶大第一次被擄，猶大國初嚐巴比倫人的威武。❶

換句話說，被擄的審判在此已初步臨到猶大國。猶大國上下理應反省，應從這次被擄得到提醒和警告，可是他們沒有。從約西亞作王的第十三年（那年是上帝呼召耶利米開始作先知；參一 1～2），到約雅敬王第四年，共 **23 年**間（二十五 3），耶利米不斷向百姓轉告從上帝而來的信息。不只有耶利米，也有其他先知（參 4 節），但他們總是不聽。他們不理會上帝，因為他們不肯放棄邪惡的生活和犯罪的行為。他們要繼續敬拜偶像，服事別的神明。他們叛逆的行動激怒上帝，所以自招懲罰，「害了自己」（7 節），這裏指的是約雅敬作王年間發生的猶大國第一次被擄（4～7 節）。他們與上帝的關係已到了惡劣不可收拾的地步。作者在此加一句「這是耶和華說的」（7 節），表示懲罰已成鐵般事實。

約西亞作王約31年。因此，由約西亞作王第十三年計起至約雅敬作王，大概 23 年。

因為他們激怒上帝，所以上帝會差祂的僕人巴比倫王再來攻擊猶大和鄰近的國家，要消滅它們，使他們「永久荒涼」（8～9節）。上帝稱巴比倫王為「僕人」（9節），並非因為他信奉上帝，乃是指巴比倫惡極都只是上帝的僕人，祂要使用巴比倫來懲罰猶大國。這也表明上帝的權柄統管萬邦。邦國的興衰都在祂計劃之中。上帝管理他們，也使用他們成就祂的旨意。

巴比倫將要帶給猶大的毀滅是深廣的，其荒廢的程度，使人見而生畏。那時，猶大人悲痛得不再歡笑，不再有心情嫁娶；田地荒涼得不再有穀物可供推磨，百姓生活貧窮得沒有油供點燈。這是一幅淒涼的圖畫。這淒涼的情況要維持70年（10～11節）。這70年的時期已經從剛發生的猶大第一次被擄掠開始了。

70年，從一個人的生命計算，普遍人只有一個70年。但從一個國家改朝換代計算，並不是一個很長的日子。猶大國最長一朝的國祚平均40年，70年可能只有兩朝代，若被擄至巴比倫的主要是青年人，70年後這批被擄的可能大都離世，即使在世也年紀老邁，留下歸回的是下一代的人。

8.1.2 一個分岔（二十五12～14）

上帝說年期滿後，祂要因巴比倫的罪懲罰巴比倫。那時候，上帝要消滅巴比倫國，使這國的土地「永遠荒涼」（12節），如同上帝懲罰猶大和鄰近國家一樣（比較9、12節）。巴比倫人如何奴役他們所征服的民族，將來征服巴比倫國的民族也要同樣奴役他們。這是一種報應，是天理循環（13～14節）。上帝預先把巴比倫的命運告訴猶大人，要使他們知道上帝沒有偏待猶大或巴比倫。上帝是公義的上帝，上帝審判萬邦是一致的。接著的是上帝將審判猶大及外邦的信息一併講出來。❷

8.1.3 接續1至11節審判的主題（二十五15～38）

這段經文主要分兩大內容。第一，是耶和華憤怒的杯（15～29節），第二部分是耶利米向列邦的宣講（30～38節）。

8.1.3.1 上帝憤怒的杯（二十五15～29）

18節「正如今日一樣」中的「今日」可能是指成書時編修者作補充的那時代，而不是指耶利米的當代。

15至**18**節描述上帝吩咐耶利米將祂憤怒的杯交各國的民喝。經文沒有說明究竟耶利米如何領受這吩咐。有學者認為這是一個象徵性行為，也有學者認為耶利米是從異象（或夢）中得這宣告。不過，前者說法較難接受，因為先知不可能真的拿一個酒杯到處跑，找人去喝這杯，而且，所找的人是君王、官長，他們更不會照耶利米的吩咐行。若真的要喝，也不會有足夠的酒每人舔一口。況且，耶利米接過來的酒可能是一杯毒酒（「憤怒的酒」的「憤怒」原文 *haḥēmāʰ* 可譯作「詛咒、毒」），難以用象徵行為表達。

耶利米在此看見的是一個異象（或夢中所見的情形）。先知看見上帝手中有一隻盛滿酒的杯。上帝吩咐先知把這酒杯拿去各國，讓各國的人民喝。杯中的酒是上帝的憤怒，人喝後會東倒西歪，發狂亂闖。這杯代表的意思是：上帝會使戰禍頻生，各國的人會被戰禍所害；這戰禍就是上帝的憤怒（15～16節）。耶利米就從上帝手上接了酒杯，拿著它去到上帝差派他去的各國，使當地的人民喝。先知從耶路撒冷和猶大各城鎮開始，君王、官員都喝了，表示審判是從祂的子民開始，他們注定要承受上帝憤怒的對付，受戰爭的苦（17～18節）。這杯不只耶路撒冷人要喝，且有列邦。因此，戰禍要蔓延至埃及、烏斯（敍利亞南部地區，接近以東地）、非利士的城市（亞實基倫、迦薩、以革倫、亞實突）、以東、摩押、亞捫、推羅、西頓、地中海一帶的民族、阿拉伯、沙漠地帶的心利、以攔、瑪代等，最後是巴比倫（「和修」譯作「**示沙克**」，原文是 *šēšaḵ*，指巴比倫）。這些都是當代猶大的鄰國，或他們所知的世界國家（19～26節）。耶利米對這些國家都預言有戰禍（四十六～五十一章）。這些外族人喝後，要醉倒爬不起來，因為戰禍使他們的國家傾倒，所以他們爬不起來。這些列國不可以逃避戰禍，必要受牽連；因為這是上帝所定的旨意，沒有人能違抗（27～29節）。

「示沙克」就好像把英文的A寫作Z，B寫作Y，C寫作X，是作者以對換字母方式來表達另一個字。有學者認為這是希伯來文巴比倫（bāḇel）的隱喻寫法，不過有學者認為示沙克可能是巴比倫的別名。

8.1.3.2 耶利米向列邦的宣講（二十五30～38）

宣講完上帝對列國的審判（二十五15～29），耶利米旋即以**詩歌**再次表達這些信息（30～38節），意圖把信息刻劃在聽眾的心上和記憶裏。這首詩的主題是：上帝要從天上審判地上萬民。作者用了許多豐富的詞彙來描述上帝。

30至38節雖以詩歌表達，但在33節加插了一節敘述文，將經文分為前後兩首詩。

首先，第30節很特別，它用了許多與聲音有關的詞彙：吼叫（2次）、發出聲音、吶喊。這全都用來形容上帝的聲音，表達了上帝的威嚴。31節描述上帝是一個審判官。在「爭辯」，祂要審問列國，並且將惡人殺掉，消滅作惡的人。32節稱上帝為「萬軍之耶和華」。祂能挑起戰爭，這戰爭如大風暴從一國席捲到另一國。作者在此加插了一段描述文，描述戰爭帶來的後果。到那日（指將來列國受審判的日子），到處是死人，多得來不及收殮埋葬（33節）。

34至36節描述受戰爭災害時，作領袖可憐的境況。詩人用了「**牧人**」（原文是複數，指列國的領袖和君王）這形象來描述那些領袖。在戰爭白熱期間，牧人要首當其衝被屠殺，他們是逃不了的。這些領袖驚恐得哀哭起來（參33、36節）。在詩歌的最後一段（37～38節），詩人描述上帝從天上如獅子向猶大（祂的羊羣）和地上列國吼叫。「上帝如獅子吼叫」也出現在其他先知書（參摩三8）。獅子是百獸之王，銳不可擋；上帝也是萬國的主宰，沒有人能攔阻祂。這一切都是因為上帝要毀滅他們。上帝忍耐已經很久，現今，上帝要如醒過來的獅子，走出洞穴，兇狠的攻擊敵人。因上帝的憤怒，戰爭會蔓延各國，全地要被摧毀，變成荒野（37～38節）。在古代近東，超級霸權的帝國如亞述、巴比倫興起時，確實橫掃當代整個世界。他們南討北伐，東征西戰，所到之處，真的是滿目蒼夷。如今作者便借用他們侵略的情景來描述將來上帝來臨時所帶來的景象，讓讀者稍為感受到上帝嚴峻的審判。

這「牧人」呼應19至26節上帝借先知對當代天下諸「王」所宣講的審判信息。在19至26節裏，「王」一詞出現共10次。

總括而言，二十五章下半章是針對當代諸國的政治領袖而說的；他們要與猶大王一同被巴比倫征服。不過，到最後的日子，巴比倫也會被另一個國家征服。這一切都是那萬王之王的上帝所命定的。上帝是那「吼叫的獅子」；昔日上帝是，今天也是。

8.2 羣眾要殺耶利米（二十六1～24）

二十六章是另一個新段落，時間退回到 4 年前，是約雅敬開始作王的那一年（1 節）。對猶大國來説，新王登基是一個新開始。在這個新時代，上帝給祂的百姓一個機會。祂吩咐耶利米去到聖殿的院，把上帝要説的話，一句不漏地對聚集的百姓宣講（講道內容可參 4.1「猶大依賴聖殿卻違背上帝」中的「聖殿講章」）。

分段大綱（二十六1～24）

1. 宣布聖殿將要被毀（二十六 1～6）
2. 宗教領袖的反應（二十六 7～11）
3. 為耶利米辯護（二十六 12～19）
   甲、耶利米自辯（二十六 12～15）
   乙、長老為耶利米辯護（二十六 16～19）
4. 耶利米受保護（二十六 20～24）

8.2.1 宣布聖殿將要被毀（二十六1～6）

這宣講的目的，是要給猶大人一個機會：如果他們願意聽上帝的話，轉離所行的惡，他們極可能免了被擄這災禍，國家仍能保存，上帝會取消原本要給他們的毀滅（2～3 節；那一年猶大仍未被擄）。他們要遵行上帝的律法，聽從上帝僕人——先知的話。上帝也警告他們，如果他們仍是違背上帝，拒絕聽從上帝，上帝就會毀滅那座他們引以為榮，為保障的聖殿。這聖殿將要如從前示羅一樣被毀滅，世界各國都要用耶路撒冷的名字為咒語（4～6 節）。耶利米以示羅喻作聖殿的被毀，因為這城所經歷的事，正正就是聖殿將要經歷的。昔日的示羅曾經是擺放約櫃的地方，是以色列人的宗教核心地，後來以色列人被非利士人打敗，示羅城被毀，從此荒廢了。❸

8.2.2 宗教領袖的反應（二十六7～11）

先知傳講的信息是中肯的，有勸勉，也有警告。可是，在聖殿聚會的羣眾

（尤其是祭司和先知）卻不能聽入耳，反而勃然大怒。百姓在祭司和先知的煽動下，在聖殿的院內抓住耶利米，憤怒的對他說：「你該死！」（7～8節）❹

這些假先知和其他領袖要置耶利米於死地，一方面是因為他們不能接受耶利米奉上帝的名詛咒聖殿，使它如示羅毀滅（9節）。他們並不是為聖殿發熱心，乃是因為他們的「安全感」受到嚴重威脅，所以他們要把這威脅除掉。他們一直以為聖殿的存在能確保耶路撒冷得護佑，他們會平安、吉利（七7、10），這概念從以前就有（參彌三9～11）。現在，耶利米竟然預言聖殿會被毀滅。如果聖殿被毀，他們就沒有保護符了。他們不能失去這保護符，所以任何人威脅到這符，他們就視之為敵人。另一方面可能是他們自私自利，他們恐怕百姓會將耶利米的話聽進去，便悔改歸正。若然如此，百姓再不聽從他們，而這些宗教領袖也不能從百姓中取利。故此他們絕不能聽信耶利米的教訓。

百姓被假先知和領袖煽動，他們就動手抓耶利米；憤怒咒罵此起彼落。眾人擠擁耶利米，而耶利米先知在他們中間獨力自辯。這情景就像一場騷動。官員們聽見有羣眾騷動，連忙從王宮趕到聖殿（王宮是在聖殿旁邊的），當場在殿的「新門的入口」開庭，查問騷動的緣由（10節）。

控告耶利米的是宗教領袖——祭司和先知，他們也煽動百姓反對耶利米。他們的告狀是：耶利米說預言攻擊耶路撒冷，所以他叛國，如此大的罪，他該被處死。這些宗教領袖提供許多證人，見證耶利米叛國的罪（11節）。其實，耶利米是預言聖殿要被毀滅，他們卻把攻擊聖殿等同攻擊耶路撒冷——國家的首都，可見他們非常重視聖殿。

8.2.3 為耶利米辯護（二十六12～19）

8.2.3.1 耶利米自辯（二十六12～15）

聽到眾領袖及百姓對他的指控，耶利米沒有默言不作聲。他作出自辯，這自辯可分3點分析：

- 他只是奉差遣的，領袖與百姓聽見的是上帝的聲音，而不是他個人的（12節）。這是先知一貫的說法。
- 假如百姓要悔改，上帝就會轉意，不將原來的詛咒降於他們（13節）。

- 他們要公平對待耶利米，因為他是上帝所差遣的。他們若殺害耶利米，他們就要付上殺害無辜者的血債，殺害上帝先知的血債(14～15節)。

8.2.3.2 長老為耶利米辯護（二十六16～19）

耶利米這個直截清楚的辯護，説服了審判他的官員和在場的百姓。於是官員對祭司和先知説，耶利米是耶和華他們的上帝差遣的，他照實傳講上帝的話，故不是叛國，不該處死(16節)。這「我們上帝」一詞表明官員和百姓中，仍有敬奉上帝的。他們明白一個真正的先知只是代言人，是信差；故此耶利米是不需要為所傳的信息負責。真正負責的應是上帝。

就在這時候，有好幾位長老站起來以一連串曾發生的事提醒羣眾。他們説以前希西家王的時候(約120年前)，先知彌迦也曾奉耶和華的差遣，説了類似的預言譴責聖殿和耶路撒冷。希西家王和百姓非但沒有處死彌迦，反而悔改敬畏上帝。所以，上帝就回心轉意，沒有降災難給猶大。長老警告百姓，如果現今他們殺害耶利米，拒絕聽從上帝，他們就犯大罪，會招來更大的懲罰(17～19節)。在長老們的審訊中提出了彌迦的預言，抗衡了祭司和先知們對耶利米的控告，大大幫助了耶利米。經文沒有記載這審訊的結果，但明顯的，耶利米當場無罪釋放。這些長老們願意站出來為耶利米辯護，表明他們起碼不抗拒耶利米。上帝藉著長老們保護了祂的先知。❺

8.2.4 耶利米受保護（二十六20～24）

作者在此將烏利亞的遭遇與耶利米作對比。這段經文中耶利米性命又遭遇威脅，但上帝藉一些官員再一次保護了先知。上帝是信實的，祂為自己對先知説過的應許負上責任(一8、19)。

「説預言」原文 miṯnabbēʾ 與「先知」原文 nāḇîʾ 同一字根。

烏利亞如耶利米一樣，也預言耶路撒冷和猶大會毀滅(20節)。經文雖然沒有描述烏利亞是先知，但他是奉上帝的名「**説預言**」。對烏利亞這人的出身，經文只説出他的故鄉基列．耶琳，以及他父親的名字示瑪雅。❻ 沒有任何其他交代，故此我們也不需要在此作太多猜測。不過，作者如此記載，可能表示他是當時受眾人認識的一位先知，也表示當時有許多位示瑪雅，而作者要指出他是哪一位示瑪雅。他出現的重點在於他宣講的內容與耶利米的相同，只是他的遭遇與耶利米完全不同。

約雅敬王從其他人那裏知道烏利亞的言論，就要殺他，最大可能是他講了一些約雅敬不喜歡聽的說話。烏利亞逃亡至埃及，約雅敬王仍打發以利拿單帶軍隊去埃及抓烏利亞，❼ 把烏利亞抓回猶大，將他處以死刑（20～23節）。提到耶利米，作者在此加上一個助副詞「*然而*」，表示耶利米的遭遇與示瑪雅不同，因為耶利米受到亞希甘的保護，因而逃過了被殺害。亞希甘可能是當時的一位官員。❽ 特別的地方是，雖然當時的政治領袖及宗教領袖都反對耶利米，但諷刺的是，救耶利米的竟是一位官員，反映了政府內閣不是全都反對耶利米。在此須留意的是，作者提到烏利亞是被「*王用刀殺了他*」（23節），但耶利米逃過的，是「*以免他們*【指百姓】*把他治死*」（24節）。這樣的對比反映了無論在朝在野，都不再接受耶利米的宣講了，這一方面表達了全國上下的頑梗，另一方面亦暗示耶利米的工作愈來愈困難，遭遇愈來愈嚴峻。

總括而言，二十六章記載約雅敬作王時，耶利米與當代宗教領袖、祭司有衝突，性命受到威脅，但蒙上帝保護。接著二十七至二十八章描述在西底家作王時，耶利米與假先知哈拿尼雅衝突，結果是哈拿尼雅死了。

8.3 先知的決戰（二十七1～二十八17）

分段大綱（二十七1～二十八17）

1. 象徵行為（二十七1～4）
2. 向鄰國宣布信息（二十七5～11）
   甲、預言巴比倫的結局（二十七5～7）
   乙、勸告列國臣服巴比倫（二十七8～11）
3. 向猶大本國宣布信息（二十七12～22）
   甲、向西底家王宣布信息（二十七12～15）
   乙、向祭司及百姓宣布信息（二十七16～22）

4. 向先知哈拿尼雅宣布信息(二十八 1～17)

甲、哈拿尼雅挑戰耶利米(二十八 1～9)

乙、耶和華反擊哈拿尼雅(二十八 10～17)

8.3.1 象徵行為(二十七1～4)

二十七章1節所指的約雅敬,應是西底家(參二十七3)。

這兩章經文被記錄時,正值**西底家作王第四年**(二十八 1),❾ 當時猶大國勢積弱更甚,巴比倫人已經擄掠他們兩遍(於約雅敬王第三年和約雅斤王第一年;參王下二十四～二十五章)。可是,假先知們都說上帝會很快使被擄到巴比倫的器皿帶回猶大,但上帝藉耶利米說出反對這些假先知的話(二十七 16,二十八 1～9)。其實早在 9 年前,即約雅敬王第四年,耶利米已清楚指出,近東整個政治局勢已經改變。尼布甲尼撒是上帝所召來責罰猶大的工具,是未來猶大的統治者,是近東新興的霸主(二十五章),但猶大人還是不了解整個政治局勢的複雜。

實際上不是整個軛,因為原本的軛是掛在牛的頸上,會很粗大及笨重,這不可能掛在耶利米的頸上。故此這只是軛的一部分,目的只為一個象徵的行為。

耶利米按著上帝的吩咐,做了一個有繩索的**軛**,掛在脖子上,然後去耶路撒冷城,見那些正與西底家會面的列國使臣,在他們面前宣講上帝的信息(二十七 2～3)。這樣的行為象徵猶大國要臣服在巴比倫之下(參二十五 10～11),所以耶利米也向他們宣告,他們必須服事巴比倫王尼布甲尼撒(1～2 節)。

耶利米以負軛的形象,站在各國臣使面前,要求他們將他的話傳遞給他們的王。那些王計有以東王、摩押王、亞捫王、推羅王和西頓王(3 節)。按地理,這些都是猶大國鄰近列國,推羅和西頓位於巴勒斯坦以西沿海一帶,以東、摩押、亞捫位於約旦河岸東面。他們是上帝藉耶利米預言列國要喝上帝憤怒的杯的其中 5 國(參 8.1.3「接續 1 至 11 節審判的主題」)。他們為何差派使者造訪猶大?很可能是要謀求聯盟,共同反抗巴比倫的軍威,因為當時,他們與猶大可能已淪為巴比倫的**宗主國**,都被巴比倫鎮壓著,

西底家作王時,猶大已經臣服巴比倫的軍威之下。故此,西底家也要上巴比倫晉見巴比倫王(參五十一59)。

國家沒有自由。耶利米宣講的信息內容是指他們必須服事巴比倫王尼布甲尼撒，他們若反抗，就會被殲滅。

8.3.2 向鄰國宣布信息（二十七5～11）

雖然面對著列國的使者，耶利米全無懼色，坦然宣講上帝吩咐他的話，在此凸顯了他作為「列國的先知」（一5）的身分。經文沒有記載他如何把信息傳達至這些大使們。基於他們是外邦人，猶大人不會與他們同住一所建築物，所以極有可能這些大使住在一些特定的地方，而耶利米便親身上門找他們宣講信息。這篇信息可分為兩部分：第一，預言巴比倫的結局（5～7節）；第二，勸告列國臣服巴比倫（8～11節）。

8.3.2.1 預言巴比倫的結局（二十七5～7）

在預言巴比倫的結局之先，耶利米告訴他們：以色列的上帝是萬軍的統帥，祂要把列國交給巴比倫王尼布甲尼撒。這是那用大能創造天地的上帝的旨意，他們不能違背。假如有國家違背，上帝就會用戰禍消滅那國。若有國家臣服巴比倫，那國就可繼續安居本土。換句話說，上帝要勸勉這些國家選擇生存下去，而不是要選擇與巴比倫硬踫，至終導致死亡。他們以為聯盟起來，就可以反抗巴比倫帝國的權勢，但巴比倫興起是上帝命定的。巴比倫是上帝的「僕人」（6節），上帝要使用這國成就祂的計劃。上帝並不是不知道巴比倫的殘暴，至終巴比倫帝國也會衰敗。那時，巴比倫人要臣服其他更強大的國家，「許多國家和大君王要使他【指巴比倫】作奴隸」（7節）。接著歷史發展，這「大君王」應該指波斯帝國。

8.3.2.2 勸告列國臣服巴比倫（二十七8～11）

先知指出服事巴比倫已是鐵般事實。先知警戒這些列國兩件事。首先，若不服於巴比倫軛下，上帝必以「刀劍、饑荒、瘟疫」懲罰他們（8節）。第二，不可聽從那些假先知、占卜的、解夢的、觀星象的，他們都說討好的話，叫君王不臣服巴比倫。這種的民族主義是不現實的。聽從這些先知和占卜的，國家就是被欺騙了。他們的結果將是國家毀滅、人民被放逐，甚至國家的一切將會連根拔起。他們若聽從耶利米的話，臣服巴比倫，就可以仍存留本地。從耶利米的言行看，他擔綱了猶大國外交政治家的身分，也加入了當代世界的政治舞台。耶利米先知的言論影響著以東、亞捫、西頓、和猶大等國家的外交政策。他要說服他們臣服正在興起的巴比倫帝國，成為巴比倫的藩屬。若從政治角度看，耶利米的言行是面對現實。耶利米看清當時的政治局勢：聯盟反抗是沒有用的。此外，先知是一個很實際的人，他看保存百姓的生命比保存國家的獨立自主更重要、更切身。他不是不愛國，相反地他超越了簡單的民族主義，同時他選擇了愛上帝、順服上帝。他看效忠上帝比效忠國家重要。他了解上帝是創造萬民萬族的，上帝統治地上的萬國，他深信上帝必定有祂的心意。的確，在人間，宗教信仰和政治是不能完全分割的。

8.3.3 向猶大本國宣布信息（二十七12～22）

向列國大使們說完話後，耶利米也背負那軛去向猶大本國宣布同樣的信息：勸他們投降巴比倫。這本國包括西底家王、祭司及眾百姓（12、16節）。

8.3.3.1 向西底家王宣布信息（二十七12～15）

對於西底家，耶利米勸諭他要投靠巴比倫，又提醒他不要聽信其他先知的意見。耶利米指出上帝並沒有差遣那些先知說預言，他們都是假冒的先知，聽從他們意見的只會與那些欺騙人的假先知一同死亡（12～15節）。耶利米在王面前如此公開針對假先知，可見他們的影響力非小，也顯出他的膽量。

8.3.3.2 向祭司及百姓宣布信息（二十七16～22）

接著，負軛的耶利米也對祭司和眾百姓宣講，勸他們不要相信假先知的預言。眾百姓可能只是指到聖殿來朝拜的人。因為聽眾中有祭司，宣講信息內容自然也是針對猶大國的宗教，所以信息中心圍繞在聖殿的器皿上。這些是他們現時最關心的事情。假先知曾向他們預言被擄掠已是一件過去的事，從聖殿被帶去巴比倫的器皿，不久會被帶回來。這種講法無疑給他們錯誤的盼望，以為國家仍很穩定，即使有巴比倫的侵略，這場戰爭會很快平息，而巴比倫也會很快敗落。但耶利米公開指出，那些都是假話。巴比倫人會再來，百姓若要生存，就必須臣服巴比倫；若不然，耶路撒冷就要受重大的毀壞，成為廢墟（16～17節）。

耶利米的「負軛行動」把他轉化為一個活生生的標記，逼使國民面對先知的負軛所代表的信息。耶利米提出一個試驗假先知的方法，就是公開挑戰那些假先知。假如那些先知真的奉上帝差遣，就讓他們求上帝保守著耶路撒冷、王宮和聖殿的一切器皿和財富，不致被巴比倫擄走（18節）。另一方面，耶利米斷言上帝已告訴他，約雅斤王被擄去巴比倫後，所存留在耶路撒冷的財寶和聖殿的器皿，並聖殿前龐大的「柱子、銅海、盆座」等，都將要被搬去巴比倫，直到上帝所定的時候，才可以運回來（19～22節）。

聖殿的銅柱約8公尺高，圓周5.4公尺。銅海高2.3公尺，圓周13.5公尺，可盛44千公升液體，銅海的座下有12隻銅牛（五十二20～23；另參王上七23～26），所用的銅多得無法計算（代下四18）。按現代的重量估計，總重量至少有30公噸，如此重的物件對於當代的人，真的無法想像可以被移去的；因此，猶大人相信假先知的話是無可厚非的。可是耶利米公然地說，銅柱、銅海、和盆座必定被搬去巴比倫。他在此挑戰假先知。整本耶利米書沒有記載哪位假先知接受耶利米的挑戰。為了證明耶利米所說是真確，編修者在耶利米書的結尾，記載了銅柱、銅海和盆座都被打碎、搬到巴比倫去（五十二17～23）。上帝真的藉著耶利米的口說出了事實。

8.3.4 向先知哈拿尼雅宣布信息（二十八1～17）

8.3.4.1 哈拿尼雅挑戰耶利米（二十八1～9）

這章開始之時，作者詳盡記載事件發生的時間，是在「西底家登基第四年五月」，這一方面可能暗示耶利米負軛的行動或許已**維持2至3個月之久**，以此預表猶大要臣服巴比倫，另一方面可能指出向哈拿尼雅宣布的預言很快便應驗，因為「七月間」哈拿尼雅便死了（17節）。在

上帝可能要求先知持續角色扮演一段日子。除了耶利米，類似的事也曾出現在以西結身上（參結四4～8）。

這幾個月裏，耶利米凡走出家門，就負上這軛。他這個象徵性行動對猶大人肯定造成不少心理影響。就在同年的五月，這行動引起了波瀾（二十八 1）。在一次聖殿的集會中，哈拿尼雅當著祭司和百姓面前藉著取走並折斷耶利米頸項上的軛，來說另一種預言，以此挑戰耶利米（1～4 節）。哈拿尼雅宣布說：上帝就是「以色列的上帝」（2 節），這位神會折斷巴比倫的軛，並且兩年內，尼布甲尼撒掠走的聖殿器皿，並約雅斤王和其他被擄的猶大人，都會回到猶大地（2～4 節）。

這樣的宣布確實是一個挑戰，可說是一個有生命安危的意味的決鬥。這決鬥要證明究竟哈拿尼雅抑或耶利米是真先知。按摩西的律法，擅自奉上帝之名說預言的，是要被治死的（申十八 20～22）。哈拿尼雅這個宣布無疑與耶利米的預言剛剛相反。他挑戰耶利米的行動其實就是反叛上帝。哈拿尼雅當面反對耶利米的預言，表明他和其他官員都不願意接受將來會被擄，也不接受上帝不會在短時間內懲罰巴比倫。事實上，上帝已經宣布，70 年後定必懲罰巴比倫，且使猶大回歸（二十五 11～12；另參二十九 10）。

耶利米知道猶大國有不少假先知說動聽的信息（十七 14～22 等），定然很驚訝。哈拿尼雅如此斗膽，竟奉耶和華的名，公然挑戰耶利米作先知的真實性。面對這個公開挑戰，耶利米也很坦然回答說，就他個人而言，他希望上帝會實現哈拿尼雅的預言。可是，自古以來，真先知們都是預言戰爭和其他災禍，以警告百姓回轉。然後，百姓要聽從並離開罪行。否則，當預言應驗之時，是不可以再有回頭的機會，他們至終會遭致死亡。至於那些沒有警告百姓回頭，而單單預言平安的先知，必須要等到他的預言實現才可以確認他真是上帝差遣的（6～9 節）。

8.3.4.2 耶和華反擊哈拿尼雅（二十八10～17）

從耶利米的講論來看，他對先知的職分已經有成熟的理解。真先知只會在危機的時候出現，在危機中上帝差遣先知們去警告百姓回頭。因此，真先知的宣講往往是不受歡迎的；不過，百姓需要聽從，作明智的選擇，回頭歸向上帝。否則禍患來到時，他們必不能逃避。另一方面，單單預言平安的先知，當然是受百姓歡迎。可是，先知真假的考驗，是預言會否應驗。所以，單單說好聽、舒服的話，不能代表說的人是真先知。

哈拿尼雅自認是先知，他可能明白耶利米的話，不過他不能夠接受這結局，也不願意周邊的人也有如此想法。到這地步，他只能堅持他真是上帝差遣的，否則難以下台。他走到耶利米面前，把先知脖子上的軛拿下來，折斷。然後宣布說：「耶和華如此說：『二年之內我必照樣從列國的頸項上折斷巴比倫王尼布甲尼撒的軛。』」(11節)哈拿尼雅共說了3遍上帝要「折斷巴比倫王加的軛」(2、4、11節)，也重複了兩遍「二年之內」(3、11節)。他個人認為預言清楚不過。他講話時表現出是立定心志、沒有半點心虛的。他到底如何看待自己作為先知的職分？百姓如果接受他的預言，就會懷疑、甚至要處分耶利米。此時，哈拿尼雅肯定引起不少的混亂，左右了國民和領袖聽從耶利米。哈拿尼雅的行動和預言對耶利米是一個震撼，耶利米作先知的真實性和可信性受到空前的挑戰。

沒有人能證實哈拿尼雅是假先知。這先知決鬥之事，惟有上帝介入才可以解決。過了一陣子，上帝吩咐耶利米向哈拿尼雅說預言。他因折斷了木軛，而換來了鐵軛，這象徵一個更嚴厲的奴役。上帝不但定了各國包括猶大要臣服巴比倫，甚至野獸也給了巴比倫王(12～14節)。「野地的走獸給了他」當然是一個圖像，因為野獸是不能分別要歸服哪一國。這圖像表徵了猶大國是徹徹底底的歸順巴比倫。

為了證明上帝並沒有差遣哈拿尼雅說預言，耶利米直接向哈拿尼雅說出他生命的結局。上帝要懲罰他，要他遭受死亡(15～16節)。哈拿尼雅起初並沒有意思拿生命來跟耶利米決鬥，他可能只是不願意接受，也不想其他人接受耶利米預言的結局。這反映了他不只挑戰耶利米，也是正面反對上帝，更顯出他不信上帝。他心知耶和華從來沒有向他說話，也知所說的預言是假的。為了警告百姓，上帝要取去他這個假先知的命。

果然，上帝很快顯明誰是真先知、誰是假的。哈拿尼雅挑戰耶利米兩個月後便死了(17節)。他的死證明他是假先知，是上帝擊殺了他，百姓不應受他迷惑。真先知是耶利米，他們要聽從他。

8.4 上帝發出的信和人的反應（二十九1～32）

分段大綱（二十九1～32）

1. 第一封信（二十九 1～23）
   甲、收信人及帶信人（二十九 1～3）
   乙、書信內容（二十九 4～23）
2. 第二封信和人的反應（二十九 24～32）
   甲、西番雅公開信的內容（二十九 24～29）
   乙、耶利米宣布示瑪雅的審判（二十九 30～32）

二十九章記載關於兩封書信。第一封是藉耶利米的手寫給被擄到巴比倫的猶大人（1～23 節），⑩ 另一封是巴比倫的示瑪雅寫給耶路撒冷的祭司西番雅的信，西番雅將內容念給耶利米聽（24～29 節）；第二封信是示瑪雅因聽見耶利米的第一封書信而發的。這第二封信後來引出上帝對示瑪雅的宣判（30～32 節）。

至於寫給被擄到巴比倫的猶大人，信的內容分為兩部分：第一，教導在巴比倫的百姓要安心定居下來（4～7、10～14 節），因為這是上帝計劃中的事，他們要留在巴比倫 70 年（10 節）。第二，督責他們不要相信在巴比倫他們中間的假先知（8～9，15～32 節）。這些假先知擾亂被擄的猶大人，誤導他們希望短期就可以回歸猶大本土，其實這是不會發生的。在敍述信的內容之先，作者先交代收信人及帶信人（1～3 節）。這信不是一封私人信件，而是耶利米給被擄到巴比倫的猶大人的公開信。在原文，它每小段落都是以「萬軍之耶和華如此説」（*ḵōh ʾāmar yhwh ṣəḇāʾôṯ*）或類似的短語開始，共有 6 次（4、8、10、16、17、21 節），而每小段都是以「這是耶和華説的」（*nəʾum-yhwh*）這短語結束，共有 7 次（9、11、14〔2 次〕、19〔2 次〕、23 節）。這封信是一篇耶利米對被擄到巴比倫的猶大人的宣講。

4 至 23 節可以説把原先那封信的主要內容摘要出來。這摘要同時也把二十五至二十九章組成一個單元。方法有二：第一，二十九章 10 節的「巴比倫的七十年」（10 節）呼應二十五章 11 節的「巴比倫的七十年」，那是在約雅敬王第四年宣講的。這個呼應指出從約雅敬王到西底家王，上帝對猶大國的判決一直沒有改變。可是，猶大人的假先知，不論在本地或巴比倫的，都拒絕接受上帝的判決，他們深深地影響百姓和君王。故引出下一點：第二，二十九章把二十六至二十八章內「假先知與耶利米」的爭鬥，作了一個結束。二十六至二十八章記載的是猶大地的假先知與耶利米的爭鬥：二十六章11節提出「……先知……說：『這人【指耶利米】該死……』」二十七至二十八章則記載哈拿尼雅與耶利米爭鬥。二十九章描寫的，是巴比倫的假先知與耶利米的衝突。這章的重點是指導和督責被擄的百姓和先知（1節），不是安慰他們。原因是在被擄百姓的中間有不少假先知擾亂他們（8～9、15～32節）。耶利米訓誨百姓：「你們所有被擄去的，就是我從耶路撒冷放逐到巴比倫去的，當聽耶和華的話。」（20節）上帝的吩咐就是：百姓不能夠再聽從假先知的預言，他們要聽從耶利米的話（19節）。上帝宣告所有巴比倫的假先知們都要被上帝審判，不能得享70年後、百姓回歸國家的福氣（22～23、32節）。

二十九章以後，耶利米書不再提到假先知與耶利米的爭鬥。這是因為當上帝的審判完全臨到，耶路撒冷被毀，猶大國完全被擄，假先知已經沒有存在的空間和意義了。

8.4.1 第一封信（二十九1～23）

8.4.1.1 收信人及帶信人（二十九1～3）

第一封信寄自耶利米，他當時仍住在耶路撒冷。收信人就是「長老，以及祭司、先知，和尼布甲尼撒從耶路撒冷擄到巴比倫去的眾百姓」（1節）。這封信明顯寫給被擄去巴比倫的人，這表示了上帝並沒有撇棄被擄的。另一方面，收信人「先知」也是上帝要督責的對象。除了指出受信人，作者也加了一個附註，指出寫信的時間，就是在「耶哥尼雅王和太后、太監，並猶大和耶路撒冷的領袖，以及工匠、鐵匠都離開耶路撒冷之後」（2節），即是在約雅斤王被俘擄後一些日子（約公元前597；參王下二十四10～16）。那年，西底家王派了兩位官員，沙番的兒子**以利亞薩**和希勒家的兒子**基瑪利**，去朝見巴比倫王。耶利米借助這兩人，

以利亞薩的哥哥是亞希甘（二十六24）。亞希甘曾是約西亞王的官員（王下二十二12）。基瑪利可能是祭司，因為他可能是大祭司希勒家的兒子（王下二十二4）。

把信帶去在巴比倫的猶大百姓那裏(3節)。

8.4.1.2 書信內容(二十九4～23)

這封信由兩個主題組成：第一，教導在巴比倫的百姓要安心定居下來。因為上帝已經定了，他們要留在巴比倫70年(4～7、10節)。第二，督責他們不要相信在巴比倫他們中間的假先知(8～9、15～23節)。比較下，教導他們定居的經文只有3節(5～7節)，但論到假先知，並因他們而引出的督責卻有11節(8～9、15～23節)。故此，這封信的主要重點是在督責，次要才是教導。這兩個主題以5個段落推展出來：

第一，這封信的第一個目的是教導被擄的人該如何在巴比倫生活。在段落的開始，作者便特別指明這信是由「萬軍之耶和華－以色列的上帝對所有被擄的，就是我使他們從耶路撒冷被擄到巴比倫去的人如此說」(4節)。這「所有被擄的」乃指第2節那些隨著耶哥尼雅先被擄的猶大人。上帝的話無疑對他們來說，是一個安慰，也表明他們的被擄是在上帝計劃中的。在信中，上帝吩咐在巴比倫的百姓要安居下來：蓋造房屋、栽種田園、生養兒女，為被擄到的那城求平安(5～7節)，他們的心思要集中在安居巴比倫這個事情上。也就是說他們要接受被擄的事實是上帝所定的審判，懲罰的定期是漫長的，不會很快結束，他們要落地生根，為城的平安禱告，要使他們在留下來的日子可以平安度日。

信中第二件事要提的，是上帝吩咐他們不要相信在他們中間的假先知。不論他們是占卜、做異夢，或冒上帝的名說預言；他們都是欺騙人的(8～9節)。先知指導百姓定居巴比倫後，跟著吩咐他們不要聽從巴比倫當地在他們中間的假先知，表示這兩者是相關的。因為在被擄的百姓中間有不少的假先知擾亂他們(15～23節)，以致他們沒有安心居留，卻蠢蠢欲動的期待巴比倫很快倒下。因此，他們生活在巴比倫很抽離。這些擾亂他們的假先知應該都是從猶大地被擄去巴比倫的，原因有3個。首先，第1節的收信人表明是有先知從耶路撒冷被擄去了巴比倫。其次，這些先知說是奉上帝的名，而不是其他神明的名說預言，其實上帝並沒有差遣他們(9節)。在巴比倫有人奉上帝的名說預言是難以想像的，因為上帝是被擄的猶大人的神，在他們眼中是敵不過巴比倫的神明。此外，21節提到的兩個假先知亞哈、西底家，他們過去曾「在以色列中」（23節）犯了姦淫，現在上帝作證指控他們的罪。明顯的，「在以色列中」這短句指出他們是從猶大地被擄到巴比倫的先知。

第三，先知警告被擄的百姓不要相信巴比倫的假先知後，他暫時放下這主題，先勸勉他們尋求上帝（10～14節）。先知是以上帝的話來鼓勵他們尋求真相。上帝安慰被擄的百姓，祂向他們所懷的意念是賜平安的意念，但上帝的意念是為巴比倫所定的「七十年滿了以後」（10節），上帝才會眷顧他們，成就祂的恩言（應許），使他們返回本國（10～11節）。這也是說，被擄的百姓要接受上帝的時間表，要耐心地等待。上帝這些安慰的話，其目的是鼓勵被擄的百姓呼求上帝、尋求上帝。上帝滿有恩慈的告訴他們，當他們專心尋求上帝，祂就會被他們尋見。這樣，上帝就會將他們從各國各處帶回被擄離開的地方（12～14節）。由此推論，他們縱然被擄，卻仍未好好地歸向上帝、尋求祂，也就是說，他們在順服這根本問題上沒有因被擄而改善。所以，後來上帝要求「所有被擄去的，就是我從耶路撒冷放逐到巴比倫去的，當聽耶和華的話」（參20節）。

第四，15節開始，先知回到巴比倫假先知的重點上。先知引用被擄百姓中間傳流的話——「你們說」——上帝在巴比倫為他們興起了先知（15節）。耶利米沒有繼續說出這些先知說了甚麼話，不過從上下文推論，這些巴比倫的假先知都告訴被擄的百姓，他們可以很快返回本國了。但上帝指出這些假先知的虛幻：被擄的人不只不可以很快回國，其實，就是在猶大還沒有「與你們一同」被擄的百姓，上帝要使各種的災難如刀劍、饑荒、瘟疫等臨到他們（17～18節）。在此上帝重提之前曾說過那兩筐無花果的比喻，這比喻是描寫隨耶哥尼雅被擄和留在耶路撒冷這兩種猶大人的命運（二十四1～10；參7.3「兩等猶大人」）。作者如此表達，是要反駁那些假先知，讓被擄的人知道，不要幻想可以很快返回耶路撒冷，其實留在耶路撒冷城的人會受各種的災難，最後分散到天下列國中，因為他們是壞的無花果，是上帝所厭棄的。這些目前留在耶路撒冷的人所遭受的命運比被擄至巴比倫的糟，原因也就是他們沒有聽從上帝的話（19 節）。最後，上帝吩咐「你們所有被擄去的，就是我從耶路撒冷放逐到巴比倫去的，當聽耶和華的話」（20 節）。

第五，指責假先知亞哈及西底家（21～23 節）。為了不混淆這兩人的身分，作者刻意記述他們的出處，他們是「哥賴雅的兒子亞哈和瑪西雅的兒子西底家」（21 節）。於當時而言，讀者一定知道他們是誰。作者指出他們將來的命運，上帝要藉巴比倫王尼布甲尼撒的手來懲罰他們，他們很快便死亡。在此要一提，21 節的「必把」（*nōṯēn*）原文是一個分詞，被譯作將來式，故受刑這事應該未發生。「必把」表示當寫這信時他們仍未受懲罰，但反映必定發生。作者不但說出他們的結局，同時也揭發他們不道德的行為，他們在以色列中曾與鄰居的妻子通姦（23 節）。上帝知道，所以要審判他們，要他們成為在巴比倫的百姓詛咒的對象。對被擄的百姓而言，這些詛咒無疑是一個警戒。如果他們聽從假先知，他們也必會受牽連。

8.4.2 第二封信和人的反應（二十九24～32）

二十六章 20 節曾出現示瑪雅這名字，但與二十九章記載的不是同一個人。前者是基列．耶琳人，後者是尼希蘭人。

24 節開始時記載的「你要對尼希蘭人**示瑪雅**說……」，似乎應連接到 31 節——上帝要先知說的是甚麼話。中間 25 至 28 節的內容，是示瑪雅寄給祭司西番雅的信，與 4 至 23 節的內容分開。這段落一方面是記述祭司西番雅公開了假先知示瑪雅的信（29 節），另一方面是記述上帝如何藉著耶利米宣布對示瑪雅的懲罰（30～32 節）。這次的衝突，是因為耶利米寄給被擄的猶大人的信所引起的（28 節）。

8.4.2.1 西番雅公開信的內容（二十九24～29）

被擄去巴比倫的示瑪雅可能是一個首領級人物。他讀了耶利米的信以後，十分不滿。他寫信給耶路撒冷的祭司領袖西番雅和其他祭司，也寫信給耶路撒冷的百姓。示瑪雅要求新上任的大祭司西番雅處罰耶利米，用鐵鏈鎖住他，再用鐵枷捆住；原因是耶利米自封為先知，該受處罰（24～27 節）。被擄巴比倫的示瑪雅竟然認為耶利米不是真先知！被擄以前，他在猶大地肯定聽過耶利米的預言，被擄後仍固執地抗拒耶利米。這表示他一直抗拒上帝。

示瑪雅用的言詞和語氣似乎是正直的，也是愛國的。他反對耶利米，是因為耶利米寫信給在巴比倫的百姓，吩咐他們安心地在巴比倫度過漫長流亡的時期（28節）。對於示瑪雅，耶利米這種言論無疑使百姓不再醞釀回國之意，更不會打算起義反抗巴比倫。

耶利米的信是發給巴比倫的「長老，以及祭司、先知，和尼布甲尼撒從耶路撒冷擄到巴比倫去的眾百姓」（二十九1），在公開場所被宣讀。但是示瑪雅也不示弱，他發的信，除了給西番雅，也有給眾百姓，因此也是一封公開的信。因為耶利米的信是公開的，成了示瑪雅攻擊的對象。幸好祭司西番雅沒有相信示瑪雅的話。他把信讀給耶利米聽（29節）。可能西番雅與耶利米有某種淵源，因為耶利米是出身祭司家（一1），也可能西番雅認同耶利米是真正的先知，所以告知耶利米。他將事件交由當事人耶利米處理。

8.4.2.2 耶利米宣布示瑪雅的審判（二十九30～32）

耶利米聽完示瑪雅的信後，做法與示瑪雅不同。示瑪雅在巴比倫聽到耶利米的信，並沒有在被擄的人中間回應耶利米的內容，反而寫信給耶路撒冷的人，明顯他要攻擊的是耶利米。但是，耶利米沒有回覆耶路撒冷的眾百姓，卻遵照上帝的話回應住在巴比倫的猶大人（31節）。耶利米的回應表示他重視的不是自己的安危，而是考慮到示瑪雅對被擄的人的影響。他公開譴責示瑪雅，並宣布上帝對示瑪雅的審判（32節）。上帝要懲罰的不但是示瑪雅，也有他的子孫。他家族所有人，不會有機會看見70年後百姓回歸本土時，那美夢的實現。這暗示了他家族的人都要死亡。示瑪雅受到如此嚴厲的懲罰，主要原因是他自封為先知，冒上帝的名說預言欺騙百姓（31～32節）。其次，為了達到目的，他竟然誣告耶利米為假先知、迷惑百姓。

耶利米與假先知衝突的記載，在二十九章的結尾也告一段落。上帝沒有放過假先知，無論在巴比倫或在猶大的，他們都遭到上帝的審判。

信仰反省：極速與等候

「凡事都有定期，天下每一事務都有定時。栽種有時，拔出有時；殺戮有時，醫治有時；拆毀有時，建造有時……」(傳三 1～3)上帝有祂的時間，我們要耐心等候祂，等待祂的責罰，也等待責罰後的重建。

耶利米寫信給被擄巴比倫的人，鼓勵他們在巴比倫定居，不要聽從他們中間的假先知所說：上帝很快就會帶領他們回國。事實上，上帝已經定了猶大要被擄 70 年。待 70 年完結後，上帝才會領他們回歸。70 年是一個不短的日子。70 年後，究竟有多少個被擄的人還能回歸呢？試問有誰願意接受客死異鄉，連再看一眼祖國土地的機會都沒有呢？耶利米的信對他們來說是無情的預言，但這不是新的預言，因為在約雅敬第四年，耶利米已宣告了 70 年的日子(二十五 11～12)。而這封信是在西底家王的時候，帶去給被擄到巴比倫的人的(二十九 3)，中間相隔約 6 至 9 年的時間。

究竟是他們忘記了耶利米的預言，抑或他們一直都拒絕接受耶利米的預言？真正原因大概是後者吧！在被擄到巴比倫的人中，有先知說他們快要回歸故鄉(二十九 15、21、24～28)，而仍留在耶路撒冷的假先知所說的曾經也是一樣(二十八 10～11)。其實上帝明明的指出責罰之後仍有恩典，但人往往都不肯接受。這是因為人不願意接受上帝所定的時間和安排，也不願意等待，因為等待使人懊惱、焦慮、無助，像是坐以待斃般。

21 世紀的人和基督徒不也是一樣嗎？我們講求速度、現成的、捷徑、在線、即時。由電腦上網趨至電話上網，似乎每時每刻都不放過吸收資訊。這些極速的資訊確實帶給人許多的方便，但同時也令人不能再停下來。

我們不願意「等」。有人因為忍不住交通堵塞，煩躁起來，近距離開槍殺死一個素未謀面的人。這世界宣揚「動感」的觀念，以為「動」是生命，「靜」是死寂，因此我們不斷在「動」的狀態中。這位看不見的上帝期望我們學習等待，原因在於在等待的過程中，我們有空間去思考，去沉澱一些曾經歷過的事情，使成為一個生命的提醒，叫我們不再重蹈覆轍。若常常都在快與動的狀態中，人的生命變得膚淺。縱使到最後是被上帝責罰，但這是上帝的心意，為要人學習為自己所行的負責任，為自己的罪難過。經過反省後，上帝的恩慈也臨到人中間。上帝與人之間的關係往往沒有現成的、即興的，也沒有捷徑這回事。我們需要接受祂的時間表，等待祂的安排。

就如耶利米向百姓清楚指出，尼布甲尼撒的興起不是偶然的，因為上帝稱他為祂的僕人(二十五 9)。這顯明了他雖然執行上帝的審判，但仍是祂手中的一條教導祂子民的鞭子。尼布甲尼撒的所是、所有和所為都在上帝的主權下。上帝統治的範圍，不只包括善，也包括我們不大認識的邪惡。我們雖然不明白邪惡的本質和神如何管理它的運作。但因上帝預定猶大人只服事巴比倫70年；我們就明白，萬事都有定時；破壞有時，重建有時；受罰有時，醫治有時。上帝所定的時間，沒有人能改變。就讓我們順服上帝。在接受責罰時，我們仍是耐心信靠祂，因為遲一點就會是祂醫治我們的時候了。

溫習及思考問題

1. 如何從二十五章1節至二十九章32節的結構中看見「被擄七十年」這中心信息？若按歷史時序，這部分經文可以分為哪兩大段？
2. 作者在二十五章1節將猶大國與巴比倫王國的年份拼在一起談論，目的何在？作者如何描述巴比倫毀滅猶大的情況要有70年（二十五11～12）？假如上帝要你向你所熟悉的人宣布一個審判，你的心情如何？
3. 二十五章15至16節上帝「憤怒的杯」是指甚麼意思？作者如何藉此宣布上帝的審判？
4. 接著的30至38節，作者用了許多豐富的詞彙來描述上帝，試將之列出。這些詞彙有何特別意義？作者所描述的上帝，你曾經歷過嗎？
5. 在二十六章當耶利米宣布聖殿要被毀時，最大的反應是哪些羣體？耶利米如何分3點自辯（二十六12～15）？長老如何為耶利米辯護？
6. 在二十六章，當耶利米遭受生命威脅時，他怎樣受到保護？作者在此特別提及烏利亞，他與耶利米有何相同的地方？他們遭遇的結果如何？
7. 試簡述記載在二十七章，耶利米的象徵行為。耶利米如何透過這行為向列國的大使傳遞信息？受眾的反應如何？這「負軛行動」如何轉化為他的一個活生生的標記？從耶利米傳遞信息的方法可見，他是用盡各樣方法將上帝的信息表達，這對你作為一個福音的使者或作教導聖經工作的有何反省？
8. 二十五至二十九章裏，耶利米曾有多少次勸諭猶大人臣服巴比倫？他有沒有教導他們如何去臣服這外邦的國家？

9. 在二十五至二十九章經文裏，有多少段是談及與假先知有關的經文？

10. 耶利米發給在巴比倫的猶大人的信的主題是甚麼？耶利米如何勸勉他們留下來？如何教導他們生活？從耶利米發出的信，你對耶利米有哪方面的認識？

11. 為何引致有第二封信的發出？這信是由誰發出的？耶利米如何作回應？總結這 3 節經文（二十九 30～32），你認為作一個亡國先知應有甚麼特質？

釋經短註

❶ 但以理書用的應是巴比倫年曆法，王登基的那年只算為「登基年」，登基年以後才是第一年。耶利米用的年曆法是沒有「登基年」的，王登基的那年就是第一年。以此類推，但以理書的「約雅敬王第三年」就是耶利米書的「約雅敬第四年」。無論如何，二十五章開始時，猶大第一次被擄應該是已經發生。

❷「七十士譯本」把希伯來文的四十六至五十一章——論列國預言——編排在二十五章 13 節之後。

❸ 示羅是以色列人征服迦南地後，擺放出埃及時所建造的會幕之城（撒上一 3），後來以色列人與非利士人打仗，將約櫃抬出來作武器，不過以色列人戰敗，約櫃被擄（撒上四章）。當時非利士人很可能乘勝追擊，直搗示羅，把城毀滅。考古學家發現城的房屋有被燒過的痕迹。所以，當約櫃從非利士返回以色列地後，並不是送回示羅，而是另一個地方——伯．示麥（撒上六 9）。直至王國分裂時期，示羅這名稱才再次出現，可能那時已有人住在示羅，不過考古學家發現住在這城的人數稀少（參王上十四 2、4）。

❹ 第7節領袖中的先知，應該指假先知。在當代，他們可能是職業的問卜師，專門為百姓和領袖向上帝求問他們的未來。這些假先知專意帶領百姓離開上帝(參五30～31，六13～15，八10～12，二十三9～11、13～15、16～32，二十八1～4、10～11、16～17)。在被擄到巴比倫的猶大人中也有假先知(二十九8～9、15、21～23)。

❺ 長老們為何能夠提出彌迦先知的預言，且清楚地引用「這殿【即錫安】的山必像……」(18節；參彌迦書三章12節：「因此，為你們的緣故，錫安要被耕種像一塊田地，耶路撒冷要變為廢墟，這殿的山必如叢林的高處。」)他們也清楚地指出先知彌迦是摩利沙人(彌一1)。這有兩個可能：第一是因為口傳的傳統。先知彌迦與以賽亞是同期作先知的，他的信息在以色列人中一直流傳下來，所以這些長老曉得彌迦。第二是先知彌迦的預言已經被記載下來，成為書卷，流傳在民間。希西家作王時，猶大國可能有一次宗教復興。希西家王僱用了文士把口傳的內容，記載為書，其中一個例子是，他把所羅門的箴言輯錄成書(箴二十五1)。以賽亞在希西家王期間作先知，他也提到「你要捲起律法書，在我門徒中間封住教誨」(賽八16)。

❻ 示瑪雅在舊約聖經共出現43次。當中有猶大國羅波安作王時期的一位先知(王上十二22～24；代下十一1～4)；另一個是猶大王約沙法時期的一位利未人(代下十七8)；一個利未人的手下(代下三十一15)；約西亞時另一個利未人(代下三十五9)；尼希米時代一位修造城門的人(尼三29)等等。在耶利米書，這名字共出現6次，除了是烏利亞的父親(二十六20)，也有一個是尼希蘭人示瑪雅，這人是假先知(二十九24、31～32)。這麼多關於這名字的人，可見這名字在舊約時代十分

普遍，而耶利米書二十六章20節所指的那位，也沒有資料可尋與其他的有關連，所以只有同名同姓而已。

❼ 約雅敬王打發以利拿單去埃及抓烏利亞，可見他是王信任的人。以利拿單是亞革波的兒子（22節），他曾經勸約雅敬王不要燒耶利米的書（三十六25），可見他並不敵視耶利米。他可能是約雅斤王的外祖父（王下二十四8），但這不能肯定。

❽ 這亞希甘是沙番的兒子。沙番曾是約西亞王的書記，而沙番和兒子亞希甘都支持約西亞王改革國家（王下二十二3～12，二十五22；代下三十四20～21）。這官宦世家一直是耶利米先知重要的支持者和忠心的朋友（耶二十六24，二十九3，三十六10）。這家族的後人基大利，被巴比倫人立為猶太省長（四十9，四十一1～2）。

❾ 二十七章1節出現「約雅敬」，明顯與第3節的「西底家」有衝突。這裏很可能出現抄寫錯誤。在希伯來聖經裏，二十六章1節與二十七章1節經文完全相同。因此，文士在抄寫二十七章1節的時候，可能把第二十六章1節重抄。此外，二十八章1節「當年，就是猶大王西底家登基第四年」的「當年」原文 *wayəhî* 意思是「同一年」，所以我們有理由相信，二十七章的負軛事情是發生於西底家作王第四年初。若不然，負軛的事情真的開始在西底家王「登基年」，耶利米就會背著軛達4年5個月之久了！

❿ 二十九章不會是耶利米寫信的原稿，因為那信是藉其他人帶去了巴比倫，並在那裏定居的猶大人羣體中傳閱。二十九章記載的，可能是耶利米或書記巴錄憑記憶把那封信的主要內容摘要地寫下來。可是，我們也不太清楚當代猶大人寫信的格式，要等待考古進一步的發現。不過，這摘要是以「萬軍之耶和華—以色列的上帝……如

此說」開始(4節),也以「這是耶和華說的」結束(23節),指出這封信是上帝的話。

第四篇

關係與再生的宣告（三十1～三十三26）

三十至三十三章整個部分的內容充滿著上帝的安慰，大體可分兩方面表達：「安慰之書」（三十～三十一章），「安慰之書」補篇（三十二～三十三章）。這部分連接二十五至二十九章的內容。二十五至二十九章的判詞裏已經提過，猶大百姓被擄巴比倫70年後，上帝會帶領他們回歸本土，以色列國會有更新。「安慰之書」就是描寫未來完全的恢復和那時美好的時光，而補篇則申明上帝必會成就祂美好的救恩。三十至三十三章是一個不能分割的單元，有好幾個詞彙及短語重複串連起來，如：「以色列家和猶大家」（三十一27、31，三十三14）、「白日黑夜」（三十一35，三十三20、25）、「定例」（三十一36，三十三25），以及「日子將到」（三十3，三十一27、31、38，三十三14）等。

「安慰之書」凸顯的信息是上帝與以色列另立新約。舊的約已經被以色列人破壞了，這約所規範的關係已經毀壞了，再沒有約束的能力。此時，上帝主動要與以色列立新約，以表明上帝珍惜與以色列的關係，祂是一位看重關係的神。

「安慰之書」是耶利米全書的心臟，被稱為舊約聖經的福音，內裏刻劃了上帝偉大的救贖和祂豐盛的慈愛。上帝審判以色列最終目的是要藉著審判來重建祂的子民。拆毀舊的，為要重建新的；拔出壞的，再栽植好的。上帝重建以色列是基於甚麼條件？是要以色列全國認罪悔改嗎？不是。若以色列要全國歸向上帝，上帝才重建他們，可能以色列永遠沒有機會了。那麼，是因為西奈之約條款的要求嗎？不是。上帝與祂子民建立的關係，是早於出埃及的拯救，後來以西奈之約把以色列人與上帝的關係具體化。但西奈之約並沒寫明，其中一方違約，另一方要以哪種方式與違約的一方重建關係。

上帝重建以色列人是建基於祂永遠的愛。在遠古的時候，這愛推使上帝與亞伯拉罕立約,要保守他的後代,使他們成為一國(參創二十二15~18)。出埃及的事件能發生,正是因為上帝曾與亞伯拉罕立約。當以色列人在埃及受苦,上帝「聽見他們的哀聲,就記念祂與亞伯拉罕、以撒、雅各所立的約」(出二24),所以上帝差遣摩西去帶領他們離開埃及。上帝會揀選亞伯拉罕,與他立約,應許帶領他的後裔以色列人回到迦南地(創十五12~15),歸根究柢,是因為上帝愛以色列人的祖先亞伯拉罕,所以揀選他和他的後裔(申四37,十15)。換言之,上帝與亞伯拉罕及與以色列人立約是基於上帝的愛。這愛是在立約之先,也是約的基礎。上帝愛亞伯拉罕,這愛推使祂與亞伯拉罕立約,祂又用這約約束祂自己。愛是一種關係,而約卻是用來維繫這愛的關係的條款。當以色列毀壞了西奈之約,上帝可以選擇棄絕他們。然而,上帝卻選擇繼續愛他們,這可說是單方面維持約的關係,也可說是單方面去愛另一方。

來到耶利米時代,上帝就像一個審判者,要審判以色列人的惡行。不過,在審判中,上帝依然愛以色列,這愛催使祂在以色列毀約後,主動地與百姓重新立約,這是他們不配得的,這顯出了上帝的偉大。上帝借耶利米宣布:「日子將到,我要與以色列家和猶大家另立新約。這是耶和華說的。這約不像我拉著他們祖宗的手,領他們出埃及地的時候與他們所立的約。我雖作他們的丈夫,他們卻背了我的約。」(三十一31~32)

三十至三十一章是以詩歌形式表達,內容是一篇超越時空的救贖預言。三十二至三十三章是記敘文,帶我們回到當時的時空當中。它記載的事件發生於耶路撒冷正被巴比倫人圍攻,離城破之日不遠。當時,先知做了一個象徵性行動,為要確定三十至三十一章的超越時空的救贖預言是一定應驗。上帝藉著先知的象徵性行動,幫助以色列人建立信心,面對前頭的被擄生涯和痛苦。故此,兩部分的內容是有緊密的關係,縱然它們的文學體裁和寫作手法截然不同。

第九章
安慰之書（三十1～三十一40）

- 上帝吩咐寫書
- 書的內容

三十至三十一章是「安慰之書」，它緊接二十五至二十九章。二十五和二十九章已經指出，猶大百姓被擄巴比倫70年後，上帝會帶領他們回歸本土，重建家園。雖然國家仍未復興，但以色列民族得到新生。二十九章提到耶利米寫信給在巴比倫的猶大百姓，督導他們安心居住巴比倫，等候上帝帶領他們回歸的時間。到了三十章，開首就提到上帝吩咐耶利米把上帝的應許記錄下來，寫成書（2節）。它稱為「安慰之書」，因為內容充滿著安慰。

「安慰之書」有兩個特點：第一，它沒有任何時間的記錄或提示。它沒有說明耶利米記錄這書卷時，是誰在作猶大王，兩章經文也找不到任何提示，指向哪一件歷史事件。但是，從它的內容看，可說是寫於猶大人被擄之後，歸回之前。其原因是它多次出現「被擄/擄」這詞（*šəḇûṯ* / *šəḇî*；參三十3、10、16、18，三十一23），而且從作者的表達，似乎被擄已是事實。此外，它提到「軛」（8節），因耶利米曾經以軛來比喻巴比倫（二十七章），讀者一定明白這書內容所指何事。作者很可能就是使用當時讀者都明白的語言符號，來表達一個被釋放歸回的思想。若以上的推論是對，這「安慰之書」接續著二十九章所指耶利米寫信給在巴比倫的猶大人，目的是進一步安慰他們，也繼續鼓勵他們安定下來，終有一天他們要離開這地方。雖然讀者是被擄的猶大人，這兩章經文的應許對上帝子民來說也是沒有時間性的，因為上帝的應許是歷久常新的。這安慰之書的安慰是不會因時間過去而褪色的。

第二，這兩章經文是上帝以第一人稱「我」作宣講，這種寫作手法與二十九章上帝寫給在巴比倫的猶大人相同（參二十九4～20）。因此，「安慰之書」可說是延續二十九章的內容（參11～14節），就是上帝要親自安慰受傷害的猶大人，也向他們表白祂的心意及計劃。他們要知道一切救恩的應許，和使這應許實現的行動，都是上帝主動安排。祂設計和安排整個救贖，祂保守這計劃，使之進展，使之完成。上帝要顯明祂是救贖的神，祂雖然按西奈之約懲罰祂的子民，可是懲罰之後是救贖。

9.1 上帝吩咐寫書（三十1～4）

這章的開首是以「耶和華的話臨到耶利米，說……」（1節）作開始，也是用「引言公式」（參 1.1.2「結構」）來表達。此外，上帝也吩咐耶利米將祂曾對耶利米「說過的一切話都寫在書上」（2 節）。明顯地，這番話是上帝的宣告，祂吩咐耶利米記錄下來，以文字表達。上帝有此心意是不難理解的，因為一切宗教活動都變化了。當猶大人被擄，聖殿被毀，無論在耶路撒冷的猶大人也好，在巴比倫的猶大人也好，他們再沒有從前般可以很容易聽到先知的說話。因此需要將上帝的話記錄下來，再帶到他們面前。無論如何，這反映了上帝沒有撇棄所有猶大人，在這刻仍有信息向他們宣講。在此仍須留意的是，這裏提及祂的「百姓以色列和猶大被擄的人」（3、4 節），這與二十九章 1 節提到的「送信給被擄倖存的……和尼布甲尼撒從耶路撒冷擄到巴比倫去的」不同，前者明顯包括曾經被亞述帶走的以色列人。因此，這書是寫給所有離開了耶路撒冷的以色列人。

第 3 節是三十章 4 節至三十一章 40 節內容的摘要，這與上帝的應許有關。上帝應許無條件地將以色列人和猶大人帶回應許之地，這是清楚不過的：「日子將到，我要使我的百姓以色列和猶大被擄的人歸回。這是耶和華說的……我要使他們回到我所賜給他們祖先之地，他們就得這地為業。」（3 節）第 3 節包含 3 個重要主題：第一，上帝將曾經賜予以色列祖先的土地，歸還給他們的後代，這土地是上帝應許給亞伯拉罕的。第二，無論是猶大國的人或以色列國的人，當回歸故土時，已成為一個民族，再沒有南北兩國之分。第三，當他們重新擁有這土地時，表示上帝應許給亞伯拉罕的，沒有因以色列亡國而落空。

9.2 書的內容（三十5～三十一40）

這書可分為兩部分，第一部分主要表達上帝體會以色列人的苦情，並宣告定必醫治他們的創傷（三十 5～24），第二部分是講述上帝的應許，祂要完全復興以色列（三十一 1～40）。

分段大綱（三十5～三十一40）

1. 上帝要醫治雅各的創傷（三十 5～24）
   甲、救贖的宣告（三十 5～9）
   乙、「我的僕人雅各」（三十 10～17）
   丙、「我使……雅各的帳棚」（三十 18～21）
   丁、「我與你們」（三十 22～24）
2. 上帝要完全復興以色列（三十一 1～40）

9.2.1 上帝要醫治雅各的創傷（三十5～24）

按體裁，這部分以詩歌表達，但 8 至 9 節卻以散文寫成。至於接著的 10 至 24 節，卻出現 3 次「耶和華說……」或類同的表達（10、12、18 節）。因此，這部分是由 4 篇詩歌（5～7、10～11、12～17、18～24 節）及一篇散文（8～9 節）組成。但若按內容，8 至 9 節是救贖宣告，是「安慰之書」的引言。第 10 至 24 節，是先知運用交錯轉換代名詞的技巧，來帶出經文的脈絡：

- 10～17 節是「我與你」，開首是「我的僕人雅各」（10 節）；
- 18～21 節是「我與他們」，開首是「我必使雅各被擄去的帳棚」（18 節）；
- 22～24 節是「我與你們」，開首是「你們要作我的子民」（22 節）。

9.2.1.1 救贖的宣告（三十5～9）

這段落開始時，出現一個第一身複數的主語「我們」（5 節），接著的是用第一身單數「我」（6 節）。前者是指上帝與耶利米先知，後者是指上帝。前者說的是上帝及耶利米都「聽見」他們的苦情，但後者上帝甚至「看見」他們的苦情。

上帝知道「以色列和猶大」的百姓被祂懲罰時的痛苦，祂聽見他們「顫抖的聲音，令人懼怕，沒有平安」（5 節）。上帝說：「你們且訪查看看，男人會生孩子嗎？」這不是真的要他們出去作一些訪查，這只是修辭的一種，藉著提問一個不合理的事「男人生子」（6 節），讓讀者反思一個嚴肅的事情。男人當然不會有生產的痛苦！可是，上帝說祂看見每個以色列和猶大的男人痛苦得用手抱著腰，臉色蒼白，就如那些正在生產的婦人一樣。作者借助描述這些分娩中的婦人的表情來描述受苦的以色列人的光景。這樣的描述不像一個普通的苦難，也不像猶大在巴比倫受苦的日子。在此要一再強調的是，巴比倫人並沒有惡待猶大人。再參 7 節提到上帝宣告將會有「無日可比」的日子要來。那日子是「雅各遭難」的時候，不過也是他們得拯救的時候。作者在此提及「**那日**」（*yôm*；7 節），這詞在耶利米書可以指任何的日子。但在第 7 節，似乎不是一個普通的日子，因為是一個「為大，無日可比」的日子，而且是雅各家遭難的同時，也是被救出來的日子。它可能不但指歸回的日子，而且是終末的日子（參珥二 28 ～ 32）。作者有如此的描述，一方面確實寫出當時猶大人的心情，另一方面，似乎提及一個終末的觀念，看猶大人的回歸就相等於上帝國度復興的日子，讓讀者有所反省。因此，這宣告是超越時間的。

「那日」這詞在耶利米書共出現 138 次，在三十至三十一章共出現 12 次，是在耶利米書中，除了十七章（出現 12 次，是描述耶利米遭難的日子及安息日）之外，出現最多這詞的地方。

描述完雅各的苦情，接著是上帝的安慰（三十 8 ～ 9）。在這裏，作者再次提及「那日」（8 節）。上帝很清楚地說出在那些日子，上帝要施行「新的出埃及」。上帝應許要拯救以色列和猶大，祂要折斷他們脖上仇敵的軛，砍斷他們身上外邦人的鎖鏈。到將來，他們不會再作別國的奴隸，乃要事奉上帝。這裏提及「陌生人必不再使他作奴隸」（8 節）。作者沒有指出究竟這陌生人是指哪國的人。若 3 節提到「被擄」，這陌生人可以指巴比倫，但因為受眾也包括以色列人，所以這陌生人也可指之前的亞述國，甚而是出埃及時代的埃及王國。不只如此，上帝還應許會在百姓中間興起一位大衛的君王，他們將會服事他（9 節）。百姓能夠服事大衛譜系的王，因為上帝會把他們從流亡的異國領回故鄉安居，他們將有自己的國家。如上一段提及的，作者所指的這日子不只是一個歸回的日子，也是指將來終末的日子。在此更清楚指出這是大衛作王的日子，明顯不是指他們歸回的日子，而是指先知書一直預言將來彌賽亞來臨的日子，這位彌賽亞正正就是由耶西的根而來（賽十一 10）。由此開始，作者滲透性地預言的不只是歸回，也是將來終末彌賽亞 —— 耶穌基督 —— 來臨的事。❶

9.2.1.2 「我的僕人雅各」（三十10～17）

拯救神諭是一篇應許救贖的神諭，它最突出的特色，是出現類似「你不要害怕」等句子。

這段落仍是以「耶和華說」（10 節）開始，10 至 17 節是上帝直接對以色列說話，指出「我」——上帝，要如何待「你」——僕人雅各。這段經文提到上帝使雅各歸回，這全然是上帝主動的拯救。第 10 至 11 節是一篇**拯救神諭**（salvation oracle），第 10 節經文用了 3 個同義詞來描述懼怕：「懼怕」（*yārā*ʾ）、「驚惶」（*ḥāṯat*）、「害怕」（*ḥārad*），完全表達了受眾當時的心情。上帝在此安慰以色列不用害怕。上帝稱以色列為「我的僕人雅各」（10 節），這用語在以賽亞書四十四章 1 至 2 節出現過。這個稱號表現了上帝對以色列的憐愛。上帝安慰受苦的子民，祂要拯救他們，卻要懲罰擄掠他們的列國（11 節）。

上帝知道祂所定的懲罰是很大，他們的傷口是人無法醫治的，也沒有人會醫治（12 節）。「你所親愛的」全都忘記了他們。這些「親愛的」是指猶大國曾與之結盟，也是猶大國依賴的鄰國（參二十七 3）。這些國家會忘記他們，不理會、不幫助他們（14 節）。上帝也承認祂懲罰以色列，就像攻擊敵人一樣；但是，這不是沒有原因的，他們實在是罪孽深重（15 節）。這些詞句好像表達著上帝像一個女人的丈夫嫉妒妻子般，這妻子就是以色列（二 1～3）。到最後這妻子使她的丈夫——上帝——憤怒，在怨中生恨。

即使如此，上帝仍沒有撇下這不忠的妻子，祂會懲罰那些欺負妻子的，因此祂消滅那些曾經壓迫、俘擄以色列的外邦人。到那時，以色列不用再為她受的創傷哭訴，因為上帝現在要懲罰那些壓迫、搶掠她的敵國（16 節）。他們以為上帝完全遺棄以色列國了，其實不是，上帝要來醫治以色列的創傷，使她康復（17 節）。

9.2.1.3 「我使……雅各的帳棚」（三十18～21）

18 至 21 節是上帝向不是以色列人說的一番話，內容是講出這「我」——上帝——要如何對「他」——雅各家。上帝要復興雅各的「帳棚」。帳棚是給人住的地方，是避難所。猶大人被擄，這「帳棚」已經倒塌了。不過，上帝是慈愛的，祂顧念雅各的住處。祂顧念以色列，將原本荒涼的城邑耶路撒冷及宮殿，都變成有人在內居住。在那新的一頁開始的時候，上帝將會恢復他們的尊榮，使他們歡樂（19節）。祂要再次使這城繁榮起來，錫安山會傳出感謝和歡呼的聲音。以色列國會堅穩強壯，有自己的王統治，有自主權。於耶利米書時代的讀者，這是以色列「新的出埃及」，因為他們是離開被放逐去為奴之地，回到上帝應許之地，重新建立自己的國家。新的出埃及比第一次的出埃及更奇妙。在那次摩西和約書亞帶領的出埃及，上帝沒有為以色列設立君王。在新的出埃及，上帝會選立一個王。

還有，上帝會領這君王來親近祂，與他建立親密的關係（21節）。這君王得上帝恩惠的邀請，坦然地接近上帝。因為經過審判，國家被擄，上帝顯出了祂威嚴可畏的一面。誰還敢接近上帝呢？上帝知道這情景。感謝上帝！祂開放祂自己，主動地尋找這位王——百姓的代表——接近祂。一個接近上帝的王，必然會帶領百姓接近上帝；上帝與祂子民可以重新進入美好的關係。這樣的描述，明顯不是指回歸後，而是指終末時上帝的國來臨之時，因為歸回之後，以色列國一直都未正式復國。即使今天已經復國，以色列的統治者還沒有與上帝有親密的關係。

9.2.1.4 「我與你們」（三十22～24）

22至24節是上帝向以色列人說的一番話，內容是講出這「我」——上帝——與「你們」——以色列人的關係。上帝說：「你們要作我的子民，我要作你們的上帝。」（22節）這關係其實就是以色列第一次出埃及時，上帝與他們的關係，是一個約的關係（出六7，十九3～6，二十1）。這裏反映了「申典神學」的觀念（參1.4「耶利米書反映申典神學」），這樣的表達也曾多次出現於耶利米書（七23，十三11，二十四7，三十一33，三十二38）。

當耶利米傳講上帝所說的復興和美好的關係時（三十章），那些都是未來的事，是一種憧憬。現實是以色列和猶大正在敵人壓迫下。上帝知道，所以上帝說：「看哪，耶和華的憤怒如暴風已經發出；是掃滅的暴風，必轉到惡人的頭上。耶和華的烈怒必不轉消，直到他心中所定的成就了，實現了。」（23～24節）

不過，上帝向祂子民保證：「末後的日子你們就會明白。」(24 節下)末後的日子是上帝復興他們的日子，那時他們會明白上帝審判以色列最終目的是要藉著審判來重建祂的子民。值得留意的是，上帝的復興沒有帶任何條件，甚至沒有提起百姓要認罪悔改。這將來的復興比起那快要來臨的懲罰，是何等的美好！

9.2.2 上帝要完全復興以色列（三十一1～40）

三十一章 1 節重提三十章 22 節的意思，但以色列的身分由第二人稱「你們」轉為第三人稱「他們」。「耶和華說：『那時，我必作以色列各家的上帝，他們必作我的子民。』」「各家」這詞是針對以色列國歷史的傷痕而說的：以色列曾經分為以色列家和猶大家。不過，上帝這個宣告隱含了以色列國將來會再次統一。上帝在第 1 節的宣告，是需要三十一章的經文來闡釋的。

- 2～6 節：上帝以祂永遠的愛安慰以色列
- 7～9 節：上帝描述以色列民感人的回歸
- 10～14 節：上帝呼籲列國傳述以色列的復興
- 15～22 節：上帝愛戀痛哭的以色列
- 23～26 節：上帝要使以色列享受豐盛
- 27～40 節：上帝要完全復興以色列

三十一章主要述說被擄的人走路回國的情形，那是一個出埃及的圖像。回歸的人離開巴比倫，是「第二次出埃及」，是「新的出埃及」(三十一 7～9)。31 至 34 節是整章的核心，信息內容凸顯上帝與以色列再次立約。上帝與祂子民原本已有約的關係，如今再更新與他們的約，原因是上帝深愛他們。現將三十一章分段陳述。

9.2.2.1 上帝以祂永遠的愛安慰以色列（三十一2～6）

劫後餘生的以色列人，經歷的是刀劍，如今他們最渴望的是安息。他們得安息的方法是在歸回的路程上經歷上帝的恩典(2 節)。這刻以色列人在曠野，正朝著遠處的家鄉走去。在烈日暴曬、枯乾炎熱的天氣之下，他們拖著身軀，步履蹣跚。就在這時候，從「遠方」(*mērāḥôq*)傳來上帝安慰的聲音：「我以永遠的愛愛你，因此，我以慈愛吸引你。」(3節)❷當以色列人忐忑不安之時，遠處傳來上帝慈愛的呼聲，讓他們更有勇氣往前走。

從上帝帶領以色列人出埃及開始，祂就用「永遠的愛」愛他們，表示了這愛不是在以色列被擄或回歸後才開始，而是從遠古已有的，且在四圍隨著他們。因這愛，上帝現在要用慈愛吸引他們、復興他們。這愛也推動上帝在祂子民被擄的時候，仍繼續地忠誠愛他們，想盡辦法把他們帶回祂的懷抱。

回歸後，上帝要重新建立撒瑪利亞(以色列)和錫安(猶大)。過去上帝怎樣引導他們離開埃及，進到迦南地，今日上帝同樣要帶領他們離開被擄之地，歸回他們的故鄉，使他們重新有歡樂，擊鼓跳舞(4節)。在那重建的「日子」來到的時候(6節)，以色列不再分為南北兩國。在北部以法蓮山地的以色列人，可以歡樂地成羣上南部錫安山朝見上帝。耶和華—上帝不再只是猶大人的神，也是以色列整個民族的神(5～6節)。

9.2.2.2 上帝描述以色列民感人的回歸（三十一7～9）

7至9節描寫回歸路途上的情形。借助這個描述，上帝要激發以色列人萌發盼望。縱然耶利米當代的人要被擄，他們仍可以有盼望；他們民族有一天要離開被擄為奴之地，再「出埃及」，走過那遼闊荒原，再次經歷上帝救贖的恩典。以色列這個「再出埃及」的行動是值得列國歡呼的。因為上帝偉大的拯救行動，以色列得到「萬國中為首的」榮譽。上帝吩咐列國不只為以色列歌頌，也要呼求上帝拯救祂子民中「的餘民」(7節)。上帝要全世界參與這救贖行動。

上帝緊接著宣布祂自己要從天涯海角招聚祂這些子民：「我必將他們從北方之地領來，從地極召集而來；同他們來的有盲人、瘸子、孕婦、產婦；他們必成羣結隊回到這裏。」(8節)這羣體明顯不但指被擄去巴比倫的猶大人。作者在此特別提到這羣體是「以法蓮」(9節)，這是強調北國的以色列，他們是曾經被亞述帶走，然後寄居於各地的以色列人；另外，「長子」是北國以色列呼應著第一次出埃及的時候，上帝借助摩西對法老說：「以色列是我的兒子，我的長子。」(出四22)在這新的出埃及，以色列也有分於此，因為以色列是上帝揀選的，如同雅各昔日揀選以法蓮為約瑟的長子一樣(創四十八8～22)。這種說法是特為早在120年前滅亡的北國以色列人說的。上帝向他們保證，上帝沒有遺忘他們，上帝仍與他們有緊密的關係，是他們的父親。由此可見，上帝除了招聚在巴比倫安居的猶大人，也包括那些不被重視的「餘民」。他們中有「盲人、瘸子」，是被人輕看的。「孕婦、產婦」，是背負重擔、行動不方便的。上帝把他們招聚回來，沒有撇下他們。結果，願意回歸的人都會成羣結隊，一起回來。這段曠野路是上帝與以色列親密的時光，祂與他們的關係有如父子的生命關係，這個關係從第一次出埃及開始就存在。

「正直」原文yāšār意思是「正確/平坦」，因此是指道路平坦，與品格上的「正直」沒有關係。

在上帝滿有恩慈的引領下，這羣人慢慢地回來。上帝就如一個好牧人，帶領祂的羊羣經過溪水邊，走那平坦的路，「使他們在河水旁行走**正直**的路」，使他們走得闊達、開朗，不致絆跌。這羣人是帶著滿懷激動的心情走著回來。不少人是邊走邊哭，他們流的是感激的淚。他們一路走，一路禱告；上帝也一路地聽他們禱告，引領他們(9節)。

9.2.2.3 上帝呼籲列國傳述以色列的復興(三十一10～14)

10至14節描寫未來回歸的歡樂，在此作者轉換了表達的手法，描述上帝呼喚萬國來為祂傳遞信息，去到天涯海角傳揚上帝救贖以色列這美好信息。上帝曾經驅散祂的子民到列國，現在從強國手中把他們救回來。上帝有如他們的好牧人，把他們抱緊、保護、看守(10～11節)。

上帝把百姓帶回錫安山，他們領受上帝給予的豐盛，有「五穀、新酒和新的油，並羊羔和牛犢。他們必像有水澆灌的園子」(12節)。其中的「他們必像有水澆灌的園子」也出現在以賽亞書五十八章11節。在這裏，這短句有用作指向伊甸園的豐盛(參創二8～14)。歸回的以色列人會承受上帝賜予的豐盛，他們本身就如上帝豐盛所在的伊甸園一樣。本來是一片荒地的錫安，到那時竟成了可耕種之地，並且有豐富收穫。無論年少的、年老的，都因此滿口歡呼，載歌載舞，不再有悲傷。甚至祭司也會從百姓獻上碩多的祭物裏得到豐盛的供應，毫無缺乏；舉國上下都滿受上帝的恩惠。上帝要把他們過去的憂愁變成快樂（12～14節）。10至14節描寫的是美麗、豐盛的圖畫，接著的15至22節描寫的是上帝與以色列當時的心境。

9.2.2.4 上帝愛戀痛哭的以色列（三十一15～22）

拉瑪在耶路撒冷以北約10公里一片高地，是巴比倫人把俘擄集合的地點（參耶四十1）。

上帝先回顧耶利米當代的人被俘擄時的悲痛情形：「在**拉瑪**聽見號咷痛哭的聲音，是拉結哭她兒女，不肯因她兒女受安慰，因為他們【指拉結的兒女】都不在了。」（15節）巴比倫人把部分俘擄的猶大人留在拉瑪，其餘的都放逐到巴比倫。在拉瑪，父母親要和兒女分離，夫婦要分開，因此，拉瑪是一個充滿哭泣的地方。上帝形容他們那種悲痛，就如拉結哭她死去的兒女，不肯受安慰（15節）。拉結本來不能生孩子，她因此而嫉妒她姐姐利亞。後幾經艱辛，終於生下了約瑟（創三十1～24）。❸ 如果在她有生之年約瑟死了，她會是何等的悲痛！雅各看到她的悲痛也會難過得流淚。上帝就是用這圖像來描寫以色列悲哀的心情，祂就是在以色列這情況中安慰他們。上帝至終也安慰拉結（以色列）：別再哭，因為妳被擄的兒女要回國！妳的悲傷沒有徒然，終於帶來好結果！因為妳的兒女回來了，妳的前途是充滿希望的（16～17節）。

上帝接著用「以法蓮」比作以色列，表達祂對北國的憐愛。以法蓮是約瑟的次子（創四十一52）。約瑟的父親雅各因愛兒子約瑟，把約瑟的兩個兒子看為是他親生的，使約瑟得到父親雙份的產業，而且把以法蓮立在他長兄之上，使他特別蒙福（創四十八5～22）。上帝說祂「聽見以法蓮為自己悲歎」（三十一18），他遭受上帝懲罰後懊悔了。他明白過去任意妄為如野性小牛，所以上帝要管教他。現在他浪子回頭，要歸回上帝，為過往的行為感到羞愧和懊悔（18～19節）。「以法蓮」這樣說話，是要求上帝、他的父親接納他回家。

18至19節是上帝想像以色列人未來的悔過。縱然仍未發生，上帝仍回應說：「以法蓮豈不是我的愛子嗎？豈不是我喜歡的孩子嗎？」（重譯20節，這節經文所用的是肯定的語氣）上帝非常樂意接受他們回來。由始至終，上帝是愛以色列的，在責罰中仍顧念他們。其實「上帝的心」深深愛戀他們，所以上帝一定會憐憫以色列人(20節)。這幾節詩歌意境深切，表達出上帝那不能盡言的救贖之愛。

既然以色列已懊悔，上帝就要他們快一點回來。上帝直接吩咐以色列：「當為自己設立路標，為自己豎起指路牌。要留心向著大道，就是你曾走過的路；你當回轉，回到你自己的城鎮。」(21節)上帝也催促他們：「背道的女子啊，你翻來覆去要到幾時呢？」(22節)上帝不要他們再徘徊，而要立刻行動。這「背道的女子」表明以上的詩歌所表達的只是想像，是關乎將來的。當時的現實是，耶利米當代的人仍是背道的。

最後一句「耶和華在地上造了一件新事，就是女子護衛男子」(22節下)表示上帝的救贖是人想不到的、是新鮮的、是超凡的。「女子護衛男子」❹表示男女角色的轉換。這種轉換的文筆已出現在三十章6節「男人會生孩子」。只是在用法上，前者表示上帝做一些出乎人意外的事，而後者則指不可思議的災難。

9.2.2.5 上帝要使以色列享受豐盛（三十一23～26）

23至25節，上帝描述以色列回歸本土後的復興。他們會以上帝的名為錫安山祝福：「公義的居所啊，聖山哪，願耶和華賜福給你。」(23節)這祝福代表國家充滿一片昇平的氣象，各城鎮的人口充足，到處有農夫、牧人和羊羣。百姓生活自給自足，疲乏的人有安息，饑餓的人得飽足(24～25節)，所有人都享受豐盛。

26節是先知加插的一句。原文是以第一人稱的敍述文，不是引述文。原文直譯是：「這時，我醒了，四周觀看；我睡得香甜。」上帝是在先知睡了的時候，在夢裏向他説話，但先知醒後記憶猶新，把上帝的説話記錄下來。先知在夢中聽到上帝救贖的宣布，心裏愉快。縱使突然醒來，那愉快的感覺依然，所以把那美妙感覺簡短記下來。奇妙的是，上帝允許耶利米寫下他的美妙感覺，放在他的救贖預言中間，成為聖經的一部分。目的是加增百姓嚮往的心情，上帝應許國家那未來的復興真是美妙的。

9.2.2.6 上帝要完全復興以色列(三十一27~40)

27至40節是上帝復興應許最後的一段，是整個救贖預言的高峯。這段經文出現了3次「日子將到」(27、31、38節)，也理所當然地把這預言分為3段。

- 27～30節：在未來的時候，上帝要建立以色列，個人要承擔自己行動的責任。
- 31～37節：在未來的時候，以色列會統一，上帝會與他們立新約，是永遠堅定的。
- 38～40節：在未來的時候，耶路撒冷會重建，永不再被拆毀。

27至30節，上帝宣布祂會重新建立以色列和猶大。上帝用了「播種」的圖像來描寫這重建：「日子將到，我要使人的後代和牲畜的種，在以色列家和猶大家繁衍。」(27節)過去上帝如何刻意「拔出、拆毀」他們，在復興的時候，上帝同樣刻意「栽植、建造」他的子民(28節；參頁32圖表：「耶利米書出現之『拔出、拆毀、建立、栽植』」)。上帝重新栽植的是新的社會，有新的倫理：誰吃了酸葡萄，誰的牙齒就酸壞；每一個人要因自己的罪過死亡(29～30節)。以前他們是羣體一起承擔成員的罪行，將來是每人負責自己的行為。在新的社會中，個人的責任要取替團體的責任。上帝會追討每個人的責任，過於由團體承擔成員的責任。在此作者用了坊間流行的俗語：「父親吃了酸葡萄，兒子牙齒就酸倒。」(29節)但先知反駁這樣的講法，認為只有吃了酸葡萄的人，他的牙才會酸倒，意思是人要承擔自己所犯的罪。先知以西結也是強調個人的責任(結十八2～4)。不過，以西結宣布這新的倫理時已經有效用，耶利米則宣布這是未來的倫理；兩者沒有衝突。以西結是針對已經被擄到巴比倫的猶大人；耶利米的聽衆還未被擄，他是預言被擄回歸後的新倫理。

31至37節是一段安慰/鼓勵的信息，上帝宣布：「日子將到，我要與以色列家和猶大家另立新約。」(31節)本段是全本舊約聖經裏惟一提到「新約」的地方。舊的約是他們祖先在出埃及的時候，在西奈山下與上帝立的，那西奈之約可以說是一個婚約。上帝是以色列的丈夫(三十一32；另參二1～3)，可是祂的妻子不忠，戀慕其他男人——敬拜假神，破壞了西奈之約。即使以色列破壞了約，但上帝仍然愛他們，而惟一解決的方法是另立新的約。這新的約比舊的更好、更美。這新約帶來的關係沒有改變，仍是「我要作他們的上帝，他們要作我的子民」(33 節；參出十九 5)，但履行約的條款的動力改變了。從前的條款是寫在石板上，寫在書上，然後由祭司宣讀教導百姓，所以作者說是上帝「拉著他們祖宗的手」立的(32 節)。新約卻不同，上帝要把祂的律法「寫在他們心上」(33 節)。他們整個人會變化，生命得到更新；上帝的恩典多麼奇異！他們由此開始每個人「從最小的到最大的」(34 節)都自發性認識上帝，無需有人教導。即使有犯罪行得不好之時，上帝仍有赦免的恩典。只要他們承認自己的罪，上帝會「赦免他們的罪孽，不再記得他們的罪惡」(34 節)。因著這赦免，上帝成為他們的神，他們是上帝的子民這關係繼續維持不變。今天，基督作了這新約的中保(來八 6～13)，信徒已在新約裏(路二十二 20；林前十一 23～25)。我們的心靈已被轉化、被更新，我們是新造的人，有基督住在我們裏面。我們「可以」且「能夠」順從聖靈的引導，順從上帝的法律，不順從自我(羅八 1～2)。感謝上帝，基督在我們軟弱，甚至不能回轉的時候，主動地拯救我們，引導我們悔改，賜我們豐盛的救恩。一切都是恩典，祂配得尊榮和我們的讚美。

35 至 37 節，為要向以色列顯明他的旨意是不更改的，上帝指著祂的創造起誓為證。只要一天有太陽、月亮、星宿等星球在天空發光，有波浪在海洋翻滾，那天就有以色列。人若能夠中斷自然界的這些定律，上帝才會讓以色列國停止存在(35～36 節)。作者接著用了一種反意修詞法再次表達上帝不會離棄以色列。究竟上帝會在哪種情況或時候才會離棄以色列人？就是當人能夠量出天空的極限及大地根基的深度的時候；可惜，人從不能做這些事。因此，上帝也永不可能棄絕以色列人，即使他們的後裔一直在犯罪，祂仍應許以色列會永遠長存(37 節)。當然，我們知道自然界的創造有一天會過去。天啟文學也描述天地要更換(賽三十四 4，六十五 17，六十六 22)。但這裏不是以天啟文學手法來表達意思，這是一個救贖的宣告，宣告的重點是：創造的恆久性指向救贖的永恆性。耶利米書是把上帝的救贖與創造的工作連在一起而討論。救贖是創造的延續，創造是救贖的根基。

38至40節，上帝具體描寫耶路撒冷城的重建，「日子將到，這城必為耶和華而造」（38節）。因為城是為上帝重建的，所以是歸上帝的。的確，整個城要如聖殿般「歸耶和華為聖」，不再被拆毀，直到永遠（40節）。重建的耶路撒冷城的描述是具體的，包含不少地理的細節，提供一個現實的圖像，引起猶大聽眾具體的聯想，切切地盼望上帝復興的應許實現。

「……從哈楠業樓直到角門。這是耶和華說的。丈量的繩子要往外拉出，直到迦立山，又轉到歌亞；拋屍的全谷和倒灰之處，並一切田地，直到汲淪溪，又到東邊馬門的角落。」（38～40節）就目前所知：

- 「哈楠業樓」是在城的北牆靠近東北角位置（尼三1，十二39；亞十四10）。
- 「角門」在城的西北牆（王下十四13；代下二十五23，二十六9）。
- 「迦立山」和「歌亞」位置不詳。
- 「拋屍的全谷和倒灰之處」是指「欣嫩子谷」，在城的西南邊界。長久以來，欣嫩子谷是猶大人拜偶像、以孩童為祭獻上的地方（耶十九1～6）。
- 「汲淪溪」是城的東界。
- 「馬門」在城的東南角（尼三28）。

重建之城的邊界比耶利米時代的大，因為包括了欣嫩子谷和汲淪溪。但耶利米預言的這城卻是不再被拆毀，直到永遠（40節）。尼希米重建的耶路撒冷城（被耶穌時代的希律王擴建）不可能是這裏所預言的，因為後來被羅馬人在公元70年拆毀了。

摩西、耶穌與耶利米

摩西、耶穌、耶利米彼此間有著密切的關係。如果耶利米是新的摩西，耶穌就是終極的摩西。耶利米便站在中間，把摩西與基督連起來。他們彼此間有類似的地方，現將它列出。

一、聖經把他們串連起來

摩西留下一個預言給以色列：上帝會在他們中間興起一個先知像摩西的，祂要將當說的話傳給他（參申十八 17～18）。

上帝呼召耶利米時「伸手按住我【指耶利米】的口」，把祂的話放在他口中（耶一 8～9）。簡單說，這申命記預言的應驗，標誌耶利米是新的摩西。耶利米書表達上帝呼召耶利米做新的摩西（一 5～9）。

有一次，耶穌問他的門徒：「人們說人子是誰？」其中一個回答是耶利米（太十六 14）。耶穌時代有人把耶穌看為耶利米。至於摩西，使徒彼得在聖殿的講道曾引用了申命記十八章 18 節。雖然他沒有點出名字，但明顯是指耶穌應驗了摩西的預言（徒三 22～23）。希伯來書作者也把耶穌與摩西比較。摩西是西奈之約的中保，耶穌是更美之約的中保。摩西在上帝的家全然盡忠，大祭司耶穌也向上帝全然盡忠，比摩西更配多得榮耀（來三 2～3）。

二、他們有類似的生平

耶利米及摩西的呼召有許多相似的地方。上帝呼召摩西時，他諸多推卻（出三 11，四 10）。當上帝呼召耶利米時，他也如此，說自己年幼（耶一 6）。上帝沒有因此放過他們，雖沒有應允他們的要求，卻應許與他們同在，又把當說的話賜給他們。

同樣，耶穌與耶利米很多相似。耶利米沒有結婚，耶穌也是單身的。他們兩人都與當代宗教領袖衝突。耶利米被亞拿突同鄉謀害（耶十一 18～21，十二 6）；耶穌被拿撒勒同鄉的人謀害，要把他推下山崖（路四 29）。他們倆都蒙上帝保護，得以脫險。耶利米是哀哭的先知，耶穌也哭。在拉撒路的墳墓前，在橄欖山上，耶穌都哭了。

三、類同的出埃及事件

「出埃及」可說是概括了摩西的一生；至於耶利米，他開始事奉時是先回顧摩西時代的出埃及。耶利米第一篇講章的主題，就是以色列在曠野漂流時與上帝的關係（耶二章）。後來耶利米宣告上帝會將猶大被擄至巴比倫，這被擄可說是「反出埃及」。之後，先知又宣告上帝會從被擄之地，召回祂為奴的子民，這回歸便是「新的出埃及」（耶十六 14～15，二十三 7～8，三十一

9）。上帝成就回歸的原因與第一次出埃及是相同的：因為祂是以色列的父，以法蓮是祂的長子（三十9；參出四22）。

耶穌的生平也可連到出埃及。因著希律殘暴的陰謀，約瑟帶著耶穌逃往埃及；希律死後，約瑟帶著耶穌離開埃及，回去以色列地去。馬太福音作者說，這應驗了何西阿書十一章1節：上帝從埃及召出他的兒子來（太二15）。耶穌這個出埃及，表明他與以色列人有同樣的命運。此外，耶穌用了不少出埃及的圖像來描寫他自己。他是「生命的糧」，把自己比作以色列人在曠野吃的嗎哪（約六48～51）；他是「生命的光」（約八12；出埃及時，上帝是以色列人的光，就是雲柱和火柱）；他是「活水」（約七37；出埃及時，上帝打開磐石使他們有水飲）。耶穌帶來最偉大的出埃及（拯救）。在屬靈的層面來說，藉著十字架，耶穌帶領歷世歷代無數的人離開奴役我們的罪惡的埃及。

四、緊接舊約與新約

摩西頒布西奈之約，耶利米預言新約，耶穌基督與我們立了新約。摩西是西奈之約的中保。在西奈，當百姓犯罪違約時，摩西懇切為他們求上帝寬恕。耶利米為百姓祈禱，當他們毀約時，耶利米求上帝不要忘記與他們立的約（十四19～22等）。耶穌是新約的中保。他先按約的條款和要求，為我們的罪獻上自己為贖罪祭，也為我們代求（來七25，九11～28）。

信仰反省：我們是在新約裏

今天，我們相信耶穌基督的，都是在新約裏，但並不是與舊約無關。

不少信徒以為新約只要求「信心」，不用遵守舊約的律法。不是嗎？耶穌來到世上，在掛上十字架前的最後晚餐（逾越節的晚餐）與門徒立約。耶穌說「這杯是用我的血所立的新約」（路二十二20；林前十一23～26），我們要常常守聖餐、記念他。似乎新約的條款就是守聖餐而已，其實耶穌所說的這話，內容不是那麼簡單。耶穌和門徒是在猶太教中成長的，熟悉舊約聖經，而門徒也有彌賽亞的盼望，而且確信耶穌就是那預言的彌賽亞。在那最後的晚餐，當耶穌提出與門徒立新約，他們都領會，耶穌所做的是要應驗耶利米書三十一章所預言的。換言之，耶利米書就是耶穌所立的新約的背景。這解釋了為何耶穌沒有提到立約的條款，門徒也沒有問；因為他們都明白耶利米提到的新約，與西奈之約是有連貫性的。新約是舊約的延伸，舊約是新約的基礎。今天，我們在基督裏都是亞伯拉罕的後裔，承受應許（加三 27～29），也在基督裏與當時的門徒一同進到新約中，因此我們都是與舊約有關係的。具體而言，舊約聖經的誡命和民事律法兩部分，對我們還是有約束性的。

新約比舊的更好、更美（來七～八章），因為上帝已說：「那些日子以後，我與以色列家所立的約是這樣：我要將我的律法放在他們裏面，寫在他們心上。」（耶三十一 33）的確，我們因接受基督，我們的生命被更新了，聖靈把上帝的律法放在我們心裏，又藉著我們的良心提醒、指引我們遵守，也賜我們能力按著上帝的要求生活。我們能夠愛上帝、順服上帝的律法，這是我們從前做不到的。我們新約的信徒是比舊約的以色列人更能享用上帝的救恩。感謝上帝！就讓我們帶著一顆欣然的心，依賴基督，在祂的愛中順服聖靈的引領和提醒，遵守上帝的律法。

溫習及思考問題

1. 為何學者稱三十至三十一章為「安慰之書」？這書有哪兩項特點？
2. 試略述三十章 5 至 24 節的體裁。作者在這段經文如何運用交錯轉換代名詞的技巧，來帶出經文的脈絡？
3. 三十章 6 節「你們且訪查看看，男人會生孩子嗎？」是甚麼意思？如何從這節經文中看見上帝對以色列人不捨不棄的愛？這對你有何信仰反省？
4. 10 至 11 節如何表達「拯救神諭」？上帝如何安慰以色列人？
5. 在 18 至 21 節，上帝如何藉著「帳棚」的觀念，帶出祂對以色列人的安慰？
6. 三十一章 1 至 40 節如何凸顯出埃及的圖像？在你的信仰生命中，有沒有類似「出埃及」的經歷？
7. 在 15 至 22 節，作者如何藉著拉結的經歷來比喻上帝的心情？作者將上帝的心情如此擬人化，目的為何？
8. 試略述摩西、耶穌及耶利米相似的地方。耶穌如何比他們倆更超越？
9. 如這書所述，三十至三十一章為「安慰之書」。作者如何從這兩章經文中表達祂對以色列人的安慰？

釋經短註

❶ 三十章9節提及「大衛」。於當時的讀者而言，他們不會明白這位大衛王所指何人，他們一直等著這位王的來臨。到了新約時代，當耶穌來臨之後，所有讀此書的人都知道大衛的後裔就是指那位耶穌。猶太人在所羅巴伯、以斯拉和尼希米帶領下回歸本土，但都沒有回復王國。當時只有省長管治政治事務，祭司管治宗教事務，因為那時猶大只屬波斯國版圖的一部分。當耶穌出生之時，他也不以王，而是一個木匠兒子的身分出現，受著羅馬政權管治。耶利米書三十一章9節的預言要等待基督在榮耀中再降臨地上作王，才會應驗。

❷ 三十一章3節「遠方」，「和合本」譯作「遠古」；「和修」及某些英文譯本（King James Version、English Revised Version〔1885年出版〕、New Living Translation〔修訂自1971年出版的Living Bible〕）則將之譯為「遠方」，但「七十士譯本」和大部分中文譯本，以及較新出版的英文譯本則照原文意思翻譯。有學者認為若譯作「遠古」，是呼應以色列人出埃及時，上帝與以色列的恩愛（參二章）。若譯作「遠方」則描繪以色列人在回歸路上，上帝在曠野隱約的向他們說話。不過，若按照上文下理，譯作「遠方」較為配合當時的場景及以色列人的心境。按照第2節，在如斯的曠野中行走，實在令以色列人產生許多的不安。上帝為要使他們看見自己的前景，便在遠方呼喚他們，使他們在曠野中尋到指引。

❸ 創世記三十五章16節，拉結從伯特利起行到以法他的途中，誕下一兒子，拉結稱這孩子為便．俄尼（*ben-ʾônî*；意即「我憂傷之子」），不過雅各卻給這孩子起名為便雅憫（*ḇinyāmîn*；意即「我右手之子」）。雖然聖經沒有記載拉結曾為兒女而哭，

但從拉結為兒子的改名，反映她相信這孩子會帶來哀傷，她也難產而死。新約馬太福音第二章 18 節引耶利米書這節經文：「拉瑪……拉結哭她兒女」來描述當時在伯利恆人哀悼希律王把嬰孩屠殺的事情，把「安慰之書」直接聯繫到耶穌基督身上。耶穌的出現，應驗了上帝要給以色列的救贖預言；耶穌要成為以色列的安慰，他要與以色列訂立新約。

❹「護衛」原文 *sāḇēḇ* 意思是指「圍繞」。22 節「女子護衛男子」可譯作「女子要帶著戀慕環繞丈夫」。《猶太人啟導本》（Jewish Study Bible）譯作「女子討男子歡心」。猶太人婚禮有一個習俗，新娘圍著新郎繞 7 個圈。耶利米書在此所指的可能就是這意思。若將此應用在以色列與上帝的關係上，表示當上帝的救贖成功後，以色列對待上帝，會如戀慕她丈夫般（參耶二 1～3）。

第十章

象徵性行動

（三十二1～三十三26）

- 耶利米買地
- 耶利米的祈禱
- 上帝的回應
- 上帝重申未來以色列的復興

三十二至三十三章是記敍文。雖然三十二章1至15節是一段故事的記述，但接著的經文也引用許多的歷史資料，這與三十至三十一章的文學體裁和寫作手法截然不同。經過三十至三十一章超越時空的救贖預言，三十二章1至2節把我們帶回到現實的時空當中：「猶大王西底家第十年，就是尼布甲尼撒十八年……那時巴比倫王的軍隊圍困耶路撒冷，耶利米先知被囚在猶大王宮中護衛兵的院內。」西底家作王第九年十月，尼布甲尼撒開始攻打耶路撒冷，於翌年四月，耶路撒冷終被他攻陷（參王下二十五1～2）。

這兩章經文可分為4段：第一段記述關於耶利米個人的事（三十二1～15）。上帝吩咐耶利米買下至近親屬的田地（7節），以說明那超越時空的救贖預言是肯定會應驗的。第二段記述耶利米的一個禱告（三十二16～25），雖然這是一篇禱文，內容是述說以色列人某些歷史，並且耶利米再次問上帝關於耶路撒冷將來會否落在巴比倫人手中。第三段是上帝對耶利米祈禱的回應（三十二26～44）。回應中，上帝指出以色列人如何惹祂的怒氣及背叛祂，所以猶大亡國是誓必發生的。第四段是上帝重申以色列將來的復興（三十三1～26）。即使上帝對以色列人有懲罰，至終猶大國必復興，這是上帝一直向先知申明的預言。

10.1 耶利米買地（三十二1～15）

上帝要借助先知的象徵性行動，幫助以色列人建立起信心，在將要面對的俘擄生涯中，看到回歸的曙光。既然過往先知的審判預言是真的，現在他宣講的救贖預言也必會應驗。

這故事發生的時間記載在三十二章1節，就是巴比倫軍隊是在西底家王第九年十月開始圍困耶路撒冷（三十九1；參王下二十五1）。所以，三十二章的事件開始時（即西底家王第十年），耶路撒冷已被圍困一段時間。第3至5節提供了故事當時的背景資料。耶利米先知曾告訴西底家王，上帝已經命定巴比倫人要攻打耶路撒冷，猶大人是不會打勝仗的，西底家也要被俘擄到巴比倫。先知又勸勉西底家投降巴比倫軍隊，不要抵抗。不過這種勸告惹來猶大官長們的憎厭，他們把耶利米下在監牢裏。不過，耶利米後來被帶到王宮內護衛兵的院中(另參三十七 11～21)。

故事的開始是第 6 節，當時耶利米正被囚在護衛兵的院中。上帝告訴耶利米，他的姪兒哈拿篾會來探監，請耶利米盡**至近親屬**的權利和義務去買下他在亞拿突城的一塊田地(7 節)。果然不久，哈拿篾前來探監，請求耶利米買他的田。基於上帝之前已預告這事，先知便明白這是上帝的心意，是要他買那塊田的，「就知道這確是耶和華的話」(8 節)。先知付了 17 舍客勒(約 204 公克)銀子買那田。

「和修」的「代贖」(haggəʾullāʰ；字根是 gʾl)。這詞的重點意義不在「贖」，而在「至近親屬」這關係，因為這「贖」的行動只有至近親屬才可以做(參利二十五25；得三13，四4)。

從人的角度來看，耶路撒冷當時正被巴比倫軍隊圍困，耶利米在這個時候買地是不明智的。耶利米也曾清楚地告訴了西底家王耶路撒冷要淪陷，國家快要滅亡。國亡後，一切的土地都不再屬於猶大人，而是落在巴比倫人手中。勝者為王，敗者為寇。猶大人根本沒有業權可言，所有地契都成為廢紙一張。故此，沒有猶大人會在這個時候買地。而且在國家淪亡前，百姓想做的，是準備逃亡；準備逃亡最需要的是走難的物資，而不是地契。這很可能正是哈拿篾的動機，他要把田產兑現。哈拿篾要求耶利米贖地，原因很可能是哈拿篾早前幫耶利米一個至近親屬買了一塊地，這至近親屬可能比哈拿篾還要親。哈拿篾現時要賣地，因此他要求耶利米贖回至近親屬這地(參利二十五 23～28)。可是，在兵荒馬亂之時，誰會願意出錢購買田產地？哈拿篾或許想到耶利米先知正在坐牢，不能逃亡，也不太需要金錢。他請求耶利米幫助他，是以摩西律法要求為理由；在此，耶利米是可以拒絕買地的(參得四 1～6)，不過他接受幫助他的姪兒。耶利米慷慨地應允哈拿篾的要求。他知道這種交易十分不明智，但因為上帝已預先説明，他明白這只是上帝要使用的象徵性行動。上帝就是要用這個田地交易，説明日子將到，上帝會用祂的權能復興以色列。

這田地的買賣交易是簡單和正式的，共有兩份契約，一份是封住，另一份是敞開的。耶利米要在兩份契約上簽名，也有證人作證簽名(10～12 節)。跟著先知當眾吩咐巴錄把契約放在瓦器裏，好使它們可以長久保存。耶利米也宣告上帝的話：「將來在這地必有人再購置房屋、田地和葡萄園。」(15 節)

10.2 耶利米的祈禱（三十二16～25）

耶利米這個復興宣告無疑搖撼在場每個人的心，那時正是兵臨城下，國家危在旦夕之際。似乎耶利米也為著他所說的感到震撼，所以他做了一個很長的祈禱，記載在 16 至 25 節。這祈禱也引起上帝很長的回應（26～44 節）。

耶利米向上帝祈禱的內容十分豐富，就像一篇神諭，它分為 4 個主要信息：

- 稱頌上帝的屬性（17～19 節）。上帝是創造天地的主，是至高的，是無所不能的。上帝也是慈愛、公義、偉大、全能的。祂知道人一切的行動，會按各人的行為報應他們和他們的子孫。
- 稱頌上帝過去的作為（20～22 節）。上帝曾以「大能的手、伸出來的膀臂」行大能的神蹟帶領以色列人出埃及，使自己的名得著榮耀。上帝也因此實踐了向列祖的應許，把這流奶與蜜之地賜予以色列。
- 為以色列長久的叛逆祈禱（23～24 節）。以色列自從進迦南地就叛逆上帝，違背律法（西奈之約），故此上帝一直按律法的條款懲罰以色列，直到耶利米的時代。現在，巴比倫軍隊正圍攻耶路撒冷，且快要攻取這城；刀劍、饑荒、瘟疫正在毀滅百姓。這一切都是上帝的審判。
- 上帝現在的宣布（25 節）。就在耶路撒冷被巴比倫軍隊圍攻，兵臨城下之際，上帝吩咐先知買田地。

這祈禱文奇妙之處是：表面看耶利米只陳述上帝的屬性和以色列的歷史，並沒有任何祈求的內容。事實上，他先提出上帝有創造的大能（17 節）；這一方面呼應上帝指著祂的創造起誓要保存以色列（三十一 35～37），另一方面提醒上帝，既然是祂吩咐先知在不恰當的時候買地，上帝要負責實現這買地背後所隱含的復興應許（15 節）。此外，先知在他的祈禱中提到上帝用「大能和伸出來的膀臂」創造天地和施行出埃及（17、21 節）。借助這個圖像，先知把上帝的創造與救贖聯繫起來；救贖是創造工作的延續。上帝如何用祂的膀臂創造，也如何用這膀臂救贖。

10.3 上帝的回應（三十二26～44）

上帝回應耶利米的內容幾乎是他祈禱內容的雙倍（26～44節）。這段經文共出現8次與「憤怒」這詞有關的詞彙，可見這段經文充滿著上帝的憤怒，因為在整段的回應裏，出現了上帝以第三人稱複數「他們」稱呼以色列人，表示上帝與先知正在談論以色列。當先知重述這些說話，又把它記載下來之時，這些直接的話就成為了一篇「宣講」。這個宣講的思路是：

- 引言（26節）。這一節與耶利米書宣講的表達一致，表明是上帝的話臨到耶利米。
- 上帝重申自己的身分（27節）。祂是耶和華，這表明祂是以色列人的神。祂也是「凡有血肉之軀者」的神，這表明祂是全人類的神。祂如此自稱與接著的內容提及「我【指耶和華】曾在怒氣、憤怒和大惱怒中，將以色列人趕到各國」（37節）有關。這表明即使猶大人被擄至外邦，上帝仍與他們同在，因為祂不是被規限在以色列民族當中。此外，祂也是全能的，因為在祂裏面沒有難成的事。作者用了提問式修辭法來表達，強調在祂真的沒有難成的事。
- 重述猶大深重的罪（28～35節）。這段經文共出現3次「惹……發怒」（*k̲āʿas*；29、30、32節）這詞，以及**2個「發怒」的同義詞**。這些詞彙描述了上帝憤怒的程度。上帝重申巴比倫軍隊要以火來毀滅耶城（參二十一10、14）。在此上帝闡明猶大人受罰的原因。首先，是因為猶大人行惡事。作者提及「以色列人和猶大人」（30、32節），表明「行惡」這事不但屬猶大國，而且已亡國的以色列也曾如此。作者又提及「這城自從建造的那日直到今日」（31節），再次強調猶大國的罪不是逐漸發生，而是開國之時已是如此。他們舉國上下（包括祭司）一直都沉溺拜偶像，不但將巴力帶回家中（29節），甚至搬到聖殿裏（34節）。這是極度褻瀆的行為。第二，他們「以背」向上帝，「不以面」向祂，不遵守祂的教訓（33節）。第三，他們沒有停止異教宗教生活，繼續進行異教宗教禮儀。他們在欣嫩子谷建築巴力的丘壇，將自己的兒女焚燒在上，獻與摩洛神明，罪孽深重。（參專欄「獻兒女為火祭」）。

31節「怒氣」（ʾap）和「憤怒」（ḥēmāʰ）原文是同義的。

- 上帝的審判（36～37節上）。上帝重申要藉著耶城所面對3重的災禍「刀劍、饑荒、瘟疫」，把猶大國和耶路撒冷交給巴比倫。上帝申明祂是因為祂**3重的憤怒**「怒氣（*ʾap*）、憤怒（*ḥēmāh*）和大惱恨（*qéṣep*）」而作出如此的審判。猶大國不但受巴比倫蹂躪，而且還被放逐到各國。

作者在此再用多兩個「發怒」的同義詞。「怒氣」是與31節的同一個詞。

- 審判後的救贖（37下～41節）。上帝要復興祂審判的子民。上帝應許要把他們從被放逐的各處招聚，回到本土，重新建立家園，重新做上帝的子民，恢復與上帝的約的關係（37下～38節）。在那復興的時候，上帝也會用3重的工作來醫治他們。39至41節原文這3個**句子的結構**是相同的，主語都是以第一人稱單數代名詞「我」，賓語是第三人稱複數代名詞「他們」。39節是 *wənāṯattî lāhem*（直譯為「我賜予他們……」），40節是 *wəḵārattî lāhem*（直譯為「我與他們立……」），41節是 *wəśaśtî ʿălêhem*（直譯為「我歡喜雀躍向他們」）；表達上帝3重的醫治；回應上帝在3重的憤怒下，用3重的災禍審判以色列。這3重的醫治是：

動詞之後再加一個獨立的代名詞作賓語，而不是將賓語放在動詞內。

  ◊「我要使他們彼此同心同道，好叫他們永遠敬畏我，使他們和他們後世的子孫得享福樂。」（39節）
  ◊「我要跟他們立永遠的約，要施恩給他們，絕不轉離；又要把敬畏我的心放在他們心裏，不離棄我。」（40節）
  ◊「我必歡喜施恩給他們，盡心盡意、真誠地將他們栽於此地。」（41節）

- 總結（42節）。42節總結了26至41節的內容，指出了上帝如何懲罰，也會如何施恩：「因為耶和華如此說：我怎樣使這一切大災禍臨到這百姓，也要照樣使我所應許他們的一切福樂都臨到他們。」在此上帝沒有說出以色列要付甚麼代價才有這恩典，上帝只說明祂必向以色列施恩。
- 上帝救贖以色列時的內容（43～44節）。經過上帝的審判，猶大地變得荒涼，沒有人也沒有動物；但是，當上帝醫治祂子民，祂要使祂子民重新在這地置買田產。耶路撒冷、猶大各城、山區、山麓，都會有人買賣田地，簽訂地契。這是因為上帝要使被擄的人歸回，重建家園（43～44節）。那時簽訂地契的行動就像現今上帝吩咐耶利米買田時所做的一樣（三十二6～15）。因此，先知的買地行動可以說是上帝應許復興的「按金」。按金既已付，這應許終會完全實現。

信仰反省：失敗與更新

昔日，耶利米目睹了猶大和以色列的失敗，卻因上帝的應許得到希望，唱出勝利的凱歌，知道上帝會勝過罪惡。猶大和以色列失敗是因他們故意叛逆上帝，但有一天，上帝會改變他們，更新他們的心，使他們甘心樂意靠近上帝，遵行上帝的律法。最後上帝還是會得勝的。今日，基督徒也會失敗，犯罪跌倒，被上帝責打、對付；我們不能逃避罪的苦果，這是應得的。但我們也不要絕望，上帝對我們的愛沒有改變。上帝會主動醫治祂責罰過的人，使他們復興，祂是救恩的上帝。沒有受過上帝擊打，就不能經歷復興的歡樂；沒有流淚的責罰，就沒有再生的欣悅。每一次失敗，都應來到上帝的面前懊悔，並支取在基督裏的救贖。上帝曾用大能和伸出來的膀臂創造天地，在祂沒有難成的事。故此，我們可以有信心和把握，我們是屬上帝的人，上帝能拯救到底；我們總會有得勝的一天。

有些時候，我們會覺得上帝對待我們很嚴厲，好像祂有3重的憤怒在對付我們：我們處處遇著黑暗、困難和痛苦。不過，讓我們忍耐等候，因為當上帝要祝福的時候，祂也用許多的恩典、3重的恩典臨到我們，好像要補償我們所受的痛苦。祂是愛我們的神，有祂，我們可以面對自己的過錯，不用逃避祂的責打。

10.4 上帝重申未來以色列的復興（三十三1～26）

三十三章是一篇神諭，全都記載上帝預言有關以色列的復興。這預言與上一章是互相補充的。上一章是集中在上帝復興的醫治，到那時以色列人會重新擁有田地；這一章的焦點描述以色列國復興後的面貌，由一個「*屍首塞滿這房屋*」的城（5節；參12節）成為一個「*以喜樂得名*」的城（9節）。另外，不可忽略的是，這段經文提及「*大衛公義的苗裔*」（15節；參7.1.3.2「公義的苗裔」），❶ 表示以色列會出現一位由大衛家而出的君王治理他們。君王代表擁有政治的主權，這位大衛家的君王以公平與公義來管治國家。

這篇神諭的內容有3方面：一、復興是上帝偉大的作為；二、上帝應許賜下君王管治；三、再次保證以色列必定復興。

分段大綱（三十三1～26）

1. 以色列的復興是上帝偉大的作為（三十三1～11）
2. 上帝應許以色列復興時會有君王（三十三12～18）
3. 上帝兩次保證以色列必定復興（三十三19～26）

10.4.1 以色列的復興是上帝偉大的作為（三十三1～11）

這篇神諭的引言「耶利米還囚在護衛兵的院內，耶和華的話第二次臨到他，說……」（1節）表示這是耶和華第二次向耶利米說話，第一次記載於三十二章26至44節，這兩次的對話發生在先知要往便雅憫地而被捕坐牢之後（參三十七11～15、21），兩次都是在被囚中。

「呂振中譯本」有如此譯法：「那行其旨意〔或譯：那造大地〕成就的永恆主、那制定旨意、使它堅立的永恆主、其名叫耶和華的……」

神諭的開始，與上一段相同的是，上帝再介紹自己是「成事的耶和華，塑造它為要建立它的耶和華，名為耶和華的那位……」（**2節**）。這是回應三十二章27節。作者要向讀者再次確定上帝是一位怎樣的神。首先，祂是那位信實的神，祂必定按祂所定的旨意，且永不食言；另外，祂再次提醒讀者，祂的名字是「耶和華」表示祂仍是以色列人所信的那位，祂沒有改變，而且一直與他們同在。3節是對著耶利米講的，因為賓語是「你」。接著上帝回應耶利米一個心願，就是向他指示一個奧祕。當然這「不知道」的事不是指與耶利米個人命運有關的事，而是關乎整個以色列民族的事，因為是「又大又隱密的事」（3節）。雖然現在上帝丟棄耶路撒冷，在憤怒中對付這城；但上帝重申，即使巴比倫人毀壞了耶路撒冷，將來上帝必會使這城復原。上帝要醫治這城，使住的人可以安居樂業：「看哪，我要使這城得以痊癒安舒，我要醫治他們，將豐盛的平安與信實顯明給他們。」（6節）要達成這事實，上帝要使猶大和以色列被擄的人歸回（7節），使他們合而為一，不再是兩國，而是一個民族，如「*起初*」一樣。這「*起初*」當然是指從上帝應許大衛建立以色列國，至以色列分為南北兩國前的時期。為要潔淨他們的罪，上帝懲罰猶大和以色列，潔淨之後便得赦免。這城從此在地上萬國面前真正成為喜樂之城。「*得頌讚，得榮耀*」(9節)，因為他們「*聽見我所賞賜的一切福樂*」。上帝要在萬國面前行奇事，賞賜以色列人，使萬國因看見祂的恩典而稱頌以色列，稱這城為喜樂之城。此外，「*他們因我向這城所施的一切福樂平安，就懼怕戰兢*」(9節)。因為在動蕩不安的日子，萬國見到的，是上帝賜福、施恩惠平安給以色列人，因此，他們就懼怕以色列，不敢再欺負他們(8～9節)，並且敬畏上帝。

在此，耶和華再次申明，那原本是荒廢、無人、無牲畜之地，將會成為一個大喜樂之城。作者引用了讀者十分熟悉的一首詩歌其中的**句子**：「*你們要稱謝萬軍之耶和華，因耶和華本為善，他的慈愛永遠長存！*」(11節)藉此帶出他們歡樂的情況。這刻就是百姓看見上帝奇妙復興作為的時候，他們不但歡樂，甚至去到聖殿中獻感謝祭，感謝上帝使他們歸回，歌頌上帝的慈愛是永遠長存的(10～11節)。在以色列人的宗教傳統中，他們會以獻祭來表示對耶和華的感謝，因此，在這段經文中不但有感謝詩，也有感謝祭。上帝因此要在以色列的復興中得到完全的榮耀。

這句子引自詩篇感恩詩的首句子(一〇六，一〇七，一一八，一三六篇)。

10.4.2 上帝應許以色列復興時會有君王(三十三12～18)

上一段提到上帝要使「*荒廢、無人、無牲畜之地*」(10節)歌唱，因為以色列人至終回歸了。作者在這一段經文再次用「*荒廢、無人、無牲畜之地*」(12節)，但此處所指的是上帝應許以色列全地「*必再有牧人的草場，可讓羊羣躺臥在那裏*」。這些地方包括：山區(指由巴勒斯坦中部一列山脈，它由北面的耶路撒冷延伸至南面的別是巴的一列山脈的地方，長達64公里)的城鎮、**謝非拉**(Shephelah；是指巴勒斯坦中部一列平原，它由北面的迦薩延至南面的別是巴，它較山地短，有43公里長、16公里闊)的城鎮、**尼革夫**(Negev；

中文譯本將謝非拉譯作「高原」(參「和合本」)、「低原」(「呂振中譯本」)、「高地」(「新譯本」)等，將尼革夫譯作「南地」。

三十三章14至16節與二十三章5至6節相近的地方

三十三 14～16	二十三 5～6
經文內容相同：	
[14]「看哪，日子將到，我應許以色列家和猶大家的恩言必然實現。這是耶和華說的。[15]在那些日子、那時候，我必使大衛公義的苗裔長起來；他必在地上施行公平和公義。[16]在那些日子，猶大必得救，耶路撒冷必安然居住，他的名必稱為『耶和華—我們的義』。」	[5]「看哪，日子將到，我要為大衛興起公義的苗裔；他必掌王權，行事有智慧，在地上施行公平和公義。這是耶和華說的。[6]在他的日子，猶大必得救，以色列也安然居住。他的名必稱為『耶和華—我們的義』。」
這段經文凸顯上帝的「應許」，這個應許是祂的「恩言」，對象是猶大和首都耶路撒冷的復興。	這段經文描述的應許針對猶大和以色列的合一，並凸顯復興時大衛苗裔美好的品格，對照二十二章剛提及的那些不好的猶大君王。

指猶大以南一帶高地，形狀像一個倒轉的三角形，它由北面的別示巴延至死海南端的以拉他一帶地）的城鎮、便雅憫地（指約旦河以西，死海以北一帶平地）、耶路撒冷四圍的各處和猶大的城鎮。從所列出的地帶可見，它是包含整個巴勒斯坦地。

這裏出現一個文化衝突的事情。作者提到各處的「城鎮」都有牧人在牧羊（意即數點他們的羊羣），牧羊人要重新住進城鎮中（12～13節）。牧羊是要在曠野，不能在城鎮。那麼，為何這些牧羊人在城中牧羊？這裏只是一個比喻。在舊約聖經，「牧羊人」通常指官員或領袖（參二十三1～2；結三十四1～6）。昔日的先知曾指責官員不但沒有按上帝的吩咐好好牧養百姓，而且作出許多欺詐的行為。在此，上帝要指出將來再沒有不公義的掌權者。到那日，全以色列會有一個好牧人（參二十三4～5），上帝要從大衛家興起一位公義君王「大衛公義的苗裔」。這個大衛王的後人要永遠以公平正義治理國家，人民會安居樂業、享受太平。那時，耶路撒冷要被稱為「耶和華—我們的義」，意味著公義的上帝就在祂子民中間。在那未來的黃金時代，以色列人有自己的國家和君王，而且也有自己的宗教及宗教生活，因為聖殿崇拜和獻祭的禮儀會恢復，利未人也會如前般擔綱祭司的職分事奉上帝（14～18節）。耶和華再次強調「我應許以色列家和猶大家的恩言必然實現」(14節),表示以色列及猶大至終仍可以得到上帝的賜福。

10.4.3 上帝兩次保證以色列必定復興(三十三19～26)

這段有兩次「耶和華的話臨到耶利米」(19、23節),表示它有兩個段落(19～22、23～26節),也用了「引言公式」(參1.1.2「結構」)來作開首語。這可能是上帝分別在兩個場合對先知說話,而編者把這兩段話併在一起而論。編者將之列在一起,可能因為信息內容相同,中心思想都是要向讀者確定祂的應許沒有改變,而第二段更是確定第一段所講的內容。

在第一段,作者再次用一種修辭的寫作方法表達他的思想。他借用一個不合理的事(參三十6),就是上帝廢棄祂「所立白日黑夜的約,使白日黑夜不按時輪轉」(20節)這事,讓讀者反思一個嚴肅的事情。白日黑夜按時換轉是上帝創造世界時所立的定律,沒有人可以改變。創造的規律始終如一、按時運行、不會改變,因為上帝以祂創造之能托住它們,使它們不改變。在此,上帝以祂創造的規律保證,祂預言以色列的復興必定應驗。上帝用「約」來描寫這些規律,目的要呼應上帝曾與大衞立了約(參撒下七章),也與利未人立了約(參民二十五10～13)。上帝在遠古應許過大衞家永遠有後人坐在王位上,也應許過利未支派永遠事奉上帝;祂是不會廢約的。這兩個「約」皆非帶有條件如「西奈之約」,乃是上帝單方面的應許。既是這樣,上帝若要賜予恩典,是不需要立約的另一方附帶條件,上帝可以單方面的延續這約,無需以色列人悔改才合乎約的要求。上帝更指著「天上的萬象……海邊的塵沙」不能數算之多來保證,上帝必定會使大衞家和利未人興盛起來(22節)。

在第二段說話開始時,耶和華引用百姓當時流傳的一段話:「耶和華所揀選的二族,他已經棄絕了。」(24節)這似乎反映了百姓不信耶和華藉著先知向他們宣告的話。耶和華指出他們看自己為一個「族」(*mišpāḥāʰ*)而不是一個「國」(*gôy*)。他們有這樣的思想是可以理解的,因為他們確實亡了國,而且在被擄當中,這情況下又怎會看見復國呢?耶和華所譴責的是他們對耶和華的信心;因此,祂再提及「立白日黑夜之約」。如果上帝不能固定早晨晚上的出現，以色列人就可以被遺棄，若然不是，上帝絕不會離棄他們。上帝指著創造的規律來宣告，祂一定復興以色列和大衛家，使他們成為國家。耶和華在此提及他們的祖先亞伯拉罕、以撒和雅各的名字，表示以色列必可以復興，是祂早已同他們列祖應許的（26節；參創十三14～17，十七1～8，二十六1～5，二十八13～15；出二23～24），因此以色列不得不相信這事實。為要使這應許成就，他們歸回本土就成為一件必然的事。在未來，從亞伯拉罕而出的大衛必有後裔作王，這王要統治亞伯拉罕的子孫。上帝是守信施慈愛的上帝，祂應許過的就會實現到底。上帝這個應許在基督再來地上作王時就會應驗。

耶穌、新約與我們的出埃及

耶穌的救贖預表著他帶人類出埃及，這是最偉大的一個旅程。他藉著十字架帶領歷世歷代無數的人離開奴役人類罪惡的埃及。他上十字架前，與凡信他的人立了新約。當我們接受基督為救主，我們是已經出埃及：耶穌拯救我們離開了死亡和罪惡的懲罰，我們不再是罪的奴僕，我們在基督裏是自由人。因著耶穌與我們立的新約，我們在基督裏成為上帝的兒女，上帝是我們的父，我們是上帝立約的子民。我們活在新約裏，心裏有上帝的律法，可以永遠順服上帝。

「出埃及」是我們信仰的旅程，也是我們屬靈生命成長的寫照，也是我們信仰、事奉、生活的基礎和指標。保羅用了不少出埃及的圖像來描寫新約信徒的靈程（林前十1～13；林後三3～18）。希伯來書作者也用出埃及的事件來勸勉我們，在靈程上奔走要有信心（來三7～15）。

今天，作為新約的執事，我們傳福音是要向人宣告耶穌新約的盼望，可是千萬不要把舊約拋棄。新約與舊約兩者其實是連貫的。我們是在舊約的基礎上傳講新約，指出兩者是有關連，也要指出新約更美的地方。

溫習及思考問題

1. 耶利米買地的事件發生在哪一個王朝？當時的政治背景是怎樣的？
2. 若你在耶利米的處境中，你會抱著怎樣的心情去買這地？
3. 耶利米在甚麼處境下作了三十二章16至25節的禱告？試略述禱文的內容，並列出它的主要信息。

4. 這禱文有何特別之處？上帝如何回應這禱告？
5. 三十三章1至26節的神諭包含哪三方面的中心信息？這信息的焦點在哪裏？
6. 在第一個中心信息中，上帝如何向受眾確定祂自己的身分？祂如何應許這城要得痊癒？受眾當如何回應祂？
7. 在第二個中心信息中，上帝如何應許受眾，將來他們必得牧養？必由公義的王管治？
8. 在第三個中心信息中，上帝以甚麼理據向受眾解釋祂的應許不會變？祂如何應許會徹底地保守受眾？
9. 作為讀者的你，讀完這篇信息後有如何反應？即使我們沒有以色列人的經歷，你是否相信在這動蕩不安的世代裏，上帝仍掌管一切？
10. 你會如何回應上帝的應許？

釋經短註

❶ 於當時的讀者而言，他們不會明白這位大衛王所指何人，他們一直等著這位王的來臨。到了新約時代，當耶穌來臨之後，所有讀此書的人都知道大衛的後裔就是那位耶穌。以色列人在所羅巴伯、以斯拉和尼希米帶領下回歸本土，但都沒有王。當時只有省長管治政治事務，祭司管治宗教事務，因為那時以色列只屬波斯國版圖的一部分。當耶穌出生之時，他也不以王，而是一個木匠兒子的身分出現，受著羅馬政權管治。耶利米書三十一章9節的預言要等待基督在榮耀中再降臨地上作王，才會應驗。

第五篇

生命的應許與死亡的宣告（三十四1～四十四30）

三十四至四十四章的經文主要是記載史事，大體上分兩大段歷史故事：一是猶大國末年發生的重要事情（三十四～三十九章）；二是耶路撒冷失陷、猶大國正式滅亡後，發生在以色列餘民中間的事情（四十～四十四章）。兩段歷史故事是延續發生的。

這 11 章經文有一個明顯的主線聯繫著，就是巴比倫。每一章都出現「巴比倫王」（三十四 2、7、21，三十六 29，三十七 19，三十八 17、22，四十 5、7、9、11，四十一 2、18，四十二 11），或「巴比倫王尼布甲尼撒」（三十四 1，三十五 11，三十七 1，三十九 1、5，四十三 10，四十四 30）。除了巴比倫，也記載數段關於耶和華與猶大國關係的故事。此時此刻，猶大國已沒落，不再是歷史的重點。經文描述在巴比倫軍威壓境的陰影下，猶大皇室貴族、首領官員、軍長和百姓，在被擄前與被擄後的信仰狀況，以及他們如何面對先知的宣講。耶和華要讓猶大國知道，他們經歷「被擄」這事，並不是無辜的。

這 11 章有另一個特色，就是它記載的歷史大體上是按時間順序排列，只是三十四章先記載有關西底家的兩件事有一個重要的信息，就是上帝要給西底家一個生命的應許。這像是一個橋梁，先呼應三十至三十三章上帝給猶大國復興的應許，然後再指向三十五至四十四章歷史故事中再次提及的兩個應許。三十五至三十六章記述有關約雅敬在位期間發生的兩件事，它與三十四章的記載相距約 10 年，這兩章記述上帝給利甲族的應許（三十五章）及約雅敬燒毀耶利米的書（三十六章）。三十七至三十八章記述西底家時期的事。它記述由耶利米被囚，而至由一個古實人以伯．米勒救了耶利米出監，直至耶路撒冷淪陷。三十九章記述兩則故事，1 至 14 節記載耶路撒冷淪陷時，西底家和耶利米不同的遭遇，15 至 18 節回轉記載淪陷前上帝應許保存古實人以伯．米勒的生命，以此突出「應許」這信息。四十至四十四章記載耶城淪陷之後，巴比倫人統治猶大，在耶城的餘民謀殺了省長，以及猶大人下埃及的事情。

除了與時序有關，作者選取的歷史故事內容，很可能也圍繞著一個信息主題：審判中上帝仍帶有應許。這 11 章經文曾出現 5 次「引言公式」（參 1.1.2「結構」），而且是以第一層次段落標記的句子結構表達：「耶和華的話臨到耶利米」（*haddāḇār ʾăšer hāyāʰ ʾel-yirməyāhû mēʾēṯ* YHWH；三十四 1、9，三十五 1，四十 1，四十四 1）。三十四章 1 節的第一層次段落標記的句子最值得注意的是，它只包含 1 至 7 節，是全本耶利米書包含最少經文的第一層次段落標記的句子結構。而 1 至 7 節是記述上帝給西底家的生命的應許。這應許是無條件的，因為接著的 8 至 22 節記述了西底家的言而無信。這表明上帝給予的應許是西底家不配得的，而純粹是上帝在耶路撒冷淪陷時賜予的恩典。它呼應著三十五章、三十九章 15 至 18 節同類的應許。事實上，上帝賜予恩典應許是跨越這 11 章，而延伸至四十五章。那章記述上帝給巴錄的生命的應許，是與這 11 章出現的 3 個應許是同類的。那一章所提及的應許將留待下一章討論。

這段落的要旨是，所記述猶大國歷史，為要指出上帝必定懲罰猶大國的君王及至百姓，但懲罰中祂仍然賜予生命的應許。這種表達方式凸顯了編修者的心思和目的。下列表總結三十四至四十五章隱含的「應許」的信息。

三十四章	西底家時期	上帝「應許」西底家必不遭刀殺(1～7節)。
三十五章	約雅敬時期	上帝「應許」利甲這族的人世世代代服事耶和華(三十五19)。
三十六章		約雅敬燒毀耶利米向以色列人所預言的審判記錄。
三十七1～三十九14	西底家時期	猶大國因耶和華所命定的審判惡待耶利米，直至耶路撒冷淪陷。
三十九15～18	耶路撒冷淪陷前	耶路撒冷淪陷前，上帝「應許」以伯·米勒必不遭刀殺、生命得以保存。
四十～四十一章	被擄後	耶利米被釋放及猶大省長基大利被殺。
四十二～四十四章		耶利米奉耶和華的旨意勸諭餘民留在猶大。他們卻挾持耶利米一同下埃及。先知宣布他們必遭災禍。
四十五章	約雅敬時期	上帝「應許」巴錄生命得以保存。

修訂這幾章經文的編撰者似乎要讓讀者知道，上帝「由始至終」都帶著恩典對待以色列人，即使有審判，恩典也沒有離開他們。在政治動蕩、兵荒馬亂的局面中，上帝仍然應許要保護那些尋求上帝，順從上帝的人。然而，那些堅持叛逆上帝的百姓，縱然他們能逃脫戰亂時的災害，他們不會得到上帝保護的應許，只會受到上帝的審判。

三十四至四十五章經文整體編排的次序和設計有3個特點：

- 上帝的「應許」在這12章經文的首尾兩章出現(三十四、四十五章)，是「首尾呼應」(*inclusio*)的手法。這兩個應許是給兩位猶大人的(西底家、巴錄)。這兩個應許由三十四章與三十五章之間、並四十四章與四十五章之間的「不順時序」凸顯出來。「首尾呼應」是希伯來人常用的文學手法。
- 三十五至四十四章分為兩個不同歷史的記載：耶路撒冷被毀前(三十五～三十九章)和被毀後(四十～四十四章)。在耶路撒冷被毀前，上帝的應許是「首尾呼應」的（在三十五、三十九章），象徵「由頭至尾」上帝都有恩典。兩次的應許都是給非猶大人（利甲族、以伯·米勒）。但對於那些堅決叛逆上帝的猶大餘民來說，縱使他們逃脫耶路撒冷淪陷時的屠殺，他們都不會得到上帝的應許，只有上帝的審判（四十～四十四章）。

- 三十九章上帝給古實人以伯·米勒的應許有兩方面：「必不致倒在刀下」和「保全自己的性命」（18節）。這一方面呼應上帝給西底家的「必不死於刀下」（三十四4），另一方面也呼應上帝給巴錄的「保全你的性命」的應許（四十五5）。

第十一章

上帝應許不配的西底家（三十四1～22）

- 上帝應許西底家
- 西底家言而無信

這一章分兩大段落，第一段記述當巴比倫入侵猶大國之時，耶和華對西底家說的一番話（1～7節），第二段是記述西底家如何違背上帝所訂立釋放奴僕的約（8～22節）。

11.1 上帝應許西底家（三十四1～7）

三十四章1至7節這段經文的中心思想是第4至5節上帝給西底家王的一個應許：「*你必不死於刀下；必平安而終，人要為你焚燒，好像為你祖先，就是在你以前早先的王焚燒一樣。人要為你舉哀說：『哀哉！我主啊。』*」在耶路撒冷被巴比倫攻陷之日，上帝向西底家所說一番話的內容，包括：耶城將要被焚燒（2節）。西底家要被巴比倫王捉拿，帶到巴比倫（3節）。他「*必不死於刀下*」，並且會在巴比倫平安的去世，如王一般的身分被殮葬。他的百姓會埋葬他、為他燒香、為他唱輓歌（5節）。在兵慌馬亂之時，西底家本該要成為一個階下囚，但他卻仍得到哀榮，這對西底家無疑是一個安慰。這哀榮的應許都是上帝格外給西底家的恩典。

拉吉位於猶大山地南部以南，亞西加位於猶大山地南部的西北面。這兩座城大概位於耶路撒冷西南邊約40公里。

說完這應許之後，作者再交代多一些關於西底家接受這宣告時的處境。當時巴比倫王和他的軍隊正圍攻耶路撒冷，而猶大只剩下兩座設防的城，就是**拉吉和亞西加**（6～7節）。❶ 巴比倫軍隊能同時攻擊耶路撒冷、拉吉和亞西加，一方面表明巴比倫軍隊力已完全壓倒猶大。巴比倫圍攻耶路撒冷不是新鮮的主題，那在「安慰之書」補篇已經出現（三十二2～4、28），而在此再補充的是上帝對西底家王的「應許」，這「應許」信息一直延至四十五章。

11.2 西底家言而無信（三十四8～22）

這段經文可以分兩小段：述說西底家出爾反爾（8～11節），以及耶和華的宣告（12～22節）。8至22節記載的事有可能是順時序直接發生在1至7節的記敘之後。這樣的記述目的是表明西底家得到的應許（1～7節），是上帝主動將恩典賜予他，是他不配得的。那時，埃及正是出兵要幫助猶大脫險，故巴比倫兵移師南方，與埃及軍爭戰，暫時離開耶路撒冷（參 21 節）。

分段大綱（三十四8～22）

1. 西底家出爾反爾（三十四 8～11）
2. 耶和華的宣告（三十四 12～22）

   甲、宣告他們的罪狀（三十四 12～16）

   乙、宣告他們的懲罰（三十四 17～22）

11.2.1 西底家出爾反爾（三十四8～11）

當耶路撒冷正在受到巴比倫軍隊的圍攻，西底家王與城內各官員和有權勢的人立約，要求釋放他們手下的希伯來人奴僕（8～9 節）。西底家此舉動原意是好的，他可能為了城中貧窮的同胞設想，好使他們在城被攻破之前能自由逃亡，免得作巴比倫的俘虜。摩西律法有這樣的記載：「你若買希伯來人作奴僕，他服事你六年，第七年他可以自由，白白地離去。」（出二十一 2；申十五 12）耶路撒冷的官員和有權勢的人應該都明白其意思，因此當西底家有此要求，大家都沒有異議。按摩西律法，他們應該早已在奴僕服事他們的第七年，把奴僕釋放。可是，因為他們怕這樣執行律法的要求，會導致經濟上受虧損，所以這些貴族主人過去從沒有遵行律法而釋放奴隸。現今，破城當前，他們作最後一次的善舉，釋放奴隸。西底家王立約之時，可能都是真誠的，從耶和華的宣告中反映了他們是採用了希伯來人的傳統立約方式，「……劈成兩半的牛犢使人從切塊中經過」（18～19 節；參創十五 9～10），在上帝面前立約。

釋放奴隸本來是一件好事，「但後來他們又反悔，叫被釋放得自由的僕人婢女回來，強迫他們仍為僕婢」（11 節）。聖經沒有記載他們反悔的原因，估計可能是因為巴比倫軍隊因為見有埃及的援兵而撤退（22 節），以為厄運已過，表示他們也不用逃亡。若然如此，他們便需要奴隸繼續服事他們，因此他們將自由的奴僕叫回來。他們的行為是言而無信。他們的奴隸本來可以因作了自由人而歡喜，但轉眼間，卻又被抓回去作奴隸，真的空歡喜一場。這些奴隸沒有權勢、地位，不能反抗就只好順命。

11.2.2 耶和華的宣告（三十四12～22）

耶和華看見這情景也看不過眼，於是差遣耶利米向他們宣告審判的信息。這篇信息分兩個中心內容：宣告他們的罪狀（12～16節）；宣告審判（17～22節）。

11.2.2.1 宣告他們的罪狀（三十四12～16）

在第一個中心信息，耶和華先指出過去他們的列祖原先都只是奴僕，後來得耶和華將他們從埃及拯救出來，不但得自由，且成立了國家（13節）。在這境況下，他們應該明白作為奴隸是怎樣一回事，因此耶和華立令保護奴隸，特別是同胞的權益，就是要他們每七年釋放為奴隸的同胞，給予他們自由（14節）。可是，由出埃及到西底家的時代，沒有以色列人遵守這條例。而耶路撒冷的官長和有權勢的人所做的比他們祖先更缺德。他們立約釋放奴隸之後又再捆綁他們。這種反悔的行為，耶和華看這是「褻瀆我【指耶和華】的名」（15～16節）。因此，上帝要宣告審判。

11.2.2.2 宣告他們的懲罰（三十四17～22）

耶和華宣告的審判分為3方面：第一、祂會賜他們有另一種自由（17節）。所謂自由，其實不是真的自由，作者只用了諷刺手法來描述耶和華的審判。他們既然剝奪了別人的自由，這自由便臨到他們身上，使他們被戰爭、饑荒和瘟疫自由地踩躪，他們又被人自由地拋來拋去。第二，他們受到背約的懲罰（18～20節）。在立約的儀式中，他們將「劈成兩半的牛犢，使人從切塊中經過」（19節），這儀式過程是嚴肅而慎重的，是以祭牲的死亡來表明約的嚴重性，背約的人要負上違約的責任。作者引用了申命記的一個條款來描述猶大首領的命運。他們的生命將會被糟蹋甚至死無全屍，因為他們的屍體將會給「空中的飛鳥和地上的走獸作食物」（20節；參申二十八25～26）。第三，懲罰的行動即將開始（21～22節）。當他們眼見巴比倫已撤軍，以為威脅結束，但事實並不如此，他們是會折返的。耶和華宣告巴比倫軍隊很快折返，攻打耶路撒冷，且要將西底家王和其他官員交給巴比倫軍隊。他們要放火燒毀耶路撒冷。猶大的其他城市都要荒廢，不能居住（21～22節）。屆時他們背約的嚴重懲罰就必實現。

信仰反省：信仰團體中，不可言而無信

在今天的社會上，無數的人都是經濟掛帥，以自己的利益至上。因此，他們覺得說過的話是沒有重要性的。只要有利益可圖，他們會毀約、撕約；在沒有立約的情況下，他們更會輕易地扭曲自己說過的話。他們不在乎言而無信，因為失信了，他們不但沒損失，反會拿到更多的利益。其實，這是罪惡。

昔日，希西家和領袖們欺壓的，是他們的同胞，同屬於上帝的猶大民族。可是，今天在有基督的信仰羣體中，這些事情是不應該出現的。基督是信實的主，祂與我們立的新約，永不改變，永遠有效。我們要在為人處事中效法祂；更何況在信仰羣體中，我們都是弟兄姊妹。基督要求我們憐恤人，也饑渴慕義。我們更當以此對待自己的信仰羣體。

基督是孤兒寡婦的主，他也保護被欺壓的人。因此，他憎厭人憑著權勢而言而無信，欺壓沒有權勢的人。他必會按人的行為審判他們，為此我們要警惕。

信仰羣體的領袖更要以身作則，不能輕易屈服於利益、權勢或壓力下，就如西底家帶頭立約釋放奴隸，但當官員違約，他並沒有用王的權柄，督促他們守約，他自己也沒有守約。無論他有甚麼借口，這都是他的罪惡和懦弱。所以，上帝要審判西底家王。盼望這種事情不會發生在今天的信仰羣體中。人一切的生活，包括我們的言語，都在祂面前。祂知道我們的行為和內心。其實，領袖們要有牧者的心腸，按著上帝的性情，照顧會眾，不能貪財（彼前五2）。如果領袖們曾經言而無信，就要悔改，靠著基督的恩典做補償，也撥亂歸正。基督再來的時候，我們就可以從祂手中得到永恆的獎賞。

溫習與思考問題

1. 為何西底家要眾臣立約釋放奴隸？他們立約的儀式是怎樣的？為何他後來又反悔？
2. 你曾否違約，或答應別人後隨便爽約？你認為在別人的心目中，你是一個怎樣的人？你曾否向上帝違約？
3. 耶和華如何宣告他們的罪狀？祂所指的自由是甚麼意思？

4. 他們所受的懲罰有哪 3 項？作者如何借用具體的例子將他們的命運陳述出來？你認為這審判嚴厲嗎？

釋經短註

❶ 三十四章 7 節「和修」對拉吉和亞西加這兩座城有如此的描述：「猶大的堅固城只剩下這兩座。」這兩座城其實是猶大國的兩個防守城（參代下十一 5、9）。這兩座城位於耶城以南，因此嚴格而言，耶城以北的所有防守城已淪陷，現時護衛著耶城的只有拉吉和亞西加。

第十二章
耶路撒冷城淪陷之前
（三十五1～三十九18）

- 上帝應許守信的利甲族
- 約雅敬王焚燒第一卷書
- 軟弱無能的西底家王
- 耶路撒冷淪陷
- 上帝應許以伯．米勒
- 三十九章與五十二章的關係

12.1 上帝應許守信的利甲族（三十五1～19）

承接三十四章西底家出爾反爾的行為，第三十五章是耶利米借用利甲族如何忠誠於對祖先的承諾，來指責不守信用的猶大人的不是。猶大人雖是上帝的百姓，卻比外族人更不守信用、不遵守祖先的吩咐。耶利米在此借用這族羣的生活方式作教導，暗示了這族羣當時也是一個普遍被認識的一羣人。

利甲族

利甲族是一個古老、宗教性強的羣體，屬於利甲的後代（三十五 8）。若追溯更早的血統，他們屬於基尼人族類（摩西的岳父米甸人葉特羅也是基尼人；參出三 1，十八 1；士一 16，而基尼很可能就是米甸人的一個族長）。他們原居於曠野，後來有部分基尼人跟著以色列人入了巴勒斯坦，並有部分住在以色列人中間，掃羅亦曾恩待基尼人（撒上十五 6），所以這族人於以色列人並不陌生。利甲的兒子約拿達曾經幫助耶戶成功推翻以色列國的暗利王朝（王下十 15～17）。那時約公元前 840 年，早耶利米時代有 260 年。約拿達曾吩咐他的兒子要過清淡及遊牧生活，他有這吩咐的原因不明。從此基尼族利甲家的人便離開城市，走回曠野。他的後代被稱為利甲族人，也依隨利甲的要求而生活。從這些資料顯示，利甲族在耶利米的時代，也是一個眾所周知的族羣，所以耶利米引用他們來指責猶大人都是合理的。

第三十五章記載的事件是不順時序的。三十四章發生在西底家王時期，這一章發生在西底家之前一個王約雅敬（參 1 節），與之相距超過 10 年。

分段大綱（三十五1～19）

1. 利甲族聽從他們祖先吩咐（三十五 1～11）
2. 耶利米借利甲族指責猶大人（三十五 12～17）
3. 上帝恩待利甲族人（三十五 18～19）

12.1.1 利甲族聽從他們祖先吩咐（三十五1～11）

耶利米遵從上帝的吩咐，去找利甲族的人，把他們帶到聖殿裏的一個房間，給他們酒喝（2～4節）。為何要帶他們去聖殿的房間，不在其他的地方？雖然是一個房間，原文是指一間屋（*bêṯ*），可能因為當代普遍的民房面積不夠大，不能容納利甲「全族」的人（3節），而聖殿的房屋有足夠空間容納他們。不過，即使如此，也暗示這族的人數也不算多，聖經記載只有雅撒尼亞和他兄弟幾家人（他們的祖父是哈巴洗尼雅；3節）。他們被帶到聖殿更可能的是要使這事件公開，讓領袖和百姓都知道。不過這個公開的地方——聖殿，是不能讓外邦人隨意進入，所以只能在一個房屋裏。可以想像，當利甲全族人從民間走進聖殿，在聖殿的一個房間會見耶利米時，在當時是大新聞（4節）。

靠著聖殿的外殿（聖所）和內殿（至聖所）的牆是有3層的廂房，供聖殿官員之用和存放東西（王上六5～10）。

耶利米能夠借用聖殿的房間，表明有聖殿官員是耶利米的朋友（4節），所以他們是進入了其中一個祭司的家。這**廂房**在二樓（4節），是在其他聖殿官員房間的旁邊。這房間是給「哈難的兒子們」用的（4節；這「兒子」也可以指「門徒」）。「伊基大利的兒子神人哈難兒子們」原文是 *bənê ḥānān ben-yiḡdalyā́hû ʾîš hāʾĕlōhîm*（4節；譯作「哈難的眾子，哈難是神人伊基大利的兒子」）。因此，經文不是說「神人哈難」，乃是指「神人伊基大利」。「神人」（*ʾîš hāʾĕlōhîm*）在耶利米書只在這裏出現一次，作者也沒有用「神人」來稱呼耶利米。這「神人」未必是指先知或任何有神職人員特別的身分，而「伊基大利」可能亦不是一個如耶利米一樣的先知，他可能是一個非常敬虔的人，如耶穌時代的西面（路二25）。他的兒子哈難是有門徒（眾子，即學生）跟從他的。除了這節經文，全本舊約聖經沒有再提起伊基大利這人，在三十五章的事件發生時，他可能已過世。

雖然耶利米先知邀請利甲族人喝酒，他們卻不肯喝。原因只有一個：他們的祖先約拿達命令利甲族人不可喝酒。除了不喝酒，還有其他的禁誡，就是：一生住在帳棚，不可蓋房子；不可栽種或擁有葡萄園。他們認為這樣才能在寄居的地面上得以長久（6～7節）。他們願意遵守祖先傳流下來的吩咐，作為他們利甲族身分的記號。自約拿達開始，260年來，利甲族男女老幼都是如此過活。約拿達禁止族人喝酒，耕種，建房屋，而要終生住帳棚，可能是要保存先祖葉特羅的遊牧生活方式，更可能是帶有宗教意味。

12.1.2 耶利米借利甲族指責猶大人（三十五12～17）

這段經文的重點，是耶利米借助利甲族人忠誠謹守他們的宗教傳統及祖先的遺訓，來對照猶大領袖的違約與失信。他們是上帝立約的子民，卻輕易地離棄西奈之約，他們的行徑竟不如一個散住猶大境內的非猶大羣體對堅守祖先吩咐的態度。上帝多次差派先知勸勉猶大人回頭，他們都不理會上帝。上帝在此似乎要重申懲罰猶大是應該的、是合理的（12～17節）。

12.1.3 上帝恩待利甲族人（三十五18～19）

利甲族是外族人，不是以色列人，也沒有機會作拿細耳人（民六1～21）。上帝沒有考慮他們的種族而接納他們，因為他們堅守祖先對他們的吩咐。上帝後來又應許利甲族人「永遠不斷有人侍立在我【指耶和華】面前」（19節），似乎指出利甲族人是有某種祭司的職事，像他們的祖先葉特羅一樣（葉特羅也是米甸人的一個祭司；參出三1，十八1）。利甲族人為何從曠野來到耶路撒冷？因為當時巴比倫軍隊已經入侵巴勒斯坦，正與敍利亞軍交戰。為了安全起見，他們來到首都暫住，躲避戰亂（11節）。由此可見，猶大國正是苟延殘喘，被巴比倫人打敗是遲早的事。

上帝是公義、守約的上帝。守約的人蒙上帝保護，違約的人上帝要追究。上帝對利甲族人的應許，呼應上帝對另一個外邦人以伯．米勒的應許（三十九15～18）。他們都在當代戰亂中蒙上帝保守，這證明上帝是有能力保守，也願意保守。同樣的，上帝可以保守猶大人，可是他們的行為配得上帝的保守嗎？恐怕不行了。

12.2 約雅敬王焚燒第一卷書（三十六1～32）

三十五、三十六章的事件同是在約雅敬作王期間發生，是順時間次序記載的。第三十五章的事情發生時，耶利米仍可以自由進入聖殿的房間（三十五

4）。三十六章的事件發生在約雅敬王第四至五年間，足有一年的時間（三十六1、9、22）。耶利米當時已經「被禁止，不能進耶和華的殿」（5節）。後來，耶利米更被王到處搜捕，他不得不躲藏起來。三十六章記載猶大王約雅敬對上帝的叛逆，這又再次證明上帝對猶大的審判是對的。似乎上帝用不同的角度指出猶大的滅亡是應該的。

分段大綱（三十六1～32）

1. 巴錄抄寫耶利米的話（三十六1～10）
2. 米該亞轉述巴錄的話（三十六11～19）
3. 約雅敬王燒書卷（三十六20～26）
4. 巴錄再次抄寫耶利米的話（三十六27～32）

12.2.1 巴錄抄寫耶利米的話（三十六1～10）

約雅敬作王的第四年是多事之秋的一年。在那一年，上帝吩咐耶利米把祂從約西亞王的年代到他當代，曾經對他說過的審判信息都記錄在書卷上（1～2節）。約西亞王第十三年，耶利米被上帝呼召作先知，直至約雅敬王第四年，頭尾共23年。一直以來，上帝都沒有要求先知把祂的信息記下來，但到了約雅敬王第四年，上帝卻作出如此決定。這年也是巴比倫王尼布甲尼撒登基的一年，整個中東政局將要起翻天覆地的改變。耶利米把過去上帝向他說明的神諭記錄，供猶大百姓查證上帝的預言是否應驗（6～9節）；更重要的，是可以把上帝的信息流傳至他們的後代，讓他們從歷史看見上帝的話如何被應驗。這書卷的目的，是讓猶大人以歷史為鑑，看見上帝的作為如何在他們的先祖實現出來。此外，也要提醒他們，如果他們放棄行邪惡的事，祈求上帝赦免，上帝就不降災難與他們（3節）。因此，這記錄事件是上帝帶著好意的。耶利米就按照指示做，讓巴錄作書記，把先知口傳的說話都寫在書卷上（4節）。

為何耶利米不親自將一切記錄下來，而要找巴錄幫忙？是否因為先知不懂得書寫？應該不是了，他身為祭司的後人，很可能是受過教育的。其實，先知找巴錄幫忙是一個智慧的做法，也是上帝的恩典。

首先，由巴錄將一切記錄，表示巴錄就是這卷書的見證人。在舊約時代希伯來人的文化中，若要證明事件的真確，是需要兩個或以上的見證人才有法律效用（參申十九 15）。第二，上帝賜予先知一個同伴，表示他不用孤單一人面對這卷書寫完後帶來的壓迫。第三，耶利米本來就需要一個助手幫他將上帝的話傳入聖殿中的人聽。先知當時已被禁止進入聖殿，他不能去向聚集的羣眾宣讀書卷上關乎上帝的話。他要求巴錄在接著的一個在聖殿舉行的全國禁食的節期中，拿著那書卷，去向集會的羣眾宣講。希望百姓聽從上帝的警告而離開他們的邪惡（5～7 節）。

圍繞著聖殿旁邊的不是一面一面的圍牆，而是一間一間的房子，稱為廂房（參王上六 5～10；結四十一 5～11），是供給那些在聖殿工作的人使用的。當時的廂房共有 3 層。

巴錄服從了先知的吩咐，也順從了上帝。在約雅敬王第五年九月的住棚節，巴錄上到聖殿，進入了書記基瑪利雅的房間。這房間在聖殿**廂房**的第二層，他就在此向院子裏守節禁食的百姓宣讀書卷內記載上帝的曉諭（8～10 節）。巴錄成了耶利米的口，代表先知宣講上帝的話。好像從前亞倫是摩西的口一樣。巴錄如何能進入聖殿書記基瑪利雅的房間？明顯的，基瑪利雅是認識巴錄的，也是支持他的。此外，巴錄本身也是文士，可能也有使用聖殿房間的權利。

12.2.2 米該亞轉述巴錄的話（三十六11～19）

有一個官員聽到巴錄的宣讀，感到事情嚴重，於是急忙到王宮中書記的房間報告這事。這官員是沙番的孫子米該亞，在房間開會的有他的父親基瑪利雅，以及其他的官員。他們聽到這報告後，也覺得事情不簡單，所以派其中一個官員猶底去傳召巴錄來見他們，也請巴錄將那宣讀的書卷帶來（11～14 節）。

巴錄來到後，按他們的要求把書上的話再念給他們聽。這可能需要一至兩個小時。在這近距離聽上帝的話，他們都被打動了，驚慌得面面相覷，知道必須把這事呈報約雅敬王。當他們了解這書卷是由巴錄記錄耶利米口傳的話之後，便吩咐巴錄去找耶利米，與耶利米一同祕密躲起來（15～19 節）。他們這樣行，表明他們除了相信這書卷上所記錄的真實性和嚴重性，同時也知道王不但不會接受書上的警告，也會追究耶利米和巴錄，因而令他們遭致生命的危險。可見他們都了解王的處事方式。

12.2.3 約雅敬王燒書卷（三十六20～26）

希伯來文書寫是從右至左，每段約3至4寸寬，從上至下視乎書卷的寬度，通常是7至8寸長。

接著，這些書記們小心地先把書卷記有上帝話語的書卷留在房間裏，然後才向王呈報這件事。王派猶底去拿那書卷，然後到王的面前念給王和他隨身的官員聽（20～21節）。那時正是九月，也是冬天，王正在火爐前烤火取暖。猶底每念完**三、四段**，王就拿書記（文士）用的小刀，把剛念完的經文割破，丟進火爐裏。雖然有其他3位官廷的書記求王不要燒那書卷，王卻一意孤行，不加理會，而隨在王身邊的官員與王有同一反應。聖經形容他們沒有懼怕的心，也沒有悔改的行為（因為他們沒有撕裂衣服）。王一直這樣做，直到整卷書被燒毀。約雅敬把巴錄的手稿（即耶利米書的第一原稿）摧毀了。他焚燒了上帝的話語，卻沒有半點害怕。這反映了他們同時都不尊重上帝。王燒完了書卷，便下令逮捕耶利米和巴錄，如之前一些文士所料的。不過，王沒有成功，因為他們被隱藏了，這是上帝的心意，為要破壞王的惡行（22～26節）。

12.2.4 巴錄再次抄寫耶利米的話（三十六27～32）

約雅敬焚燒上帝的話，等於公開抗拒上帝，與上帝對立。所以，上帝也與他對立。上帝吩咐耶利米向約雅敬王宣告，他燒了書不只是不滿耶利米說巴比倫王要來摧毀猶大的話（29節），他的行為乃是不滿上帝的話。因為約雅敬抗拒上帝，上帝要詛咒他；他不會有後代繼承王位，而他的屍身要被拋棄在荒野，不得埋葬。他的官員、子孫、百姓都要承受書上所記的災難，因為他們不理會上帝的警告（27～31節）。上帝的話是不會被人毀滅的，因為上帝要親自保存祂的話。上帝吩咐耶利米再寫一卷書，耶利米與巴錄就遵從了，不只把第一卷的內容都寫上，也加上一些補充（32節）。這是耶利米書原稿的第二版！

我們也明白為何約雅敬要燒毀第一卷耶利米書，原來他不要聽到他不願意聽的話。可是，他並沒有反省，為何上帝要巴比倫王來毀滅猶大？他本可以改變國家的命運，可是他不只沒有離棄邪惡，反而是惡上加惡。他的叛逆替猶大國的命運寫上了句號。

耶利米書內寫作的證據和隱喻

關於寫耶利米書，本書內出現許多耶利米將上帝的話書寫下來的證據和隱喻，是其他先知書沒有的（即使以賽亞書有提及先知用筆書寫，都只是提到他寫一塊板，和「捲起、封印」律法書；參賽八1、16），起碼沒有耶利米那樣的明顯。這表明了耶利米當代是頗為流行寫作的，加強了先知本身主導寫作耶利米書的可能性；也減低耶利米書是回歸時期才有的推測的可信性。

寫作的證據：

二十五13	所有寫在這書上的話
二十九1	耶利米寄信給巴比倫的猶大人
二十九25	示瑪雅寄信（複數）給耶路撒冷人（參但九2）
三十2	耶利米把一切上帝的話寫在書上
三十六4、32	巴錄把耶利米的話寫在兩卷書上；第一卷被王燒了
五十一60	耶利米把論巴比倫的預言寫在書卷上；後來沉入幼發拉底河

寫作的隱喻：

八8	文士虛假的筆
十七1	猶大的罪是用鐵筆寫上的
三十一32	律法寫在他們心上

12.3 軟弱無能的西底家王（三十七1～三十八28）

第三十七章開首就指明，約雅敬王過去了，他的兒子約雅斤也被巴比倫王貶了，餘下的是傀儡王西底家。他是約雅斤的叔叔，是巴比倫王委派作猶大王的。換句話說，上帝對焚燒第一卷耶利米書的約雅敬王的審判已經應驗了（三十六29～31）。

傀儡西底家是一個不守約、軟弱無能的王，這在三十四章已經交代了：

他與官員、人民在上帝面前立約，釋放希伯來的奴隸，卻又違約。三十七至三十八章把他其餘的弱點表露無遺。

三十七章與三十四章記載的事件應該是非常接近的，兩章都是在西底家作王期間。那時，巴比倫軍隊正在圍困耶路撒冷（三十四7，三十七5）。後來，他們暫時從耶路撒冷撤軍（三十四21，三十七5～11）。但先知預告他們會回來「攻打這城，並要攻下，用火焚燒」（三十七8，參三十四22）。三十四章沒有記載巴比倫軍隊暫時離開的原因，三十七章卻提出來了：埃及軍出兵幫助猶大，所以巴比倫王要把軍隊從耶路撒冷調去南邊，迎接強敵（5、11節）。

這兩章，主要是記載西底家與耶利米的衝突，以及描述耶利米入獄的原因。西底家因為不知自己國家的命運，於是要求耶利米向上帝求平安，並要求他講出國家將來的命運。不過，西底家不是真的想知道國家的將來，而是期望耶利米說一些好話。西底家3次問耶利米，耶利米沒有隱瞞國家將亡這事實，3次的回覆都說同一樣信息。

分段大綱（三十七1～三十八28）

1. 第一次詢問先知（三十七1～15）
2. 第二次詢問先知（三十七16～21）
3. 插曲：先知被囚在牢獄裏（三十八1～13）
4. 第三次詢問先知（三十八14～28）

12.3.1 第一次詢問先知（三十七1～15）

西底家登基，代表猶大國命運有一個新里程。隨這而來的，是一個新的機會去守約及聽從上帝的吩咐。可是，作者明確的記載「西底家、他的臣僕和這地的百姓都不聽從耶和華藉耶利米先知所說的話」（2節），表示全國上下都背叛了上帝。這一節經文寫下了西底家如何帶來國家最後的命運：滅亡。

西底家為何不聽從先知的吩咐？三十七至三十八章把一些原因記載了。第一，他懼怕羞恥、受凌辱（三十八19）。這表示了他自尊心太強，恐懼受外邦人的折磨，所以不願意聽從先知去投降巴比倫人。第二，他不敢得罪手下的官員（三十八5，24～26），反映了他懼怕人過於懼怕上帝。

西底家王打發一個官員和一個祭司去見耶利米，請他為國家祈禱，求平安（3節）。當時的耶利米已被貶至民間，他甚至不能再入聖殿（三十六5），所以王沒有親身去見耶利米，可能是因為耶利米住在平民的地方，故不太方便（4節）。王之所以請先知為國祈禱，是因為巴比倫軍隊剛因為埃及出兵而暫時拔營離開巴勒斯坦（5節）。當時的埃及願意出兵支援猶大，是因為猶大已投靠埃及（參二16～18、36～37）。在西底家作王時期，猶大曾經與鄰國聯盟，為要對付巴比倫（二十七1～3）。那時，他們惟一可以投靠的強國就只有埃及。因此當巴比倫攻入猶大，埃及自然也要出兵相助。當巴比倫退兵，西底家也會有一個念頭，以為國家會處於安全狀態。他找耶利米先知，目的是期望借助先知的祈禱，讓上帝賜福他的計劃，使之可以成就。他不是以一個完全投靠上帝的心情請先知祈禱。但上帝卻借助耶利米的口，粉碎王的夢想。「那出來幫助你們的法老軍隊必回埃及本國去。迦勒底人必再來攻打這城，並要攻下，用火焚燒。」（7～8節）王與官員自欺欺人，以為巴比倫軍隊不會回來。耶利米直言，按照上帝的安排，巴比倫人一定會再回來，而且會放火燒毀耶路撒冷（9～10節）。

這第一次的要求，作者沒有記載西底家和官員們的反應。他們應該是失望的，也會覺得先知很討厭，說的話不吉利，使人不好受。真理往往使不行真理的人覺得不好受，甚而憎惡真理。

果然，官員們找到一個機會發洩他們對耶利米的憎惡（11～15節）。當巴比倫軍隊暫時撤離耶路撒冷時，百姓們都抓緊機會離城，到偏遠的地方或鄉下暫避。耶利米也藉此機會離去，到他家鄉便雅憫地（參一1），處理一些產業的事情。這產業可能與耶利米從他親戚買地的事情有關（三十二6～9）。

當先知來到城門口，守門的軍長見到他，便把他逮捕，因為他遊說王投降巴比倫人，便指控他叛國。耶利米否認也無效（13～14節）。這指控實在是一個誣告，但不是沒有理由的。因為耶利米在西底家作王的早期也曾鼓勵王和百姓投降巴比倫，以保存性命（二十七1、11～14、17）。他也曾寫信給已被擄去巴比倫的猶大同胞，鼓勵他們安心在那裏定居，求上帝賜平安（二十九5～7）。

當耶利米被押到官員們面前時，他們就趁機發洩對先知的憎恨，他們大發雷霆，叫人打他。未經審訊，就把先知收進宮廷內一個臨時改建的監牢（14～15節）。耶利米被關在那裏可能有大半年。巴比倫暫時撤退大概是公元前587年，耶路撒冷是在公元前586年被毀，期間耶利米從地牢轉到王宮的「護衛兵的院中」（三十七21），然後再被人丟在一個「**井**」裏（三十八6），再轉回王宮的監獄，直到被巴比倫軍隊找到（三十八13，三十九14）。

「井」原文 bôr 亦可以解作一個「地下儲水庫」。

12.3.2 第二次詢問先知（三十七16～21）

在先知被關在牢房期間，西底家王把他提出來，在王宮內私下問他有關上帝的指示。西底家有此行動，一方面是為自己的將來感到不安，另一方面他會以為耶利米經過入獄之後會改變主意，能說好聽的話，又為他祝福。可惜的是，耶利米依然沒有改變初衷。西底家是私下與耶利米談話，從耶利米的回應反映出西底家這一次的邀請是希望耶利米說出他個人的命運。耶利米沒有避諱，他直言說：王將要被巴比倫軍隊捉拿（17節）。其實先知早已告訴王關於上帝的定意（參三十四3～4、21），西底家王這時再問先知，是因為他希望上帝會改變祂的心意。西底家王就是這樣矛盾。

耶利米把握機會，求西底家王不要把他送回地牢的監房，免得他死在那裏。由此看來，那地牢的環境是惡劣的，使年老的耶利米（約70歲）難以過日子。此外，可能是沒有足夠的食物供應他，弄得他身體很衰弱（參21節）。耶利米與西底家講道理，認為被困在獄中是不合理的，因為他是忠實的傳講上帝的信息（18～20節）。不錯，他傳講的信息不是他們願意聽到的。可是，傳講巴比倫王不會來攻擊耶路撒冷的先知，不是死掉（二十八17）或跑掉，就是沒有再出聲了。耶利米本身沒有與王和人民為敵，他只是一個傳口信的；而且他傳講的，都是真的、準確的。一直以來，他都是忠於職守，他們沒有理由苦待上帝的先知。

西底家王應允耶利米所求的，把他轉至宮殿裏的監獄（「交在護衛兵的院中」），而且每天供應先知「一個餅」（當代的麵包），直到城裏的糧食缺乏得不能再烘製麵包(21節)。這無疑是王對先知的恩待。在戰亂饑荒期間，百姓不能耕種，糧食極為昂貴；加上後來城再被圍困，糧食一定至為難得。但上帝借西底家王，供應耶利米身體的需要。可見雖然西底家不願聽耶利米的回答，但對他仍有少許的尊重。

12.3.3 插曲：先知被囚在牢獄裏（三十八1～13）

在西底家第三次詢問耶利米之前，作者在此加插了一段敘事，是關於耶利米被帶到宮中的監獄之後，耶利米所發生的事。雖然耶利米是被關在監裏(護衛兵的院中)，但他沒有停止告訴人關於巴比倫人入侵的事，並勸諭猶大人投奔巴比倫。猶大國是要滅亡，但他們若投降，就可以保存性命，耶路撒冷也不致被火焚燒(三十八2；參17節)。耶利米是出於一番好意，也是傳達上帝的信息，要試驗他們的順從。可是，當他講的話傳到四位官員的耳中，他們倍感憤怒，於是上奏西底家，求王處死耶利米，控告他使軍隊和人民「士氣低沉」，有百害而無一利(1～4節)。西底家作了一個冷漠的回答：「他在你們手中，王不能反對你們所做的事。」(5節)他知道耶利米是上帝的先知，所說的都是真的，但他沒有勇氣挺身保護先知，證明了他是懦弱無能的。

於是這四位官員抓住耶利米，把他推進牢獄。這牢獄其實是一個「地下儲水庫」，這儲水庫沒有水，只有淤泥，而且整個空間瀰漫著異味。耶利米連站也站不起來，就陷在淤泥中(6節)。淤泥壓住這70歲年老的耶利米，使他呼吸困難。這個可能是耶利米事奉人生最低沉的時刻。

這門是從耶路撒冷往便雅憫地界的關卡，故在城的北方。

當太監古實人以伯．米勒❶知道他們把耶利米推進儲水庫，便知道這位先知在那裏非死不可，他就跑去城牆的**便雅憫門**，因為那時西底家王正「坐在便雅憫門前」的地方開庭(7～8節)。❷

以伯．米勒是古實人，卻比猶大領袖更有惻隱之心，他看不過眼，於是奏告西底家王說：「這些人向耶利米先知一味地行惡。」他知道這些官員是不會理會耶利米的死活，耶利米一定會在那裏餓死(9節)。❸因著以伯．米勒的請求，西底家下令他帶人去把耶利米救上來(10節)。根據「馬所拉文本」和「七十

* 這是所羅門式一面城牆的廢墟。向北位置是城外，南面是城內，東至西是城牆，置中以北是城門，城牆左右兩排是廂房，形成了城牆。推斷西底家王是坐在類似這些廂房內開庭作審判。

士譯本」，王吩咐以伯．米勒帶 30 人（有一個後期抄本修改成 3 人）去營救耶利米，為的是要預備對付可能會反抗他們營救行動的官員。營救工作實際可能只需要 3 人，可見西底家並不願意任由手下官員苦待耶利米。以伯．米勒是一個辦事妥當的人，他想到耶利米年老、體力虛弱，不能用手抓著繩子，所以先找來破布衣，也請耶利米用它保護他的腋下，免得拉他上來時受傷（11 ～ 12 節）。反對耶利米的官員知道王的命令，也沒有反抗，只仍然把耶利米關在以前的監獄裏（13 節；另參三十七 21）。

12.3.4 第三次詢問先知（三十八14～28）

14 至 28 節描述西底家最後詢問耶利米，尋求先知的意見。這是他第二次私下探問先知（第一次記載在三十七章 16 至 21 節）。這次詢問的情況比第一次嚴峻。上一次，糧食不是大問題，王仍可以供應先知，而且巴比倫人剛撤退不久（三十七 11、21）。現今，他們正面臨糧食短缺（三十八 9），而巴比倫軍隊正在圍城。因此，耶利米提議西底家王要出去投降於巴比倫（17～18 節；17 節「歸順巴比倫王」這短句在「呂振中譯本」譯作「出去歸降巴比倫王」）。

西底家不敢讓其他官員知道他詢問耶利米先知，所以請人暗暗帶先知去到「耶和華殿的第三個門」。他命令耶利米要確確實實回答他的問題，「一點都不可向我【指西底家】隱瞞」（14 節）。其實，耶利米一向是照實傳達上帝的信息，西底家有如此的要求，表示他的心情十分矛盾。一方面他期望耶利米說出事實，另一方面他又期望耶利米之前說的不是事實。先知意會到，西底家其實並非要求知道上帝的信息，乃是要等候一個好消息。如果先知說不吉利的話，可能會招殺身之禍。所以先知告訴王：「我若告訴你，你豈不是一定要把我處死嗎？我若勸你，你必不聽我。」（15 節）西底家「私下」向耶利米發誓，他絕不殺耶利米，也不把他交給想殺害他的人（16 節）。王「私下」的誓言是不能給其他人知道的（24～25 節），這反映西底家其實是懼怕他的下屬官員。他沒有堅定地選擇該行的路，他是一個三心兩意的人。

耶利米告訴西底家的信息，並沒有新的內容。他勸西底家若然出城投降巴比倫王，他的生命就會保存，耶路撒冷也會保存不被焚燒。反之，災禍會臨到他和他們的城（17～18 節）。西底家向先知透露，他不敢投降的原因是，他怕巴比倫人會把他交給已經投降的猶大人，這些猶大人會折磨他（19 節）。顯然，他知道自己是一個不受百姓歡迎的王。可見他明知人民討厭他，卻仍沒有反省，去做一個有節氣、愛民的王。西底家只是苟延殘喘過日子，他作王有何意義？這是何等悲哀！

耶利米向王保證只要他順從上帝，投降巴比倫，上帝便會保守王平安。若他不肯投降，當猶大人被擄的時候，連弱小的宮女都會埋怨王，說他軟弱無能，舉棋不定，任由他的下屬擺布，沒有眼光、誤信奸人，所以被親信出賣和撇棄（21～22 節）。耶利米真的把西底家的懦弱和無能描寫得透切！先知甚至警告王，他若不投降，他的后妃、女兒等都要成為巴比倫王的俘虜。在當代，做俘虜的女性多數要成為主人發洩性慾的工具。西底家豈可不想到自己后妃和女兒的命運（23 節）！

可惜的是，西底家沒有留心將先知的意見聽入心內，他關注的只是如何應付接著要查問他與先知談話內容的官員。這些官員能夠查問，表明他們不怕西底家，也不尊重他。西底家知道他們會以性命來威脅，強迫耶利米透露他與王談話的內容。所以他吩咐耶利米說另一番話，指出不是王召他去王那裏，而是他「在王面前懇求不要把我【指耶利米】送回**約拿單的房屋**，免得我死在那裏」。似乎官員們曾經與王提及，要把耶利米從王宮的監獄轉到他們控制的監牢（24～26節）。果然，官員真的來查問耶利米，耶利米也用王吩咐的回答。他們放過耶利米，於是先知「仍在護衛兵的院中，直到耶路撒冷城被攻下的日子」（28節）。❹ 這個結尾是一個悲哀的結尾，因為西底家至終沒有聽從先知的吩咐。他清楚地聽到可以有的選擇和每個選擇的結果。可是，就在兵臨城下的時候，他還是因為個人的利益和不現實的恐慌，拒絕先知的忠告，不歸降巴比倫。因此，他個人、聖殿、和整個國家的悲慘性的遭遇由此開始。

「約拿單的房屋」是指文士約拿單的屋，這房子被改建為監牢（參三十七15）。

12.4 耶路撒冷淪陷（三十九1～14）

接續的三十九章就是記載這悲慘事件的發生。西底家作王第九年十月，巴比倫王率領大軍再度進攻耶路撒冷。圍城約18個月，耶路撒冷就淪陷了（1～2節）。巴比倫的將領來到中門，坐在那裏開庭。這是戰勝者的姿態（3節）；巴比倫王攻陷在埃及的答比匿也如此做（四十三8～10）。

西底家看見大勢已去，保命要緊，便在一些近身士兵護衛下，連夜出城逃亡，向東往約旦谷方向奔逃。但巴比倫士兵不久就知道，便追擊他們，在**耶利哥**附近的平原追上西底家，把他俘擄，最後帶到**利比拉**，尼布甲尼撒王那裏。相信西底家是徒步由耶利哥平原被帶往利比拉。在尼布甲尼撒王面前，西底家被判反叛之罪。因為西底家原本就是巴比倫的藩屬，要經常進貢（三十七1），後來西底家與鄰近國家密謀反叛（二十七1～7），巴比倫出兵攻打他時，他就向埃及求救（二18）。埃及雖有出兵相救，卻失

耶利哥平原在耶路撒冷東南約35公里，在耶路撒冷地平線以下1200公尺。利比拉在哈馬，在耶路撒冷東北320公里，屬敘利亞境內一個地方，被巴比倫侵佔巴勒斯坦後，這地成為巴比倫軍事指揮部。

敗了（三十七 5～11），故此時巴比倫王要嚴懲西底家王。

西底家因反叛之罪而受的懲罰非常痛苦：巴比倫人當著他的眼前殺死他所有的兒子和國中的貴族，之後，巴比倫軍隊把西底家的眼睛剜出來。那一刻，西底家哀號，鮮血染紅衣服和地上的黃沙，這是何等的可憐。最後，他們用銅鏈鎖住他。這猶大王成了一個階下囚，帶著鎖鍊徒步到巴比倫去（三十九 5～7）。何等的恥辱！西底家可能後悔不已，不過已是太遲了。

處理完猶大王，巴比倫軍隊就放火「焚燒王宮和百姓的房屋，又拆毀耶路撒冷的城牆」（8 節），猶大國完全滅亡了。之後，巴比倫軍隊「把城裏所剩下的百姓和投降他的降民，以及其餘的百姓都擄到巴比倫去了」，委派基大利作省長，管理他們，使猶大歸入巴比倫帝國版圖內（9～10 節）。

西底家王被擄，猶大國滅亡，耶利米的命運又是如何？上帝保守了先知。巴比倫王尼布甲尼撒特別吩咐元帥尼布撒拉旦去把先知找出來好好待他，不能傷害他，並且要辦妥先知任何的要求（11～12 節）。為何巴比倫王要如此恩待耶利米？他從何認識先知？原來耶利米對猶大人說上帝要用巴比倫毀滅猶大的宣講，傳給了巴比倫王（四十 2～3），所以巴比倫王恩待耶利米。巴比倫王並非信服耶和華，只不過因為他敬佩耶利米先知為一個真正先知，原因是他從他的神（耶和華）所得的預言確實應驗了，而這預言有利於他的國家。在這如此多神的國家，要巴比倫王順服上帝是很難的，但巴比倫王很可能知道猶大人的上帝是其中一位真神，也是該尊敬的（參但四 34～37）。

因為王的命令，巴比倫的將領們打發他們的部下，在正焚燒的耶路撒冷城四下搜尋，要找他們從未見過的耶利米。幾經艱辛，終於在王宮的監獄、猶大王護衛兵營房的院子找到耶利米。巴比倫將領把先知交予基大利，吩咐他安頓先知。耶利米的家鄉是亞拿突城（一 1），他可能並不是回了家鄉，經文指出先知住在同胞當中（三十九 14）。在當時混亂的情況中，可能耶利米很快被其他不知情的巴比倫士兵抓著，押去了**拉瑪**（四十 1）。不過，尼布撒拉旦元帥在拉瑪看見耶利米，把他再度釋放。之後先知去到米斯巴城，與那地留下來的猶大的貧窮人同住（四十 6）。

拉瑪在耶路撒冷以北約 10 公里。

12.5 上帝應許以伯·米勒（三十九 15～18）

15 至 18 節明顯是不順時序的記載。因為這時，耶利米還被關在皇室監獄裏，沒有被釋放（15 節）。這幾節的主角是古實人以伯·米勒（16 節），主題是上帝的應許。這人曾經出手救耶利米（三十八 7～13）。上帝給這外邦人一個應許：在耶路撒冷被毀的時候，就是在戰亂的時候，上帝要保護他。他不會死在巴比倫人刀下，卻「要保全自己的性命」，❺ 因為他信靠上帝（17～18 節）。戰亂的時候，生靈塗炭，混亂非常。可是上帝卻說，在戰亂之時上帝必能拯救。上帝掌管混亂，祂能夠在人無能為力的時候顯出祂奇妙的保守。上帝給以伯·米勒的這個應許呼應上帝賜給巴錄的恩典（四十五 5）。

耶利米書沒有記載這外邦人以伯·米勒後來的遭遇。不過，我們相信，上帝應許了他，必會應驗，因為祂是萬軍的統帥耶和華。正如對待利甲族，上帝也應許了他們（三十五 19），耶利米書也沒有記載他們後來的遭遇。不過，我們相信上帝的話是應驗了。其實，耶利米書記載這些上帝的應許，就是讓知道的人有機會去驗證。不論時間有多長，世事如何變遷，上帝的話的確會應驗的。

12.6 三十九章與五十二章的關係

這兩章的經文有不少相同，也有相異之處。按原文的比較，兩章的文法和風格非常接近，很可能是出於同一個編修者的手。不過，也可以看到三十九章是基於五十二章的文本而作出擴寫、撮寫和修改等。現列表如下：

三十九章	五十二章
1 至 2 節作了撮寫	4 至 7 節上
3 至 4 節上加插了新的資料	
4 節下至 7 節作了撮寫	7 節下至 11 節
8 至 10 節作了簡單的補充	13 至 16 節
11 至 18 節加插了新的資料	

三十九章補充的經文值得探討：

三十九 3	加插了巴比倫軍長的名單，他們來坐在耶路撒冷的中門。
三十九 11～12	加插巴比倫王吩咐人要善待耶利米。
三十九 13～14	加插善待耶利米的巴比倫軍長的名單。
三十九 15～18	上帝給以伯．米勒一個應許，保存他的生命。

3、11 至 14 節明顯來自巴比倫人的資料，因為沒有猶大人會記錄那些巴比倫軍長的名字，如尼甲．沙利薛、三甲．尼波等。猶大人也不可能知道巴比倫王如何吩咐他的護衛長去照顧耶利米。基於這些經文，我們有理由相信，編修者是接觸過巴比倫人的文獻資料才能編寫出 3 節和 11 至 14 節。

至於 15 至 18 節，編修者特意補充這幾節經文來指出，就是在耶路撒冷被毀滅之時，上帝救贖的應許仍然屹立。上帝給以伯．米勒一個應許，保存他的生命，就是一個例子。其實，在耶路撒冷被毀滅之前，上帝已經應許要重建猶大。百姓要保持信心和盼望。在此，還有其他編輯的例子：❻

例子一：（文學技巧）

三十九 6	在利比拉，巴比倫王在西底家眼前殺了他的兒女；巴比倫王又殺了猶大所有的貴族。 *wayyišḥaṭ meleḵ bāḇel* *ʾeṯ-bənê ṣiḏqiyyāhû bəriḇlāʰ ləʿênāyw* *wəʾēṯ kol-ḥōrê yəhûḏāʰ* *šāḥaṭ meleḵ bāḇel*
五十二 10	巴比倫王在西底家眼前殺了他的兒女，又在利比拉殺了猶大全體的官長。 *wayyišḥaṭ meleḵ-bāḇel* *ʾeṯ-bənê ṣiḏqiyyāhû ləʿênāyw* *wəḡam ʾeṯ-kol-śārê yəhûḏāʰ* *šāḥaṭ bəriḇlāṯāʰ*

三十九章 6 節出現兩遍「巴比倫王……殺了……」（*šāḥaṭ meleḵ bāḇel*）這

短語，呈首尾呼應，強調巴比倫王終於審判了猶大家。五十二章10只出現一次這短語。

例子二：(撮寫)

三十九8	迦勒底人用火焚燒王宮和百姓的房屋，又折毀耶路撒冷的城牆。 *wəʾeṯ-bêṯ hammeleḵ wəʾeṯ-bêṯ hāʿām* *śārp̄û hakkaśdîm bāʾēš* *wəʾeṯ-ḥōmôṯ yərûšālaim nāṯāṣû*
五十二13～14	他焚燒了耶和華的殿、王宮和耶路撒冷的房屋……跟隨護衛長的迦勒底全軍折毀了耶路撒冷四圍的城牆。 *wəʾeṯ-bêṯ hammeleḵ wəʾēṯ kol-bāttê yərûšālaim wəʾeṯ-kol-bêṯ haggāḏôl* *śārap̄ bāʾēš* *wəʾeṯ-kol-ḥōmôṯ yərûšālaim sāḇîḇ nāṯṣû* *kol-ḥêl kaśdîm ʾăšer ʾeṯ-raḇ-ṭabbāḥîm*

三十九章8節只提「耶路撒冷的城牆」(*ḥōmôṯ yərûšālaim*)，不是五十二章14節的「耶路撒冷四圍的城牆」(*kol-ḥōmôṯ yərûšālaim sāḇîḇ*)，也省略「護衛長的迦勒底全軍」等。

例子三：(修改)

三十九10	尼布撒拉旦護衛長卻把百姓中一無所有的窮人留在猶大地，當時就賞給他們葡萄園和田地。 *ûmin-hāʿām haddallîm ʾăšer ʾên-lāhem məʾûmāʰ hišʾîr nəḇûzarʾăḏān raḇ-ṭabbāḥîm* *bəʾereṣ yəhûḏāʰ wayyittēn lāhem* *kərāmîm wîḡēḇîm bayyôm hahûʾ*
五十二16	尼布撒拉旦護衛長留下一些當地最窮的人，使他們修理葡萄園，耕種田地。 *ûmiddallôṯ hāʾāreṣ* *hišʾîr nəḇûzarʾăḏān raḇ-ṭabbāḥîm* *ləḵōrmîm ûləyōḡḇîm*

三十九章10節描寫尼布撒拉旦為一個有憐憫心腸的巴比倫將軍，他照顧

猶大民中貧窮的人，「給」（*wayyittēn*）他們葡萄園和田地；五十二章16節並沒有這個意味，修理葡萄園和田地是他們的工作，而不是屬於他們的。

這些修改的例子帶有神學意義。就正如在三十九章提到巴比倫王照顧耶利米（11～14節）；上帝給以伯．米勒一個應許（15～18節）等，表現出編修者在三十九章的目的是要安慰被擄的百姓，而且要他們看見上帝在審判猶大中依然有祂的恩典，所以百姓要保持盼望。這些例子也引證耶利米先知早期的宣講：巴比倫王是上帝的僕人（二十五9，二十七6）。上帝借助巴比倫王審判猶大，也借助他保存好的無花果（上帝要恩待的百姓）和聖殿的器皿（二十四4～7，二十七22）。百姓要順服上帝，上帝在未來必會使這一切都回到猶大本土，如先知所說的一樣。

溫習及思考問題

1. 利甲族是歸化的外族人（參士一16；代上二55）。他們如何克服困難，守著先祖的承諾而生活？你願意像他們這樣子生活嗎？為甚麼？
2. 試將守約的利甲族人和違約的猶大領袖作比較，並列出兩項不同之處。
3. 約雅敬王燒毀耶利米藉巴錄寫的書卷後，得了甚麼懲罰？這懲罰合理嗎？為甚麼？
4. 三十七章21節證實上帝恩待耶利米，試略為解釋。
5. 三十八章4至5節、7至10節、14至16節、19節顯示西底家是一個怎樣的王？如果這樣的人作了領袖，後果會是怎樣？
6. 試描述耶利米在牢獄裏困苦的情況（三十八6～9）。那時候他年紀多大？如何從這事看見先知事奉的堅持？
7. 西底家為何不願意他的下屬知道他向耶利米所說過的話？這顯示他與首領的關係如何？
8. 西底家結果有沒有聽從耶利米的勸告投降巴比倫？他和他的一家結局如何？
9. 以伯．米勒是甚麼人？為何作者要提及他的事？他與利甲族事件有甚麼相同的地方？
10. 巴比倫王如何恩待耶利米？耶利米為何沒有被擄到巴比倫？他選擇住

在那裏？

11. 三十九章與五十二章所記載同一事件中，有多少處相異的地方？這些相異表達了甚麼信息？

釋經短註

❶ 以伯·米勒是古實人（是黑皮膚的衣索比亞人），他在猶大王宮當太監，是不足為奇。遠從所羅門王娶埃及公主為妻開始（王上三1），已經開始有從非洲來的婢僕住在以色列國中。大衛王和所羅門王特設官員掌管以色列國中服苦役的外族人（撒下二十24；代下八7～10），就是一個證據。

❷ 古代的城門是連在城牆的一個建築物，不只是兩扇門，門後邊是可以防守和開會用的空間（或房間）。城門之後是一個廣場，人民可以聚集在那裏。「王坐在便雅憫門前」通常指王在聽訟，判決民間的糾紛（參得四1～12；撒下十五1～6）。

❸ 以伯·米勒對王說，耶利米在牢獄必因饑餓而死，「因為城裏不再有糧食了」（9節）。*Biblia Hebraica Stuttgartensia*（BHS）在此加插了一個異文，認為這句是後期的文士從三十七章21節節錄過來的。Jewish Study Bible 指出這句是敘述員的補充，而不是以伯·米勒親口說的。估計編者將這句子加上，表示誇張的一種手法。這雖是一句誇張語句，卻表達了糧食短缺的嚴重程度。如果真的糧絕了，耶利米被救出來也要死亡。不只如此，王和以伯·米勒都要餓死。

❹ 三十八章28節下「和修」是「當耶路撒冷被攻下時，他仍在那裏」。「當耶路撒冷被攻下時」這句子在「馬所拉文本」（*wəhāyāh kaʾăšer nilkədāh yərûšālāim*）出現一個異文，這重複的句子在「七十士譯本」沒有出現。有

學者提議把這短句移至三十九章3節之前。按原文的文法來看是可以的，但沒有抄本的支持。「和修」保留了「和合本」在三十八章28節的寫法，同時也在三十九章3節加上這短句。

❺ 第18節「要保全自己的性命」這句子原文是 *wəhāyṯāh ləḵā nap̄šəḵā ləšālāl*。「思高譯本」譯作「獲得性命如獲戰利品」，「和合本」的譯法是「要以自己的命為掠物」，而「和修」卻沒有將「如獲戰利品」這意思譯出來。

❻「七十士譯本」沒有三十九章4至13一段（西底家逃亡和巴比倫王恩待耶利米），原因很可能是它乃翻譯自更早期的一個希伯來文版本，而現存的「馬所拉文本」是後期經過編輯和補充的版本。

第十三章
猶大餘民的背叛（四十1～四十三13）

- 先知與猶大餘民同住
- 餘民的謀殺悲劇
- 餘民求問耶和華
- 徹底的叛逆

13.1 先知與猶大餘民同住（四十1～12）

分段大綱（四十1～12）

1. 耶利米住在基大利家中（四十1～6）
2. 基大利出任省長（四十7～12）

13.1.1 耶利米住在基大利家中（四十1～6）

拉瑪在耶路撒冷之北相距約10公里，地勢頗為平坦、寬廣。

從第四十章開始，記述的地點從耶路撒冷轉到**拉瑪**。拉瑪是撒母耳的家鄉，屬便雅憫支派的地方（撒上七17）。巴比倫軍隊可能在這地方設了軍事總部，他們極有可能先將猶大俘虜帶到此地方，然後再帶去巴比倫。耶利米「被鏈子鎖在耶路撒冷和猶大被擄到巴比倫的人中」（1節），他也是在其中。之前，耶利米已被尼布撒拉旦從猶大王宮的監牢釋放出來（三十九14），但在城破後的混亂之中，其他不知情的士兵把先知再俘擄。當護衛長尼布撒拉旦知道耶利米來到拉瑪，他再將先知釋放。他也向耶利米覆述先知以前的預言：耶和華曾經宣布要毀滅猶大和耶路撒冷，因為他們得罪上帝，叛逆了祂，現在已經應驗了（2～3節）。

原來耶利米的預言已經廣傳至巴比倫的官員耳中，並引起他們的注意。現今，借助一個巴比倫人的口，證實了耶利米預言的應驗，這也同時證明耶利米是真先知，他所預言的都是從上帝而來的。巴比倫人雖不信耶和華，但卻沒有因此而拒絕耶利米；猶大人卻是愚昧的，他們自稱是信耶和華的，卻將耶利米拒於門外。尼布撒拉旦解開先知手上的鎖鏈，給他自由，也讓他自由選擇跟他去巴比倫，或留在猶大（4節）。如果先知留下，他會給他行動特權，讓他任意到他喜歡去的地方。他這樣恩待先知，表明上帝實在保護了耶利米，如同祂先前應許先知的（一8）。

耶利米表現出要留在猶大，尼布撒拉旦於是建議先知去找他的同胞基大利，他是巴比倫王指派作猶大省長的，管理巴勒斯坦各城市。巴比倫王不只是征服、擄掠猶大，他也有精明的政策，有計劃地把猶大國改建為巴比倫帝國的一部分。他將帝國分成多個省分，又實行移民政策，指派與那個種族相同的人作管治，因此他派了一位猶大人基大利作猶大的省長，而不委派一位巴比倫軍長或行政官擔任。可見巴比倫王的政治手腕是剛中帶柔，是上著的。另外，尼布撒拉旦也是一個精明的人，他的建議也算是高明。他相信耶利米不會煽動猶大人叛亂；耶利米勸諭猶大人投降，不是因為他想賣國，而是因為他早已預言上帝要用巴比倫毀滅猶大，而他又有信心這預言將會很快實現。況且，耶利米對於基大利省長穩定政局會有很大的幫助。不過，尼布撒拉旦重申：他沒有勉強耶利米向巴比倫方向走，而是將去留的決定交給耶利米。耶利米有權自己做決定。尼布撒拉旦「送他糧食和禮物，釋放了他」(5節)。耶利米也明白猶大餘民需要他，所以「耶利米就來到米斯巴，亞希甘的兒子基大利那裏去，與他同住，住在留於境內的百姓當中」(6節)。年老的耶利米(約70歲)仍然願意為同胞付出自己的力量。

13.1.2 基大利出任省長（四十7～12）

巴比倫人委派基大利為猶大省長，果然起了穩定局面的作用，他住在米斯巴。那些沒有向巴比倫投降的猶大軍官和百姓知道消息後，紛紛從隱藏的地方出來，去米斯巴投靠基大利。作者形容他們是「在鄉間所有的軍官和屬他們的人」(7節)，表示他們在耶路撒冷被圍困時躲到曠野逃命。作者又列出投靠基大利的官員的名單(8～9節)，這名單與列王紀下二十五章23至24節大同小異，官員名字增多2個，可能這經文是引用列王紀的，然後再根據一些口傳，稍加修改。

基大利向他們起誓，保證他們的安全，也安慰他們不用懼怕，只管安分守己服事巴比倫王，一切便都會順利(9節)。他更鼓勵他們在各城鎮好好耕種，積存糧食，重建財富(10節)。可見這省長是頗有行政能力和遠見。另外，逃亡到鄰近國家如摩押、亞捫、以東等的猶大人，聽到基大利作省長的消息，也回流猶大。他們先去到米斯巴見基大利，然後各自分散到不同城鎮居住、耕種，收存糧食(11～12節)。這對重建國家是一件好事。由此可見，基大利也算是有領導才能，可以服眾。猶大人的生活慢慢重建起來，這段重建的時間可能有一至兩年（12節）。

基大利是沙番的孫子、亞希甘的兒子（三十九14，四十6）。沙番是猶大王約西亞的書記，他與兒子亞希甘是支持約西亞王作宗教及政治改革（王下二十二3、12）。在約雅敬王年間，基大利的父親亞希甘曾經保護耶利米脱離百姓的逼迫（二十六24）。所以，基大利是出自官宦世家。從他的祖父及父親所作的事，也可以反映他會是一個支持國家的人，而且也不會以個人利益處事。這或許是令猶大人那些作官的都願意服他管治的原因。

13.2 餘民的謀殺悲劇（四十13～四十一18）

這段落記載猶大人之間有內鬨，共有兩個事件。首先，猶大省長基大利被謀殺，接著猶大人之間有內亂，導致不少人死傷。

分段大綱（四十13～四十一18）

1. 基大利被殺（四十13～四十一3）
2. 以實瑪利謀反（四十一4～18）

13.2.1 基大利被殺（四十13～四十一3）

基大利雖然在猶大人中間是受歡迎，但他也有弱點：他過於輕率，沒有認清政局的複雜和人性的邪惡，所以吃了大虧，招致殺身之禍。當時仍有部分猶大軍人住在曠野，還沒歸順基大利。可能他們是民族主義分子，因而不願降服於巴比倫權勢之下；或者他們也發現，即使不投降巴比倫，他們仍可以自由平安的生活。另外，猶大人的敵人亞捫人，也未必願意猶大人可以安然居住下來，於是亞捫人的王收買了猶大人以實瑪利，去謀害基大利。不過，其中一位猶大人首領約哈難收到這消息，便連同其他仍住在曠野的軍長來到米斯巴向基大利報密，指出亞捫人要暗殺基大利的陰謀（13～14節）。其實，約哈難與以實瑪利以前都已經見過基大利（8節）。約哈難告密，表明他對基大利有好感，約哈難也要保護基大利。可惜的是，基大利不相信他的話。

以實瑪利為何要刺殺基大利？他可能是一個偏激的民族主義分子，要以刺殺基大利來反抗巴比倫。因為基大利是巴比倫王委派的，代表巴比倫的政權。以實瑪利本是皇室成員（四十一1），他被亞捫王收買，一方面看見他是一個機會分子，另一方面他極可能也是貪圖利益的人，他會以貨物與人換取生命（參8節）。從他後來刺殺基大利和80個上聖殿獻祭的人來看，他也是一個邪惡自私的人（7～8節）。

當約哈難自薦去祕密刺殺以實瑪利時，基大利不但不允准，反認為約哈難的品格有問題，冤枉了以實瑪利（16節）。約哈難要刺殺以實瑪利的理由是：如果基大利被殺，巴比倫人會派兵鎮壓猶大，那時殘存的猶大人都要分散、滅亡（15節）。可是，基大利不只不相信約哈難，也沒有提防以實瑪利，結果招致殺身之禍。

果然不久，軍長以實瑪利到米斯巴見省長基大利。他的拜訪可能使基大利心頭高興，以為前皇室成員也賞面來晉見。基大利雖然見到以實瑪利帶同10個人，而且也見其中有人佩刀，他竟然不加防備。他們一起進餐時，「以實瑪利和同他來的那十個人起來，用刀擊殺沙番的孫子、亞希甘的兒子基大利」（2節），他們也「把所有在米斯巴與基大利一起的猶大人，以及他們在那裏所遇見的迦勒底人和士兵都殺了」（3節）。就這樣發生了一場政治的暗殺和叛變。

以實瑪利是在七月間殺害基大利（1節），那可能是基大利做省長一至兩年後的事。以實瑪利也殺了留守米斯巴的巴比倫軍隊，這是一件嚴重的事；加上有猶大人離開、去埃及定居（四十三章），當消息傳到巴比倫的宮廷，巴比倫王肯定不會置之不理。果然不久，巴比倫軍隊再度鎮壓猶大，擄去一批猶大人，以示警戒（五十二29～30），那時正是尼布甲尼撒二十三年，約公元前581年。

13.2.2 以實瑪利謀反（四十一4～18）

以實瑪利殺死基大利後的第二天，剛巧有「八十人從示劍、示羅和撒瑪利亞前來」，經過米斯巴。他們「鬍鬚剃去，衣服撕裂，**身體劃破**，手拿素祭和乳香，要奉到耶和華的殿」（5節）。他們很可能是以前北國的以色列人。

雖然這羣人是去聖殿，但他們有將身體劃破。這不是耶和華信仰的一種宗教儀式。明顯地當時的人在敬拜耶和華這事上已滲入了一些異教的儀式。

自以色列分裂為南北兩國後，因為政治、地理、宗教原因，北國以色列百姓沒有機會來到南國的耶路撒冷敬拜耶和華—上帝。到北國被亞述國打敗、擄掠、亡國後，猶大王希西家主動邀請以色列人到耶路撒冷的聖殿守逾越節，以色列人才有機會恢復對耶和華的敬拜（參代下三十 1）。但是，仍有以色列人不轉歸耶和華，因為當時是由他們選擇願意歸向耶和華與否的。這個情況延續到猶大王約西亞時代（代下三十四 6～9，三十五 17～18），也很有可能延續到整個耶利米的時代。

猶大被巴比倫國毀滅了，聖殿被焚，敬拜耶和華的以色列人都感到悲傷。所以這 80 個人沒有帶牲畜，因為他們不是要到聖殿獻祭；他們只是「手拿素祭和乳香，要奉到耶和華的殿」，表明他們是去聖殿的遺址，在那裏憑弔、祈禱。他們有 80 個人一同去，可能那時是接近某個節期。

經有人傳訊後，以實瑪利從米斯巴城出去迎接這 80 人。他邊走邊裝哭，當然不是哀悼基大利，乃是假裝與這班人一同哀悼，以搏取他們能夠停下來，進城見基大利（6 節）。可是「他們到了城中，尼探雅的兒子以實瑪利和與他一起的人就把他們殺了，丟在坑裏」（7 節）。當中有 10 人對以實瑪利說：「不要殺我們，因為我們有許多大麥、小麥、油和蜜藏在田間。」（8 節）言下之意是以這些食糧換取生命。以實瑪利接受這個交換，掠取了他們的食糧。之後，「以實瑪利把那些因基大利事件所殺之人的屍首都丟在坑裏；這坑是從前亞撒王因怕以色列王巴沙所挖的。尼探雅的兒子以實瑪利把那些被殺的人填滿了坑」（9 節）。❶ 可見以實瑪利的奸狡、貪心和邪惡。

以實瑪利知道謀殺基大利、巴比倫軍隊和這 70 人的事是不能隱藏的，巴比倫人遲早會聽到消息，所以他趕快行動。他擄走在米斯巴居住的那從前的王的女兒和其餘與前猶大皇室有關的人，其中包括耶利米，向亞捫逃去。以實瑪利本身也是皇室成員，那些「公主」（是指皇室成員的女兒，或身分比較高貴的女性）是他的親戚（1 節），他肯定知道這批人的重要性。可能他有意圖在亞捫重建猶大皇室，也可能是亞捫王要借助他控制猶大皇室，助長亞捫的聲威。

以實瑪利的罪行很快傳到約哈難耳中。他立刻率領部下追擊以實瑪利。在

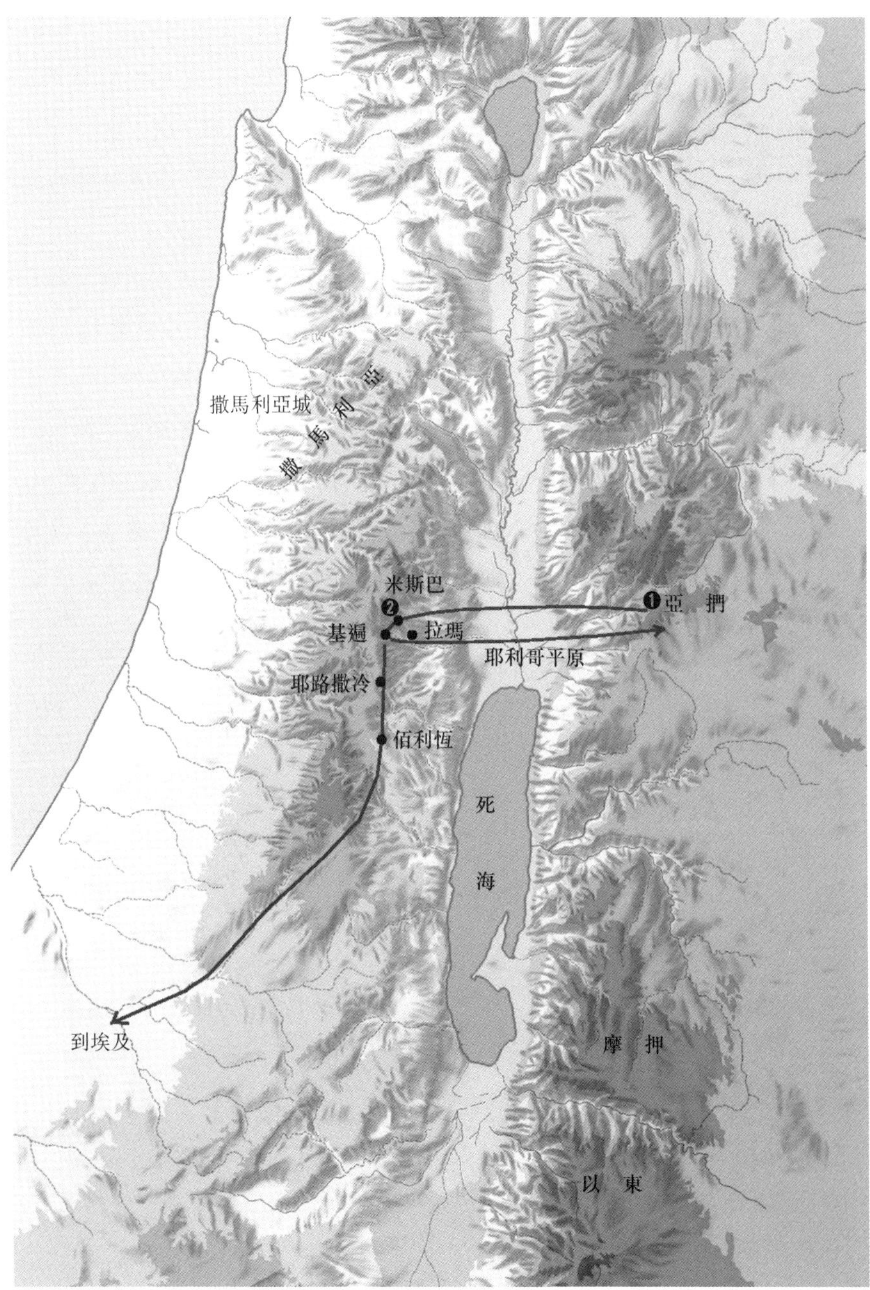

＊以實瑪利叛變及猶大人下埃及

1. 以實瑪利行蹤
2. 猶大人逃至埃及路線

基遍在米斯巴西南。從米斯巴先往南走3公里到拉瑪，再往西走4公里才到達基遍。

基遍附近的大水池邊追上了他。亞捫卻是在拉瑪的東邊。既然以實瑪利要逃去亞捫，為何他要走向基遍？可能是要到大水池載水，準備走長途曠野路。這水池曾經是大衛家（猶大支派）與掃羅家（便雅憫支派）血腥爭戰的戰場（撒下二 12 ~ 32）。

在基遍，當以實瑪利的俘虜看到約哈難和跟從的軍官，就非常歡喜，轉身奔向約哈難。以實瑪利和他 8 個部下見狀，連忙往亞捫逃去。他本來有 10 個部下（1 節），可能有兩個與巴比倫士兵武鬥時傷亡（3 節）。約哈難救回那批本要被擄去亞捫的人，他們中間有婦女和兒童，軍人和太監。約哈難和 8 個部下竟然能夠擄掠軍人和男人，可見這羣猶大人士氣低沉，沒有任何反抗的意願（16 節）。這羣士氣低沉的人加上約哈難一行人都害怕巴比倫人會報復，所以都要往南方的埃及逃亡，離開巴比倫的勢力範圍。他們從基遍去到伯利恆附近的基羅特金罕（「基羅特」原文 *gērûṯ* 意即「寓所」），大概走了 22 公里（17 ~ 18 節）。

到了金罕，作者就描述他們要去埃及（17 節）。他們作這樣的決定前，有沒有考慮過要離開家園而去埃及？是有的，因為他們一班人，連老帶幼去見耶利米，求耶利米為他們祈求耶和華，為他們指示出路（四十二章）。他們所掙扎的是，如果真的要去埃及居住，為何巴比倫人來攻擊猶大的時候不去，現在反要去？巴比倫人真的會因為基大利被刺殺而遷怒於他們嗎？他們沒有殺基大利啊！那是亞捫和以實瑪利的罪行，巴比倫可以鎮壓亞捫，而給他們機會留在猶大，反正巴比倫人也需要建立好猶大省作為巴比倫的帝國的一部分。他們真是猶疑，不知去留。

13.3 餘民求問耶和華（四十二1～22）

耶撒尼亞可能是四十章8節最後提到的那位瑪迦人，四十三章2節提到的亞撒利雅可能是他的兄弟。

為了他們的去留問題，這羣餘民來見耶利米，聖經形容他們是「從最小的到最大的都進前來」（1 節）。代表他們講話的，是其中兩個領袖，約哈難和**耶撒尼亞**。他們知道自己現時所面對的處境。他們從前是一大羣人，現在寥寥無幾。他們來到先知面前期望先知的，不是要向他們所信的上帝祈求，而是請求先知替他們求問「先知的上帝」，指示他們該走的路、該做的事（2～3節）。他們顯然覺得自己與上帝是沒有關係的。他們能夠在金罕求問先知，表明先知也從米斯巴被他們帶去（四十6，四十二10）。換句話說，耶利米已經知道他們離開猶大本土下埃及的意欲。他們的求問不是真誠地尋求上帝的指引，乃是希望上帝認同他們的計劃。

耶利米回答他們說，他會照實地把上帝的指示轉告他們，毫不保留（4節）。為了得到上帝的認同，他們魯莽地起誓回答說，他們一定會遵守上帝的吩咐。在希伯來文化裏，「我們若不照耶和華－你上帝差遣你說的一切話去做，願耶和華在我們中間作真實可靠的見證」（5節），這句話是起誓的用語。如果他們不遵守「先知的上帝」的話，他們願意上帝親自來指控他們（5節）。接著，為了加強語氣，他們說了兩遍「我們都必聽從」（*nišmaʿ*；6節）耶和華「我們的上帝」，而且自我解說，他們若聽從上帝，一切都會順利（6節）。為了得到一個他們認同的答案，他們甚至假意與先知同有一個信仰，看耶利米為他們的同路人。耶路撒冷被毀、國家敗亡，並沒有使他們學到一點敬畏上帝的功課。上帝知道這羣人的內心，祂要他們等待10天。在這10天，可能他們不斷催促先知，也可能他們等得不耐煩，已經私下決意下埃及了。上帝常常要我們等待，試驗我們的順服和信靠（參掃羅王的生平；撒上十三8～15）。

10天後，上帝終於指示耶利米。先知遂召集所有的人，把上帝的指示告訴他們（7～9節）。為了鄭重其事，又要使他傳遞的信息是所有人都能聽到的，他依然要求所有人，且「從最小的到最大的都召來」（8節）。在先知的宣講內，上帝沒有吩咐他們要做甚麼事情，或去哪個地方。上帝知道他們已經決定了下埃及，所以是警告和責備他們。耶利米指出上帝沒有命令他們住在猶大，乃是跟他們講道理。「你們若仍留在這地，我就建立你們，必不拆毀；栽植你們，必不拔出；因我為所降與你們的災禍感到遺憾。」（10節）這「拔除、拆毀、培植、建立」是上帝要藉著先知做的工作（參2.3「作列國的先知」）。耶路撒冷毀滅後，上帝繼續這樣對待猶大人。上帝鼓勵他們：「不要怕你們所懼怕的巴比倫王。不要怕他！因為我與你們同在，要拯救你們脫離他的手。這是耶和華說的。我要向你們施憐憫，他就憐憫你們，使你們歸回本地。」

（11～12節）耶利米不是指留在此地可以風平浪靜，而是他們可能會被擄到巴比倫。若被擄至巴比倫，他們的生命仍能保存，而且終有一天會歸回自己的地方（12節；「使你們歸回本地」）。如果他們拒絕留在猶大，要下到埃及去，以為在埃及不會遭遇爭戰和饑荒（13～14節），那就錯了。上帝警告他們：「你們所懼怕的刀劍在埃及地必追上你們，你們所懼怕的饑荒在埃及要緊緊跟隨你們，你們必死在那裏。凡定意進入埃及在那裏寄居的，必遭刀劍、饑荒、瘟疫而死，無一人存留，得以逃脫我所降與他們的災禍。」（16～17節）他們所遭遇的較被擄的更慘，因為他們的生命將被奪去。❷

可能先知一邊講，他們一邊面露不肖之色，把先知的話反駁回去。所以上帝嚴厲的責備他們，警告他們。上帝如何在憤怒中懲罰耶路撒冷，也必照樣把憤怒傾倒在他們身上，以致他們成為眾人辱罵、驚駭、詛咒、羞辱的對象（18～19節）。先知也責備他們是「行詭詐害自己」（20節）；上帝是不得輕慢的。10天前，他們求先知為他們禱告耶和華上帝，並答應必遵照耶和華的吩咐而行。可是，當先知將上帝的話告訴他們時，他們卻一點都沒有聽從。最後，上帝重申他們必要因戰爭、饑荒和瘟疫而死在埃及（21～22節）。

13.4 徹底的叛逆（四十三1～13）

分段大綱（四十三1～13）

1. 羣眾不接受耶利米勸戒（四十三1～7）
2. 上帝宣布審判（四十三8～13）

13.4.1 羣眾不接受耶利米勸戒（四十三1～7）

耶利米的信息非常清楚和嚴厲。按理，這些殘存的猶大人應該受勸戒。誰知他們不但不受教，反而傲慢地控告先知：「你說謊！耶和華－我們的上帝並沒有差遣你說：『你們不可進入埃及，在那裏寄居。』」（2節）在10天之前，他們稱上帝為耶利米的神，所以請先知代他們求問上帝(四十二3、5)，現在，他們則稱上帝為他們的上帝（「耶和華－我們的上帝」），並且辯稱上帝沒有差遣耶利米，耶利米乃是假先知！怎麼他們10天內忽然對上帝和耶利米的認識改變？其實，他們都是虛謊的，他們也像西底家王一般，所需要的是要上帝認同他們的想法，而不是要聽一些真實的說話。

他們的領袖亞撒利雅、約哈難，並一切狂傲的人，為了掩飾自己內心的虛謊及恐懼，便要找一些理由來指出耶利米是錯的。於是他們誣告巴錄煽動先知，認為是巴錄要將他們交在迦勒底人的手中，使他們「被殺或被擄到巴比倫去」(3節)。他們看巴錄與耶利米是同一黨人。他們這樣誣告耶利米和巴錄，證明他們是完全叛逆上帝的。國家被毀並沒有使他們信服耶利米是上帝的先知，他們也不明白是他們的罪導致上帝審判耶路撒冷，他們的心眼是何等的瞎！

因著他們以約哈難為首，他們必定受領袖影響，也沒有人可以反抗或說出更好的原因反抗，因此所有人都「不肯聽從耶和華的話留在猶大地」(4節)。約哈難把所有人，包括皇室的婦女，都帶去埃及，並挾持耶利米和巴錄同去，不容一個人離開(5～6節)。可能他們認為耶利米既然是先知，有他在還是比較好。更可能是他們恐怕耶利米和巴錄會報訊給巴比倫人，暴露他們的行蹤，招來巴比倫人的報復，因為當時的巴比倫王對耶利米有好感。他們非常恐慌，沒有半點信心信靠上帝。

他們以為按當前的政治局勢，他們的做法是最明智的。但基本上，他們的分析是不全面的，他們的決定是錯誤的。既然上帝保證他們留在猶大會安全，進入埃及會有禍，他們便應該相信。可是，他們決定採用自己的計劃，拒絕上帝的指示，這正說明他們不信服上帝、反叛上帝。他們內心是矛盾的，一方面需要先知，同時也拒絕他。他們以自我為中心，被自己的恐懼控制；他們害怕巴比倫人報復，卻不懼怕上帝。他們最後的結局是上帝的懲罰。他們就是在不信和背叛上帝中，一直來到答比匿(7節)。答比匿是埃及尼羅河三角洲上東邊最前線的防守城鎮，佔戰略位置。他們準備要在埃及定居。

13.4.2 上帝宣布審判（四十三8～13）

不過，上帝沒有放棄對他們說話，繼續吩咐耶利米向他們說話傳遞信息。

在答比匿，上帝吩咐耶利米「在猶大人眼前用手拿幾塊大石頭，藏在答比匿法老的宮門砌磚的石墩上」(9節)。之後，先知宣布：「萬軍之耶和華—以色列的上帝如此說：看哪，我必召我的僕人巴比倫王尼布甲尼撒前來，安置他的寶座在所藏的這些石頭上；他要在其上支搭華麗的帳幕。他要來攻擊埃及地：定為死亡的，必致死亡；定為擄掠的，必遭擄掠；定為刀殺的，必被刀殺。」(10～11節)巴比倫人「必打碎埃及地**伯．示麥**的柱像，用火焚燒埃及眾神明的廟宇」(13節)。這宣布對約哈難等人無疑是當頭棒喝。他們所懼怕的巴比倫軍隊會來進攻埃及，而且打敗埃及，他們這樣會變得無處可逃。如果他們留在猶大，反而會更平安。可是他們選擇了留在埃及(參四十四章)。

「伯．示麥」原文是 bêṯ šemeš，中文譯音「伯示麥」，意思是指「太陽的神廟」。

溫習及思考問題

1. 在猶大被擄時，耶利米如何得保存生命？他安置在哪個地方？巴比倫王為何恩待耶利米？
2. 當耶路撒冷被圍困的時候，軍長以實瑪利和約哈難等人去了哪裏？他們是怎樣的軍人(四十7、11～12、14～15，四十一1～3)？
3. 你認為巴比倫王為何封基大利為猶大省長？他與猶大人有何密切關係？
4. 約哈難成功地追上被劫持的餘民後，為何要下埃及？
5. 四十二章3節約哈難對耶利米說：「耶和華—你的上帝指示我們」，在第四十三章2節卻說：「耶和華—我們的上帝並沒有差遣」耶利米。他們為何突然改變對上帝的稱呼？
6. 約哈難等人如何誣告耶利米和巴錄？他們挾持耶利米下埃及的目的何在？

釋經短註

❶ 在猶大亞撒王與以色列王巴沙的那場戰爭中(參王上十五16~22,距離當時約320年),巴沙先攻取拉瑪,就是巴比倫軍隊釋放耶利米的臨時軍事總部(四十1)。後來亞撒把巴沙留在拉瑪的材料運去修築米斯巴。這在米斯巴的坑,就是以實瑪利將所殺之人的屍首都拋進去的,很可能是從前亞撒王修築的一個地下儲水池。

❷ 耶路撒冷於公元前586年被毀滅。巴比倫人在公元前581年鎮壓猶大,擄走745名猶大人(參五十二30)。

第十四章
宣告在埃及的餘民之死（四十四1～30）

- 先知的警告
- 餘民將事實扭曲
- 先知最後的警告

第四十四章可說是耶利米書記載耶利米向猶大人（或以色列人）最後的宣講。這裏包含兩篇講章，耶利米先責備猶大人在埃及行可憎惡的事，就是供奉埃及神明（四十四 1～14）。猶大人心硬，不願接受勸告（15～19 節），於是耶利米再宣講第二篇信息（20～30 節）。

14.1 先知的警告（四十四1～14）

這宣講相距四十三章有一段頗長的時間。在四十三章，約哈難等人剛來到答比匿。現今，他們已經分布在密奪、答比匿、孟斐斯和埃及南部（1 節）。密奪在答比匿之東北約 32 公里，是埃及最北的城市，靠近海岸（參結二十九 10，三十 6）。孟斐斯在答比匿西北，約 176 公里，在尼羅河岸邊，是古埃及的首都。猶大人能分布在這些城市居住，表明有更多殘存的人離開猶大本土，去了埃及居住。這情況對猶大本土的人來說，不是一件好事。他們遷徙至埃及，或許他們以為可以逃避被擄往巴比倫，也以為可以受埃及的保護，但事實並不如此。先知這時候才作出警告，可能埃及的災禍臨近了。

這篇講章主要是指出在埃及的猶大人如何心硬，在埃及地仍沒有離開他們列祖的惡行，依然事奉別神。在埃及定居的猶大人沒有因為國家滅亡而得到教訓，他們反而供奉埃及的假神，令上帝憤怒。在他們一個集會裏（參 15 節），先知責備他們：耶路撒冷已經被毀，而且這不是發生已久的事，而是他們親眼看見耶路撒冷和猶大各城市被毀滅，「那些城鎮今日荒涼，無人居住」（2 節）。那些猶大居民為何有這些災難？原因是他們不斷行惡，去敬拜事奉別神，就是他們和列祖所不認識的神，而惹上帝發怒。上帝早已差遣眾先知勸諭他們，不要行上帝所厭惡的行為。他們卻不聽從，不轉離惡事，仍向假神燒香。因此，上帝的「怒氣和憤怒都傾倒出來，在猶大城鎮和耶路撒冷街市上燃起，以致它們都荒廢淒涼，正如今日一樣」（3～6 節）。

現今，上帝問：難道你們還不明白為何有這些災難嗎？「你們為何做這大惡自害己命，使你們的男人、婦女、孩童和吃奶的都從猶大剪除，不留一人呢？」（7 節）你們「在寄居的埃及地向別神燒香，惹我發怒，使你們被剪除，在天下萬國中受詛咒羞辱」（8 節）。難道你們都忘記了「你們祖先的惡行，猶大諸王和后妃的惡行，你們自己和你們妻子的惡行，就是在猶大地和耶路撒冷街市上所做的，你們都忘了嗎？」（9節）先知指出這些罪惡是促使他們國破家亡的原因。可是，他們完全沒有學到教訓，到如今，他們還是「不懊悔，不懼怕，不肯遵行我【指耶和華】在你們和你們祖先面前所設立的法度律例」（10節）。

所以，上帝斷言要毀滅那些「定意進入埃及地、在那裏寄居的，就是倖存的猶大人」（12節）。上帝必使他們在埃及滅絕，他們從最小的到至大的都必遭刀劍、饑荒而死亡，以致他們是人辱罵、驚駭、詛咒、羞辱的對象。上帝如何用刀劍、饑荒、瘟疫懲罰耶路撒冷，也必照樣懲罰那些在埃及地定居或寄居的猶大人。他們雖然是猶大所剩下的人，仍不得逃脱上帝的懲罰。到那時候，雖然他們心中甚想歸回猶大地；卻只有非常少的可以逃脱歸回（12～14節）。

14.2 餘民將事實扭曲（四十四15～19）

先知的責備非常嚴厲。可是在場的所有男人和女人異口同聲地反抗先知的宣講。他們說：「論到你奉耶和華的名向我們所說的話，我們必不聽從。我們定要照我們口中所說的一切話去做，向天后燒香、獻澆酒祭，按著我們與我們祖先、君王、官長在猶大城鎮和耶路撒冷街市上素常所做的一樣；因為那時我們得以吃飽、享福樂，並未遇見災禍。自從我們停止向天后燒香、獻澆酒祭，我們倒缺乏這一切，又因刀劍饑荒滅絕。」（16～18節）婦女們更強調是她們主動地供奉**天后**，不是丈夫們勉強的（19節）。他們認為自己的日子安好，是因為他們所供奉的神明。其實他們不知道這些安好的日子只是暫時的，因為他們仍在埃及的蔭庇之下。他們的言詞證明他們的思想是完全扭曲的，他們的心思是完全叛逆上帝的。罪惡改變了他們的心，使他們變質。

天后曾在第七章出現（參專欄「耶利米書的『天后』」。這裏提到是婦女主動供奉的，因為這神明與生育有關。

14.3 先知最後的警告（四十四20～30）

這是耶利米為此主題作出第二次的宣告。先知了解這羣思想扭曲的同胞。在過去40多年，他看過他們對上帝的叛逆，現今他沒有驚訝，只仍然忠心傳達上帝的信息。他首先提醒他們，重要的不是他們如何理解過去的災難，乃是上帝如何理解他們的行為。他們遭遇災難，是因為得罪上帝、不遵守上帝的誡命，而不是沒有供奉別神。他們的祖先、君王、官員和人民在各城的大街小巷燒香，拜假神，上帝都知道。他們以為只要供奉這些神明，便豐衣足食。事實上他們從沒有離開假神，正因為他們沒有停止供奉假神，所以才得罪上帝。上帝不能容忍他們的罪行，所以使他們的土地荒廢，國破家亡。反之，若假神真的保佑他們，他們日後將不會遭屠殺（巴比倫滅埃及的日子臨近了！）（21～23節）。

耶利米無奈地警告這羣忘記上帝的百姓，他們既然決定要拜埃及人的天后，就繼續去拜罷（24～25節）。上帝已經起誓，要棄絕這羣逃亡到埃及的百姓。他們不能再以耶和華為自己的神，或指著耶和華起誓，因為耶和華會嚴厲對付他們，直到把他們所有人都毀滅。他們中間能夠脱離未來戰爭帶來的死亡、從埃及地歸回猶大地的人數會很少（26～28節）。那時候，他們就知道，上帝強過他們。上帝説過的都要實現，他們説的只是謊言，是強辯之詞。最後，上帝給他們一個「預兆」，使他們知道上帝降禍與他們的話是實在的。這預兆是：他們有生之年會見到當時的埃及王合弗拉法老被他的敵人殺死（29～30節）。埃及的神明尚且不能夠護佑埃及的王，何況是猶大百姓！這預兆的發生便是憑據，證明上帝審判他們的預言一定會應驗。❶

這些住在埃及的猶大人，縱然他們是猶大殘餘的百姓，卻是那極壞的無花果，是上帝拋棄的（二十四8）。他們被拋棄是因為他們的短見和卑劣。上帝要栽培的，是那些被擄到巴比倫的百姓，他們才是那好的無花果。未來上帝要帶領他們回歸本土。現在這羣在埃及、極壞的百姓是沒有忠信的人，是背逆上帝的；縱然他們逃過耶路撒冷淪陷的屠殺，卻得不到上帝保護的應許，只有上帝的詛咒，至終都會在埃及被屠殺。

溫習及思考問題

1. 他們下埃及之後，如何反省猶大的被擄？（四十四 5～19）
2. 如果你是先知，你會祈求神怎樣處理這些在埃及的餘民？
3. 為何耶利米要在猶大人遷徙至埃及一段日子之後才作警告？在這段日子中他們的生活如何？
4. 他們對耶利米的警告有何反應？他們當時正供奉哪些神明？為何他們會以為這些神明可以幫助他們？
5. 先知的第一次警告與最後一次的警告有何不同？為何作者沒有描述他們在最後一次警告後的反應？你認為他們會接受耶利米的警告嗎？
6. 你認為一個短見的人將遭受甚麼的結局？在信仰生活上，甚麼是暫時，是不能將全部生命傾注的？那麼，又有哪些事情是可以終生傾注的？

釋經短註

❶ 關於 30 節的預兆終於在歷史中發生了。四十六章 13 至 26 節記載耶利米預言巴比倫軍隊會入侵埃及的密奪、答比匿、孟斐斯，就是猶大餘民居住的地方。巴比倫軍隊在公元前 568 年再度入侵埃及，把埃及王合弗拉殺死。

第六篇
向列國宣布神諭
（四十五1～五十一64）

上帝呼召耶利米，除了立他為以色列本國的先知，也作列國先知（一5），差遣他向多個邦國的人宣講上帝的信息（二十五17、30，二十七2～4），這些信息可稱為「論列國的神諭」。不過，這些宣告的受眾，大多是先知當代的猶大人（四十六27～28，五十6～16）。耶利米書的作者或編者把宣告猶大審判和將來復興的信息，並百姓對信息的反應的內容，放在全書的前部分（二～四十五章），除了因為作者本身是猶大人，可能也是因為受眾主要是猶大本國的人，自然地在談論外邦人之前也先談他們本國的事。但基於先知有特殊身分，是要向列國宣布信息，故此他不忘記向列國宣布神諭。四十六至五十一章便是耶利米向列國宣布神諭的結集。這些神諭大多沒有註明宣講時的日期，也不是按時序排列。至於地域方面，先知是從以色列西南的埃及開始，然後談論以色列鄰近的國家，一直達至猶大國以東遠處的巴比倫，所包含的列國及民族共10個。在這些神諭中，向巴比倫所宣講的最長。可見巴比倫在當時是多麼重要。

向列國宣布神諭，除了為宣告這些國家的現在和未來的命運，這些宣告背後還帶著另一深層的意義。現將其列出如下：

第一，是繼承先知的傳統

摩西這位稱為以色列「先知之父」，曾經蒙上帝選召向埃及的法老說話（出三10～12）。耶利米作為列國先知，是承傳了摩西向外邦國家宣布信息這傳統（一5、10），他要對列國說出上帝的話（二十五15～31）。雖然舊約先知中只有耶利米明顯被記述他蒙召向列國宣布信息，大部分舊約先知或多或少都有談論過外邦列國。17卷先知書中，除了耶利米哀歌，何西阿書、約珥書、彌迦書、哈該書、撒迦利亞書、瑪拉基書外，所有先知書都曾向外邦國家宣告信息。先知如以賽亞（參十三1～二十三18）、以西結（二十五1～三十二32）等，也像耶利米般，用了許多篇幅談及他們當時代的列國；這是希伯來先知的傳統。耶利米預言當代列國，表明他是繼承了先知傳統。

第二，表明耶和華不只是以色列的神，也是萬國的神

從聖經記載的以色列歷史中，可以發現上帝不但掌管以色列，也掌管列國。再從先知向列國宣布信息的內容中，凸顯耶和華上帝是惟一的創造主，也是獨一的真神。祂不但掌管人類的過去，甚至是今日和將來。上帝掌管著人類歷史的發展，使祂救贖的計劃得以成就。又因為上帝是歷史的主，祂就能夠掌管列國的未來，也安排列國將來的命運。列國的浮沉興衰都在上帝計劃之中。

第三，說明耶和華是公義的上帝

當先知向列國宣布審判的信息，便表明耶和華上帝是公義的神，凡犯罪的必受懲罰。祂既然審判祂子民以色列背約和拜偶像的罪，也審判鄰近異教國家所犯的罪。同樣，若果上帝用恩慈對待祂的子民，祂也恩待列國，這可從先知宣告的內容中顯示出來（四十六～五十一章）。

第四，說明作先知的要求

作以色列的先知主要是關注本國的事情，但是，他仍要有廣闊的胸襟，留意及掌握當時列國政治局勢的發展，因為它直接影響以色列國的政治狀況。每一位先知都當有時代感，對所處的世界有洞察力，並且也要有勇氣去責備不當的政權，作出批判，並呼喚人回轉。作以色列的先知可真不簡單！

談到向列國宣布神諭，不能不提的，是這部分內容在「馬所拉文本」與「七十士譯本」之間是有分別的，其中有3個：

- 在「七十士譯本」，這段經文是放在二十五章13節之後，而且它沒有二十五章14節。

- 「馬所拉文本」中耶利米所宣布10個國家的神諭，基本上是從猶大國的南邊延展到北方：從埃及開始延至附近東邊的非利士、摩押、亞捫、以東，然後北上大馬士革，再向東遠一點的基達和夏瑣，最後再向東至遙遠的以攔、巴比倫。但「七十士譯本」首先討論的是以攔，埃及，巴比倫，接著的是非利士，以東、亞捫、基達、夏瑣、大馬士革，摩押。
- 在「七十士譯本」，列國的次序是按它們的政治重要性而排列的。以攔其實就是波斯，「七十士譯本」大概是在公元前3至1世紀譯成，當時波斯已打敗巴比倫和控制埃及。後來，波斯歸西流基（Seleucid）王朝統管下，而埃及則被多利買（Ptolemy）王朝管轄。其他7個國家或民族都納入這兩個王朝以內。

「馬所拉文本」	國家	「七十士譯本」	國家
四十六章	埃及	二十五章	以攔
四十七章	非利士	二十六章	埃及
四十八章	摩押	二十七、二十八章	巴比倫
四十九章	亞捫、以東、大馬士革、基達、夏瑣、以攔	二十九章	非利士
五十、五十一章	巴比倫	三十章	以東、亞捫、基達、夏瑣、大馬士革
		三十一章	摩押

第十五章

序言：上帝在全地要拆毀、拔出（四十五1～5）

- 巴錄的愁苦
- 不要為自己圖謀大事

四十六至五十一章是耶利米書論列國神諭的結集，而四十五章則是這結集的引言。四十五章是整卷耶利米書最短的一章，只有5節。

它內容十分簡單，只記載耶利米在約雅敬作王第四年向巴錄傳達耶和華的一番話。那時，巴錄剛把耶利米的宣講寫完在書卷上。後來編修的人刻意把這段經文放在這裏，編排上可算是匠心獨運，其目的有3：第一，四十五章成為接著的「論列國的神諭」結集的引言，這個是主要的目的；第二，四十五章連接到二十五至三十六章（即上帝宣告審判猶大的神諭）；第三，四十五章呼應三十九至四十四章中出現的應許的信息。這樣編排使四十五章把「論列國的神諭」與全書的前部分連在一起。在四十五章，編修者用了幾個伏筆和明朗的經文來達到這3個目的：

第一，「約雅敬第四年」（1節）

四十五章1節就表明這段落記載的日期是在「約雅敬第四年」。這一年對猶大國而言是不尋常的一年，近東的政治形勢產生了嶄新的發展。巴比倫王尼布甲尼撒打敗埃及法老王尼哥，成為近東新興的霸主。這次戰役正是四十六章首個論列國預言的標題：「論到埃及，關於埃及王尼哥法老的軍隊，這軍隊安營在幼發拉底河邊的迦基米施，是巴比倫王尼布甲尼撒在約西亞的兒子猶大王約雅敬第四年所打敗的。」（四十六2）它緊緊呼應四十五章1節。此外，「約雅敬第四年」也是巴比倫王尼布甲尼撒的登基元年，在這年上帝宣布以色列人要被擄七十年（二十五1、11）。同時，巴錄也在這年將耶利米先知從事奉開始宣講過的信息全寫在書卷上（三十六1、4～5）。因此，「約雅敬第四年」把四十五和四十六章連起來，同時回望二十五和三十六章。

第二，「巴錄把耶利米先知口中所說的話寫在書上」（1節）

這句子明顯地把四十五章連到第三十六章，因為兩章同是記載在約雅敬王第四年。那一年巴錄把耶利米的信息記錄，之後他感到異常憂愁，因為他知道，那書卷清楚地寫上「巴比倫王必要來毀滅這地」（三十六29），而那書卷的預言也是關乎「列國」的（三十六2）。現在上帝對巴錄說：「看哪，我所建立的，我必拆毀；我所栽植的，我必拔出；在全地我都如此行……我必使災禍臨到凡有血肉之軀的。」（四十五4～5）上帝這個「拆毀、拔出」只呼應全書的前部分，（一～十八章），上帝曾說過要拆毀和拔出的經文有：一章10節、十二章14至17節、十八章7至10節。全書的第二部分（二十四～四十二章），上帝說不再拆毀和拔出，乃要建立和栽植，曾出現的經文有：二十四章4至7節、三十一章28節、38～40節、四十二章9至12節。那麼，四十五章上帝再說「我必使災禍臨到凡有血肉之軀的」，究竟這是怎樣實行呢？具體來說，就是四十六至五十一章「論列國神諭」所描寫的。

第三，上帝的應許

上帝對巴錄說：「你無論往哪裏去，**我要保全你的性命**。」（四十五5）這呼應第三十四章上帝給西底家的應許（三十四4～5）、三十五章給利甲族的應許（三十五18～19）、並三十九章上帝對古實人以伯．米勒的應許，就是祂能保全以伯．米勒的生命（三十九18）。「應許」是一個把三十四章至四十五章連起來的信息專題（參第五篇「生命的應許與死亡的宣告」）。四十五章「應許」的出現也預告上帝「使災禍臨到凡有血氣」的人類時，也會賜下恩典。在論列國預言中，上帝就不時應許有外族可以回歸，包括埃及、摩押、亞捫和以攔（四十六26，四十八47，四十九6、39）。

「要保全你的性命」原文 ləḵā ʾeṯ-nap̄šəḵā ləšālāl 可譯作「賜你獲得生命，如獲戰利品」（「思高譯本」；另參三十五18）。「和修」沒有將「戰利品」譯出來。在戰爭中，掠物是被保留下來，不被毀滅的。

15.1 巴錄的愁苦（四十五1～4）

在約雅敬王第四年，巴錄把耶利米的講道寫在書卷上後，他感到上帝加深他的悲傷痛苦，使他「**愁上加愁**」，呻吟而憔悴，不得安寧（1～3節）。他為何會感到痛苦呢？因為上帝審判的信息非常沉重，如書卷清楚地寫上：「巴比倫王必要來毀滅這地，使這地絕了人民和牲畜。」（三十六29）所以，巴錄很憂愁。

第3節「使我愁上加愁」可譯作「將憂愁加在我的痛苦上」。巴錄不但心靈痛苦，還要為國為民擔憂。

上帝藉著耶利米清楚指示巴錄，上帝必定要拆毀祂所建立的以色列國，拔出祂所栽種的猶大。不但如此，上帝還要這樣對付「全地」(4節)。換句話說，不只是猶大，當代中東地區所有的國家都一樣要受破壞，要經歷巴比倫霸國興起所帶來的災難。

在四十五章，上帝沒有提及祂拆毀以後會重建，拔除以後會再栽種；似乎預先暗示萬國將要經歷翻天覆地的震撼，是上帝「使災禍臨到凡有血肉之軀」的時候(5節)。難怪巴錄「呻吟而困乏，不得安歇」。

15.2. 不要為自己圖謀大事（四十五5）

上帝呼籲巴錄不要為自己圖謀成就甚麼大事，因為祂應許會保全他的性命(5節)。為何巴錄要為自己「圖謀大事」? 因為當他記錄耶和華的話之時已知道上帝快要把災禍降在當代的世界。可能他想到當兵荒馬亂來臨之時，自己都不能倖免，所以他要為自己想辦法，希望可以逃離這災難，甚而從中得到一些好處。不過在如此情況人所策劃的可能都不能成全。上帝呼籲巴錄不用圖謀大事，並且應許無論他往哪裏去，他都可以逃脫災難，性命得以保存(5節)。這是巴錄最需要的。

上帝確實照著祂說的而行。一年後，巴錄在聖殿中出現，為要代表耶利米向來到聖殿敬拜的百姓宣讀書卷上的信息(三十六9～10)，因為耶利米當時仍被拘禁。巴錄雖不是先知，但有分於先知宣講的職事。上帝給他的工作，遠超他為自己圖謀的。他放棄自己的計劃，接受上帝的計劃；上帝就使用他，他亦在患難中得到上帝的保護。

信仰反省：為誰圖謀大事

作為上帝兒女的，我們生命最高的成就和意義就是完成上帝在我們身上的計劃。我們若只尋求實現自己的理想，結果得到的並沒有永恆的價值。反而，我們需要為上帝國圖謀大事。

現今的時代是否類似約雅敬第四年？看看政治局勢的轉變、全球疾病、災難、戰爭和恐怖活動的暴虐，人道德的敗壞；這一切都指向終末的日子快來臨，耶穌基督快要再來。在這樣的年代，我們是否也只為自己圖謀大事？將時間及心血單單放在在公司內早日的進昇或只追求一個美好的伴侶？又或為自己和家人購置豪華住宅？莫想以為自己已取得天堂入場券，世界變動與我們無關；為自己圖謀大計，以為可以逃離這世界的事。事實並不如此，我們是不能倖免的，惟有憑信心靠著上帝的保守，安然接受現實，不要為自己圖謀，而要忠心完成上帝交付的責任。

溫習及思考問題

1. 這章經文發生在甚麼年代？它與耶利米書哪幾章有連繫？
2. 為何巴錄會「愁上加愁」？上帝如何幫他逃離這憂愁？
3. 你所處的這些年代所面對的是甚麼？你期望自己要如何生活？

第十六章
論被攻打的九個國家（四十六1～四十九39）

- 埃及受審判
- 非利士受審判
- 摩押受審判
- 亞捫受審判
- 以東受審判
- 大馬士革受審判
- 基達和夏瑣受審判
- 以攔受審判

這是一份記錄列國神諭的文集，它的內容除了記載宣講，也有一些歷史資料，如「關於埃及王尼哥法老的軍隊，這軍隊安營在幼發拉底河邊的迦基米施，是巴比倫王尼布甲尼撒在約西亞的兒子猶大王約雅敬王第四年所打敗的」（四十六 2），「在法老攻擊迦薩之前……」（四十七 1），「巴比倫王尼布甲尼撒所攻打的基達和夏瑣諸國」（四十九 28），「猶大王西底家登基的時候，耶和華論以攔的話臨到耶利米先知」（四十九 34）等。從這些資料來看，這文集的編排，明顯不是順時間次序，而大概是按地理的方位和距離。先從猶大國西南的埃及開始，然後延至巴勒斯坦以西的非利士（在猶大國以西），然後是猶大東面的摩押、亞捫、以東，到北方的大馬士革城，再延伸到東南面遠一點的阿拉伯沙漠的基達、夏瑣，最後到東北面遙遠的以攔、巴比倫。他們都會受到戰火摧毀，其中會有國家復興，但不是全部。❶

論列國神諭的概覽

	位於以色列……	章	節數	將來會否復興
埃及	西南面	四十六	28	會
非利士	西南面	四十七	7	不會
摩押	東面	四十八	47	會
亞捫	東面	四十九	6	會
以東	東南面	四十九	16	不會
大馬士革	東北面	四十九	5	不會
基達、夏瑣	遠一點的東南面	四十九	6	不會
以攔	更遠的東北面	四十九	6	會
巴比倫	更遠的東北面	五十、五十一	104	不會

16.1 埃及受審判(四十六1~28)

四十六章1節「耶和華論列國的話臨到耶利米先知」正式標明這是向列國發出神諭的開始。關於對埃及的審判，耶利米宣講了4篇的信息。首先，他要談論在迦基米施，埃及將被巴比倫軍隊打敗(四十六2~12)；第二，他談論巴比倫正式攻入埃及(四十六13~24)；第三，上帝要懲罰埃及(四十六25~26)；第四，上帝要拯救以色列(四十六27~28)。

分段大綱(四十六2~28)

1. 埃及在迦基米施敗於巴比倫(四十六2~12)
2. 巴比倫要攻打下埃及(四十六13~24)
3. 巴比倫要攻打上埃及(四十六25~26)
4. 上帝要救贖以色列(四十六27~28)

16.1.1 埃及在迦基米施敗於巴比倫(四十六2~12)

第一個宣講神諭的國家是埃及。引發這神諭的是一件扭轉埃及國家命運，甚至當代國際政治局面的戰爭：在猶大王約雅敬的第四年，埃及王尼哥的軍隊被巴比倫王尼布甲尼撒，在幼發拉底河附近的迦基米施擊敗了(2節)。這神諭是在埃及被打敗之後說的。耶利米借用埃及被打敗的歷史故事，來預言巴比倫軍隊將會乘勝入侵埃及，到那時埃及的北邊(下埃及)和南邊(上埃及)都會被巴比倫人摧毀。

作者是以詩歌形式表達這一篇宣講。國家興亡，當然是匹夫有責。先知呼籲埃及軍隊拿起兵器、穿上盔甲、整裝出發、準備戰爭(3~4節)。從文字的表達，吩咐埃及軍隊的是先知(其實是耶和華)。當然，這種吩咐是一種文學的寫作技巧，因為聽眾是猶大人，不是埃及人。若與猶大軍隊相比，埃及軍隊肯定是威武勇猛，可是面對巴比倫這更強的敵人，他們卻被打敗，驚惶奔逃，潰不成軍(5~6節)。這與埃及兵出發打仗時的威武形成強烈對比，令人唏噓。

迦基米施

迦基米施位於敘利亞以北的幼發拉底河上游附近，是巴勒斯坦與以北的美索不達米亞之間的一個重要軍事要塞及商道。這地方與猶大國、埃及、亞述、巴比倫有密切關係。於公元前700年間，這地方被亞述所攻佔。在猶大王約西亞時期，巴比倫正鎮壓亞述國，亞述退守迦基米施。埃及曾一度派兵要援助亞述，以牽制巴比倫興起。約西亞因為不願意埃及成功援助亞述，於是追著埃及去，希望阻止埃及，埃及沒有理會而約西亞也不罷手，結果約西亞被埃及王尼哥所殺，無辜戰死沙場（代下三十五20～24）。這次戰事，埃及無法取得迦基米施。後來，這地方被巴比倫所佔領。埃及再次受到威脅，為防巴比倫南下，埃及王尼哥在約雅敬王第四年再次攻打迦基米施。這次他真的戰敗了。

為了加深聽眾對埃及戰敗的感歎，先知描寫他們過去的威榮。埃及兵曾經如尼羅河的洪水氾濫，勇不可擋（7～8節）。那時，埃及盟國的軍隊和僱傭兵（古實人、弗人，路德人）與他們一同爭戰（9節），聲勢浩大。❷ 如此強國不期然也成為以色列人想投靠的國家。因此，在被擄時，有一班猶大餘民走到這地方避難。埃及或許也沒有想過自己會敗於巴比倫軍隊之下。

可是，現今萬軍統帥的耶和華要懲罰埃及，祂要向埃及報復（10節）。從表面看，巴比倫軍隊能夠在迦基米施把埃及軍隊擊敗，是因為埃及軍力不及巴比倫，但其實背後是有耶和華的作為。埃及人被打敗了，受傷了。先知提議他們上到以色列的基列去，因為那裏有著名的乳香，可作療傷之用（八22）。可是，即使埃及人多服良藥，也不得醫治，因為他們傷得太重了（11節）。埃及失敗的消息傳遍列國，他們彷彿聽見埃及人的哀號。埃及的戰士在戰敗時驚惶得互相碰撞，一併跌在地上被敵人屠殺（12節）。❸

16.1.2 巴比倫要攻打下埃及（四十六13～24）

13節以「以下是耶和華對耶利米先知說的話……」作開始，表示一個新段落的開始。這段落（13～24節）是另一段論埃及的預言，是上帝差遣耶利米宣講「巴比倫王尼布甲尼撒要來**攻擊埃及地**」（13 節）。同樣地，這篇信息都是以詩歌體裁表達。這預言很有可能是在先知講完之前的信息（2～12 節）不久之後才宣講的。巴比倫在幼發拉底河邊打敗了埃及，現今乘勝追擊，路過以色列地，進攻埃及本土。他們先進入下埃及的一帶地方（下埃及是指埃及最北，即尼羅河三角洲盡頭的一帶地方），其中有密奪、孟斐斯和答比匿等城市（14 節），這些城市可說位於埃及最北的邊界地。下埃及的首都是孟斐斯，位於下埃及南端。

巴比倫軍隊至少有4次進攻埃及，分別是公元前604年、601年、588年和568年。約雅敬王第四年（2節）應該是在公元前604年。

上帝吩咐耶利米「要在埃及傳揚，在密奪報告，在孟斐斯、答比匿宣告說：『要擺好陣勢，預備作戰……』」（14 節）從現實看，耶利米難以到埃及各地宣布信息，因為那時他身在異鄉（耶路撒冷被毀後，耶利米先知才去到埃及；參四十三 6、7），他最有可能的是把這信息傳遞給住在埃及的猶大人，或在耶路撒冷的埃及使臣（參二十五 15～25，二十七 1～5）。更有可能的是，這一段的宣布是一種文學表達的技巧，藉著詩歌勾起聽眾的想像，感受到預言的迫切。

密奪、孟斐斯、答比匿這些城內的士兵都要「擺好陣勢，預備作戰」，但這 3 個城市很可能會失守。「壯士」（15 節；*ʾabbîr*）這名詞在「七十士譯本」譯作 *apis*，指一個埃及神明，它是守護首都孟斐斯的大公牛神阿庇斯（Apis）。於埃及人看，這神明是保佑他們多生兒女及農作物有豐收的一位神明。耶利米形容**這神明**是被「掃除」（15 節），原文 *lōʾ ʿāmaḏ* 意思是「不能站起來」，表示這神像仆倒了。是誰把這守護神明擊倒？表面上看，是巴比倫士兵攻入城之時，將神像打碎，將這神明擊倒，事實上是耶和華將這神明驅逐（15 節）。既然守護神明已傾倒了，在沒有神明保護下，埃及僱傭兵也覆滅，各自回家去。❹ 他們不屑地嘲諷法老，稱他為「錯失良機的誇大者」（17 節；原文 *šāʾôn* 意思帶有「只有聲音，沒有內容」）。「現代中文譯本」將「錯失良機的誇

*「和修」的寫法：「他們站立不住，因為耶和華驅逐他們。」原文「站立」（*ʿāmaḏ*）的主語及「驅逐」（*hăḏāpô*）的賓語都是以第三身單數代名詞表達。因此，這是指那神明，並不是任何人。*

大者」這短句譯作「坐失良機的吹牛王」。

上帝指著祂的永生發誓：「尼布甲尼撒來的時候，必像眾山之中的他泊，像海邊的迦密。」（18 節）❺ 上帝要確定巴比倫的兵威是可以壓倒埃及。巴比倫的兵威是如此勢不可擋，先知便呼叫埃及人要收拾行裝，準備逃亡！他們的城市快要變成廢墟，人煙絕迹（19 節）。

接著來，先知為埃及作了一首哀歌，哀悼埃及的敗落。他形容「埃及是肥美的母牛犢；但來自北方的牛虻來到了！來到了！」（20 節）被牛虻滿布身上的牛，至終只可跪地求饒。此時，埃及僱傭兵逃跑了，敵人如入無人之境。他們隨意砍伐埃及，像伐木工人刻意搗毀樹林一樣。敵人的戰士比蝗蟲還多，不可勝數。埃及敗落了，蒙羞受辱（21～24 節）。

16.1.3 巴比倫要攻打上埃及（四十六25～26）

挪離開尼羅河三角洲南端的城市孟斐斯約 500 公里。

成功侵入下埃及之後，巴比倫軍隊必定乘勝追擊，繼續入侵上埃及（指尼羅河三角洲以南沿尼羅河岸一帶地方）。上埃及的首都是「**挪**」（25 節；即「底比斯」，Thebes）。這城所拜的神明是「亞捫」（*ʾāmôn*；它與約旦河以東的亞捫地〔*ʿammôn*〕不同），它是埃及的主要神明，被稱為眾神之王。這城的人將要被交給「巴比倫王尼布甲尼撒與他臣僕的手」（26 節）。上埃及的失敗向一切埃及人、法老和投靠埃及的人表明，耶和華懲罰了底比斯的神明亞捫（25～26 節）。萬軍的耶和華統帥是統治一切神明的，祂才是真正的萬神之神、萬王之王。

不過，這位耶和華以祂至上的權柄宣布：「但埃及日後必再有人居住，與從前一樣。」（26 節）這是祂對埃及人的恩典，他們是要經過巴比倫人的砍伐，但耶和華會救贖他們，他們仍可以復興。

16.1.4 上帝要救贖以色列（四十六27～28）

耶和華對埃及說的復興預言立刻引起祂宣布以色列祂的子民也會有救贖。這是當然的，上帝既然會復興埃及，難道上帝會忽略祂的百姓嗎？

上帝安慰以色列：「**我的僕人雅各**啊，不要懼怕！」上帝說了這話兩遍（27、28節）。❻ 上帝要「從遠方拯救你【指以色列】，從被擄之地拯救你的後裔。雅各必回來，得享平靜安逸。」（27節）上帝安慰以色列不用害怕，因為上帝與他們同在。上帝是公義的，祂不能不管教叛逆的以色列，但不會滅絕他們（28節）。至終上帝會醫治以色列。至於巴比倫，上帝卻沒有相等的恩慈待他們，祂會毀滅巴比倫，這是上帝早已定下的（參哈二章）。

「我的僕人雅各」在以賽亞書出現不少，耶利米引用了這表達也不足為奇，耶利米應該聽過，甚或讀過以賽亞書。從以賽亞過世到耶利米開始事奉相隔約55年。

16.2 非利士受審判（四十七1～7）

非利士位於埃及以北，巴勒斯坦以西沿岸一帶地方。耶利米說預言指埃及法老將會進攻迦薩。由於預言提到「在法老攻擊**迦薩**之前」（1節），因此這篇宣講是在埃及攻入非利士地之前發出的。上帝說：「有水從北方漲起，成為漲溢的河，要淹沒全地和其中所充滿的，淹沒城和城裏的居民。」（2節）

迦薩是非利士人的大城市，在巴勒斯坦地西南部，埃及的東北。

第2節提及有水從「北方」而來。在耶利米書，這北方所指的有兩個意思。一是特指巴比倫（參一13～15，十22），二是普遍指傾覆社會民生的破壞力量。這用法最明顯的是出現在五十章12、13節，五十一章48節等。從北方而來破壞巴比倫的是瑪代和波斯（參五十一2、29、37），它們都不是在巴比倫的北方，乃是在其東方。故此，很難斷言第2節提及的「有水從北方漲起」必定是指巴比倫，它同時也可以是指埃及。❼ 在公元前609年左右，法老尼哥入侵猶大，將約哈斯王擄到埃及（王下二十三34），而埃及入侵迦薩很可能就在這些年間。

臨到非利士地的戰禍將會是使人很痛苦的，所有的人都痛哭哀號。在戰馬嘶叫，戰車隆隆的情況中，父親們都驚恐得手發軟，無力照顧自己的兒女，這是多麼可憐（3節）。非利士人原來與推羅、西頓是盟國，並且曾經幫助這兩個小國解決困難。現在上帝要消滅這「推羅、西頓僅存的幫助者」。先知又稱非

「割劃自己」是指用刀劃身、剃頭等。這是非利士人哀悼死亡者時的行為（參十六6，四十一5，四十37）。21世紀中東伊斯蘭教好戰分子也會用刀劃身，以流血來表達悲憤和哀悼死者。

利士人是「迦斐託海島剩餘的人」（4節）。這些人從摩西的時代開始已有規模地遷移來迦南地（申二23），800年後還是要從以色列地被滅絕。

不只在迦薩的非利士人會被毀滅，在亞實基倫的非利士地也要成為死寂無聲，餘剩的非利士人都會痛苦呻吟，「**割劃自己**」（5節）。

非利士人

非利士人原居地迦斐託是地中海上一個島嶼。新約提多書第一章5節稱這島為「克里特」。那裏是古代先進的米諾人（Minoan）文化的發源地。他們很早就發明冶金術，用鐵製造武器。他們在亞伯拉罕時期已零散地移居迦南地（創二十一34，二十六1）。在摩西的時代開始，已有一羣人有規模地從迦斐託島遷移到迦南地（參申二23）。以色列人在士師和掃羅王的時代就吃了他們不少的苦頭。

非利士人不只住在迦薩，也住在亞實基倫。在非利士人全盛時期，他們共有5個城市，組成一個聯盟。除了迦薩、亞實基倫，還有迦特、以革倫和亞實特（參撒上六17～18）。

非利士人悼念同胞遭殺，用刀劃身和剃光頭的弔喪行動，是上帝禁止以色列人效法的（申十四1；耶十六6）。非利士人是一個驍勇善戰、驕傲的民族。他們曾經幫助埃及、推羅、西頓人打仗。

先知想像悲傷的非利士人向上帝的刀喊叫：「耶和華的刀劍哪，你要到幾時才止息呢？要入鞘，安靜不動。」（6節）他們呼喚上帝停手，不要再殺滅他們。但上帝回答說：「耶和華吩咐它攻擊亞實基倫和海邊之地，既已派定它，你怎能靜止不動呢？」（7節）上帝有主權，祂定意要毀滅所有在迦南地的非利士人。

16.3 摩押受審判（四十八1～47）

摩押位於約旦河以東。耶利米向摩押宣講的信息，在整個論列國神諭集裏，除了論巴比倫以外，它所佔的篇幅最長，甚至比論埃及的更長。在向摩押的神諭裏，沒有提說耶和華攻擊摩押的神明，或這些神明會因摩押軍兵戰敗而蒙羞辱（參四十六章15、25節埃及神明挪和亞捫，五十章2節巴比倫神明彼勒和米羅達）。這篇神諭的重點是針對摩押人的驕傲和自恃。不過，經文是有提及摩押神明基抹會流亡，它的祭司和官員將一起被擄走，而且摩押人會對神明基抹失去信心（7、13節）。對摩押的宣講，耶利米依然以詩歌體裁表達，而且很有層次地以不同的寫作技巧述說摩押如何受審判。耶利米具體地指出摩押如何被攻擊（1～10節）以及受凌辱（18～28節），再以酒與酒瓶（11～17節）及臨產的婦人（40～47節）作比喻，指出摩押所面對的境況。耶利米又為摩押寫了一篇哀歌，哀悼它的衰亡（29～39節）。

分段大綱（四十八1～47）

1. 摩押要被攻擊（四十八1～10）
2. 摩押像從沒倒過的酒瓶（四十八11～17）
3. 摩押要受凌辱（四十八18～28）
4. 哀悼摩押（四十八29～39）
5. 摩押疼痛如臨產婦人（四十八40～47）

16.3.1 摩押要被攻擊（四十八1～10）

仍未宣布信息之先，作者指出，當論到摩押，是「萬軍之耶和華—以色列的上帝如此說……」（1節），表示耶和華要宣布摩押因戰敗所蒙的羞辱。整篇論述是以「禍哉」（*hôy*）為開首語。這是一種文學手法，表示先知也為此地發出悲傷的呼號。他說：「尼波！它要變為廢墟。基列亭蒙羞被攻取，米斯迦蒙羞被毀壞，摩押不再被稱讚。」（1～2節）摩押人要逃亡，成人和小孩都哀號。「從**何羅念**有哀號聲：『荒涼！大毀滅！』『摩押毀滅了！』它的孩童哀號，使人聽見。人上魯

是摩押其中一個重要城鎮，估計位於摩押中部或中部靠南。

希坡隨走隨哭，因為在何羅念的下坡聽見毀滅的哀聲。你們要奔逃，自救己命，使你們的性命如曠野裏的矮樹。」(3～6節)但他們要在逃命中被敵人追上，他們要被俘；他們的家園、城鎮都要毀滅(7～8節)，成為廢墟，再也沒有人居住。這段經文提及許多城鎮的名稱，如：尼波(1節)、基列亭(1節)、何羅念(3節)、魯希坡(5節)、底本(18節)，這些城鎮都是摩押地重要的城鎮。耶利米如此具體列出這些城鎮，暗示了當代的讀者都聽聞這些城鎮的名字，或許也知道它的位置。他們所認識的城鎮到最後都被毀，反映了摩押的戰敗與羞辱是那麼的徹底，到最後先知「要給摩押豎立墓碑」(9節)。❽ 接著先知鼓勵摩押的敵人專心毀滅摩押，不可放鬆。他們揮刀劍殺摩押人，便是在做耶和華的工作(10節)。❾

16.3.2 摩押像從沒倒過的酒瓶（四十八11～17）

摩押地盛產葡萄，可作美酒。摩押地出產的醇酒久負盛名，死海附近的以色列人和雅謝市的人都爭相購買(參32～33節)。耶利米就地取材，用了醇酒的圖像比喻摩押將要受難堪的變遷。耶利米形容摩押是「自幼年以來常享安逸，如沉澱未被攪動的酒」(11節)，表示自從開國以來，摩押始終安逸無憂，未被人擄掠過。摩押像已釀了的酒封在酒瓶裏，不再倒來倒去，長久保留香醇，原味不變。可是，如今不同了，釀酒的人要來把酒倒出來，倒進另一個酒瓶裏，而且一滴不留，表示摩押人徹底被擄到其他地方，最後釀酒的人把原裝的酒瓶打碎，表示甚至摩押人的建設文化也會變得原貌無存(11～12節)。❿

摩押信奉的神明是基抹。這神明是他們國家之神，守護著他們的國家。當國家在這種徹底戰敗的情況下，摩押人還會相信他們一向信奉的神明能幫助他們嗎？不！他們對自己的神明已失掉信心了。耶利米在此再補充一句，摩押人對神明失去信心的狀況，猶如以色列家對他們所倚靠的「**伯特利**」，以致他們也對此神明失掉信心一般(13節)。伯特利是指一個地方，不過在這裏是比喻以色列人在伯特利供奉的神

除了伯特利，以色列王也在巴勒斯坦以北的但地，起了一個祭壇安放金牛犢(參王上十二28～29；王下十29)。

明——金牛犢。⓫ 可是，盛載這金牛犢的祭壇不久就破裂了（王上十三3～5）。以色列人還能對這種神明有信心嗎？何西亞書描寫以色列在被亞述攻擊時，對伯特利的金牛犢感到失望（何十5～8）。

摩押人曾經驕傲自滿，自以為驍勇善戰，但現在，他們精鋭的少壯部隊被消滅了，真的可憐非常。這轉變是上帝的作為（14～15節）。到那時候，「摩押的災殃臨近，災難速速來到」（16節），鄰近的國家聽見消息都會哀悼那敗落的摩押（17節）。

*這是但城一個以色列人宗教中心的廢墟。鐵架的位置估計是他們曾經安放金牛犢的地方。

16.3.3 摩押要受凌辱（四十八18～28）

一個從未受到衝擊的國家被徹底擊破後，接著而來的，就是失去國家尊嚴。從此，摩押的人民開始過著流亡的生活。先知想像住在底本的居民開始要往南逃亡，他們羞愧地要逃往亞嫩河，要過河到更遠的地方逃避敵人。他們經過**亞羅珥**的時候，路旁的人問他們究竟發生了甚麼事（18～19節）。逃難的摩押人回答：「摩押因毀壞蒙羞；你們【指旁人】要哀號呼喊，要在亞嫩報告：『摩押已成廢墟！』」（20節）這些情節表達先知的文采和豐富的情感，使聽預言的人置身於摩押的痛苦中。

亞羅珥位於約旦河谷以東、亞嫩河邊一個乾谷。

摩押地幾乎所有城市都被攻陷，無論是平原的、遠處的，近處的，它們都被攻破，成為廢墟（21～24節），這象徵了摩押的武力和霸權被摧毀了（25節）。摩押原本是醇酒（11節），耶和華說要使摩押喝醉。當他喝醉時，摩押「要在自己所吐之物中打滾，又要被人嗤笑」（26節），這是很大的羞辱。先知說，在過去摩押曾經嘲笑以色列人（27節），現在他們蒙羞是歷史的循環，是公義的上帝懲罰摩押的作為。接著先知呼叫說：摩押人惟一可以逃離戰亂的方法，就是「住在山崖裏」（28節），他們要遠離人煙，孤獨地生活。這句話表達了先知對他們的憐憫。

16.3.4 哀悼摩押（四十八29～39）

被徹底攻破之後，死的死，傷的傷，而對著的是羞辱。上帝知道摩押人很驕傲，他們喜歡誇耀，所做的事卻「一無所成」（29～30節）。這刻耶利米以哀歌的體裁來描述摩押人的心情（32～39節）。但這是以往的境況；現在他們卻很可憐。先知要為摩押和**吉珥·哈列設**哀哭，先知的哀哭就是上帝的哀哭，這是寫詩的一種文學手法（30～31節）。

吉珥·哈列設是摩押的古首都，即以賽亞書十五章1節的基珥。

摩押原本有肥沃土地可種葡萄，但現時他們敗亡了，那些榨酒池不再流出美酒（32～33節），這是多麼可惜。戰爭改變了整個國家。連「**寧林**的水必然乾涸」（34節）。⓬ 34節經文所列出的地方與以賽亞書十五章4至5

寧林的溪水都乾涸，可能是被敵方堵塞了水源，也可能因為沒有下雨所致。這情況在以賽亞書十五6也提及過。

節平行，而以賽亞書十五章也是先知以賽亞向摩押宣布信息，所以耶利米書這節經文可說是與以賽亞書平行。作者有如此寫作手法，為要讓讀者知道，不只他一個人宣布摩押的命運，其他的先知也有相同的宣告，顯示宣告的確實性。

摩押人所擁有的一切都沒有了，他們甚至不能再在自己的丘壇上獻祭，他們只能夠悲悲傷傷地生活(35～36節)。摩押人哀悼得「頭上光禿，鬍鬚剪短，手有劃傷，腰束麻布。」(37節)「在摩押的各房頂上和街市上到處有人哀哭，因我打碎摩押，好像打碎無人喜愛的器皿。這是耶和華說的。打得粉碎了！他們要哀號了！摩押要羞愧轉背了！這樣，摩押必受四圍的人嗤笑驚駭。」(38～39節)他們所經歷的很是唏噓。

在你四周是否也有不少人驕傲得像摩押人？也許他們還未遇到他們的巴比倫人。但上帝會使那日子來臨。耶利米為摩押人因驕傲所受的災難悲哀(36節)。小心！不要變成驕傲的摩押人。

16.3.5 摩押疼痛如臨產婦人(四十八40～47)

耶利米又轉移了他表達信息的方式。他以分娩婦人來描述摩押的痛苦。誰攻擊摩押，四十八章沒有明說，只描寫這敵國行動快速，「如鷹展翅飛快，攻擊摩押」(40節)。這個描寫也同樣應用在以東的敵人身上(四十九22)。這鷹應該指巴比倫王尼布甲尼撒。在這強敵面前，「摩押的勇士心中疼痛如臨產的婦人」(41節)。為何摩押會滅亡呢？上帝再指明原因，是摩押「向耶和華誇大」(42節；參29節)。

43至44節描寫摩押人的苦難：「驚嚇、陷阱、羅網都臨近你【指摩押】……躲過驚嚇的必墜入陷阱，逃離陷阱的又被羅網纏住……因我必使懲罰之年臨到摩押。」這兩節與以賽亞書二十四章17至18節相似，可能是當代一句俗語，同樣也表示這信息對當時的人不陌生。當摩押「逃難的人站在希實本的蔭下，筋疲力盡，因為有火從希實本發出，有火焰出自西宏，燒盡摩押的鬢角和鬧鬨人的頭頂。摩押啊，你有禍了！屬基抹的百姓滅亡了！因你的兒子都被擄去，你的女兒也被擄去。」(45～46節)這兩節是引用了摩西時代的詩歌(民二十一26～29)。那時，希實本的西宏王打敗了摩押，作詩歌慶祝。現在，摩押人悲慘的命運，就如歷史重演。但這次不是西宏王消滅他們，是當代霸主巴比倫。

即使摩押這麼徹底的被拆毀，耶和華的信息不止於此，仍將盼望帶給這地的人，祂說：「到末後，我【指耶和華】卻要使摩押被擄的人歸回。」（47 節）當尼布甲尼撒的軍威過去後，摩押會再被重建，這是上帝所定意的。重建後的摩押會否再被其他國摧毀，經文沒有清楚交代，但從歷史去看，答案是肯定的。巴比倫之後興起了波斯、希臘和羅馬。這些都是耶利米沒有提及的。今天，我們不能肯定耶利米時代的摩押人後裔在何處。

摩押和以色列的不解冤仇

摩押人可是説是以色列人的遠親，他們的祖先是亞伯拉罕的侄兒羅得（創十九 36～37）。

1. 以色列進迦南地前被摩押的女子誘惑，拜巴力・毗珥（民二十五 1～3）。
2. 摩押女子路得是大衛王的曾祖母（得一 4，四 17～22）。
3. 大衛逃避掃羅王時，曾求摩押王照顧他年老的父母（撒上二十二 3～4）。
4. 雖然兩國關係如此密切，摩押人並不是上帝與之立約的子民。從他們不能入耶和華的會可反映出來（申二十三 3）。
5. 大衛曾統治摩押，摩押人在北國約蘭王時背叛（撒下八 2；王下三 4～5）。
6. 以色列王和猶大王曾合攻摩押，形勢危急得使摩押王獻上長子為祭，以求換取神明基抹保護（王下三 26～27）。
7. 在耶利米時代，猶大王與摩押王商議聯盟抵抗巴比倫王（耶二十五 21）。
8. 摩押人很自傲，他們以為自己的軍隊驍勇善戰，有財有勢，必成就非凡（耶四十八 7）。

16.4 亞捫受審判（四十九1～6）

亞捫位於約旦河以東，摩押地以北。在論亞捫的神諭，先知使用了一個新的文學手法開始，他以提問這修辭手法作起首，而且是向以色列人發問：「以色列沒有兒子嗎？沒有後嗣嗎？米勒公為何承受迦得為業呢？屬它的百姓為何住其中的城鎮呢？」(1節)這些修辭式的提問，不是要指出在耶利米時代，亞捫侵佔了以色列的土地。迦得支派在約旦河東的土地早在耶利米時代100年之前已落入亞述手中，到了耶利米時代，又轉被巴比倫控制。這些修辭問題的目的，是要借助接著的經文指出上帝公義的作為——亞捫人侵犯過以色列，所以應有此報。

亞捫和以色列的恩怨

亞捫人可說是以色列人的遠親，他們的祖先是亞伯拉罕的侄兒羅得(創十九38)。在士師時代，亞捫人侵佔迦得支派的土地，就是約旦河東的基列高原(參士十一4～33)。掃羅作王早期曾經擊敗他們(撒上十一1～11)。大衛王也打敗過亞捫人，但始終不能把亞捫納入以色列的版圖內(撒下十1～14)。

在耶利米時代，亞捫與猶大並其他鄰近小國商討聯盟，意圖掙脫巴比倫的控制(參二十五17～26，二十七1～7)。耶和華說：「拉巴要成為廢墟……先前承受以色列為業的，此時以色列倒要承受他們為業。」(2節)拉巴是亞捫人的首都。第2節下半節，以色列人要從亞捫人手中收回土地，即使耶利米時代還沒有實現。亞捫人的愛城被毀滅了，他們的神像也被敵人擄去了。亞捫被打敗了，先知作起哀歌來哀悼他們(3節)。亞捫人為何有如此下場？因為他們為自己的力量驕傲自恃，依賴自己的軍力。現在，上帝要擊敗他們。不過，耶和華應許他們亡國後會有機會重建(4～6節)。

16.5 以東受審判(四十九7～22)

在宣講以東的神諭，先知再使用修辭式提問作開首句。「提幔不再有智慧了嗎？聰明人的謀略都用盡了嗎？他們的智慧盡歸無有了嗎？」(7節)⑬ **以東人以智慧出名**，他們因此而驕傲，所以上帝要對付他們(俄8節)。這段經文提及「底但」，它是以東南部邊界的城鎮。那城的人要「轉身逃跑，住在深密處」

約伯有3個智慧朋友，為首的以利法就是以東人，參約伯記二章11節。

(8節);可是,他們縱然躲藏了,上帝要追索他們,「暴露他的藏身處;他不能隱藏自己。他的後裔、弟兄、鄰舍全都滅絕,他也歸於無有」(10節)。以東人不會有復興的機會,不像上帝對其他國家如摩押、亞捫(四十八47,四十九6)。上帝對這些國家是如同「摘葡萄的若來到你那裏,豈不留下幾串嗎?賊若夜間來到,豈不是只毀壞他們要毀壞的嗎?」(9節)只是,對以東卻不是,上帝要完全地消滅以東人。以東要面臨的命運是那麼淒慘,所以先知想像以東人的鄰國向他們說:「你撇下孤兒,我必保全他們的性命;你的寡婦可以倚靠我。」(11節)⓮

上帝對這些要幫助以東的人說:「看哪,既然原不該喝那杯的一定要喝,你能免去懲罰嗎?必不能免,一定要喝!」那些要幫助以東的人也自身難保(12節)。然後,上帝再申明,以東一定要被完全消滅,成為令人驚駭、辱罵、詛咒的地方(13節)。

以東與以色列的恩怨

以東人的祖先是以掃,雅各的雙胞兄弟。故此,以東人與以色列人是親戚。可是:

1. 從以色列出埃及,以及在曠野漂流開始,以東人就常與以色列人衝突(民二十18～21;申二十三7)。
2. 掃羅王與大衛王都攻擊過以東,並控制他們(撒上十四47;撒下八13～14)。所羅門王晚期,以東人開始背叛以色列(王上十一14～22)。
3. 約沙法王時期,猶大與以色列聯盟,常常與摩押、亞捫打仗。以東似乎反覆不定,有時幫助猶大,有時參與摩押、亞捫的聯盟(王下三9～27;代下二十22～23;西珥山屬以東)。
4. 耶路撒冷被毀時,以東人加盟巴比倫人,搶掠猶大(詩一三七7)。因此緣故,巴比倫人容許他們在猶大南部居住;他們曾經被拿八提人(Nabateans)趕走。
5. 希臘與羅馬時代,以東人被納進猶大。他們的省分稱為以土買(Idumaea),直到耶穌時代(可三8)。大希律就是以土買人。

接著,先知換了另一個方式來宣講有關以東的神諭。他說:「從耶和華那裏聽見消息,有使者被差往列國去。」(14節)使者的信息是:「你們要聚集前來攻擊以東，要起來爭戰。」（14節）耶和華要使以東成為最弱小的國家。他們的傲慢使他們從山峯高處跌下來，是上帝把他們拉下來的（15～16節）。⑮

17至22節是總結。上帝預告以東將要遭遇令人覺得恐怖的毀滅，以東將要如所多瑪、蛾摩拉般傾覆，不再有人居住（17～18節）。上帝如同兇猛的獅子，突然從河邊叢林跑出來，捕殺獵物般地摧毀以東，把他們的土地交給另外的統治者管理（19節）。這是耶和華的旨意，無人能向祂挑戰。以東的命運是可悲的。「你們要聽耶和華攻擊以東所定的計劃和他攻擊提幔居民所定的旨意。他們羊羣當中微弱的定要被拖走，他們的草場定要變為荒涼。因他們仆倒的聲音，地就震動，哀號的聲音傳到紅海那裏。」（20～21節）以東的敵人如展翅大鷹，猝然攻擊獵物般地攻擊他們。這圖像是一個嘲諷，因為以東也如在高處的大鷹（16節），但這大鷹不如那大鷹。「以東的勇士心中疼痛如臨產的婦人。」（22節）

在這以東的神諭裏，上帝多次用第一人稱的身分「我」來攻擊以東，是其他論列國預言很少出現的，如「我懲罰……必使災殃」（8節）、「我卻使……赤裸……暴露」（10節）、「我……起誓」（13節）、「我使……」（15節）、「我卻要……拉你下來」（16節）、「我……使……逃跑……我揀選……」（19節）。這是論以東預言的特色，呼應為何以東的命運那麼淒慘；因為這是上帝的定意，上帝要主動執行祂的計劃。

16.6 大馬士革受審判（四十九23～27）

論大馬士革的預言有一個特點，它沒有提及他們過去與以色列的恩怨情仇，和他們的罪惡。「哈馬和亞珥拔蒙羞，因為他們聽見兇惡的消息就融化；焦慮像海浪洶湧，不得平靜。」（23節）是甚麼壞消息？是首都大馬士革失陷了，「痛苦憂愁將它抓住，如臨產的婦人一樣」（24節）。大馬士革城古色古香，是文化商貿的交匯點。它的美是上帝所歡喜的，但現在，這上帝「所喜樂受稱讚的城……被撇棄……它的壯丁必仆倒在街上，當那日，戰士全都靜默無聲」（25～26節）。它的城牆燒毀，國王便・哈達的堡壘被摧毀（27節）。列王紀記載了數位便・哈達（意即「哈達的兒子」；參王上十五18～20，二十章；王下六24，十三3等）。可以肯定的是：耶利米書四十九章27節提及的，不是列王紀所記載的那兩位或 3 位，因為時間相距很遠。⑯

16.7 基達和夏瑣受審判（四十九28～33）

基達和夏瑣是指居住阿拉伯沙漠的部落和民族。基達指遊牧民族的阿拉伯人，夏瑣指定居沙漠綠洲的亞伯拉部落。

短短的宣講可分兩大段落，28 至 31 節是以戲劇的形式來表達內容，32 至 33 節是總結。先知先代表上帝吩咐巴比倫王：「起來上基達去，毀滅東方人。人要奪去他們的帳棚和羊羣，人要帶走他們的幔子、一切器皿和駱駝，佔為己有。」（28～29 節）接著，先知警告夏瑣人要逃到遙遠的地方躲藏，因為巴比倫王籌劃要攻打他們。接著，先知再代表上帝吩咐巴比倫王：「上到安逸無慮的國民那裏去，他們是無門無閂、單獨居住的。」（30～31 節）

對基達的遊牧民族，和在夏瑣定居的阿拉伯部落來說，駱駝、牛羊等都是他們的財產和生活中不可缺少的牲畜，這些財富都要被巴比倫人奪取。至於先知稱這些民族為「剃鬢髮的人」（32 節），可能指他們的宗教禮儀行動。這個禮儀似乎在當代阿拉伯部落中相當流行（參九 26，二十五 23）。

在總結的兩節經文，上帝說：「夏瑣必成為野狗的住處，永遠荒廢；無人住在那裏，也無人在其中寄居。」（33 節）這裏的「夏瑣」⑰ 不是指一個城，而是指這地，因為那裏的居民是沒有城門和閂的（31 節）。

16.8 以攔受審判（四十九34～39）

以攔是美索不達米亞與底格里斯河東邊的山區國家，是瑪代國家的人，首都是書珊城。後來興起的波斯王大流士建都在那裏。論及以攔的神諭是在「西底家登基的時候」發出的（34 節；約公元前 597 年）。當時，巴比倫已經控制中東一帶，猶大人已被巴比倫擄掠兩次，以攔也是被巴比倫鎮壓。其實，此神諭發出前六年，即約雅敬王第四年時，耶利米已經預言以攔和瑪代所有的君王都要受上帝審判（參二十五 25）。

可能以攔的戰士善長用弓，驍勇好戰，所以耶和華對他們說：「我必折斷以攔人的弓，那是他們戰鬥的主力。」(35 節)耶和華要破壞以攔，祂要使風(即他們的敵人）從四面八方襲擊以攔，把他們驅散各地（35～36節）。表面上，以攔的敵人要殺害他們，其實是耶和華使以攔人懼怕他們的敵人。上帝要用戰爭消滅以攔人的君王和官長，在那裏建立祂的寶座（37～38節）。不過，到了末後，耶和華會施恩給以攔人，使他們重整家園（39節）。

以攔的復興會在甚麼時候應驗？是當波斯攻擊巴比倫的時候，抑或當希臘攻擊波斯的時候？我們不能肯定。預言的特色是它帶有末世的意味：上帝要消滅一切列國，在地上建立祂的寶座（38節）。上帝是歷史的主，上帝掌管世界上列國的興衰，至終祂要在地上作王。

在論以攔國的這5節經文裏，耶和華並沒有指出以攔人的罪，如拜偶像、殘害人等，也沒有描寫他們在戰敗時如何恐懼。這5節經文裏，每節皆是耶和華以**第一身單數代名詞**「我」宣告：「我必折斷……我要使風……我必使以攔人……驚惶……我也必使災禍……我要在以攔設立我的寶座……」以攔人的命運全在耶和華的計劃中，他們如何失敗，然後又被重建，一切皆出於耶和華的作為。耶和華是一位神聖戰士，祂要在烈怒中用戰爭消滅他們。

這第一身單數代名詞稱宣告的形式也用在以東的宣講上（四十九8～19）。

耶和華對以攔的審判，成了論列國預言（四十五～四十九章）的小結。接著是所有列國神諭中篇幅最長的，就是向巴比倫宣講（五十～五十一章）。

歷史的熬煉使民族面目全非

論列國預言提及9個國家和民族，他們都曾被當代的霸權國攻打和擄掠。他們當中有些人能夠回歸自己家園，重建國家。有些國家會從此成為廢墟，無人居住。有些人飄流四海，被外族人同化，不能再成一個民族。

歷史的洪流使人的面孔變得粗糙且平凡，不能分辨。上帝是歷史的上帝。21世紀的今天，我們已無法追尋這些民族現居何處，是哪一個國籍的人。他們已經被埋沒、消失在歷史戰亂之中，像被風不斷吹皺的沙丘，移動、再移動，不知何地是原處，也不知何處是停留之地。

也許今天的中國經過種種歷史洪流沖刷，那些飄洋過海，散居各地的華人，會比較容易明白耶利米時代被擄、被遷移的民族的心情。

溫習及思考問題

1. 在這 4 章經文裏，先知共向了哪幾個國家宣講信息？地理位置上，它們彼此有何關係？
2. 試列出這數篇信息的中心思想。
3. 耶利米宣講的這數篇信息中，哪些國家的篇幅是長的？你認為宣講者的目的何在？
4. 有哪些國家是針對他們的宗教信仰的？試列出他們所供奉的神明的名稱。
5. 有哪些是針對他們的行為的？哪些國家將來會復興？哪些是會永遠成為廢墟的？
6. 列國神諭與以色列人有何直接關係？
7. 國家興衰，歷史變遷於你的人生有何啟迪？你對上帝的主權有多理解？
8. 先知雖身處外邦國家，但他不斷關注社會及中東一帶政治及歷史的變遷，才能講出如此的信息。你認為你對周遭社會的事的關注足夠嗎？如何幫助自己更關心這世界？

釋經短註

❶ 有學者認為有些版本，如「七十士譯本」所譯自的希伯來文版本是按地理次序，但後來的希伯來文版本可能作過修訂，將按地理次序改為按與猶大國歷史有關的國家出現的次序作編排，而這些國家可能是猶大國臨近被擄之前，曾經與猶大國有連繫，並且影響著猶大國的。

❷ 埃及這文明古國素來是中東霸主之一。以色列人豈不就曾在埃及做奴隸 400 年嗎？當以色列人出埃及時，迦薩的大金字塔已屹立至少 1,000 多年。在公元前 930 年，以色列分為南北兩國不久，埃及王示撒成功入侵耶路撒冷，擄掠聖殿（王上十四 25～26）。可見埃及的實力一直非常雄厚。

❸ 四十六章11節「你雖服用許多藥,還是徒然,不得治好」在「現代中文譯本」的譯法是「你所有的藥品都無效」,沒有「你雖多服良藥」這意思,「和修」卻將這意思譯了出來。這一節的意思也有可能指埃及人從迦基米施退兵時,途中想攻取基列(因為基列出產沒藥),但不成功。

❹ 四十六章16節「他使多人絆跌,彼此撞倒」。大部分學者都認為「多人」不是指埃及百姓,而是指當時埃及的軍隊;「絆跌」可以指跌下來,因為有許多人跌下來,因此就彼此撞倒。這情況的出現是因為有士兵被踹跌,產生了骨牌效應而彼此撞倒了。接著的句子是「起來,讓我們回到自己的同胞、回到自己的出生地去……」,表示這些士兵可能是從其他國家而來的僱傭兵。「思高譯本」將這節經文譯作「你的混合部隊已離心潰退,各向自己的同僚說:起來,回到我們的民族,我們的生身地去,遠避吞殺的刀劍!」

❺ 他泊山四圍是平原,所以形態突出。迦密山屹立海邊,從水平線向天拔高1,500呎,氣勢凜然。因為他泊山和迦密山都是猶大人熟悉的名字,非一般埃及人所能了解的。耶利米用了猶大人熟悉的字眼來宣講,表示當時的聽眾其實是猶大人,不是埃及人。

❻ 不少學者為著四十六章27至28節感到疑惑,因為他們不明白為何這復興以色列的預言會放在這裏。四十六章12至26節談論埃及,而四十七章則關乎非利士人,四十六章27至28節的對象卻是以色列人,看來與上下文脫節。所以不少人以為這是後來的編修者附加的。也有人說是一個回歸時期不知名的人刻意節錄了以賽亞書四十一章8至13節。可是,若將兩段經文作比較,便發現相差甚遠。其實,這兩節經文與耶利米書三十章10至11節差不多一樣。作者是刻意引用「安慰之書」(三十~三十一章)的信息,以此安慰猶大的聽眾和讀

者：既然上帝會恩待埃及，上帝更會復興以色列，使他們從被擄之地回歸本土。

❼ 學者們提出不同理論關乎法老是在甚麼時候攻取非利士地（2～7節），因為預言的內容沒有提及埃及，只描寫非利士人被打敗的情況。故此，有學者認為第1節的「*法老攻擊迦薩*」是後期的編修者附加的，實際是指巴比倫進攻迦薩。若是如此，便要問：為何後期的編修者要附加這句子？這一定有其原因，可能當編修者作修改時，迦薩確實曾經被埃及所侵佔。此外，因為巴比倫和埃及兩國常常交戰，故此也有學者認為可能是巴比倫從北方入侵埃及，被埃及打退時，埃及軍順路攻取迦薩。這些理論都是推測而已，無論如何，我們應接受現存的經文，不加修改。

❽ 四十八章9節「*你們要將翅膀給摩押，使它可以飛去*」原文意思不能肯定，可譯作「要給摩押豎立墓碑」。更好的是「要把鹽撒在摩押上，因它必成為廢墟」（參「新譯本」、NIV、NRSV）。在古代，若把鹽撒在一個廢墟上，這廢墟會變成不毛之地，不能耕種和居住。士師時代，亞比米勒曾經這樣做。他拆毀示劍城後，把鹽撒在廢墟上，使之永遠破壞（士九45）。因此，把鹽撒在摩押上象徵摩押要變為荒廢之地。

❾ 有學者認為四十八章10節是後期的編修者加插的，可是他們不能滿意地解釋加上這內容的目的。其實這是原作者的一種寫作技巧。他在詩歌裏呼喚摩押的敵人專心毀滅摩押，否則會受詛咒。這樣的表達為要使聽眾知道這是上帝的旨意。

❿ 釀酒的人都是把酒榨流出的葡萄汁倒進酒瓶，然後將它密封，待葡萄渣滓沉澱。這第一輪的酒是芬香的，可是太久了，沉澱物就會發酵，把酒弄壞。所以酒放了一段時間之後，釀酒的人就會把酒輕輕倒進另外的瓶，使酒與渣滓分隔，讓酒在新瓶子裏繼續沉

澱，以釀出更醇的美酒。

⓫ 以色列人在伯特利所拜的偶像是金牛犢（王上十二28～29）。學者難以追溯「金牛犢」這神明是源自哪一國，但以色列人卻熱衷於供奉這神明。「金牛犢」的象徵物不是「金」，也不是「牛犢」，而是牠的「角」。牠的角像彎起的月亮，這代表著它是黑夜中引路的一位神明，所以它又稱為月神。在以色列人出埃及之時，因他們以為摩西失蹤了，為了尋找另一位主人來帶領他們，於是鑄造金牛犢，期望這牛犢可以繼續帶領他們離開曠野。到以色列國分裂為南北兩國，北國以金牛犢為他們的開國神明，其原因與以色列人在曠野時相同，都是期望這神明可以帶領他們的國家興旺起來，像耶和華帶領著南國的前途般。

⓬ 四十八章34節（「有哀聲從希實本達到以利亞利，他們發的哀聲達到雅雜；從瑣珥達到何羅念，達到伊基拉．施利施亞，因為寧林的水必然乾涸。」）提及許多地方的名字，它們位於摩押以北亞嫩河岸附近一帶的城市。這節經文與以賽亞書十五章4至5節平行（以賽亞書這段經文同樣是向摩押宣布信息）。

⓭ 四十九章7節「提幔」，並不是指「以東」地。提幔是以東南部的重要城市。但是，在先知書裏，提幔與以東這兩個名稱差不多是等同的，可以交換來用（參結二十五13；俄9節；哈三3）。

⓮ 四十九章11節不應該是上帝説的，因為第10節，上帝剛剛説過要把以掃的後代滅絕，而且第20節上帝再重複要把以東的小孩拖走。若把11節看為是上帝説的，經文就會出現矛盾。

⓯ 四十九章14至16節與俄巴底亞書1至4節有許多相同的地方。可能是耶利米看過或聽過俄巴底亞先知的信息，在這裏引用出來，且加上自己的詞彙。

⑯ 四十九26節(論大馬士革)與五十章30節(論巴比倫)是相同的，表示這可能是一句常用語，描寫被打敗時的可憐情形。這表示論列國預言是先知的文學寫作，不一定是魂遊象外時得到的曉諭。

⑰ 學者們都認為「夏瑣」一詞(四十九28、30、33)在這裏不是指加利利北方的城市名字，即約書亞記所記載的那城(書十一1～15)，乃指「住院、住民之地」，如以賽亞書四十二章11節、利未記二十五章31節所指的。根據列王紀下十五章29節，加利利北方的夏瑣城的人在亞述國年間被流放了。故此，這裏「夏瑣」一詞應該指在綠洲水源旁定居的阿拉伯人，相對於「基達」就是那些遊牧民族的阿拉伯人。

第十七章

論當代霸權巴比倫（五十1～五十一64）

- 上帝要攻陷巴比倫，使以色列人還鄉
- 上帝要為以色列向巴比倫報仇
- 象徵性行動
- 全書的結束

在耶利米時代，上帝興起巴比倫去擄掠列邦，使許多城鎮因戰亂荒廢，百姓生靈塗炭（四十六～四十九章）。正在人心惶恐之際，上帝就藉耶利米宣布一個重要的消息，就是：巴比倫帝國的未來，它將要崩潰。有另一個敵人會毀滅巴比倫，巴比倫的城鎮將會被火焚燒，人民會被屠殺。上帝要因巴比倫人殘酷對待列國而報應他們。耶利米書五十至五十一章就是記載關於巴比倫要被毀滅的預言。這預言是所有列國神諭中最長的，所佔篇幅可說是差不多整個「列國神諭文集」（四十六～五十一章）的一半。可見巴比倫被毀這事件的意義在耶利米時代是非常重要的。事實也應如是，巴比倫是當時中東的超級大國，他打一個噴嚏，整個近東世界都會搖撼。

在這兩章經文裏，作者梅花間竹地把巴比倫和以色列的命運交錯地描寫。這手法表達出這兩個國家的前途是交織在一起的。舉例來說，預言的起首就把巴比倫的毀滅，連繫到猶大和以色列兩國的合一與復興：當巴比倫敗落時，以色列和猶大人要「隨走隨哭，尋求耶和華—他們的上帝……到錫安之路，又面向那裏……在永不被遺忘的約中與耶和華聯合」（五十4～5）。這「永不被遺忘的約」不但指以往的西奈之約，也呼應了「安慰之書」內的新約和復興（三十～三十一章）。換句話說，五十至五十一章的重點不只在巴比倫，也涉及上帝的子民——以色列。

這兩章經文有許多主題是重疊的，也有不少詞彙是相同的。大體上，五十章的重點是：上帝要攻陷巴比倫，使以色列人還鄉，五十一章的重點則是：上帝要為以色列向巴比倫報仇。五十一章比五十章長（58節與46節之相比）。為要使讀者維持他們對耶利米書的興趣，作者把五十章的思想在五十一章往前推展，使之內容更為豐富，也把其中一些主題，透過不同的比喻加添更豐富的想像，將主題發揮得更加淋漓盡致。以下是一些例子：

五十章提出的內容	五十一章的發揮
巴比倫是大錘(23節)	巴比倫是上帝爭戰的斧子和打仗的兵器(20～23節)
耶和華要報仇(15節) 耶和華要報仇,為祂的殿報仇(28節)	耶和華報仇的時候到了(6節) 耶和華要報仇,為祂自己的殿報仇(11節) 耶和華要為以色列報仇(34～39節)
巴比倫「竟然」荒涼(2次;23節)	巴比倫「竟然」被攻取、被擄掠,變為荒涼(2次;41節)
名字單單是巴比倫	巴比倫有隱祕的寫法「示沙克」(41節)

上帝與巴比倫之恩怨

上帝曾經稱巴比倫王尼布甲尼撒為祂的僕人(二十五9,二十七6,四十三10);現在,巴比倫王成為上帝審判的對象(五十18)。上帝稱呼巴比倫是上帝手中的金杯(五十一7),是上帝爭戰的錘、斧頭和兵器(五十23,五十一20);可是,上帝現在要毀滅巴比倫,要燒毀她,使她永遠荒廢(五十一25～26)。巴比倫的敗落,使它的神明蒙羞(五十2,五十一47、52～53)、百姓蒙羞(五十12),國家的土地也抱愧(五十一47)。上帝給巴比倫尊榮,也使它敗落。上帝是至高的神,是追討巴比倫和每個霸權國的上帝。

在五十章,巴比倫和以色列的命運以梅花間竹方式交錯地出現:

- 1～3節:上帝宣布巴比倫要被攻佔
- 4～10節:上帝宣布以色列要返回錫安
- 11～16節:巴比倫淪陷是報應
- 17～20節:上帝必領以色列返回故鄉
- 21～32節:上帝追討巴比倫的罪
- 33～34節:上帝要救贖以色列
- 35～46節:上帝要使戰爭臨到巴比倫

17.1 上帝要攻陷巴比倫，使以色列人還鄉（五十1～46）

在五十章的開始，作者沒有提及接著的神諭是在甚麼時候寫的，即使如此，它仍不會是耶路撒冷被毀之後發出的。

論巴比倫的神諭不是寫在耶路撒冷被毀之後

論巴比倫的預言不會是寫在耶路撒冷被毀之後，有3個原因：

第一，五十一章59節曾經記載，在西底家在位第四年，西底家曾上巴比倫晉見巴比倫王，耶利米當時把有關審判巴比倫的一切神諭都寫在書卷上（五十一60），交西萊雅拿去宣讀給在幼發拉底河邊那些已被擄的猶大人。而耶路撒冷是被毀於西底家王第十一年。

第二，五十至五十一章沒有直接描述耶路撒冷被毀時的情況。不錯，先知宣告了上帝懲罰巴比倫是為耶路撒冷報仇。但所有描述耶路撒冷的苦難都是籠統而普遍的，如「為祂的聖殿報仇」（五十一11，原文只有「報仇」，卻沒有「被毀」這二字），以色列的「以我的美物充滿他的肚腹」（五十一34），「外邦人進入耶和華殿的聖所」（五十一51）。在西底家作王前，巴比倫王已擄掠聖殿和王宮（參王下二十四10～16）。經文有不少戰爭的語句（war language；參五十14、21、26～27，五十11～12、27～28），其中五十章35至37節提到「刀劍」，五十一章20至23節提到「鎚」等兵器。這都是詩歌形式的表達，表明爭戰還沒有來到。如果戰爭真的來臨，相信沒有人可以有心情和時間描寫或記錄戰爭的情形，他們都要逃亡了。戰爭過後，耶路撒冷被毀，也不會有人有心情書寫戰爭的情形，他們只會寫哀歌，哀悼國家的消滅（參哀一～五章；那裏幾乎沒有戰爭的語句）。

第三，兩章的文字都沒有出現「城牆被毀，宮殿被焚」等之類的詞句（參哀一4，二7～10）。如果耶路撒冷當時真的已經被毀，便很難想像沒有此類詞句。當然，耶利米知道巴比倫有一天要毀滅聖殿（二十六6～9）；可是，他是在耶路撒冷被毀前已經說出上帝要懲罰巴比倫的預言。耶路撒冷被毀後，先知所說的是「哀歌」的信息。

在描述上帝要攻陷巴比倫，使以色列人還鄉這部分，內容是十分豐富，可分為7段論述。雖然每一個段落內容都不長，但各有獨立的主題。

分段大綱（五十1～46）

1. 上帝宣布巴比倫要被攻佔（五十 1～3）
2. 上帝宣布以色列要返回錫安（五十 4～10）
3. 巴比倫淪陷是報應（五十 11～16）
4. 上帝必領以色列返回故鄉（五十 17～20）
5. 上帝追討巴比倫的罪（五十 21～32）
6. 上帝要救贖以色列（五十 33～34）
7. 上帝要使戰爭臨到巴比倫（五十 35～46）

17.1.1 上帝宣布巴比倫要被攻佔（五十1～3）

五十章 1 節「耶利米先知論巴比倫和迦勒底人之地所說的話」，作者表明以下的信息是關乎巴比倫國，以及巴比倫人的事。這表示所發出的神諭不但涉及國家政治的將來，也是整個民族將來的事。四十六至四十九章描寫了巴比倫如何壓制列國，巴比倫都以強國的形象出現，但在五十章 2 節，先知卻宣布：「你們要在萬國中傳揚，宣告……巴比倫被攻取。」（2 節）這明顯是「列國神諭文集」的一個轉接點。這神諭有一個特點：巴比倫被佔領、陷落的消息要向列國宣布出來，公開傳播，不能隱瞞。要宣布保護巴比倫的神明已被敵人打碎了，受羞辱了。這些神明像沒有能力保護巴比倫，所以當敵人來攻打巴比倫時，如入無人之境（3 節）。

17.1.2 上帝宣布以色列要返回錫安（五十4～10）

當被攻陷後，巴比倫將會成為一片荒原。就在這荒涼的境況，先知傳出猶大同胞最關切的信息：上帝沒有忘記祂的子民以色列。其實，上帝總是先預言以色列的命運和回歸（五十 4～10、17～20、33～34），之後才回頭宣判巴比倫的罪狀（五十 11～16、21～32、35～46）。可見上帝使巴比倫滅亡，最重要的目的就是為救贖祂的子民，使他們回歸本土。在回歸時，那個曾經分裂為南北兩國的以色列將會歸回統一，以色列人和猶大人要一同來尋找他們的上帝。他們邊走邊哭，所流的是歡樂的眼淚。他們開始過新生活了！他們可以再有機會回錫安去朝拜他們的上帝。在那裏，他們要跟上帝重新訂立永遠的約，永不背棄（五十 4～5）。這是多麼美好的事！五十章 6 至 7 節接著描寫上帝子民現時的雙重痛苦：一、沒有好牧羊人；二、被巴比倫人吞吃。這都是因為上帝子民犯罪（五十 7，五十一 5）。

先知用「羊」的圖像描寫百姓的失迷（6節），他們的被擄（五十17）、回歸（五十8、19），也把羊的圖像描畫巴比倫人要受罰，被屠殺（五十一40）。

上帝和先知帶著慈憐的眼光，回顧這些流淚的子民過去的傷痛。他們如迷路的羊；原因是他們沒有好的牧羊人，好的君王。那些不好的領袖——牧人「使他們走迷了路」（6 節）。因為領袖失職，沒有帶領他們敬畏上帝，反而帶領百姓拜偶像，使他們流離，所以他們的敵人巴比倫吞吃他們的時候，口中竟說：「我們不算有罪；因他們得罪了那可作真正居所的耶和華。」（7 節）巴比倫人的論據似乎沒有錯，以色列的確沒有對耶和華忠誠，但他們的結論是錯的。上帝早已說過，凡吞吃以色列的，上帝必算他為有罪（參二 3）。所以，巴比倫吞吃以色列是有罪的，是得罪了上帝（參五十 14）。接著，上帝吩咐以色列要趕緊逃出巴比倫（8 節）。他們為何有機會逃走？這是因為巴比倫會陷落，上帝要發動北方列強聯合起來，攻下巴比倫；巴比倫要被洗劫（9～10 節）。

17.1.3 巴比倫淪陷是報應（五十11～16）

這一段經文是以詩歌形式表達，先知用了許多嘲諷的說話來描述巴比倫的敗落。巴比倫國曾聲威一時，當他們侵奪以色列的國土之時，曾經為此而狂歡（11 節）；他們戰勝耶路撒冷之時，人的喊叫如戰馬嘶叫，他們任意擄掠猶大如牛在牧場上踹穀。但如今，巴比倫要淪為最弱小的國家（12 節），這是何等強烈的對比。為何會有如此巨變？因為上帝向巴比倫發烈怒（13 節）。那時，上帝發出戰爭的吶喊，帶領敵人包圍巴比倫。他們在巴比倫四周吶喊，上帝要向他們預告勝利，巴比倫的城牆將被他們衝破、拆毀（14～15 節）。上帝要報復巴比倫人，也呼喚曾受巴比倫虐待的民族向他們報復。他們要使巴比倫完全沒有復興的機會，先知形容巴比倫連撒種及收割的機會也沒有。若沒有撒種，就不會有收割。巴比倫人都逃跑了。一座衰落，而且再沒有人居住的城，只會成為一座廢城(15～16節)，是永不會復興的。而且，這樣的描述，比形容摩押徹底的毀滅更甚。作者又描述，因為巴比倫敗亡，那些士兵因為戰事潰敗**各自逃回自己的家鄉**。這情況的出現，可能因為巴比倫軍隊的士兵都是從不同民族徵召回來的。

16節應指當波斯人攻陷巴比倫城，不同民族的軍隊都各自返回家鄉。

17.1.4 上帝必領以色列返回故鄉(五十17～20)

當巴比倫城傾敗之時，以色列人可以還鄉了；這是先知的預告(17～20節)。以色列人曾遭遇過慘痛的命運，聖經形容他們像被獅子追逐驅散的羊羣。北國先被亞述擄掠，那時以色列國受傷了。接著，巴比倫王加給餘下的南國更重的傷害。猶大如羊被獅子啃骨頭般受傷(17節)。骨頭被啃，是多麼的痛楚。故此，上帝既然懲罰了亞述王，也要懲罰巴比倫王(18節)。上帝卻要安慰、醫治祂的羊以色列，領以色列回到迦密山和巴珊的草場。在那裏牧養他們，使他安歇(19節)。在那報仇的日子，「尋找以色列的罪孽，一無所有；尋找猶大的罪惡，也無所得」，因為上帝要赦免祂的子民(20節)。縱然耶利米世代的猶大人會被擄，上帝卻遙望未來回歸時的美好時光，以此鼓勵上帝的子民，對上帝要有信心，保持盼望。

17.1.5 上帝追討巴比倫的罪(五十21～32)

即使以色列已回鄉，但上帝臨到巴比倫國的懲罰仍未止息。先知進一步預言攻擊巴比倫的信息(21～32節)。上帝是以一個神聖戰士的形象出現，祂也是萬軍的統帥(25節；另參五十一20～23)。上帝對以色列像是一個好牧人，照顧醫治羊羣(17、19～20節)，對於巴比倫卻是一個復仇者(27～29節)。上帝呼叫巴比倫的敵人去攻擊他們，把他們殺滅。上帝稱巴比倫為「米拉大翁」(*mərāṯayim*；意即「雙重的叛逆」，是一個複數名詞)和「比割」(*pəqôḏ*；意即「懲罰」)。那時，巴比倫境內四處充滿戰爭的吶喊(22節)。這霸權國曾經如一把大鐵錘，敲碎當代的世界，使人民流離失所。但這「全地的大錘竟然砍斷破壞」(23節)，列國見此也感驚訝。

為何巴比倫帝國會有如此收場？因為它跌進了上帝為它張開的羅網。至高的上帝、萬軍的耶和華要對付巴比倫，因為這帝國敵對上主（24～25節）。上帝是一個統帥，這統帥吩咐祂的軍隊從四面八方進攻巴比倫，把這個國家全部摧毀，殲滅他們的士兵（26～27節）。先知在這裏看到一個未來的情景：從巴比倫逃出來的難民回到耶路撒冷，報告上帝為祂的聖殿施行報復（28節），上帝終於為以色列伸冤！在此，先知稱耶和華為「以色列的聖者」（29節）。這稱呼在以賽亞書曾出現多次，在耶利米書只出現兩次（五十29，五十一5）。耶利米有可能引用以賽亞書的用語。

之後，先知回頭再講上帝吩咐軍隊對付巴比倫的情景：所有弓箭手都去包圍巴比倫城，殲滅所有的戰士和年輕人，要報復巴比倫（29～30節）。這報復不只是國與國之間的報復，也是上帝的報復，因為巴比倫狂傲地敵對上主—以色列的聖者（29節）。上帝看到巴比倫人非常狂傲；上帝忍耐他們許久，現今是懲罰的時候（31節）。在上帝報復的時候，沒有人可以幫助巴比倫。它一切的城鎮都要被燒毀（32），何等可憐。上帝是報復的上帝，祂要把一切狂傲者消滅，用火燒滅他們的一切，非常可畏。

17.1.6 上帝要救贖以色列（五十33～34）

上帝要為祂子民向巴比倫報復。巴比倫人曾經壓迫以色列和猶大，現在上帝是以「救贖主大有能力」（34節；*gōʾălām ḥāzāq*；直譯為「他們的救贖主〔是〕有能力」）的身分來替祂的百姓申冤。上帝是保護以色列的神，上帝若不為以色列報復，就不能算是那「保護以色列的」。上帝報復巴比倫、救贖以色列後，大地就會安寧（33～34節）；這是上帝實行公義的結果。

17.1.7 上帝要使戰爭臨到巴比倫（五十35～46）

先知提及到耶和華要向巴比倫報復以後，先知繼續宣講上帝對巴比倫審判的詛咒（35～39節）。詛咒的主題是：戰爭要臨到巴比倫的所有人，包括統治者、謀士、假先知、戰士、傭兵。先知這樣表達，為要指出巴比倫對列國殘暴的行為，不僅要那些策劃殺戮的人得到報應，甚至參與殺戮行為的同樣得到報應。這些得報應的人都是國家的精英，是保衞國家的。「刀劍」（*ḥéreḇ*；36節）這名詞在35至38節原文聖經共出現6次（38節「乾旱」原文是「刀劍」）。上帝不只用戰爭懲罰巴比倫，也使旱災發生。因為河流乾枯，沒有人可以耕種。巴比倫人懇求偶像也無補於事。偶像不能降雨，只會愚弄人民（38節）。

戰爭加上旱災，巴比倫的土地變成枯乾的荒原。野狗、動物、駝鳥出沒，不再有人煙，猶如在遠古上帝所毀滅的所多瑪、蛾摩拉一樣（40節）。巴比倫的毀滅是全面和肯定的。先知又說：「看哪」（*hinnēʰ*；41節），表示召回聽眾的集中力，強調他們要專注於接著來的信息。這裏提到有一個民族要從北方來，是遠方的一個強悍的國家（41節）。「從北方而來」（41節）可能指他們沿河道從北邊入侵巴比倫城（參五十9），更可能是一種詩歌的表達手法，描寫巴比倫的敗落，與猶大的敗落相似（參六22，十22；猶大的敵人也是從北方而來），這算是一個報應。這從北方而來的敵人劍拔弩張，騎馬奔馳。他們蠻橫殘暴，像狂濤怒吼。當巴比倫王聽到這消息，手腳發軟；痛苦得好像產婦陣痛（42～43節）。緊扣上文，在44節先知再提起聽眾的注意，說：「看哪。」這次，他們看見的是上帝要驅逐巴比倫人離開他們的國土，他們奔逃，如同牧場的牛羊看到獅子從叢林走出來，慌忙逃奔一樣（44節）。先知所講的這獅子是從「約旦河邊」走出來的。這圖像打動猶大聽眾的心。這約旦河的獅子就是耶和華，因為是上帝在對付巴比倫。

先知接著用另一種修辭技巧來表達信息。他用了4個問題，就是以「誰」（*mî*；44節）作提問。這4個問題表達出上帝是至高的上帝，祂掌控一切。第一個問題是：「誰是我揀選來作這事的？（照原文直譯）」意思說，是上帝揀選了一個民族來毀滅巴比倫。那民族是誰？為保持懸疑，五十章沒有提出來，五十一章才有答案，它就是「瑪代」（即波斯；五十一11、28）。因為上帝揀選了，就沒有人能向上帝挑戰。餘下的3個「誰」表達出上帝揀選的主權：「誰能像我呢？誰能召我出庭呢？有哪一個牧人能在我面前站得住呢？」（44節）先知和應上帝的曉諭，呼籲聽眾要「聽」耶和華的話：上帝要敵對巴比倫。巴比倫的陷落會震動所有國家（45～46節）。五十至五十一章特別描寫上帝要與巴比倫人作對，為以色列人報仇。新約聖經啟示錄的作者以此為象徵，描寫基督再來時，上帝會懲罰那時的大淫婦巴比倫來為聖徒伸冤（啟十八章）。

17.2 上帝要為以色列向巴比倫報仇（五十一1~58）

五十章的神諭之後，五十一章接踵而至仍是對巴比倫宣講的神諭。這兩章的內容有何不同？五十章對巴比倫的審判其實都十分嚴厲，為何仍需要更多的描述？的確，兩章論述的內容十分接近。但是，五十一章比五十章長（單計算 1 至 58 節，就比五十章長 30%）。為了保持讀者的興趣，先知多用了文學技巧。如五十章有提出巴比倫北方的敵人，但沒有指出是誰；五十一章才道出是「瑪代」（11、28 節）。在五十章，先知只稱巴比倫，五十一章他運用謎語「示沙克」來暗指巴比倫（五十一 41；更多的例子可參考頁 333 的圖表）。

此外，在五十一章，耶利米描寫上帝創造的奇妙（五十一 15～19）；描寫死亡是永恆的（五十一 39、57）；刻劃戰爭的可怕（五十一 11～14、20～23、30～32）；這些都是五十章沒有的。在五十一章，巴比倫和以色列的命運也是以梅花間竹方式交錯地出現：

- 1～4 節：上帝要攻打巴比倫
- 5～10 節：上帝吩咐以色列返回錫安
- 11～14 節：上帝要毀滅巴比倫
- 15～19 節：以色列的神遠超過一切偶像
- 20～33 節：上帝要向巴比倫報復
- 34～40 節：上帝要為以色列伸冤
- 41～44 節：上帝哀悼巴比倫
- 45～53 節：上帝吩咐以色列在祂報仇時離開巴比倫
- 54～58 節：巴比倫要永遠毀滅

分段大綱（五十一1～58）

1. 上帝要攻打巴比倫（五十一 1～4）
2. 上帝吩咐以色列返回錫安（五十一 5～10）
3. 上帝要毀滅巴比倫（五十一 11～14）
4. 以色列的神遠超過一切偶像（五十一 15～19）
5. 上帝要向巴比倫報復（五十一 20～33）
6. 上帝要為以色列伸冤（五十一 34～40）
7. 上帝哀悼巴比倫（五十一 41～44）
8. 上帝吩咐以色列在祂報仇時離開巴比倫（五十一 45～53）
9. 巴比倫要永遠毀滅（五十一 54～58）

17.2.1 上帝要攻打巴比倫（五十一1～4）

五十一章 1 節「耶和華如此說」表示這句為另一段的開首語。❶ 耶和華說：「看哪，我必颳起毀滅的風，攻擊巴比倫和住在**立加米**的人。」（1 節）這暴風是來毀滅巴比倫的「陌生人」（2 節；原文 *zārîm wəzērûhā* 是指「簸穀的陌生人」），他們的到來就如暴風，極之快速，使巴比倫的軍隊沒有機會射箭，沒有時間武裝起來（2～3 節）。因此，巴比倫的軍隊並所有年輕人都在自己的城鎮內被屠殺（4 節）。

難以追溯「立加米」人是哪種人，估計可能是屬於巴比倫境一個鎮內的人，也可能是巴比倫其中一個重要的軍事基地。

17.2.2 上帝吩咐以色列返回錫安（五十一5～10）

巴比倫人死傷慘重，上帝卻沒有憐恤他們。先知提醒聽眾，以色列和猶大人同樣也曾被上帝懲罰，國破家亡、人民被擄，但上帝沒有遺棄他們（5 節）。相比之下，上帝對巴比倫的懲罰是更嚴酷了。這句話讓我們了解到，對巴比倫的審判的神諭，其實是對已經或快要被擄的猶大人宣講的（參五十一 60～64）。接著先知催促猶大百姓，在上帝向巴比倫報仇的時候，要趕快逃出巴比倫，不要受牽連（6 節）。

巴比倫的敗落是這樣可憐，先知作了一首哀歌來哀悼她（7～9節）。巴比倫是上帝手中的金杯，是高貴的，而且使天下的人都喝醉、都瘋狂（7節）。可是，當巴比倫突然陷落的時候，它受的極大傷口是人無法醫治的。人能做的，只有是離它而去（8～9節）。不過，上帝的子民以色列可以歡呼，上帝已經替他們伸冤，他們可以回歸本國，宣揚上帝的大作為（10節）。

17.2.3 上帝要毀滅巴比倫（五十一11～14）

11至14節描寫敵軍攻打巴比倫的情況。11節首次提出瑪代諸王。他們要來攻打巴比倫城，毀滅城裏的人民。其實，他們是耶和華差派來施行報復的，因為祂要為自己的聖殿報復（11～12節）。巴比倫城有許多河道，商貿繁榮，積聚了許多財寶。很快，耶和華會召集大軍來剿滅巴比倫。敵軍會像不可抗拒的蝗蟲來攻擊巴比倫；他們將會得勝（13～14節）。

17.2.4 以色列的神遠超過一切偶像（五十一15～19）

15至19節，先知歌頌耶和華的崇高。巴比倫失陷了，保護它的神明被打倒了（五十2），從耶和華的角度看，這些神明只不過是偶像。先知在此再次申明以色列的神——耶和華才是真神，祂以大能創造大地，以智慧建立世界。祂掌管大自然，風雨雷電都聽祂的吩咐（15～16節）。相比之下，人類是愚蠢無知的。人所造的一切假神偶像都是沒有生命、毫無價值、荒謬可笑的。有一天，上帝要對付一切的假神（17～18節），祂就是萬軍的統帥、耶和華，祂是創造主，祂選召了以色列作祂的子民（19節）。巴比倫的敗落是以色列讚美敬拜上帝的時候。

上帝要向巴比倫報仇

耶利米書論列國神諭內出現了11次的「報仇」，有9次是用在巴比倫身上（五十15、28，五十一6、11、36等）。這個報仇顯明上帝的公義和對列國的掌管。在報仇的時候，上帝要巴比倫承受它曾加予別的國家、尤其是以色列的苦難：

1. 巴比倫擄掠別國和以色列（五十一 34～35）。在上帝報仇之時，巴比倫要被敵人隨意擄掠（五十 10）。
2. 巴比倫使列國喝醉（五十一 7）。上帝同樣使巴比倫喝醉，永不醒來（五十一 39、57）。
3. 巴比倫曾經是「行毀滅的山」，後來上帝要巴比倫成為「燒毀了的山」（五十一 25；「燒毀了的山」原文 *har śərēpāh* 可直譯為「燒著了的山」）。
4. 巴比倫是猶大北方的敵人（從北方來毀滅猶大；一 14，二十五 9），同樣，上帝差一北方之民來毀滅巴比倫（五十 9、41）。
5. 以色列人是被巴比倫擄掠的羊羣（五十 6、7、17）。在上帝攻擊巴比倫的時候，敵人要把巴比倫幼弱的羊（人）拉走（五十 45）。
6. 錫安受過強悍的巴比倫人圍困，兵臨城下，非常惶恐。以色列所受過打敗仗的恐懼和羞辱，巴比倫也要受同樣的恐懼和羞辱。若將六章 22 至 24 節與五十章 41 至 43 節作比較，便發現兩段經文幾乎是一模一樣的，但將「錫安」改為「巴比倫」（六 23 // 五十 42），「我們」（錫安的人）改為「巴比倫王」（六 24 // 五十 43）。這文學手法表達的是一種報復，一種報應。

上帝向巴比倫報仇是為了復興猶大和以色列。在猶大毀滅之時，上帝顧念他們，沒有丟棄他們（五十一 5）。可是，上帝報復巴比倫時，不會讓巴比倫復興（五十一 9～10、35～37、50～53、54～57）。

17.2.5 上帝要向巴比倫報復（五十一20～33）

20 至 26 節是上帝對巴比倫的嘲諷。上帝曾經使用巴比倫。它是上帝的大鐵錘，是上帝的尖銳武器。上帝使用過巴比倫殺戮數不清的英雄豪傑，凡夫走卒。上帝也使用巴比倫敲碎猶大國（20～23 節）。❷ 上帝好像一個戰士，用拔出的刀要與祂的敵人爭戰。在上帝預言巴比倫落敗時，上帝先向祂的百姓說：「我必在你們眼前報復巴比倫人和迦勒底居民在錫安所做的一切惡事。」（24 節）之後，上帝對巴比倫說：你曾經是巨大的山，可以毀滅地上的民族。但將來，上帝要把這巨大的山推下懸崖，使之破裂，而且焚燒它，使它成為「燒著了的山」。上帝要把它燒得通透，沒有人會再用它的石頭作基石或牆角石：巴比倫要永遠荒廢（25～26 節）。

21 世紀的基督徒，大多只認為上帝是位赦免人的罪、賜福氣和永生給人，是永遠慈愛的上帝；幾乎沒有想過上帝也是一個戰士。其實，上帝會發怒、會攻擊祂的敵人。祂會懲罰犯罪的人，審判犯罪的文化。所以，我們要小心，不要無知。如果我們拒絕聽從上帝，仍舊生活在敵對上帝的文化中，我們可能做了祂的敵人；上帝是戰士，也會討伐我們。

27 至 33 節描寫上帝要召集當代小亞細亞一帶地區的軍旅進攻巴比倫的情景。「亞拉臘、米尼、亞實基拿」等國家遣派「馬匹上來如粗暴的蝗蟲」去攻擊巴比倫（27 節）。此外，還有「瑪代君王」（28 節），他們所有的軍長和轄下各國的軍隊都前來攻打巴比倫，聲勢非常浩大，連大地也震撼戰慄（28～29 節）。巴比倫的戰士驚恐起來，他們自知不敵，所以放下武器，躲藏在堡壘裏面。可是，城堡的「門閂都折斷了」，敵軍放火燒城（30 節）。巴比倫士兵一個接一個地向巴比倫王報告京城四圍被攻陷的消息。他們驚慌失措，因為知道敵人快要殲滅他們了（31～33 節）。

17.2.6 上帝要為以色列伸冤（五十一34～40）

34 至 35 節是先知代入耶路撒冷人的位置，告誡快要滅亡的巴比倫人：他們是罪有應得。先知說神諭的時候，是尼布甲尼撒做巴比倫王之時（34 節）。當巴比倫被毀滅時，是尼布甲尼撒的孫子伯沙撒作王（參但五 29～30）。所以，先知是在靈感下宣告巴比倫的懲罰，可說這是一個預言，而不是描述巴比倫滅亡的歷史。先知代表「錫安的居民」說：「願我和我骨肉之親所受的殘暴歸給巴比倫。」（35 節）這是用以色列人的說法。原文可直譯為：「願流我們血的罪歸到巴比倫人身上。」

36 至 40 節是上帝和應錫安的申訴。上帝說要替以色列人伸冤，為他們報仇。上帝要使巴比倫成為廢墟，沒有人居住（36～37 節）。巴比倫曾經兇猛如「小獅子吼叫」（38 節），但上帝要使兇猛的巴比倫人「睡了長覺，永不醒起」（39 節）；也要屠殺他們，使他們變成屠宰場的小羊和綿羊（40 節）。獅子變綿羊，這是報應，是上帝的審判。

17.2.7 上帝哀悼巴比倫（五十一41～44）

在41至44節先知用了哀歌的文學手法，描寫巴比倫的命運。41節出現了2次「竟然」（ʾêḵ；另參哀一1）。「示沙克竟然」（關於「示沙克」可參8.1.3.1「上帝憤怒的杯」這段落有關「示沙克」的解釋）被佔領，這全世界所褒揚的大城「竟然」被佔據，「巴比倫在列國中竟然變為荒涼」（41節）。

＊巴比倫人所供奉的神明馬爾杜克

巴比倫的敗落如同沉下海底的城市（42節）淹沒了。這是一種詩歌的寫作手法。事實上巴比倫的城鎮「變廢墟，地變乾旱，成為沙漠，成為無人居住，無人經過之地」（43節）。上帝要懲罰守護巴比倫的主要神明「彼勒」（又名馬爾杜克〔Marduk〕）。在巴比倫人的眼中，這神明（偶像）是強者，是守護這國的人民的，但於耶和華而言，它完全無能，不能保護巴比倫城。故此，巴比倫的城牆會被敵人攻陷，然後倒塌（44節）。

17.2.8 上帝吩咐以色列在祂報仇時離開巴比倫（五十一45～53）

45至49節先知用了「日子將到、天地萬物」等「末世語句」的文學手法，加強描寫巴比倫的悲慘命運。先知催促在巴比倫的以色列人趕緊逃命，為要躲避耶和華對巴比倫的懲罰（45節）。在他們所處的環境中，聽見不少關於巴比倫戰亂的謠言，聖經記載他們聽聞「官長攻擊官長」（46節），這表示巴比倫已產生內亂；因此以色列人心裏膽怯，恐怕受牽連，但先知說那些只是謠言，是不用擔心的(46節)。不過,「日子將到」(47節),上帝懲罰巴比倫的時候真的來臨,上帝要全面的毀滅巴比倫。那時,「天地和其中所有的,必因巴比倫歡呼」(47～48節)。這些都是描述末世的語句。巴比倫的結局是終極的。上帝的終審判詞是:「巴比倫要因以色列被殺的人而仆倒,正如全地被刺殺的人是因巴比倫仆倒一般。」(49節)

50至53節是先知向已經被擄去巴比倫的以色列人傳遞的信息。上帝已經吩咐他們趕快離開巴比倫(參45節),現在,先知勉勵他們要想念耶和華和耶路撒冷(50節)。先知模仿他們的談論:「我們聽見辱罵就蒙羞,滿面慚愧,因為外邦人進入耶和華殿的聖所。」(51節)但這將會成為過去了。時候將到,上帝要懲罰巴比倫。當上帝追討巴比倫的罪,他們受懲罰的不能夠逃避(52～53節)。

17.2.9 巴比倫要永遠毀滅(五十一54～58)

54至58節是最後一段關於巴比倫的信息的經文。這段內容一方面總結前文,另一方面確定巴比倫的滅亡。巴比倫人的哀號傳到先知耳中(54節),這是惟一出現巴比倫人的哀號的地方。雖然先知曾說要為巴比倫哀號(參五十一8),可是上帝沒有憐惜他們,反而要終止巴比倫城裏喧鬧的聲音。事實上,巴比倫人的哀聲被敵人的怒吼掩蓋了,因為敵人的吶喊震天(55節)。為何上帝如此嚴厲?因為上帝是懲罰罪惡的上帝(56節)。上帝的審判是終極的,因為上帝要使巴比倫人的一切領袖和壯丁沉睡,永遠不醒(57節)。巴比倫寬闊的城牆要被夷為平地、高大的門樓要被燒毀。巴比倫城的宏偉是當代人所驚羡的,它是由無數人付出的血汗、智慧和數不清的財富建成的。可是,當巴比倫被夷為平地時,人一切的辛勞要付諸一炬(58節),何等唏噓。論巴比倫的預言,就是以這「唏噓」的意境來結束。的確,無論人類的成就如何輝煌,無論哪個民族如何叱吒風雲,當上帝審判的日子臨到,日光之下,人一切的成就都要過去、煙沒。審判當代霸國巴比倫的預言到此完結。

17.3 象徵性行動（五十一59～64上）

西底家王第四年，❸耶利米用一個生動的方法，告訴被擄的猶大人，上帝會毀滅巴比倫。他先把五十至五十一章論巴比倫的預言寫在書卷上，再用一個行動來象徵巴比倫要如何被毀滅。那年，猶大已臣服於巴比倫的軍威之下，變為一個藩屬國。西底家要去晉見巴比倫王，耶利米順便托官員西萊雅把那書卷帶去巴比倫河邊宣讀。

由59節開始是一段簡短的敘事，描述耶利米的信息如何被傳入巴比倫。書記西萊雅與西底家王一同要去到巴比倫那裏晉見王，這位西萊雅是西底家「王宮的大臣」（59節）。有猶太學者認為這「大臣」的原文可譯為「行宮總管」（*śar mənûḥāh*；參「呂振中譯本」），故此他可隨同西底家王到巴比倫晉見。他原來是耶利米先知的書記巴錄的兄弟，他們的父親是尼利亞（參三十二12、16，三十六8）。耶利米知道西萊雅會與西底家王一同入巴比倫，他藉此機會求幫助，可見他與巴錄都是先知所信任的人，是先知的朋友。耶利米抓著機會，請西萊雅把論巴比倫的預言，大聲宣讀給已被擄到巴比倫的猶大人聽：上帝要摧毀巴比倫（61～62節）。❹

有人認為西底家上巴比倫去是因為尼布甲尼撒的命令，去參加他的金像開光禮（但三1～3）。這是有可能的。若果是的話，耶利米所要求西萊雅做的，是一件非常大膽的事，若給赴會的人傳到尼布甲尼撒耳中，肯定會招致殺身之禍。西萊雅是一個政治官員，肯定理解這危險性。不過，他願意順服上帝，他是需要很大的勇氣才能夠順服。

宣讀之後，西萊雅要把耶利米論巴比倫預言的書卷綁在石頭上，丟在河裏，而且要大聲解釋這行動所象徵的意思：巴比倫要如此沉下去，不再興起（63～64節）。可以想像，當在場猶大人看見書卷沉入幼發拉底河時，他們一定覺得上帝並沒有偏心，任憑巴比倫人橫行無忌。上帝是歷史的主，祂責罰祂的子民，也審判列邦。

17.4 全書的結束（五十一64下）

在耶利米書五十一章64節下半節，有短短的一句子：「耶利米的話到此為止。」我們怎樣理解這句話？然後，接著的第五十二章是猶大被擄的歷史敘事，這段敘事與列王紀下二十四18至二十五30基本上是相同的。為何如此？究竟是哪本書引用哪本書？

「耶利米的話到此為止」意味著耶利米書原稿是從一至五十一章為止，五十二章則是後加的附錄。換句話說，這一句「耶利米的話到此為止」，是由一個編修者加在耶利米書原稿的最末，作為註尾（colophon），然後加上五十二章作為附錄。即是說，因為他要加上第五十二章作為附錄，所以加上這一句以註明，以前的是耶利米的話（從他而來的作品），以後的卻不是，是編者加上的。這個加上的附錄的情況不是耶利米書才出現，申命記三十四章，約書亞記二十四章29至33節等都是例子。不過那兩處沒有加上註尾，這可能因為它們編修成書的年代沒有這個文學習例。可見加上附錄這種寫作手法都是普遍的。

若五十二章是後加的，那麼，這支持了前51章經文是出於耶利米的。至少，這編者就認為是真實的出於耶利米，所以才寫下「耶利米的話到此為止」。耶利米書的作者與成書問題確是不簡單的。因為耶利米有巴錄作書記，故此，我們要接受有附錄這個可能性，也接受不是整本耶利米書都出自耶利米的手筆。這卷書的寫成，極有可能是巴錄參與筆錄，耶利米卻是在主導整卷書的思想，同時也有後期附加的第五十二章。

溫習及思考問題

1. 五十一章如何發揮五十章的主題信息？
2. 上帝如何為以色列報仇？祂使用了哪一國來懲罰巴比倫國？
3. 五十章2、38節，五十一章17～18、47節描寫上帝懲罰了巴比倫的偶像，其意義何在？
4. 現今的時代是否仍有先知的出現？他們與古時的有何不同？他們應如何效法耶利米先知？
5. 我們要從巴錄身上學習功課。你對將來有甚麼計劃？上帝在你身上又有甚麼計劃？

釋經短註

❶ 五十一章1節「耶和華如此說」這類開首語，在五十至五十一章裏，只在五十章33節出現(「萬軍之耶和華如此說」)，與五十一章33、36節「耶和華如此說」原文句子是不相同的。

❷ 五十一章20至23節表達了「上帝是戰士」這主題。經文提到「斧子」，這詞的主語是上帝。即是：巴比倫是上帝——這神聖戰士——手中的大鐵錘，是上帝爭戰的武器，施行猛烈的審判和毀滅。

❸ 西底家王第四年，耶利米勸他投降巴比倫(二十八1～4)。先知知道巴比倫會征服猶大，因為這是上帝的計劃。有不少官員以為耶利米不斷說服他們投降，是懦弱不愛國的行為。但是，耶利米也在同一年發出巴比倫要滅亡的預言，還把這預言向被擄巴比倫的猶大人宣布，他的勇氣令人佩服。因此當他勸西底家王投降巴比倫時，他不是懦弱，也不是不愛國，他乃是真的信服上帝，在先知的職事上盡忠。

❹ 經文沒有明言西萊雅是否幫耶利米將知信息傳遞，但耶利米請他幫忙，表明是信任他。所以，有理由相信西萊雅會在巴比倫大聲公開宣讀耶利米論巴比倫的審判預言，如他兄弟巴錄一樣。巴錄曾經順服上帝，在耶路撒冷聖殿宣讀了耶利米的書卷上上帝對猶大的審判(參三十六章)。

第七篇

附篇（五十二1～34）

耶利米書五十二章相信是節錄自列王紀下二十四至二十五章（參「和修」標題中的平行經文），並加以編修和補充，作為耶利米書的附篇。在先知書裏重抄另一卷書的歷史內容這樣的寫作手法，除了耶利米書，以賽亞書也有如此表達方式（賽三十六～三十九章，節錄／增修自列王紀下十八至二十章）。至於耶利米書，將這歷史敘事放在全書的結尾，可能會令讀者感到疑惑。其實，作者有如此的表達方式，明顯地是要以歷史來證明他的宣講。概括而言，他所要證明的有3點：第一，耶利米是真先知，因為他所預言有關耶路撒冷要被巴比倫人毀滅這事應驗了。第二，先知有關猶大被擄後要復興的預言也開始應驗。第三，被擄的猶大人要相信耶利米的信息，持守它們，繼續盼望上帝的復興。

第十八章

歷史的附篇（五十二1～34）

- 引言
- 審判西底家的預言應驗
- 審判耶路撒冷的預言應驗
- 審判百姓的預言應驗
- 復興的預言開始應驗
- 後記：耶利米書的成書與編輯

這一章經文分為5大方向來描述猶大國被擄前的一段歷史，其中包括：西底家的結局（4～11節）；耶路撒冷的結局（12～23節）；百姓的結局（24～30節）；以色列將來的復興（31～34節）。

18.1 引言（五十二1～3）

耶路撒冷淪陷，正值西底家為王，他作王共11年。整體來説，西底家是一個不按上帝心意而行的王，他的政績和行為是上帝看為邪惡的，如約雅敬王所做的一樣（參2節）。這些邪惡的王和他們領導的百姓都惹上帝發怒。上帝使用的工具是巴比倫王尼布甲尼撒。

18.2 審判西底家的預言應驗（五十二4～11）

當時候，巴比倫帝國已興起為中東的霸權國，鎮壓著猶大。但西底家背叛尼布甲尼撒王（參二十七1～11），所以尼布甲尼撒率領大軍討伐猶大。巴比倫軍隊圍攻了耶路撒冷18個月，城內嚴重饑荒，正是糧盡彈絕之勢。最後，城牆被巴比倫軍隊攻破。就在城破當天，所有餘下的猶大士兵護駕著西底家王，漏夜穿過王宮花園，再穿過那兩道城牆中間的門（這城門似乎是一個新建成的祕密通道，因為聖經其他地方沒有提及），朝東邊向**亞拉巴**逃去。

「亞拉巴」位於約旦河谷附近，這是指他們從死海往南，一直到紅海邊的約旦河谷。

當天亮之時，巴比倫軍隊知道有人逃走，連忙快馬追趕，在耶利哥附近的平原追上逃亡的猶大人。此時，西底家已經跑了約20公里。護駕的軍隊看見巴比倫軍隊追上，可以逃跑的都逃跑了。西底家被巴比倫軍隊擒獲，他們要押解他去尼布甲尼撒王面前受審。西底家成為一個俘虜，從耶利哥平原徒步走320公里，到哈馬地的利比拉（它的位置可參12.4「耶路撒冷淪陷」），就是尼布甲尼撒王的戰地司令部。

巴比倫軍隊也擒獲西底家的兒子和其餘的猶大首領，把他們都帶到利比拉。尼布甲尼撒當著西底家眼前殺了他的兒子和一切首領，接著挖了西底家的雙眼，之後用銅鏈鎖著他，帶他去巴比倫的監牢裏，瞎了眼的西底家很可能就死在那裏。他雙眼最後能看見的，就是他兒子被外邦人所殺、看見他們流著血，在哀鳴，然後頹倒在地。這一幕的情景永遠銘記在他腦海裏，這是何等可憐（10～11節）！

18.3 審判耶路撒冷的預言應驗（五十二12～23）

在五月初十，尼布甲尼撒王的顧問兼護衛長尼布撒拉旦代表巴比倫王從利比拉來到耶路撒冷。尼布撒拉旦是帶著巴比倫王對猶大國最終的判詞而來的。他代表王下令軍隊焚燒耶路撒冷城，拆毀城牆，把城裏所找到的一切人和牲畜，以及已經投降的猶大百姓都帶去巴比倫，留下的只有最貧窮的人，他們耕種田地和修整葡萄園（12～16節）。尼布撒拉旦是在尼布甲尼撒王十九年五月初十去到耶路撒冷，與西底家離城逃亡（四月初九）相距約一個月。❶ 在這一個月間，西底家和他兒子，並首領們，被押解到利比拉受峻刑，也在這個月內，巴比倫軍隊搜掠耶路撒冷，隨意欺凌百姓。耶路撒冷淪陷了，猶大國滅亡了。耶利米論國家與聖殿的預言應驗了（七14～15，三十八17～18）。

接著的17至23節如同放大鏡般，聚焦記述聖殿如何被焚燒，耶路撒冷如何被擄掠。第13節已指出巴比倫軍放火燒毀聖殿。作者描述巴比倫軍隊先從聖殿大門開始作毀壞。他們將兩根高聳的銅柱、碩大的盆座，以及銅海都打碎，然後將所有的銅運回巴比倫（17節）。作者接著記述的是，祭壇和百姓獻祭用的各種銅器都被掠去（18節），然後，其他各種金銀器具，如「杯、火盆、碗、鍋、燈臺、勺子、酒杯，無論金的銀的，護衛長都帶走了」（19節）。這再次證明耶利米的預言是真確的，也表示他是真先知，因為他與假先知哈拿尼雅爭鬥時所說的預言應驗了（二十七18～22）。

作者沒有提及聖殿最重要的物件，就是約櫃和其上的施恩座如何被處理，他似乎是故意使讀者不把注意放在其上。「約櫃」在全書只出現在三章16節「那些日子，人必不再提說耶和華的約櫃，不追想，不記念，不覺缺少，也不再製造」。作者沒有提及約櫃，卻在20節重複提及聖殿門前的兩根銅柱、銅海、12隻銅牛。這些碩大的銅器是所羅門王建築聖殿時鑄造的，所用的銅多得無法可稱。這些銅器在過去400年見證了聖殿的榮耀；現在都被打碎，運到巴比倫，在那裏被燒熔，鑄成其他的偶像，這是多麼可惜。這的確是世事滄海桑田。

在21至23節，作者詳細描述聖殿門前的兩根桐柱。它的高度、圓周、厚度、柱頭的裝飾和精巧手工等，彷彿要給逝去的國家的榮耀做一個記錄，好幫助以後的同胞記得他們祖國先前的光榮。這所羅門的聖殿是他們祖國曾經擁有最輝煌的財富。

18.4 審判百姓的預言應驗（五十二24～30）

24至30節記述被擄去巴比倫的猶大人民。首先記述的是聖殿祭司長和政府官員，然後是軍官，皇室顧問和行政首長，全數共有70餘人（24～25節）。他們被押解到利比拉，拷打後都全被處死。在被擄的一個月之前，他們的王西底家也在利比拉被巴比倫人挖掉他的雙眼（參6～12節）。這些祭司、官員被處死後，其餘的猶大人就被帶去巴比倫，離開本土（26～27節）。耶利米論百姓的預言應驗了（十六1～13等）。

28至30節作者記下3次被擄到巴比倫的猶大百姓的數目。他是以尼布甲尼撒在位的年份計算的：

次數	尼布甲尼撒王的年份	年份	被擄人數
第一次	第七年	公元前597年	3,023人
第二次	第十八年	公元前586年	832人
第三次	第二十三年	公元前581年	745人
合共			4,600人

這幾節的記錄有不少難解的地方。首先，它沒有記載約雅敬王第四年，就是但以理被擄的那一年。此外，12節明明說是在尼布甲尼撒十九年，巴比倫軍隊燒毀耶路撒冷，擄掠百姓；29節卻記錄第十八年。這也許可以從巴比倫軍隊開始圍困耶路撒冷計算，那年是尼布甲尼撒第十八年。巴比倫圍攻了18個月（4～6節），才攻下耶路撒冷。圍城期間，他們開始俘擄出城投降的猶大人（參五6，三十七12～13，三十八19），到城被毀滅，被俘擄到巴比倫的共有832人。

最後，尼布甲尼撒二十三年的745人應該是指當猶大省長基大利和留守米斯巴的巴比倫軍隊被謀殺後(參四十一章)，巴比倫派軍懲治猶大而俘擄的人數。

18.5 復興的預言開始應驗（五十二31～34）

31至34節是最後的一段。這事發生在猶大王約雅斤被俘擄後的第三十七年，以未．米羅達登基做巴比倫王。他以一個新王的身分施恩給國中的俘虜，以表示他的胸襟。當時被釋放的包括約雅斤。以未．米羅達釋放約雅斤，並且賜他高位，終生住在巴比倫王宮裏，在巴比倫王面前進膳。❷ 又蒙王恩賜財富，供日常消費，直到去世。

作者刻意指出約雅斤蒙的恩惠和榮耀是比其他被擄的王為多。這顯明上帝是繼續看顧這位身上帶著大衛之約的應許的嫡傳。不錯，約雅斤的後裔不會再坐在大衛的寶座上(二十二24～30)，不過，上帝額外的恩典仍是臨到他。上帝是滿有恩典的。對被擄的猶大人來說，約雅斤特別蒙恩這事，是一個訊號：上帝對猶大復興的預言快要開始應驗(二十五8～14)，以色列再生的盼望快要開始萌芽。在巴比倫或猶大本土的以色列百姓要堅持仰望上帝，不論環境如何陰暗，要常常保持對上帝的盼望。

滿有憐憫的上帝的確仍有計劃在約雅斤身上，他的後人撒拉鐵後來被委任為猶大省長，帶領以色列百姓回歸應許地。這家譜的線一直延到約瑟，就是馬利亞的丈夫，而基督耶穌，那大衛的子孫，是從馬利亞生的(太一12～16)。將來有一天，基督必會坐在寶座上做王，統治全世界。阿們！

信仰反省：再生的奧祕

如果生命是奧祕，「再生」是更大的奧祕。

約雅斤作王只3個月就被擄至巴比倫。他是被廢的大衛家的王，如同從上帝右手上摘下帶印的戒指(二十二24～25)，而不再是皇室的榮耀，他已經淪為階下囚。他雖有兒子，但要被算為無後，因為他後裔中無一人會再有機會作王了(二十二28～30)。約雅斤的被擄象徵上帝因祂選民的罪惡而厭棄了他們。大衛的寶座仍存，但看來大衛後裔無一人能坐在寶座上。

約雅斤被擄後 37 年，巴比倫王換掉他的囚衣，賜他終身的飲食。他蒙的恩惠就是再生之始的象徵。上帝要提醒被擄的子民，祂並沒有忘記他們，祂要做新的事物！西奈之約雖已破壞，但更美的新約將要來臨（三十一章）。以色列要經歷再生的奧祕。我們知道，再過一段日子，道成肉身的基督要在受欺壓的巴勒斯坦出生，將來要帶來比大衛的國更美的天國。

如果生命是奧祕，「再生」是更大的奧祕。信徒們，不是嗎？當我們了解胚胎在母腹成長的過程，我們為此而驚訝，但我們不知道聖靈如何在我們裏面把我們的內心改變，重生我們，使我們對罪厭惡，愛慕聖潔；使我們原來不懂得甚麼是愛的人可以去愛別人。這真是更大的奧祕。今天，我們仍要不斷去經歷生命的「再生」，就是上帝永恆生命的奧祕如何使我們完全。這奧祕是由生命以至於生命的。我們感恩！

18.6 後記：耶利米書的成書與編輯

當談到聖經書卷的寫作時，一般的想法是以為聖經作者如我們寫專文一樣，先做研究，搜集資料，然後坐下來專心一致寫作，然後在一段時間內寫成作品。可是，耶利米書給我們看見，起碼現存的耶利米書的成書過程並不是如此。它的成書是經過頗長的階段，而且明顯有編輯的痕迹。當我們承認現存的耶利米書是經過編輯時，我們並不是說它是被擄回歸時期內，某些人託耶利米之名寫作。原因有兩個：第一，耶利米本人可以參與編輯。約雅敬王第四年，耶利米背誦過往 23 年的講章，叫他的書記巴錄記下來，而成為第一卷耶利米書時（參三十六章），耶利米肯定要把眾多的講章作某些有條理的編排，他極不可能是隨意的。第二，耶利米有書記巴錄幫助。巴錄可以按照耶利米的意思和概念來寫作和編輯。

18.6.1 編輯的證據

當我們說耶利米書是有編輯的痕迹，就必須列出一些證據，而最有力的是來自此書卷的文本內容。有何編輯的證據呢？有不少：

第一，書的書題（一1～3）

書題提到耶利米得到上帝話語的時期，是由約西亞十三年到西底家十一年耶路撒冷被擄。這時期明顯不包括被擄後耶利米的事奉。現存的耶利米書告訴我們，在被擄後上帝也藉著耶利米責備往埃及的餘民（四十二～四十四章）。故此，在寫作書題的時候，很可能耶利米仍沒有被擄往埃及。

第二，耶利米書三十六章

在約雅敬第四年，巴錄從耶利米的口述，筆錄了第一卷耶利米書，內有從約西亞王十三年至約雅敬第四年期間，耶利米講道的大概內容（三十六1～4）。這卷書後來被約雅敬王燒毀了。當時為他作王第五年九月（三十六23）。可是，耶利米和巴錄再寫了第二卷，而且加添了其他的材料，使書卷內容更長（三十六32）。換句話說，三十六章32節提及的是耶利米書的第二卷。我們可以肯定，這卷書不是現存的耶利米書，因為現存的耶利米書包含的許多材料，明顯是發生在約雅敬王第五年以後，比如與西底家王有關的部分，以及耶路撒冷城被攻破後餘民逃往埃及等（三十七～四十四章）。那麼，現存的耶利米書與第二卷書的關係如何？是單純的在其後補充嗎？不是，很可能是耶利米和巴錄，或其他人按第二卷書重寫、補充，以及編輯。

第三，書的結尾（五十一64下）

在耶利米書五十一章64節下半節，有短短的一句：「耶利米的話到此為止。」我們又怎樣理解這句？我們也發現接著的第五十二章與列王紀下二十四章18節至二十五章30節基本上是相同的。為何有此插頁？是哪本書引用哪本書？我們就要認真考慮，五十一章64節下半節是某一個編修者寫在他手中的耶利米書的最末，作為註尾，然後加上第五十二章。即是說，因他要加上第五十二章作為附頁，所以加上五十一章64節以註明這一節之前的內容是從耶利米而來的，這節之後的卻不是。耶利米書的作者問題的確不是那麼單純。耶利米有巴錄作書記，故此，我們要考慮到此書包含巴錄的參與和耶利米在主導整卷書的中心思想，同時也加上後期的編輯的手筆。

第四，耶利米書五十二章

耶利米書五十二章是取材列王紀下二十四章18節至二十五章30節。耶利米書五十二章是後期加上的這想法，是有以下3個證據：

- 五十一章64節告訴我們耶利米書五十二章是一個獨立的單元，它與一至五十一章分開，明顯這已說明是編者註明附加的。
- 五十二章1節「西底家登基的時候年二十一歲，在耶路撒冷作王十一年……」是描述一個王登基時的格式寫法——作王方程式。這程式在列王紀常常出現（王下二十三31、36，二十四8、18等），但在耶利米書一至五十一章從未有出現過這種寫法。五十二章1節表明了五十二章的文學類型（genre）與一至五十一章的是不同的，這兩部分是屬於不同的文學體裁。
- 五十二章31至34節提到約雅斤王得釋放的事情大約發生於公元前560年（被擄後37年），那時耶利米極可能已經過世了。

第五，希伯來文抄本與希臘文譯本的差異

這裏簡單指出，在希伯來文抄本的耶利米書（「馬所拉文本」，亦即中、英文譯本所依據的希伯來文版本），論列國預言是放在第四十六至五十一章；可是，在希臘文譯本（公元前200年，即「七十士譯本」），論列國預言是放在第二十五章13至15節中間。即是說，希伯來文與希臘文版本的章數只是從一到二十五章是相同的，以後的經文則是各奔東西。故此，會不會希臘文譯文是根據另一個有異於「馬所拉文本」的希伯來文版本翻譯的？如果是，就是經文有兩個不同的版本。

18.6.2 總結

耶利米書（推廣至全本聖經）的寫作與成書是在時空裏，無可避免帶有寫作當時的文化及歷史背景。它的文本與譯本之間也會有差異，在成書過程中也有人的演繹和編修。但這些編排、修改、重複、刪減等都是上帝默示的一部分，都是上帝在祂的掌管與智慧裏，在人類歷史、文化的演變中，借助人的手筆默示出來，至終完成了祂向人啟示的。

我們認定提摩太後書三章16節所言，舊約聖經是上帝所默示的。雖然提摩太後書三章16節所言的聖經是指當代存有的文本，它們都是經過早期的編輯而成的。正如猶太人和初代教會早就知道耶利米書的編輯，他們都接受這些編輯是默示的一部分。

我們認定舊約聖經是上帝所默示的。從耶利米書的成書和編輯，我們發現「聖經是上帝默示的」這話的含意並非一般的想法。現存的耶利米書（希伯來文版本）是經過編修的。我們要充分明白這點，才能適當地尊重聖經的權威。舊約聖經是上帝所默示的，它帶有權威。「新約聖經是上帝默示的」這信念是從舊約聖經延伸出來，經大公會議確定為信仰團體的正典。自此以後，新舊約正典是信徒信仰和生活的最高權威和標準。

耶利米書五十二章與列王紀下二十五章

耶利米書五十二章是取材列王記下二十四章18節至二十五章30節，兩者基本上是相同的。當我們比較兩者（基於原文），就會得出一個結論，就是耶利米書五十二章是引用了列王紀的經文，並加以編改。例子如下：

第一，加插內容。例子：

- 四月初九：耶五十二6 ～ 王下二十五3
- 逃跑出城：耶五十二7 ～ 王下二十五4
- 西底家王：耶五十二8 ～ 王下二十五5
- 聖殿被洗劫：耶五十二18～23 ～ 王下二十五13～17

第二，更改。例子如下：

- 耶五十二章12節：五月初十……王面前侍立的護衛長……
  王下二十五8：五月初七……王的臣僕護衛長
- 尼布甲尼撒在耶利米書是 *nəḇûḵaḏreʾṣṣar*，在列王紀是 *nəḇūḵaḏneʾṣṣar*。第四個音節的「尼」，在耶利米書是以「r」，另一個是「n」。
- 耶利米書刪掉列王紀下二十五章22至26節基大利省長的事情。
- 耶利米書五十二章28至30節補充了3次被擄的猶大人數。

從聖殿器皿的補充（五十二 18～23），並 3 次被擄人數的清單來看（五十二 28～30），似乎這章經文的作者已看過巴比倫的文獻才將之寫出來。有這樣的推論，是因為有些聖殿器皿很可能是在猶大國第 2 次被擄時被帶到巴比倫（公元前 597 年；五十二 12、17）；而且當巴比倫人焚燒聖殿，祭司們大多被殺，不會有普通的猶大人看到巴比倫軍隊所擄掠了聖殿的器具（五十二 24、27）。所以，很可能編者是在巴比倫看過這些物件的清單，和 3 次被擄人數的清單，才可以加上補充。

溫習及思考問題

1. 這段補篇如何描述西底家的結局？你如何總結他的人生？
2. 關於耶路撒冷城的被毀，作者如何描述？如何看出所羅門的聖殿的奢華？耶利米書如何看約櫃？
3. 耶利米書所列出的歷史內容，如何應驗耶利米所預言的？試列出經文引證。
4. 試列出巴比倫 3 次擄走猶大人的數目，以及他們擄掠的年份？
5. 耶利米書最後如何描述以色列的復興？若你是其中被擄的一分子，你的心情會如何？你認為直至今天，猶大人有多相信他們終有一天會復興？
6. 如何證明耶利米書有編修的痕迹？這些編修的行為是不是一種修改上帝話語的行為？何解？
7. 試分享耶利米書對你的幫助。能否列出經文以支持你的看法。

釋經短註

❶ 五十二章12節指出耶路撒冷淪陷那年是尼布甲尼撒王十九年五月初十，第5節則記載西底家逃亡是他作王十一年四月初九（5～6節），兩者用的月曆是相同的。巴比倫帝國興起後，被巴比倫控制的鄰國都採用了巴比倫的月曆。耶利米書二十五章1節更提供了猶大與巴比倫年曆的對照：「約西亞的兒子猶大王約雅敬第四年，就是巴比倫王尼布甲尼撒的元年。」

❷ 33節「在巴比倫王面前吃飯」應不是與巴比倫王同一桌。巴比倫王與國中文武百官進餐，需要多座桌子（但五章）。能有分在王宮與王共膳的，都可算是尊榮。

附錄

附錄一：
耶利米書另一種分段法

耶利米書極可能是有幾個層次的引言公式（參 1.1.2「結構」），而用作「第一層次段落的分段標記」的句子並不多，全書只有 16 句（14 + 2），分布相當平均。它們的主語都是「話語」（*haddāḇār*），隨著的是關係代名詞 *ʾăšer*。❶ 其中 14 句通常翻譯為「耶和華的話臨到耶利米」或類似的句子（七 1，十一 1，十八 1，二十一 1，二十五 1，三十 1，三十二 1，三十四 1、8，三十五 1，四十 1，四十四 1，四十六 13，五十 1），而說話的都是上帝。這提醒我們耶利米書是一部「信息」的文集，記載了從上帝而來的信息。**另外兩句**是「耶利米口中所說的話……」（四十五 1）及「耶利米有話吩咐……」（五十一 59），說話的是耶利米先知。

這兩個句子的文法結構與前 14 個句子是相同的，而其動詞是「說話」（dibber）及「吩咐」（ṣiwwāʰ）。前 14 句多是「臨到」（hāyāʰ）。

至於書首的一章 1 至 3 節（原文是一句子），它的主語也是「話語」。它不只是全書的書題和引言，也是全書的第一個分段標記的句子。❷

按這 16 句第一層次分段標記的句子的分布，加上「出埃及主旨」（一～三十三章）和上帝在審判中「應許」的主題（三十四～四十五章），耶利米書的內容顯明有如下的分段：

經文	主旨內容	體裁
「出埃及主旨」（一～三十三章）		
一章	上帝呼召耶利米做新的摩西。	呼召
二～六章*	上帝與以色列的婚姻關係。	講章
七～十章	以色列把與上帝的關係非個人化，流於聖殿的建築物和崇拜禮儀。	講章
十一～十七章	按西奈之約宣布猶大的詛咒。上帝拒絕先知的代求，祂堅持懲罰是必然的。	講章
十八～二十章	猶大人惡待他們的代求者——先知，證實上帝對猶大的審判是公義的。	講章
二十一～二十四章	按西奈之約的審判是嚴厲的，上帝用祂的手使以色列「反出埃及」。	講章

二十五～二十九章	猶大的罪孽和判詞——被擄七十年。他們與耶利米的爭鬥證實這審判是合理的。	講章、敘述
三十～三十一章	上帝因祂永遠的愛，主動預告「新出埃及」，那時也會與以色列立新約。	預言
三十二～三十三章	上帝使耶利米買地，指明以色列要「再生」為上帝新的創造是肯定的。	敘述
「應許」的主題（三十四～四十五章）		
三十四 1～7	上帝應許西底家，他必不被刀殺。	敘述
三十四 8～22	西底家和猶大領袖毀約，再奴役被釋的僕婢。	敘述
不順時序記述		
三十五～三十九章	耶路撒冷被毀期間，耶利米受逼害。上帝應許敬畏祂的外族人（米甲族和以伯．米勒）平安。	敘述
四十～四十三章	餘民仍叛逆上帝，挾持耶利米下埃及。	敘述、預言
四十四章	預言將要審判下埃及餘民。	預言
四十五章	約雅敬四年上帝應許巴錄生命得以保存。	預言
四十六 1～12*	論埃及在迦基米施。	預言
四十六 13～四十九章	論列國神諭。	預言
五十章～五十一 58	論巴比倫神諭。	預言
五十一 59～64	論巴比倫的象徵性行動。	預言
五十二章	歷史附篇，約雅斤被釋。	敘述

* 二至六章及四十六章 1 至 12 節屬於第二層次段落。

釋經短註

❶ 這 16 個句子的文法結構都是相同的，是以非連續式的句子出現。而句子都是以 3 個詞開始：位於句首（initial position）的是附帶定冠詞的主詞「話語」（*haddāḇār*），隨著的是關係代名詞 *ʾăšer*，接著的第三個詞是動詞 *hāyāʰ*（字根：*hyh*）或 *dibber*（字根：*dbr*；四十五 1，四十六 13，五十 1），或 *ṣiwwāʰ*（字根：*ṣwh*；五十一 59）。

❷ 一章 1 至 3 節是一個長句子，其文法結構與前 16 個句子相同。句子開始是以「耶利米的話」為主語，至於關係代名詞（*ʾăšer*）和動詞（*hāyāʰ*）是放在第 2 節首。這 3 節經文是書題（名稱），表明全書記載了耶利米先知的言行。

附錄二：
耶利米書的「七十士譯本」

「七十士譯本」大約是公元前 200 年在埃及將希伯來文聖經翻譯成希臘文的一本舊約聖經。如希伯來文聖經一樣，「七十士譯本」的原本譯稿已遺失，現存的是經過許多修訂的抄本，而且是原稿抄本的其中一本。學者通常把最早的譯本稱為「古希臘文聖經」(Old Greek Bible)，現存的「七十士譯本」是反映「古希臘文聖經」的抄本。因為有眾多的「七十士譯本」抄本，所以也興起了經文的鑒別，嘗試找回「古希臘文聖經」的真面目。最有權威的是德國 Göttingen 出版的鑒別版本(critical edition)，而負責編輯「七十士譯本」耶利米書文本的學者是 Joseph Ziegler。

1.「七十士譯本」與「馬所拉文本」相異的地方

耶利米書的「七十士譯本」與「馬所拉文本」有不少相異的地方，而最明顯的地方有以下 3 點：

- 「七十士譯本」比「馬所拉文本」共少了 3,097 個字(以希伯來字計算)，它比「馬所拉文本」共短了 1/7 的內容。
- 論列國神諭的排列位置，兩者有很大差異(參下文「論列國神諭的編排」)。
- 「七十士譯本」與「馬所拉文本」之間有多處經文的差異，包括：刪減、加增，修改等(參下文「比較『七十士譯本』與『馬所拉文本』」)。

2. 論列國神諭的編排

在耶利米書的「七十士譯本」，論列國神諭是放在二十五章 13 節之後(「七十士譯本」沒有二十五章 14 節)。在比較耶利米書裏論列國神諭在「七十士譯本」與「馬所拉文本」之間列國的次序之前，先以列表將耶利米書的「七十士譯本」與「馬所拉文本」的記載次序與以賽亞書及以西結書作一些比較。

	以賽亞書	以西結書	耶利米「七十士譯本」	耶利米「馬所拉文本」
責備、審判的信息	1～12 章	1～24 章	1～25 章	1～25 章
論列國神諭	13～23 章	25～32 章	26～31 章	46～51 章
預言將來	24～35 章	33～48 章	32～39 章	26～33 章
歷史敍事	36～39 章	——	40～51 章	34～45 章

從以上列表便可發現耶利米書的「七十士譯本」記載的編排與以賽亞書和以西結書（「七十士譯本」和「馬所拉文本」）是吻合的，都是先討論列國預言，後預言將來的復興。但是耶利米書的「馬所拉文本」卻是與眾不同，它先討論未來的審判與復興（二十六～三十三章），卻把論列國神諭放在最末（四十六～五十一章）。這現象與其他大先知書（「七十士譯本」和「馬所拉文本」）有所相違，何解？

不但如此，在耶利米書「七十士譯本」，論列國的次序也有不同。在「馬所拉文本」內，耶利米預言的十個家基本上是從猶大國的南邊延伸到北方；從埃及開始，到附近的非利士、摩押、亞捫、以東，再去到大馬士革、基達，最後到以攔、巴比倫。可是在「七十士譯本」，次序是以攔（二十五章），埃及（二十六章），巴比倫（二十七～二十八章），非利士（二十九章），以東、亞捫、基達、大馬士革（三十章），摩押（三十一章）。

章「馬所拉文本」	國家	章「七十士譯本」	國家
四十六	埃及	二十五	以攔
四十七	非利士	二十六	埃及
四十八	摩押	二十七、二十八	巴比倫
四十九	亞捫、以東、大馬士革、基達、以攔	二十九	非利士
五十、五十一	巴比倫	三十	以東、亞捫、基達、大馬士革
		三十一	摩押

從以上的比較，「七十士譯本」列國的次序似乎是按國家的政治重要性而排列的。在「七十士譯本」翻譯之前，波斯(即是以攔)已經打敗巴比倫並曾經控制埃及。當時，正值波斯歸在西流基統管下，而埃及則被多利買管轄；西流基比多利買更強。故此，以攔先被排列，然後埃及，接著才是巴比倫。如果這是真的，這個可能更是反映「七十士譯本」所參考的希伯來文本與現有的「馬所拉文本」不同，亦有可能是後來的編者因以上所提及的原因將「七十士譯本」再作修訂，所以與現有的「馬所拉文本」不同。

3. 比較「七十士譯本」與「馬所拉文本」

「七十士譯本」與「馬所拉文本」兩者之間有多處經文的差異，包括：刪減、加增、修改等。以下舉兩段經文為例：

- 「七十士譯本」的出埃及圖像比「馬所拉文本」描述的內容較少(例子：二2)：
  「七十士譯本」：跟隨以色列的聖者。
  「馬所拉文本」：在曠野，在未曾耕種之地跟隨我。
- 「七十士譯本」似乎要把回歸與彌賽亞盼望分割(例子：二十三7～8)：
  「馬所拉文本」的二十三章7至8節是放在「七十士譯本」的二十三章40節之後，所以次序是：
  a. 責備猶大那不好的君王(二十三1～4)
  b. 預言彌賽亞(二十三5～6)
  c. 責備假先知(二十三9～40)
  d. 回歸(二十三7～8)

這次序似乎要把波斯時期猶太人認為「彌賽亞的出現才是回歸的先兆」這概念改變。有學者認為，當時可能有部分猶太人縱是有機會，仍不願意回歸本土，因為他們要等待彌賽亞的出現，可是真正的彌賽亞沒有出現，所以遲遲不動身。故此，翻譯員把二十三章7至8節移後，把兩者隔遠一點，以反映以斯拉帶領百姓回歸的情形，鼓勵其餘的人要跟上。

另外，可能在「七十士譯本」翻譯時期雖然回歸已是事實，但因為彌賽亞仍未出現，對彌賽亞來臨的信息未有把握。再者，當時巴勒斯坦民眾蠢蠢欲動，要反抗希臘和羅馬的統治，尋求獨立；也出現一些自稱是彌賽亞的人，以此取得利益。所以，翻譯員把二十三章9至40節向前移，突出了假先知的出現，以提醒百姓。無可否認，上帝預言了彌賽亞，但也提及假先知的出現，故此，百姓要小心區分，聽從上帝的話。

關於「七十士譯本」對彌賽亞的盼望是有提及的，只是與「馬所拉文本」的不同，例如：二十三章5至6節。「七十士譯本」的寫法是：耶和華必稱他為先知中的「約撒達」（*Iōsedek*；意思是「上帝是公義的」）。「馬所拉文本」的寫法是：他的名必稱為耶和華我們的義。相比之下，「七十士譯本」多了「先知中的」，把彌賽亞與先知聯繫起來！這個加增的思想影響可能不小。因為新約時期大多數的猶太人和基督徒是讀「七十士譯本」，即使不是現時的「七十士譯本」也是「古希臘文聖經」，而不是希伯來文聖經。可能「七十士譯本」幫助了他們把耶穌看為不只是彌賽亞，也是摩西所預言的先知（申十八18）。

4. 解釋理論

對「七十士譯本」耶利米書的問題，以往學者有三個理論解釋：第一，「七十士譯本」簡化了「馬所拉文本」，故此，「馬所拉文本」是屬較早期的。第二，「馬所拉文本」擴充了「七十士譯本」，故「七十士譯本」反映它的希伯來文原抄本是較早期的。第三，「馬所拉文本」與「七十士譯本」的原抄本（*Vorlage*）源自原本手稿（autograph）的兩個不同編修的版本（recensions）。

第三個理論假設了「七十士譯本」的希伯來文原抄本與「馬所拉文本」的原本（examplar）是屬於兩個不同的希伯來文版本。因為死海附近發現的古卷4QJer^b，大大推動支持第三個理論。4QJer^{b}包括3份殘本（有些學者只接受兩份），內容涵蓋希伯來文耶利米書的九章22節至十章21節和十章43、50節。學者發現4QJer^{b}文本較接近「七十士譯本」過於「馬所拉文本」。學者如展森（J. Gerald Janzen）基於他的研究，提出「七十士譯本」的原抄本是耶利米書第一版，「馬所拉文本」的原本是第二版，是經過持有申典歷史觀念的文士補充的一份版本。

展森的理論雖是震撼，但引出不少疑問。首先，4QJer[b] 的斷片非常殘缺，它只保留左邊，沒有右邊。每行字只有 10 至 15%。加起來共約 100 個字，450 個字母。但耶利米書「馬所拉文本」全書共 1,364 節經文，22,000 個字，180,000 個字母。換句話說，4QJer[b] 只是一個非常細小的樣本。那麼，我們能否基於這微小的證據而推論出如此深廣的結論？

其次，「七十士譯本」本身已出現不一致的翻譯。學者們普遍接受第一至二十八章與二十九至五十二章的翻譯是由不同的人翻譯。所以有學者認為耶利米書是出自一個以上的譯者；但是，也有學者認為是全書出自同一個譯者，但第二部分卻經過另一位譯者作修訂。

此外，有學者指出，「七十士譯本」比「馬所拉文本」較短，這不等於證明了「七十士譯本」的原抄本一定比「馬所拉文本」的原本為短。因為「七十士譯本」是譯本，在翻譯的過程可以有縮略(abridgment)的出現，縱然「七十士譯本」的翻譯基本上是逐字的翻譯。

到目前為止，死海古卷的發現和研究使大多數學者們相信，在兩約之間其實有四、五個獨立體系(families)的舊約聖經文本在民間流傳；「馬所拉文本」和「七十士譯本」只代表其中兩個體系而已，當時還有其他的體系是需要我們了解的。故此，很難說是「七十士譯本」的原抄本或現存「馬所拉文本」的原本更早；我們需要等待日後更多的研究和發現才能作斷定。從以上所評論的，我們能有 3 個重點作結論：

- 我們應該把「七十士譯本」與「馬所拉文本」獨立處理。
- 教會普遍接受的正典是「馬所拉文本」，這是一個歷史決定，是不能更改的。
- 無論「七十士譯本」是否較早或較遲於「馬所拉文本」面世，「七十士譯本」肯定有助我們了解「馬所拉文本」。

附錄三：
耶利米書的「申典神學」和「非申典神學」詞彙

耶利米書內肯定有申典神學的觀念。可是，耶利米書的神學比申典神學更廣、更超越！神學是由詞彙表達的，申典神學必定有一些常用的詞彙來表達它的神學思想，而這些詞彙多出現於申命記。而耶利米書因為有申典神學的思想，它肯定有申命記所使用的詞彙，現以表列出：

申命記詞彙	耶利米書	申命記
聽從我的話	十一 4	四 30
我將你們列祖領出埃及	十一 4，十六 14，二十三 7，三十一 32，三十二 21	四 20，五 6，八 14 等
賜給他們列祖之地	十六 15	三 19、20
正如今日一樣	十一 5，三十二 20	二 30，四 20 等
流奶與蜜之地	十一 5，三十二 22	六 3，十一 9，二十六 9 等
大能的手並伸出來的膀臂	三十二 21	四 34
脱離鐵爐	十一 4	四 20
你的百姓以色列	三十二 21	二十一 8，二十六 15
作我的子民	十一 4，三十一 1	四 20，七 6，十四 2
趕他們到	十六 15，二十三 8	三十 1、4
怒氣、憤怒、大惱怒中	二十一 5	二十九 27
向你們列祖所起的誓	十一 5	七 8
向他們列祖起誓應許賜的地	三十二 22	十 11
隨從別神	二 5	六 14，八 19 等
成為虛無	二 5	三十二 21
神蹟奇事	三十二 21	四 34
跟隨上帝	二 2	十三 5
差遣／吩咐……說	一 7	十八 20
把話放在口中	一 9	十八 18
河水旁	三十一 9	八 7，十 7

按學者惠柏（Helga Weippert）的研究，耶利米書出現的申命記詞彙，在用法和意思上是與申典歷史內的有所不同。她的意思是說，耶利米書內所運用申命記的詞彙是獨特的，是不能與其他的舊約書卷相提並論。此外，她也指出，所謂耶利米的詩歌不應與散文看成兩個截然不同的文體，因為不少的詩歌體其實可以看為是「富美感的散文」（***Kunstprosa***）。

Kunstprosa 是德語，用來描述一些文章的寫作特色是介乎詩歌體及散文之間。而這些文體多出現於先知宣講的講章內。

耶利米書內亦出現一些不屬於申典神學的詞彙。當我們把耶利米書內特殊的，非日常用的，也不是在申命記內找到的詞彙抽出來，便會發現這些詞彙顯出了耶利米書的獨特之處。

詞彙	耶利米書
年輕時的恩愛，新婚時的愛情	二 2
在曠野，在未耕種之地跟隨上帝	二 2
上帝向以色列豈是曠野	二 31
摩西站在上帝面前	十五 1
上帝的心不顧惜這百姓	十五 1（參撒上二 35，利二十六 11、30）
將他們從上帝眼前趕出	十五 1（王下十九 6～7）
日子將到	十六 14，二十三 7（撒上二 31）
伸出來的手和大能的膀臂	二十一 5
懲罰	二十七 8
在曠野蒙恩	三十一 2
使以色列安息	三十一 2（申十二 9～10：安息與土地，安然居住；王上八 56：賜平安給百姓）
哭泣而來	三十一 9
正直的路	三十一 9
新約	三十一 31
上帝拉著他們的手	三十一 32
上帝作以色列的丈夫	三十一 32
在以色列和世人中間	三十二 20
建立了自己的名聲	三十二 20

我們發現耶利米特殊的詞彙大多集中於上帝與以色列之間密切的關係，以及因為此關係所引伸出來的救贖，這救贖包括了未來的新約和回歸等。最特別的是耶利米書將上帝與以色列的關係比喻為夫婦的關係。這關係在申命記裏是完全沒有提及的。這個可能是因為申命記是以「宗主條約」的形式寫成，很難以夫婦關係來表達。此外，在摩西五經，以至前先知書（歷史書），我們也找不到上帝與以色列是夫婦的圖像。

附錄四：
耶利米書近代研究簡介與評估

耶利米書是耶利米先知留給猶太人和後來的基督徒的遺產。一直以來，教會和猶太人傳統都以耶利米先知為作者。不過，在 20 世紀開始時，學者對耶利米書的研究掀起了震撼的巨浪。

1. 從「來源鑑別」理論開始

哀歌韻律 qinah meter 是指一節有 3+2 的節拍。上半句有3個音節，下半句有2個音節。

在 1901 年，一位可說是耶利米書「來源鑑別法」之父的德國學者杜麥，他開始了現代耶利米書的研究。他提出耶利米書內只有小部分是出自耶利米之手，而那些部分是以**哀歌韻律**的短詩形式表達。不過，現代學者大多數認為希伯來詩歌可能根本沒有韻律，這是因為不能從文本中一致而又客觀地找出它們來。杜麥的理論是粗糙的，因為他假設了耶利米只可以用短詩來表達他的信息。而且，在杜麥的專文的一個註腳內，他簡單寫下耶利米書二十九章那以散文體裁表達的內容，可能也是耶利米寫的。這樣看來，耶利米已不只以詩歌體來表達他的信息了。所以，杜麥的立場是前後不一致，有點是自打嘴巴。

繼杜麥以後，詩篇現代研究的鼻祖莫文克（Sigmund Mowinckel）於 1914 年提出修訂。他認為耶利米可以不只用哀歌韻律寫作，他把書內更多的詩歌體和散文歸在耶利米手筆之下。他稱耶利米之親筆手稿為底本 A，耶利米的書記巴錄所寫的散文敍述為底本 B，申典神學風格的散文講章為底本 C，餘下的如論列國預言（四十六～五十一章）等，都歸到底本 D。莫文克的理論成為了日後至今，耶利米書學術研究的一個主要架構。

以上學者們對耶利米書的架構有不同的研究，我們也不需要太著意他們的看法，最重要的是他們的理論能具體指出耶利米書包含了多種不同類型的文學體裁。耶利米是祭司的後人，生活在文士圈子當中（三十六 10、26 等）；明顯他是當代的一個知識分子，他當然可以有足夠的寫作技巧，以多種體裁來表達他的作品，其中可以包括哀歌韻律的短詩，同時也可以有申命記風格的散文。

2. 近代眾說紛紜的研究理論

到目前，因為學者們的理論愈來愈複雜，杜麥和莫文克的理論可能都會被推翻。首先，在區分底本 A 至 D 的內容之時，沒有兩個學者所得出的推論是完全相同的，大都只是眾說紛紜。此外，魯道夫（Wilhelm Rudolph）在 1947 年認為底本 D 是從底本 A 發展出來，兩者是有關連的，故不能簡單區分。展森和歷格森（Ernest Nicholson）於 1970 年提出，其實底本 B 和底本 C 同屬於一個散文傳統。他們認為如果沒有底本 B 的歷史架構，底本 C 的講章便沒有骨骼，不能站穩。故此，歷史與講章是一體的。至於申命記風格講章的底本 C 更是模棱兩可。海越（J. Philip Hyatt）早於 1942 年提出：「申典神學的編修工作滲透全書，一些申命記詞彙其實是從耶利米本人的説話引用過來的。」若是如此，學者們怎能區分底本 A 與底本 C？

現今，不少學者們承認，底本 C（即以申典神學為本的講章）是基於耶利米的説話而發展出來的，故此內裏也包含耶利米的説話。他們也承認耶利米本人可以書寫，不過，他們仍決意認為，耶利米本人不可能是底本 C 的作者。大多數學者視底本 C 為猶大被擄期間（約公元前 550 年），一些不知名但持有申典歷史觀的編修者所寫的，目的是借助耶利米的名字，在被擄甚至回歸期間推動他們的政治和宗教改革。這理論同樣要面對的一個問題是，既然耶利米本人可以用申命記的詞彙，為甚麼他不能夠寫作那些與申典神學有關的講章？可是，支持這理論的學者沒有回應這問題，他們或許看低耶利米的文學功力了！

史都民（Louis Stulman）做了一個詳細關於底本 C 的統計研究。在 1986 年，他宣稱找到這底本內有 19%的詞彙是申典神學的。即使如此，到底這些數字是否足夠支持區分底本 C？還有，他這所謂 19% 的數據，其實是由申命記內找得到的詞彙（11%），以及申命記內找不到的詞彙（8.5%）而組成的。後者的數據既然沒有在申命記出現，它們應否視為「申典神學」的呢？若把它們加在耶利米書內其他獨特的、非申典的詞彙（參附錄三「耶利米書的『申典神學』和『非申典神學』詞彙」），其結果也接近 11%，與申命記內找得到的詞彙相等。既然如此，底本 C 還真的有統計數據支持它存在嗎？

另一方面，威廉斯（M. Williams）隨著史都民研究的方向，在 1993 年認為他找到足夠的統計數據，把底本 B 再區分為底本 B（基本）（source B'），和底本 B（宣講）（source Bsp）。前者為 6%，後者為 12% 。可是，這些統計數據足夠嗎？到底這些統計數據是自然的現象，抑或真的是區分底本的準則？又或只是有一位匿名的編修者把巴錄所寫的也編輯過？還是巴錄本人有向百姓宣講？

3. 結論

面對近代眾說紛紜的研究理論，我們不要輕易接受它，這些理論都沒有定見，隨時可以因為有另一個更加新的研究而改變。當新的理論被提出，舊的也自然被淘汰。此外，死海古卷的發現和研究，會在未來的日子中改變學者們對舊約聖經，並耶利米書成書的了解，我們要靜觀其變。

在此更重要的是，我們有足夠的理由和把握相信現存的耶利米書基本上是出於耶利米的（參第一章「耶利米書導論」中的引言）。耶利米肯定是基本的作者，所謂基本，是指大部分內容甚或整本書的思路都出於耶利米；不過，這不是說耶利米每章每節都是他親自寫下的，耶利米確實是有書記幫助他書寫的。因此，總結而言，全書前五十一章整體上都出於耶利米，而且也能忠實地反映先知的思想、言語和寫作動機。此外，不可抹殺耶利米是有分於現存成書的編修過程。

緊扣時代　服事教會

以文字傳揚基督真道

讀者意見表

衷心多謝你購買本社書籍。本社一直致力以出版事工服事教會，幫助信徒扎根於神的話語，促進靈命增長。為使我們的出版更能滿足你的需要，請填寫下列各項資料，並寄回或傳真予本社。

所購書籍：________________

本書最吸引你的地方：
☐作者　☐適切性　☐文筆　☐設計　☐實用性
☐其他：________________

購買本書地點：
☐基道書樓　☐基督教書店　☐非基督教書店

性別：☐男　☐女　職業：________________

信仰：☐基督徒　☐非基督徒

年齡：☐ 16 歲或以下　☐ 17～25 歲　☐ 26～35 歲
☐ 36～55 歲　☐ 56 歲或以上

學歷：☐中三或以下　☐中五　☐預科
☐大學　☐研究院

☐我欲更多了解基道出版社的事工及考慮支持，請寄給我下列資料：
☐機構簡介　☐新書資料　☐基道會員通訊
☐《基道文字事工通訊》

姓名：________________ 電話：________________

地址：________________

____

傳真：________________ 電子郵件：________________

其他意見：________________

____

多謝賜教！

意見表可以傳真（2687-0281）或直接郵寄以下地址：
香港沙田火炭坳背灣街26號富騰工業中心1011室
基道出版社編輯部收